中财传媒版 2020年注册会计师全国统一考试辅导系列丛书

财务成本管理
通关题库

财政部中财传媒 注册会计师考试辅导丛书编写组 编

中国财经出版传媒集团
中国财政经济出版社

图书在版编目（CIP）数据

财务成本管理通关题库/财政部中财传媒 注册会计师考试辅导丛书编写组编.
--北京：中国财政经济出版社，2020.3
（中财传媒版2020年注册会计师全国统一考试辅导系列丛书）
ISBN 978-7-5095-9623-4

Ⅰ.①财… Ⅱ.①财… Ⅲ.①企业管理-成本管理-资格考试-习题集
Ⅳ.①F275.3-44

中国版本图书馆CIP数据核字（2020）第029402号

责任编辑：田明晖　　　　　　　　责任校对：隗立娜

中国财政经济出版社 出版

URL：http：//www.cfeac.com

社址：北京市海淀区阜成路甲28号　邮政编码：100142
营销中心电话：010-88191522
天猫网店：中国财政经济出版社旗舰店
https：//zgczjjcbs.tmall.com
北京密兴印刷有限公司印刷　各地新华书店经销
787×1092毫米　16开　21印张　561 000字
2020年3月第1版　2020年3月北京第1次印刷
定价：76.00元
ISBN 978-7-5095-9623-4
（图书出现印装问题，本社负责调换）
质量投诉电话：010-88190744
打击盗版举报热线：010-88191661，QQ：2242791300

前言 Preface

为帮助广大考生全面理解2020年注册会计师考试大纲和考试教材内容，在有限的复习时间内掌握教材的重、难点知识，顺利通过考试。中国财经出版传媒集团组织常年从事注册会计师考试辅导的名师、专家编写了“中财传媒版2020年注册会计师全国统一考试辅导系列丛书”。该系列丛书包括“应试指导”“要点随身记”“通关题库”和“全真模拟试题”四个系列，涵盖了专业阶段考试的六个科目，即会计、审计、财务成本管理、经济法、税法和公司战略与风险管理。

1. “应试指导”系列：紧扣2020年考试大纲和考试教材内容，考点精炼、结构合理，对考试有极强的指导性，帮助考生全面掌握教材精髓。在编写结构的设计上，根据考生的学习特点和备考要求，分为“命题规律及考试趋势预测”“各章考点精讲精练”“跨章节综合题演练”三个部分。

2. “要点随身记”系列：根据每章重要考点整理而成的备考“红宝书”，涵盖知识点全面，易于携带，旨在帮助考生更便捷地预习、复习和记忆考点内容，合理利用碎片化的时间，积少成多，掌握记忆教材核心知识点。

3. “通关题库”系列：包含大量针对性极强的练习题和对应的答案解析，帮助考生通过习题演练巩固理解知识点，更熟练地应用教材知识点解决实际题目中的问题。

4. “全真模拟试题”系列：在对历年考试试题进行分析归纳和命题趋势总结的基础上，由多名具备注册会计师资格的辅导专家精心设计了八套全真模拟试题，考生可以在充分复习教材内容的基础上，按照模拟考试时间及要求，进行热身训练，积累实战经验。

注册会计师考试辅导书市场品种繁多，但质量良莠不齐。考生在选择教辅时常常陷入盲目。该系列丛书利用作为教材出版单位的独特优势，在第一时间邀请注册会计师考试辅导专家编写，秉承“应试”“精练”的核心思想，力求帮助考生以最少的精力取得最大的效果，实现高效学习、顺利通关，是考生学习备考的第一选择。

最后，衷心祝愿各位考生顺利通过2020年注册会计师考试。

编写组

2020年3月

Contents

目录

第一部分　各章重难点列示及通关习题演练

第一章　财务管理基本原理……（3）
本章考情分析……（3）
本章教材变化……（3）
基本内容框架……（3）
通关重难点例题解析……（3）
通关演练……（11）
答案及解析……（12）
第二章　财务报表分析和财务预测……（14）
本章考情分析……（14）
本章教材变化……（14）
基本内容框架……（14）
通关重难点例题解析……（15）
通关演练……（22）
答案及解析……（27）
第三章　价值评估基础……（33）
本章考情分析……（33）
本章教材变化……（33）
基本内容框架……（33）
通关重难点例题解析……（33）
通关演练……（46）
答案及解析……（48）
第四章　资本成本……（51）
本章考情分析……（51）
本章教材变化……（51）
基本内容框架……（51）
通关重难点例题解析……（51）
通关演练……（58）
答案及解析……（61）
第五章　投资项目资本预算……（65）
本章考情分析……（65）
本章教材变化……（65）
基本内容框架……（65）
通关重难点例题解析……（65）
通关演练……（78）
答案及解析……（82）
第六章　债券、股票价值评估……（87）
本章考情分析……（87）
本章教材变化……（87）
基本内容框架……（87）
通关重难点例题解析……（87）
通关演练……（92）
答案及解析……（95）

第七章 期权价值评估……………………（99）
本章考情分析……………………（99）
本章教材变化……………………（99）
基本内容框架……………………（99）
通关重难点例题解析……………………（99）
通关演练……………………（108）
答案及解析……………………（110）
第八章 企业价值评估……………………（113）
本章考情分析……………………（113）
本章教材变化……………………（113）
基本内容框架……………………（113）
通关重难点例题解析……………………（113）
通关演练……………………（118）
答案及解析……………………（123）
第九章 资本结构……………………（128）
本章考情分析……………………（128）
本章教材变化……………………（128）
基本内容框架……………………（128）
通关重难点例题解析……………………（128）
通关演练……………………（133）
答案及解析……………………（135）
第十章 长期筹资……………………（139）
本章考情分析……………………（139）
本章教材变化……………………（139）
基本内容框架……………………（139）
通关重难点例题解析……………………（140）
通关演练……………………（157）
答案及解析……………………（161）
第十一章 股利分配、股票分割与股票回购……………………（166）
本章考情分析……………………（166）
本章教材变化……………………（166）
基本内容框架……………………（166）
通关重难点例题解析……………………（166）
通关演练……………………（174）
答案及解析……………………（176）
第十二章 营运资本管理……………………（179）
本章考情分析……………………（179）
本章教材变化……………………（179）
基本内容框架……………………（179）
通关重难点例题解析……………………（179）
通关演练……………………（189）
答案及解析……………………（192）
第十三章 产品成本计算……………………（195）
本章考情分析……………………（195）
本章教材变化……………………（195）
基本内容框架……………………（195）
通关重难点例题解析……………………（195）
通关演练……………………（202）
答案及解析……………………（208）
第十四章 标准成本法……………………（216）
本章考情分析……………………（216）
本章教材变化……………………（216）
基本内容框架……………………（216）
通关重难点例题解析……………………（216）
通关演练……………………（220）
答案及解析……………………（223）
第十五章 作业成本法……………………（226）
本章考情分析……………………（226）
本章教材变化……………………（226）
基本内容框架……………………（226）
通关重难点例题解析……………………（226）
通关演练……………………（231）
答案及解析……………………（234）
第十六章 本量利分析……………………（237）
本章考情分析……………………（237）
本章教材变化……………………（237）
基本内容框架……………………（237）

通关重难点例题解析…………………（237）
通关演练……………………………（241）
答案及解析…………………………（245）
第十七章　短期经营决策…………………（250）
本章考情分析………………………（250）
本章教材变化………………………（250）
基本内容框架………………………（250）
通关重难点例题解析…………………（250）
通关演练……………………………（253）
答案及解析…………………………（256）
第十八章　全面预算………………………（259）
本章考情分析………………………（259）
本章教材变化………………………（259）
基本内容框架………………………（259）
通关重难点例题解析…………………（259）
通关演练……………………………（264）
答案及解析…………………………（269）
第十九章　责任会计………………………（276）
本章考情分析………………………（276）
本章教材变化………………………（276）
基本内容框架………………………（276）
通关重难点例题解析…………………（276）
通关演练……………………………（282）
答案及解析…………………………（284）
第二十章　业绩评价………………………（287）
本章考情分析………………………（287）
本章教材变化………………………（287）
基本内容框架………………………（287）
通关重难点例题解析…………………（287）
通关演练……………………………（294）
答案及解析…………………………（297）
第二十一章　管理会计报告………………（300）
本章考情分析………………………（300）
本章教材变化………………………（300）
基本内容框架………………………（300）
通关重难点例题解析…………………（300）
通关演练……………………………（303）
答案及解析…………………………（304）

第二部分　跨章节综合题演练

一、跨章节综合题考点概述……………（307）
二、跨章节综合题………………………（307）
三、跨章节综合题参考答案及解析……（316）

第一部分

各章重难点列示及通关习题演练

第一章　财务管理基本原理

本章考情分析

本章的考试题型均为客观题，一般难度不大。

本章教材变化

本章对合伙企业的相关内容进行了修订和补充。

基本内容框架

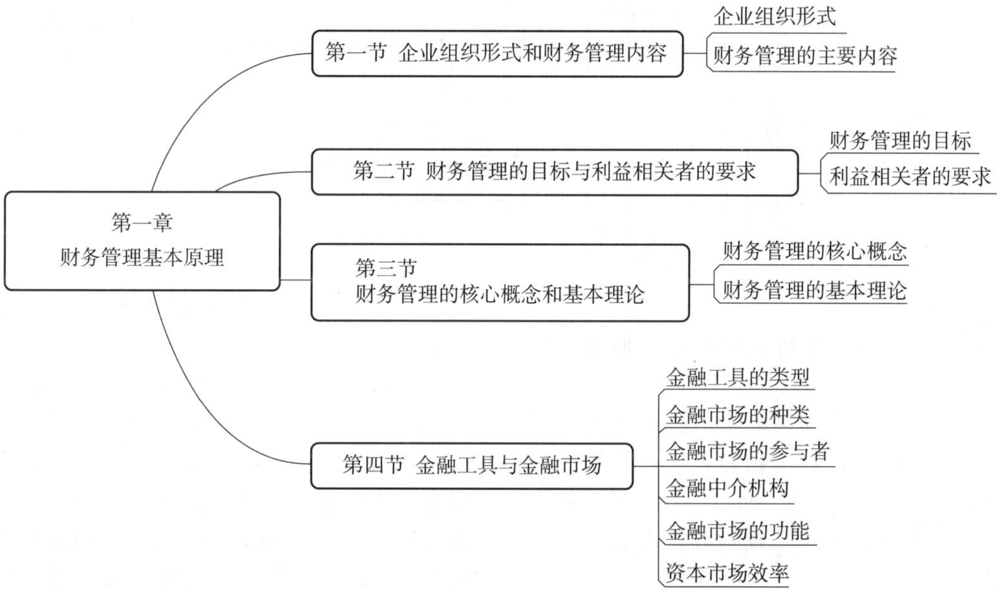

通关重难点例题解析

考点一：企业的组织形式和财务管理内容（★）

1. 公司制的优缺点

优点	（1）无限存续（有利于降低投资者风险） （2）容易转让所有权（提高投资人资产流动性） （3）有限责任（有利于降低投资者风险） 【注】更容易在资本市场筹集资本
缺点	（1）双重课税（企业和个人所得税） （2）组建公司成本高 （3）存在代理问题

2. 合伙企业的分类

分类	特点
普通合伙企业	只包含普通合伙人，对合伙企业债务承担无限连带责任
有限合伙企业	包含普通合伙人和有限合伙人。普通合伙人对合伙企业债务承担无限连带责任，有限合伙人以其认缴的出资额为限对合伙企业债务承担责任

3. 特殊普通合伙企业

特殊普通合伙企业是普通合伙企业中一种特殊类型的合伙企业，在企业名称中要标明“特殊普通合伙”字样。通常是以专业知识和专门技能为客户提供有偿服务的专业服务机构，如律师事务所、会计师事务所、设计师事务所等。

如因一个合伙人或数个合伙人在执业活动中因故意或者重大过失造成合伙企业债务的，应当承担无限责任或者无限连带责任，其他合伙人以其在合伙企业中的财产份额为限承担责任。合伙人在执业活动中非因故意或者重大过失造成的合伙企业债务以及合伙企业的其他债务，由全体合伙人承担无限责任。合伙人执业活动中因故意或者重大过失造成合伙企业债务，以合伙企业财产对外承担责任后，该合伙人应当按照合伙协议的约定对给合伙企业造成的损失承担赔偿责任。特殊普通合伙企业应当建立职业风险基金、办理职业保险。执业风险基金用于偿付合伙人执业活动造成的债务，应当单独立户管理。

【例题1·多选题】与独资企业和普通合伙企业相比，公司制企业的特点有（　　）。

A. 权益资金的转让比较困难

B. 以出资额为限，承担有限责任

C. 更容易筹集资金

D. 存在着对公司收益重复纳税的缺点

【答案】BCD

【解析】公司的股东权益被划分为若干股权份额，每个份额可以单独转让，无须经过其他股东同意，公司制企业容易转让所有权。

考点二：财务管理的主要内容（★）

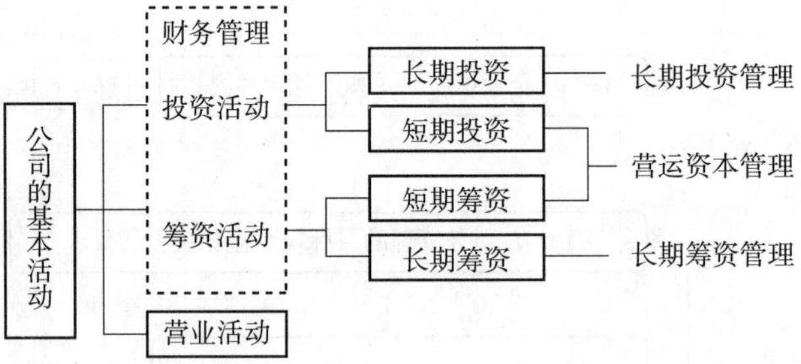

（一）长期投资

长期投资是指公司对经营性长期资产的直接投资。

1. 公司的经营性长期资产投资是直接投资，投资后继续控制实物资产，且直接控制投资回报。

2. 经营性长期资产投资分析方法是净现值原理。

3. 长期投资的直接目的是获取生产经营所需的固定资产，并运用这些资源赚取营业利润。

【注】公司对子公司股权投资和非子公司控股权投资均属于经营性投资，分析评价方法与直接投资经营资产相同。

（二）长期筹资

长期筹资是指公司筹集生产经营所需的长期资本。

1. 公司可以直接在资产市场上向潜在的投资人筹资，也可以通过金融机构间接融资。

2. 长期资本包括权益资本和长期债务资本。

3. 按照投资持续时间结构安排筹资时间结构，有利于降低利率风险和偿债风险。

【注】长期筹资决策的主要问题是资本结构决策和股利分配决策。资本结构是确定长期债务/股东权益比，股利分配决策是确定净利润留存和分配股东的比例（即股利支付率或留存率）

（三）营运资本管理

营运资本是指流动资产（短期资产）和流动负债（短期负债）的差额。

营运资本管理包括营运资本投资管理和营运资本筹资管理两部分。

1. 营运资本投资管理主要是制定营运资本投资政策，包括现金、应收账款和存货管理等。

2. 营运资本筹资管理是制定营运资本筹资政策，确定如何筹措短期资本及确定短期资本筹资比例等。

【注】营运资本管理的目标。①有效地运用流动资产，力求其边际收益大于边际成本；②选择最合理的流动负债，降低营运资本的资本成本；③加速营运资本周转，以尽可能少的营运资本支持同样的营业收入并保持公司支付债务的能力。

【例题2·多选题】下列活动中，属于企业财务管理中长期投资的有（　　）。

A. 对联营企业进行增资

B. 购买机器设备

C. 对子公司的股权投资

D. 购买衍生金融工具

【答案】ABC

【解析】长期投资的对象是长期经营性资产，不包括流动资产以及金融资产，D选项不符。

考点三：财务管理的目标（★）

观点	理由及解释	存在的问题
利润最大化	利润代表企业新创造的财富，利润越多则说明企业财富增加得越多，越接近企业的目标	（1）没有考虑利润的取得时间； （2）没有考虑投入资本额与获得利润之间的配比关系； （3）没有考虑获得利润和所承担风险的关系
每股收益最大化	把企业的利润和股东投入的资本联系起来考察，用每股收益（或权益净利率）来概括企业的财务管理目标	（1）仍然没有考虑货币时间价值因素； （2）仍然没有考虑每股收益的风险。与利润最大化观点相比较，唯一的进步在于考虑了投入资本与获得利润之间的配比关系。
股东财富最大化（公司价值最大化）	增加股东财富是财务管理的基本目标。 （1）股东财富可以用股东权益的市场价值来衡量； （2）股东财富的增加可以用股东权益的市场增加值来衡量	

【例题3·多选题】下列有关企业财务目标的说法中，正确的有（　　）。

A. 企业的财务目标是利润最大化

B. 增加借款可以增加债务价值以及企业价值，但不一定增加股东财富，因此企业价值最大化不是财务目标的准确描述

C. 追加投资资本可以增加企业的股东权益价值，因此股东权益价值最大化是财务目标的准确描述

D. 财务目标的实现程度可以用股东权益的市场增加值度量

【答案】BD

【解析】企业的财务目标是股东财富最大化，因此选项A错误。追加投资资本可以增加企业的股东权益价值，但不一定增加股东财富，因此股东权益价值最大化不是财务目标的准确描述，因此选项C错误。

考点四：利益相关者的要求（★）

（一）股东与经营者之间利益冲突与协调

利益冲突	冲突表现	协调方法
股东的目标是使自己的财富最大化；经营者的目标是增加报酬，增加闲暇时间和避免风险	经营者背离股东目标的表现，主要体现在以下两方面，即道德风险和逆向选择	协调方法是监督和激励。最佳的解决办法是：力求使得监督成本、激励成本和偏离股东目标的损失三者之和最小

（二）股东与债权人之间利益冲突与协调

利益冲突	冲突表现	协调方法
债权人要求到期收回本金并获得约定利息收入；股东通过经营者为了自身利益而伤害债权人利益	（1）股东不经债权人的同意，投资于比债权人预期风险更高的新项目； （2）股东为了提高公司的利润，不征得债权人的同意而指使公司发行新债，致使旧债券的价值下降，使旧债权人蒙受损失。	（1）寻求立法保护，如优先于股东分配剩余财产； （2）在借款合同中加入限制性条款，如规定贷款的用途，规定不得发行新债或限制发行新债的数额等； （3）发现公司有损其债权意图时，拒绝进一步合作，不再提供新的贷款或提前收回贷款。

（三）股东与合同利益相关者之间的利益冲突与协调

利益冲突	协调方法
合同利益相关者（客户、供应商和员工）为了自身利益伤害股东利益，相反股东也会伤害合同利益相关者的利益	企业只要遵守合同就可以基本满足合同利益相关者的要求，之后再追求股东自身利益最大化就会有利于合同利益相关者。 【注1】仅有法律是不够的，需要道德规范的约束，以缓和双方矛盾。 【注2】非合同利益相关者（社区居民等）受法律保护低于合同利益相关者，受公司社会责任政策影响较大

【例题4·多选题】下列各项关于经营者的利益要求与协调的说法中正确的有（　　）。

A. 公司经营者与股东目标不尽然一致

B. 经营者的背离表现在道德风险和逆向选择两方面

C. 股东为了防止经营者背离其目标，可以采用监督与激励的方法

D. 监督成本、激励成本和偏离股东目标的损失之间，此消彼长，三者之和最小时才是最佳的解决办法

【答案】ABCD

【解析】公司经营者与股东目标不尽然一致。股东目标是使自己财富最大化，经营者也是理性人，也是自身利益最大化的追求者，选项A正确。经营者的背离表现在道德风险和逆向选择两方面。选项B正确。股东为了防止经营者背离其目标，可以采用监督与激励的方法。选项C正确。股东要权衡轻重，找出使监督成本、激励成本与偏离股东目标的损失三者之和最小的方法，选项D正确。

【例题5·多选题】债权人为了防止其利益被伤害，通常采取的措施有（　　）。

A. 限制发行新债数额

B. 规定资金的用途

C. 提前收回借款

D. 激励

【答案】BCD

【解析】本题的考点是相关关系人的冲突与协调。股东和债权人之间由于目标的不一致，股东会伤害债权人利益，债权人为保护自身利益不受伤害除寻求立法保护外，还可规定资产的用途、不得发行新债或限制发行新债数额，也可以拒绝进一步合作，不再提供新的借款或提前收回借款。选项D是协调经营者与股东目标冲突的方法。

考点五：财务管理的核心概念（★）

（一）货币的时间价值

货币的时间价值	（1）货币的时间价值是指货币在经过一定时间的投资和再投资后所增加的价值。 （2）货币时间价值原则的首要应用是现值概念财务估值中，广泛使用现值进行价值评估。 （3）货币时间价值的另一个重要应用是“早收晚付”观念。

注：在财务管理中如果不考虑货币的时间价值，就无法合理地决策和评价财富的创造。

（二）风险与报酬

风险与报酬	为了把未来的收入和成本折现，必须确定货币的机会成本或利率。具体的利率，是由风险和报酬的权衡关系确定的。投资者必须对风险与报酬作出权衡，为追求较高报酬而承担较大风险，或者为减少风险而接受较低的报酬。通常，风险与报酬的权衡关系，是指高收益的投资机会必然伴随巨大风险，风险小的投资机会必然只有较低的收益。

注：风险与报酬的关系，是股票、债券、项目及企业等价值评估的关键因素。

【例题6·单选题】财务管理是建立在一系列核心概念基础上的，下列属于财务管理核心概念的是（　　）。

A. 现金

B. 资本成本

C. 现金流量

D. 货币的时间价值

【答案】D

【解析】财务管理中最基本的概念是货币具有时间价值，如果不考虑货币的时间价值，就无法合理地决策和评价财富的创造。

【例题7·单选题】下列关于风险与报酬

的说法中，不正确的是（ ）。

A. 为了把未来的收入和成本折现，必须确定货币的机会成本或利率。具体的利率，是由风险和报酬的权衡关系确定的

B. 风险与报酬的权衡关系，是指高收益的投资机会必然伴随巨大风险，风险小的投资机会不一定只有较低的收益

C. 不可能在低风险的同时获取高报酬

D. 如果想有一个获得巨大收益的机会，就必须冒可能遭受巨大损失的风险

【答案】B

【解析】风险与报酬的权衡关系，是指高收益的投资机会必然伴随巨大风险，风险小的投资机会必然只有较低的收益。

考点六：财务管理的基本理论（★）

（一）现金流量理论

1. 现金流量与自由现金流量

（1）现金流量包括现金流入量、现金流出量和现金净流量。利用现金流量折现模型，进行证券投资、项目投资的价值评估。

（2）自由现金流量是指真正剩余的、可自由支配的现金流量。

2. 财务学现金流量与会计学现金流量比较

财务学现金流量与会计学现金流量主要差别在于是否含有现金等价物，财务学现金流是不含现金等价物的。

（二）价值评估理论

1. 价值概念与决策分析

（1）从财务学角度，价值是现金流量折现的估计值，而非精确值。具体可包括内在价值（如证券价值）、净增加值（如项目投资的净现值）。

（2）证券投资者需要评估特定证券的内在价值，与其市价相比较，高于市价，可以投资；项目投资者需要评估特定项目的净现值，净现值大于零，项目可以投资。

2. 折现率的确定

关于折现率的确定，可以借助于资本资产定价模型先计算股权资本成本，之后，再确定加权平均资本成本。

（三）风险评估理论

从财务学角度看，风险是导致财务收益的不确定性。风险评估包括项目投资决策的敏感性分析、资本结构决策的经营风险与财务风险的衡量。

（四）投资组合理论

通过投资分散化，可以在不改变投资组合预期收益的情况下降低风险；也可以在不改变投资组合风险的情况下增加预期收益。

（五）资本结构理论

资本结构是公司各种长期资本的构成及比例关系。公司长期资本包括永久的权益资本和长期的债务资本。资本结构理论主要包括 MM 理论、权衡理论、代理理论和优序融资理论。

【例题 8 · 单选题】企业的下列财务管理理论中，最基础的理论是（ ）。

A. 投资组合理论　　B. 现金流量理论

C. 资本结构理论　　D. 价值评估理论

【答案】B

【解析】现金流量理论是财务管理最为基础性的理论。

考点七：金融工具与金融市场（★）

（一）金融工具的类型

（1）含义：金融工具是指形成一方的金融资产并形成其他方的金融负债或权益工具的合同。

（2）证券类金融工具的种类。

种类	特点
固定收益证券	指能够提供固定或根据固定公式计算出来的现金流的证券。 【提示】收益与发行人的财务状况相关程度低，除非发行人破产或违约，证券持有人将按规定数额取得收益。 【举例】债券、优先股
权益证券	①收益多少不确定，要看公司经营业绩和公司净资产价值； ②权益证券风险高于固定收益证券。 【举例】普通股
衍生证券	①衍生品的价值依赖于其他证券； ②公司可利用衍生证券进行套期保值或者转移风险； ③公司不应依靠衍生证券投机获利。 【举例】期权、期货、利率互换合约

(3) 金融工具的特点：①期限性：金融工具通常有规定的偿还期限；②流动性：金融工具具有在必要时转变为现金而不致遭受损失的能力；③风险性：购买金融工具的本金和预定收益存在损失可能性；④金融工具能够带来价值增值的特性。

【例题9·多选题】下列金融资产中，属于固定收益证券的有（　　）。

A. 固定利率债券

B. 浮动利率债券

C. 优先股

D. 可转换债券

【答案】ABC

【解析】固定收益证券是指能够提供固定或根据固定公式计算出来的现金流的证券。浮动利率债券虽然利率是浮动的，但也规定有明确的计算方法，所以也属于固定收益证券。选项D属于衍生证券。

【例题10·多选题】(2013年) 下列金融工具在货币市场中交易的有（　　）。

A. 银行承兑汇票

B. 期限为3个月的政府债券

C. 期限为12个月的可转让定期存单

D. 股票

【答案】ABC

【解析】货币市场工具包括短期国债、大额可转让存单、商业票据、银行承兑汇票等。资本市场的工具包括股票、公司债券、长期政府债券和银行长期贷款等。

（二）金融市场

(1) 金融市场的类型。

分类标准	分类	特点
按照交易的金融工具的期限是否超过一年	货币市场	①短期债务工具交易的市场，交易的证券期限不超过1年； ②货币市场工具包括短期国债（国库券）、大额可转让存单、商业票据、银行承兑汇票等
	资本市场	①资本市场是指期限在一年以上的金融资产交易市场； ②它包括两个部分：银行中长期存贷市场和有价证券市场； ③资本市场的工具包括股票、公司债券、长期政府债券和银行长期贷款等
按照证券的不同属性	债务市场	债务市场交易的对象是债务工具
	股权市场	股权市场交易的对象是股票
按照所交易证券是初次发行还是已经发行	一级市场	也称发行市场或初级市场，是资金需求者将证券首次出售给公众时形成的市场
	二级市场	是在证券发行后，各种证券在不同投资者之间买卖流通所形成的市场，也称流通市场或次级市场
按照交易程序	场内交易市场	指各种证券的交易所。证券交易所有固定的场所，固定的交易时间和规范的交易规则
	场外交易市场	没有固定场所，而由很多拥有证券的交易商分别进行

(2) 金融市场的功能。

Ⅰ. 金融市场的基本功能：①资金融通功能；②风险分配功能。

Ⅱ. 金融市场的附带功能：①价格发现功能；②调解经济功能；③节约信息成本。

【例题11·单选题】下列各项中，属于资本市场工具的是（　　）。

A. 商业票据

B. 公司债券

C. 可转让存单

D. 短期国债

【答案】B

【解析】资本市场是指期限在1年以上的金融工具交易市场。资本市场的主要功能是进行长期资本的融通。资本市场的工具包括股票、公司债券、长期政府债券和银行长期贷款等。

【例题12·多选题】按交易证券的特征不同可将金融市场分为货币市场和资本市场，下列有关货币市场表述正确的有（　　）。

A. 货币市场要求的报酬率较高，其风险也较大

B. 货币市场是短期债务工具交易的市场，交易的证券期限不超过1年

C. 货币市场主要功能是保持金融资产的流动性

D. 货币市场指期限在1年以上的金融资产交易市场

【答案】BC

【解析】选项A、D属于资本市场的特点。

考点八：资本市场效率（★）

1. 有效资本市场的含义

所谓“有效资本市场”，是指市场上的价格能够同步地、完全地反映全部的可用信息。任何投资者都不能获得超额收益。

2. 市场有效的基础条件

条件	说明
理性的投资人	假设所有投资人都是理性的，当市场发布新的信息时所有投资者都会以理性的方式调整自己对股价的估计
独立的理性偏差	市场有效性并不要求所有投资者都是理性的，总有一些非理性的人存在。如果假设乐观的投资者和悲观的投资者人数大体相同，他们的非理性行为就可以互相抵消，使得股价变动与理性预期一致，市场仍然是有效的
套利	市场有效性并不要求所有的非理性预期都会相互抵消，有时他们的人数并不相当，市场会高估或低估股价。非理性的投资人的偏差不能互相抵消时，专业投资者会理性地重新配置资产组合，进行套利交易。专业投资者的套利活动，能够控制业余投资者的投机，使市场保持有效

【提示】以上三个条件只要有一个存在，市场就将是有效的。

【例题13·多选题】根据有效市场假说，下列说法错误的有（　　）。

A. 资本市场的有效性要求所有投资者都是理性的

B. 资本市场的有效性要求所有的非理性预期都会相互抵消

C. 只要投资者的理性偏差可以相互抵消，市场就是有效的

D. 资本市场有效要求同时满足理性的投资人、独立的理性偏差和套利行为

【答案】ABD

【解析】导致市场有效的条件有三个：理性的投资人、独立的理性偏差和套利行为。这三个条件只要有一个存在，市场就将是有效的，选项D错误。资本市场的有效性并不要求所有投资者都是理性的，总有一些非理性的人存在，只要人数大体相当，非理性行为就可以互相抵消，市场仍然是有效的，选项A错误。资本市场的有效性并不要求所有的非理性预期都会相互抵消，非理性的投资人的偏差不能相互抵消时，专业投资者会理性地重新配置资产组合，进行套利交易，选项B错误。

3. 有效资本市场对财务管理的意义

有效资本市场对于公司财务管理，尤其是筹资决策，具有重要的指导意义。

1. 管理者不能通过改变会计方法提升股票价值	管理者不能通过改变会计方法提升股票价值，更不能企图愚弄市场。这种做法不仅有违职业道德，在技术上也是行不通的
2. 管理者不能通过金融投机获利	实业公司在资本市场上的角色主要是筹资者，而不是投资者。实业公司的管理者不应指望通过金融投机获利
3. 关注自己公司的股价是有益的	资本市场既是企业的一面镜子，又是企业行为的校正器

【例题14·多选题】在有效资本市场，管理者可以通过（　　）。

A. 财务决策增加公司价值从而提升股票价格

B. 改变会计方法增加会计盈利从而提升股票价格

C. 从事利率、外汇等金融产品的投资交易获取超额利润

D. 关注公司股价对公司决策的反映而获得有益信息

【答案】AD

【解析】管理者不能通过改变会计方法提升股票价值；管理者不能通过金融投机获利。在资本市场上，有许多个人投资者和金融机

构从事投机，例如从事利率、外汇或衍生金融产品的投机交易。所以选项B、C不正确。

4. 资本市场有效程度的分类

（1）弱式有效市场。

含义	如果一个市场的股价只反映历史信息，则它是弱式有效市场。 【提示】历史信息是指证券价格、交易量等与证券交易有关的历史信息
判断弱式有效的标志	有关证券的历史资料（如价格、交易量等）对证券的现在和未来价格变动没有任何影响，证券市场达到弱式有效。 如果有关证券的历史资料对证券的价格变动仍有影响，则证券市场尚未达到弱式有效。 【提示】弱式市场下技术分析是无用的
验证方法	（1）“随机游走模型”； 【提示】如果相关系数接近零，说明前后两天的股价无关，即股价是随机游走的，市场达到弱式有效 （2）“过滤检验模型”。 【提示】任何利用历史信息的投资策略所获取的平均收益率，都不会超过“简单的购买/持有”策略所获取的平均收益率，市场达到弱式有效。 如果证券价格的时间序列存在系统性的变动趋势，使用过滤原则买卖证券的收益率将超过“简单购买/持有”策略的收益率，赚取超额收益，则证券市场尚未达到弱式有效

（2）半强式有效市场。

含义	如果一个市场的价格不仅反映历史信息，还能反映所有的公开信息，则它是半强式有效市场。 【提示】公开信息是指公司的财务报表、附表、补充信息等公司公布的信息，以及政府和有关机构公布的影响股价的信息
判断半强式有效的特征	对于投资者来说，在半强式有效的资本市场中不能通过对公开信息的分析获得超额收益。公开信息已反映于股票价格，所以基本面分析是无用的。 【提示】在半强式有效市场技术分析与基本面分析均无用
验证方法	（1）事件研究 如果超常收益只与当天披露的事件相关，则市场属于半强式有效。 （2）共同基金表现研究 如果市场半强式有效，技术分析、基本分析和各种估价模型都是无效的，各种共同基金就不能取得超额收益

（3）强式有效市场。

含义	如果一个市场的价格不仅反映历史的和公开的信息，还能反映内部信息，则它是一个强式有效市场。 【提示】这里的内部信息，是指没有发布的只有内幕人知悉的信息。“内幕者”通常定义为大股东、董事会成员、监事会成员、公司高管和有能力接触内部信息的人士
判断强式有效的特征	无论可用信息是否公开，价格都可以完全地、同步地反映所有信息。 【提示】对于投资人来说，不能从公开的和非公开的信息分析中获得利润，所以内幕消息无用
验证方法	对强式有效资本市场的检验，主要考察“内幕者”参与交易时能否获得超额收益

【例题15·多选题】（2017年）甲投资基金利用市场公开信息进行价值分析和投资。在下列效率不同的资本市场中，该投资基金可获取超额收益的有（　　）。

A. 无效市场

B. 弱式有效市场

C. 半强式有效市场

D. 强式有效市场

【答案】AB

【解析】无效市场和弱式有效市场的股价没有反映公开的信息，因此利用公开信息可以获得超额收益。

【例题16·单选题】（2018年）如果投资基金经理根据公开信息选择股票，投资基金的平均业绩与市场整体收益率大体一致，说明该资本市场至少是（　　）。

A. 弱式有效

B. 完全无效

C. 强式有效

D. 半强式有效

【答案】D

【解析】如果一个资本市场的价格不仅反映历史信息，还能反映所有的公开信息，则它是半强式有效资本市场。

通关演练

一、单项选择题

1. 股份有限公司与普通合伙企业相比存在的缺点是（　　）。

A. 筹资渠道少

B. 承担无限责任

C. 双重课税

D. 所有权转移较为困难

2. 股东财富最大化这一企业财务目标的优点是（　　）。

A. 适用于所有企业

B. 用价值代替了价格

C. 在一定程度上避免了短期行为

D. 考虑了企业所有相关者的利益

3. 下列属于资本市场工具的是（　　）。

A. 短期国债

B. 商业票据

C. 可转让大额定期存单

D. 优先股

4. 企业的下列财务活动中，不符合债权人目标的是（　　）。(2012 年)

A. 提高利润留存比率

B. 降低财务杠杆比率

C. 发行公司债券

D. 非公开增发新股

5. 检验市场半强式有效的方法有（　　）。

A. 随机游走模型

B. 过滤检验

C. 事件研究法

D. 内幕人交易

6. 如果一个资本市场的股价只反映历史信息，则该资本市场是（　　）。

A. 无效资本市场

B. 弱式有效资本市场

C. 半强式有效资本市场

D. 强式有效资本市场

7. 如果有关证券的历史信息对证券的价格变动仍然有影响，则资本市场是（　　）。

A. 强式有效

B. 半强式有效

C. 弱式有效

D. 无效

二、多项选择题

1. 下列各项中，说法正确的有（　　）。

A. 金融市场按照所交易的金融工具的期限是否超过 1 年分为短期市场和长期市场

B. 金融市场按照证券的资本成本的高低分为债务市场和股权市场

C. 金融市场按照交易证券的发行地分为一级市场和二级市场

D. 金融市场按照交易程序分为场内交易市场和场外交易市场

2. 如果资本市场弱式有效，下列说法中正确的有（　　）。

A. 通过技术分析不能获得超额收益

B. 运用估价模型能够获得超额收益

C. 有关证券的历史信息对价格的变动仍然有影响

D. 通过利用随机游走和过滤检验方法进行检验

3. 公司的下列行为中，可能损害债权人利益的有（　　）。(2016 年)

A. 提高股利支付率

B. 加大为其他企业提供的担保

C. 提高资产负债率

D. 加大高风险投资比例

4. 下列金融工具在货币市场中交易的有（　　）。

A. 股票

B. 银行承兑汇票

C. 期限为 2 年的政府债券

D. 期限为 12 个月的可转让大额定期存单

5. 公司的下列行为中，可能损害债权人利益的有（　　）。(2016 年)

A. 提高股利支付率

B. 加大为其他企业提供的担保

C. 加大高风险投资比例

D. 提高资产负债率

6. 为防止经营者背离股东目标，股东可以采取的措施有（　　）。

A. 要求经营者定期披露信息

B. 对经营者实行固定年薪制

C. 给予经营者股票期权奖励

D. 聘请注册会计师审计财务报告

7. 公司经营者利益和股东利益并不完全一致，经营者有可能为了自身利益而背离股东利益，这种背离表现有（　　）。

A. 装修豪华的办公室

B. 提升股价

C. 借口工作需要乱花公司的钱

D. 购置高档汽车

8. 债权人为了防止其利益被侵害，通常采取的措施包括（　　）。

A. 要求提高利率

B. 规定不得发行新股或限制发行新债的规模

C. 发现公司有损害其债权意图时，拒绝进一步合作

D. 破产时优先接管

9. 下列金融工具在货币市场中交易的有（　　）。(2013 年)

A. 银行承兑汇票

B. 期限为 3 个月的政府债券

C. 期限为 12 个月的可转让定期存单

D. 股票

10. 下列金融工具中，属于固定收益证券的有（　　）。(2014 年)

A. 固定利率债券

B. 浮动利率债券

C. 可转换债券

D. 优先股

11. 下列措施中可以防止经营者背离股东目标的有（　　）。

A. 给予经营者股票期权奖励

B. 收回借款

C. 要求经营者定期披露信息

D. 聘请注册会计师审计财务报告

答案及解析

一、单项选择题

1. 【答案】C

【解析】公司制企业的缺点：①组建公司的成本高；②存在代理问题；③双重课税。选项 C 正确。

2. 【答案】C

【解析】股东财富最大化这一目标一般来讲多适用于上市公司，选项 A 的说法是错误的。用价值代替价格是企业价值最大化这一目标的优点，选项 B 的说法是错误的。考虑了企业所有相关者的利益是相关者利益最大化目标的优点，选项 D 的说法错误。

3. 【答案】D

【解析】选项 A、B、C 均属于货币市场工具，选项 D 属于资本市场工具。

4. 【答案】C

【解析】发行新债会使旧债券的价值下降，使旧债权人蒙受损失，选项 C 正确。

【该题针对“利益相关者的要求”进行考核】

5. 【答案】D

【解析】检验半强式有效资本市场的方法主要是事件研究法和投资基金表现研究法。选项 A 和 B 属于弱势有效资本市场的检验方法，选项 D 属于强式有效资本市场的检验方法。选项 D 正确。

6. 【答案】B

【解析】如果一个资本市场的股价只反映历史信息，则它是弱式有效资本市场。

7. 【答案】D

【解析】如果历史信息仍然对证券价格变动产生影响，证明资本市场尚未达到弱式有效，仍处于无效状态。

二、多项选择题

1. 【答案】ABC

【解析】金融市场按照所交易的金融工具的期限是否超过 1 年分为货币市场和金融市场。选项 A 错误。金融市场按照证券的不同属性分为债务市场和股权市场，不是按照资

本成本的高低。选项 B 错误。金融市场按照交易证券是否初次发行分为一级市场和二级市场，不是按照发行地，选项 C 错误。

2. 【答案】ABD

【解析】如果有关证券的历史信息对价格的变动仍然有影响，则市场是无效的。选项 C 错误。

3. 【答案】ABCD

【解析】选项 A，提高股利支付率，减少了可以用来归还借款和利息的现金流；选项 B、C，加大为其他企业提供的担保、提高资产负债率，增加了企业的财务风险，可能损害债权人的利益；选项 D 加大高风险投资比例，增加了亏损的可能性，导致借款企业还本付息的压力增大，损害债权人的利益。

【该题针对“利益相关者的要求”进行考核】

4. 【答案】BD

【解析】金融市场分为货币市场和资本市场。货币市场是短期债务工具交易的市场，交易的证券期限不超过 1 年，货币市场工具包括短期国债、可转让大额定期存单、商业票据、银行承兑汇票等。资本市场是指期限在 1 年以上的金融工具交易市场。资本市场的工具包括股票、公司债券、长期政府债券和银行长期贷款等。

5. 【答案】ABCD

【解析】损害债权人利益指的是导致债权人无法按期收回本金和利息的可能性增加，所以选项 ABCD 都是答案。

【该题针对“利益相关者的要求”进行考核】

6. 【答案】ACD

【解析】为了防止经营者背离股东目标，一般有两种方式：（1）监督；（2）激励。选项 A 属于激励，选项 C、D 属于监督。

7. 【答案】ACD

【解析】经营者为了自己的利益会背离股东的目标，提升股价并不背离股东目标，选项 B 错误。

8. 【答案】BCD

【解析】债权人为了防止其利益被伤害，除了寻求立法保护，如破产时优先接管、优先于股东分配剩余财产等外，通常还采取以下措施：第一，在借款合同中加入限制性条款，如规定资金的用途、规定不得发行新股或限制发行新债的规模等。第二，发现公司有损害其债权意图时，拒绝进一步合作，不再提供新的贷款或提前收回贷款。

9. 【答案】ABC

【解析】货币市场工具包括短期国债、大额可转让存单、商业票据、银行承兑汇票等。资本市场的工具包括股票、公司债券、长期政府债券和银行长期贷款等。

【该题针对“金融市场”进行考核】

10. 【答案】ABD

【解析】金融工具可以分为三种：固定收益证券、权益证券和衍生证券三种。固定收益证券是指能够提供固定或根据固定公式计算出来的现金流的证券。浮动利率债券虽然利率是浮动的，但规定有明确的计算方法，所以也属于固定收益证券。可转换债券是一种期权，属于衍生证券，选项 C 不是正确选项。

【该题针对“金融工具”进行考核】

11. 【答案】ACD

【解析】协调所有者与经营者的矛盾通常可采取以下方式解决：①解聘；②接收；③激励。选项 A 属于激励，选项 C、D 属于监督（即解聘的范畴）。收回借款不能协调所有者和经营者的矛盾。

第二章 财务报表分析和财务预测

本章考情分析

本章是重点章节，主要介绍了财务报表分析和财务预测两大部分内容，涉及的考点有财务报表分析指标的计算，销售百分比法、内含增长率、可持续增长率、外部资本需求的测算等。从历年考试情况来看，本章分值较高，各种题型均可能出现。

本章教材变化

本章无实质性变动，仅对个别细节之处进行了调整和完善。一是将资产负债表中的列报根据会计要求进行了相关调整，应收账款和应收票据分别列报，固定资产清理与固定资产合并列报；二是对资产周转率的分子进行了解释说明；三是净资产收益率统一名称为净资产净利率；四是管理用利润表关系表达式完善为净利润 = 经营损益 ± 金融损益；五是财务预测中留存收益的计算增加了当年利润当年分配股利的假设条件；六是将财务预测方法中的运用电子系统预测法改为运用信息技术预测法，并进行了解释说明。

基本内容框架

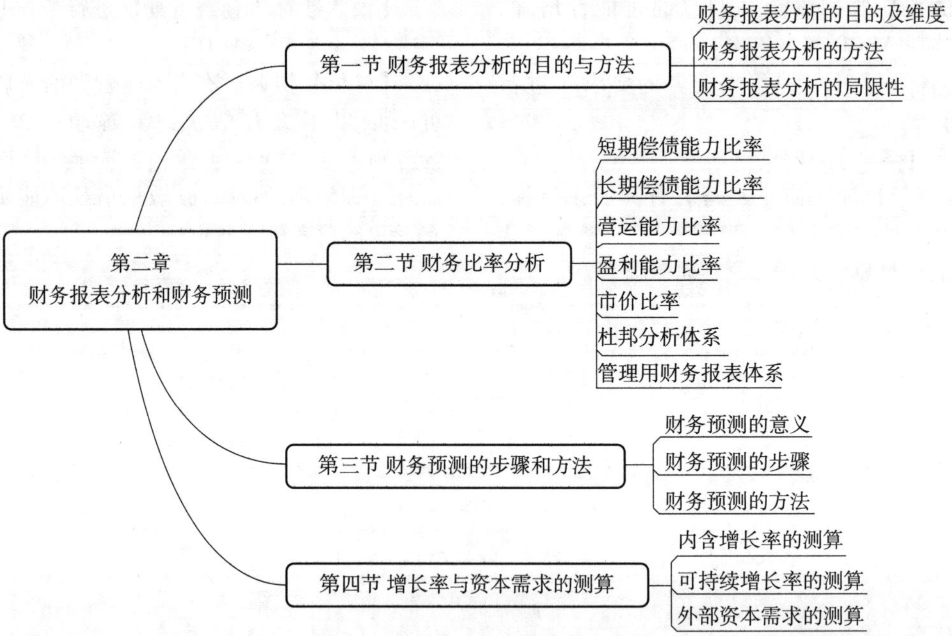

通关重难点例题解析

考点一：财务报表分析的方法（★）

财务报表分析的目的是将财务报表数据转换成有用的信息，以帮助信息使用者改善决策。

1. 比较分析法

（1）比较对象：趋势分析、横向分析、预算差异分析。

（2）比较内容：会计要素的总量、结构百分比、财务比率。

2. 因素分析法

依据财务指标与其驱动因素之间的关系，从数量上确定各因素对指标影响程度的分析方法。由于在分析时，要逐次进行各因素的有序替代，因此又称为连环替代法。

（1）操作方法。

①确定分析对象（财务指标），计算该财务指标的比较值（通常为实际值）和基准值（通常为标准值或计划值）的差额；

②确定该财务指标的驱动因素，建立财务指标与各驱动因素之间的函数关系模型；

③确定驱动因素的替代顺序（数量因素在先，价格因素在后）；

④按顺序计算各驱动因素脱离标准的差异对财务指标的影响。

（2）操作要点。

①从分析对象的基准值开始，有几个因素就进行几次替代，最后一次替代完成的结果应当等于分析对象的比较值。

②严格按照驱动因素的预定顺序进行替代。——顺序性

③每一次替代都保留上一次替代的结果。——连环性

设分析对象 $M = A \times B \times C$，已经获得 M 的比较值和基准值如下：

比较值：$M_1 = A_1 \times B_1 \times C_1$

基准值：$M_0 = A_0 \times B_0 \times C_0$

差额：$\Delta M = M_1 - M_0$

分析过程如下：

基准值：$M_0 = A_0 \times B_0 \times C_0$　　（0）式

第①次替代：$A_1 \times B_0 \times C_0$　　（1）式

第②次替代：$A_1 \times B_1 \times C_0$　　（2）式

第③次替代：$A_1 \times B_1 \times C_1 = M_1$（比较值）（3）式

A 因素变动对 M 的影响 =（1）-（0）

$= (A_1 - A_0) \times B_0 \times C_0$

B 因素变动对 M 的影响 =（2）-（1）

$= A_1 \times (B_1 - B_0) \times C_0$

C 因素变动对 M 的影响 =（3）-（2）

$= A_1 \times B_1 \times (C_1 - C_0)$

合计影响值 =（3）-（0）$= M_1 - M_0 = \Delta M$

【例题1·计算分析题】假设某企业本年与上年销售净利率、总资产周转次数、权益乘数以及权益净利率见下表。

指标	本年	上年
销售净利率	4.533%	5.614%
总资产周转次数	1.5	1.6964
权益乘数	2.0833	1.9091
权益净利率	14.17%	18.18%

要求：运用因素分析法依次分析销售净利率、总资产周转次数和权益乘数对权益净利率的影响。

【答案】上年：5.614% × 1.6964 × 1.9091 = 18.18%

替换销售净利率：

4.533% × 1.6964 × 1.9091 = 14.68%

替换总资产周转次数：

4.533% × 1.5 × 1.9091 = 12.98%

替换权益乘数：

4.533% × 1.5 × 2.0833 = 14.17%

销售净利率变动的影响：14.68% - 18.18% = -3.5%

总资产周转次数变动的影响：12.98% - 14.68% = -1.7%

权益乘数变动的影响：14.17% - 12.98% = 1.19%

考点二：财务报表分析的局限性（★）

1. 财务报表本身的局限性	受会计环境和企业会计战略影响，存在内部信息、会计估计误差、会计政策选择等方面的局限性
2. 财务报表的可靠性问题	常见的危险信号包括： （1）财务报告失范；（2）数据出现异常；（3）关联方交易异常；（4）资本利得金额大；（5）审计报告异常
3. 比较基础问题	（1）横向比较以同业标准为比较基础，不一定有代表性； （2）趋势分析以历史数据为比较基础，只代表过去，并不代表合理性； （3）比较分析以预算为比较基础，可能是执行问题，也可能是预算不合理

【例题2·多选题】下列财务报表分析的局限性是由财务报表本身的局限性造成的有（　　）。

A. 会计环境的重要变化导致会计系统变化，影响财务数据的可比性

B. 按年度分期报告，不能提供反映长期潜力的信息等

C. 注册会计师不能保证财务报表没有任何错报和漏报

D. 预算不合理，使比较分析会扭曲公司的实际情况

【答案】ABD

【解析】选项C主要讲的是财务报表的可靠性问题。选项D主要讲的是比较基础问题。财务报表分析的局限性包括：财务报表本身的局限性、财务报表的可靠性问题以及比较基础问题。

考点三：财务比率分析（★★）

分析内容		有关指标	计算公式	分析
短期偿债能力分析★★	可偿债资产与短期债务的存量比较	营运资本	营运资本=流动资产-流动负债=长期资本-长期资产	营运资本的数额越大，财务状况越稳定；营运资本是绝对数，不便于不同企业之间的横向比较
		流动比率	流动比率=流动资产/流动负债 【注意】营运资本配置比率与流动比率的相互关系： （1）营运资本配置比率=营运资本/流动资产=（流动资产-流动负债）/流动资产=1-1/流动比率 （2）流动比率=流动资产/流动负债=流动资产/（流动资产-营运资本）=1/（1-营运资本配置比率）=1/（1-营运资本/流动资产）	一般情况下，流动资产中的应收账款和存货的质量高低及其周转速度快慢是影响流动比率可信性的主要因素。 流动比率的局限性： （1）有些流动资产的账面金额与变现金额有较大差异； （2）经营性流动资产是企业持续经营所必需的，不能全部用于偿债； （3）经营性应付项目可以滚动存续，无须动用现金全部结清。
短期偿债能力分析	可偿债资产与短期债务的存量比较	速动比率（酸性测试比率）	速动比率=速动资产/流动负债 其中：速动资产=流动资产-存货-预付款项-一年内到期的非流动资产-其他流动资产	影响速动比率可信性的重要因素是应收账款的变现能力。 速动比率的局限性： （1）账面上的应收账款不一定都能变成现金，实际坏账可能比计提的准备要多； （2）季节性变化，可能导致报表上的应收账款金额不能反映平均水平。
		现金比率	现金比率=货币资金/流动负债	
短期偿债能力分析	经营活动现金流量净额与短期债务的比较	现金流量比率	现金流量比率=经营活动现金流量净额/年末流动负债	一般而言，该比率中的流动负债采用期末数而非平均数，因为实际需要偿还的是期末金额，而非平均金额
	影响短期偿债能力的其他因素	增强短期偿债能力的表外因素	（1）可动用的银行授信额度； （2）可快速变现的非流动资产； （3）偿债能力的声誉。	
		降低短期偿债能力的表外因素	（1）与担保有关的或有负债事项； （2）经营租赁合同中的承诺付款事项。	

【例题3·单选题】下列有关营运资本计算正确的是（　　）。

A. 营运资本 = 长期资本 − 长期资产

B. 营运资本 =（流动负债 + 非流动负债）− 非流动资产

C. 营运资本 = 长期资产 − 流动资产

D. 营运资本 = 所有者权益 − 非流动负债 − 非流动资产

【答案】A

【解析】营运资本 = 流动资产 − 流动负债 =（总资产 − 非流动资产）−（总资产 − 所有者权益 − 非流动负债）=（所有者权益 + 非流动负债）− 非流动资产 = 长期资本 − 长期资产。故选项 A 正确。

【例题4·单选题】下列关于营运资本的说法中，正确的是（　　）。

A. 营运资本越多的企业，流动比率越大

B. 营运资本越多的企业，短期偿债能力越强

C. 营运资本增加，说明企业短期偿债能力提高

D. 营运资本越多，长期资本用于流动资产的金额越大

【答案】D

【解析】营运资本 = 流动资产 − 流动负债 = 长期资本 − 长期资产。营运资本为正数，说明长期资本的数额大于长期资产，营运资本数额越大，财务状况越稳定。所以选项 D 正确。营运资本是绝对数，不便于直接评价企业短期偿债能力，而用营运资本的配置比率（营运资本/流动资产）更加合理。

分析内容		有关指标	计算公式	分析
长期偿债能力分析★★	总债务存量比率	资产负债率	资产负债率 = 总负债/总资产 ×100%	(1) 从债权人的立场看：他们希望债务比例越低越好，企业偿债有保证，贷款不会有太大的风险； (2) 从股东的角度看：在全部资本利润率高于借款利息率时，负债比率越大越好，否则相反。
		产权比率	产权比率 = 总负债/股东权益	(1) 产权比率反映企业基本财务结构是否稳定。产权比率高，是高风险、高报酬的财务结构；产权比率低，是低风险、低报酬的财务结构； (2) 产权比率也反映债权人投入资本受到股东权益保障的程度，或者说是企业清算时对债权人利益的保障程度。
		权益乘数	权益乘数 = 总资产/股东权益 = 1 + 产权比率	
		长期资本负债率	长期资本负债率 = [非流动负债/(非流动负债 + 股东权益)] ×100%	分母是长期资本，而非总资产
长期偿债能力分析	总债务流量比率	利息保障倍数	利息保障倍数 = 息税前利润/利息费用	利息保障倍数反映企业经营收益为所需支付的债务利息的多少倍。只要利息保障倍数足够大，企业就有充足的能力偿付利息，否则相反
		现金流量利息保障倍数	现金流量利息保障 = 经营现金流量净额/利息费用	它比利息保障倍数更可靠，前者关注现金流量对利息的补偿，后者关注利润对利息的补偿
		现金流量与负债比率	现金流量与负债比率 =（经营现金流量净额/债务总额）×100%	
	影响长期偿债能力的其他因素	(1) 长期租赁：当企业的经营租赁量比较大、期限比较长或具有经常性时，就形成了一种长期性筹资。 (2) 债务担保：在分析企业长期偿债能力时，应根据有关资料判断担保责任带来的潜在长期负债问题。 (3) 未决诉讼：未决诉讼一旦判决败诉，便会影响企业的偿债能力，因此在评价企业长期偿债能力时也要考虑其潜在影响。		

【例题5·单选题】下列各项中，可能导致企业资产负债率变化的经济业务是（　　）。

A. 收回应收账款

B. 用现金购买债券

C. 以固定资产对外投资（按账面价值作价）

D. 接受所有者投资转入的固定资产

【答案】D

【解析】选项A、B、C都是资产内部的此增彼减，不会影响增产总额。选项D会使资产增加，股东权益增加，资产负债率降低。

【例题6·单选题】在“利息保障倍数＝（净利润＋利息费用＋所得税费用）/利息费用”计算式中，分子的“利息费用”是（　　）。

A. 计入本期现金流量表的利息支出

B. 计入本期利润表的费用化利息

C. 计入本期利润表的费用化利息和资产负债表的资本化利息

D. 计入本期资产负债表的资本化利息

【答案】B

【解析】分子的“利息费用”是指计入本期利润表中财务费用的利息费用；选项B正确。

【例题7·单选题】A企业的资产净利润率为20%，若产权比率为1，则权益净利率为（　　）。

A. 15%　B. 20%　C. 30%　D. 40%

【答案】D

【解析】权益净利率＝资产净利率×权益乘数＝资产净利率×（1＋产权比率）＝20%×（1＋1）＝40%。

分析内容	有关指标	计算公式	分析
营运能力比率★★	应收账款周转率 【提示】此处应收账款实质上是应收票据及应收账款，为顺应习惯称法，以下均简称为应收账款。相关比率也按此称谓，下同	（1）应收账款周转次数＝营业收入/应收账款 （2）应收账款周转天数＝365/应收账款周转次数 （3）应收账款与收入比＝应收账款/营业收入	计算和使用应收账款周转率应注意的问题： （1）营业收入的赊销比例问题。计算时通常直接用利润表第一项“营业收入”来计算； （2）应收账款年末余额的可靠性问题。计算时通常用“平均应收账款”； （3）应收账款的坏账准备问题。通常直接利用报表数据计算，但如果计提的坏账准备数额较大，应按未计提坏账准备前的应收账款计算； （4）应收账款周转天数是否越少越好。应收账款周转天数不一定越少越好，应结合销售方式、信用政策综合考虑。
营运能力比率	存货周转率	（1）存货周转次数＝营业收入/存货 （2）存货周转天数＝365/存货周转次数 （3）存货与收入比＝存货/营业收入	计算和使用存货周转率应注意的问题： （1）使用“营业收入”还是“营业成本”作为周转额。如果为了评估存货的变现能力，应采用“营业收入”；在分解总资产周转率时，应采用“营业收入”，如果为了评估存货管理的业绩，应采用“营业成本”； （2）存货周转天数不是越少越好。在特定生产经营条件下，存在一个最佳的存货水平； （3）应注意应付账款、存货和应收账款（或销售收入）之间的关系； （4）应关注存货内部构成比例关系。
营运能力比率	流动资产周转率	（1）流动资产周转次数＝营业收入/流动资产 （2）流动资产周转天数＝365/流动资产周转次数 （3）流动资产与收入比＝流动资产/营业收入	流动资产周转率反映流动资产的周转速度。周转速度快，会相对节约流动资产，等于相对扩大资产投入，增强企业盈利能力；而延缓周转速度，需要补充流动资产参加周转，形成资金浪费，降低企业盈利能力
	营运资本周转率	（1）营运资本周转次数＝营业收入/营运资本 （2）营运资本周转天数＝365/营运资本周转次数 （3）营运资本与收入比＝营运资本/营业收入	营运资本周转率是一个综合性比率。严格意义上，应仅有经营性资产和经营性负债被用于计算这一指标，即短期借款、交易性金融资产和超额现金等因不是经营活动必需的应被排除在外

续表

分析内容	有关指标	计算公式	分析
营运能力比率	非流动资产周转率	(1) 非流动资产周转次数 = 营业收入/非流动资产 (2) 非流动资产周转天数 = 365/非流动资产周转次数 (3) 非流动资产与收入比 = 非流动资产/营业收入	流动资产周转率反映流动资产的周转速度。周转速度快，会相对节约流动资产，等于相对扩大资产投入，增强企业盈利能力；而延缓周转速度，需要补充流动资产参加周转，形成资金浪费，降低企业盈利能力
	总资产周转率	(1) 总资产周转次数 = 营业收入/总资产 (2) 总资产周转天数 = 365/总资产周转次数 (3) 总资产与收入比 = 总资产/营业收入	总资产周转率的驱动因素： (1) 应收账款周转天数和存货周转天数等流动资产周转天数； (2) 非流动资产周转天数； (3) 总资产的周转天数 = $\sum$（各项资产的周转天数）。 【注意】总资产周转率的驱动因素分析，通常要使用"总资产周转天数"或"总资产与收入比"，而不使用"总资产周转次数"

【例题 8 · 多选题】下列各项措施中，可降低应收账款周转天数的有（　　）。

A. 提高信用标准

B. 提高现金折扣率

C. 延长信用期限

D. 分派专业人员多次督促加快货款收回

【答案】ABD

【解析】应收账款周转次数 = 营业收入/平均应收账款。提高信用标准会减少平均应收账款，从而使得应收账款周转次数增加，应收账款周转天数下降。选项 A 正确。提高现金折扣率会促使提前还款，平均应收账款减少，从而应收账款周转天数下降，选项 B 正确。延长信用期限会放松信用标准，会使平均应收账款增加，应收账款周转率降低，应收账款周转天数增加，选项 C 错误。应收账款周转率 = 赊销收入/（应收账款平均净额 + 应收票据平均余额 + 坏账准备平均余额），加快货款收回会使应收账款周转率增加，应收账款周转天数降低，选项 D 正确。

【例题 9 · 多选题】下列有关财务分析表述中正确的有（　　）。

A. 两家商业企业本期销售收入、存货平均余额相同，但毛利率不同，若不考虑其他影响因素，可以认为毛利率高的企业存货管理业绩较高

B. 两家商业企业本期销售成本、存货平均余额相同、流动比率相同，但毛利率不同，若不考虑其他影响因素，可以认为毛利率高的企业短期偿债能力强

C. 总资产周转天数与上年相比增加了 50 天，若流动资产周转天数增加了 30 天，则非流动资产的周转天数必然增加 20 天

D. 总资产周转天数与上年相比增加了 50 天，若流动资产周转天数增加了 30 天，则非流动资产的周转天数必然增加 80 天

【答案】BC

【解析】毛利率 = 1 - 销售成本率，存货周转率 = 销售成本/平均存货余额，销售收入相同的情况下，毛利率越高，销售成本越低，存货平均余额相同的情况下，存货周转率越低，选项 A 错误；销售成本相同的情况下，毛利率越高，销售收入越高，存货平均余额相同的情况下，存货周转率越高，选项 B 正确；总资产周转天数 = 流动资产周转天数 + 非流动资产的周转天数，所以选项 C 正确，选项 D 错误。

由于传统杜邦分析体系存在"总资产"与"净利润"不匹配、未区分金融损益和经营损益、未区分有息负债和无息负债，没有区分金融资产和经营资产等诸多局限，故应基于改进的管理用财务报表重新设计财务分析体系。

改进的财务分析体系的核心公式：

$$权益净利率 = \frac{税后经营净利润}{股东权益} - \frac{税后利息费用}{股东权益}$$
$$= 净经营资产净利率 + (净经营资产净利率 - 税后利息率) \times 净财务杠杆$$

权益净利率的高低取决于三个驱动因素：

净经营资产净利率（可进一步分解为销售税后经营净利率和净经营资产周转次数）、税后利息率和净财务杠杆。

考点四：财务预测的方法（★★）

销售百分比法是根据财务报表中有关项目与营业收入之间的依存关系预测资金需要量的一种方法。即假设相关资产、负债与营业收入存在稳定的百分比关系，然后根据预计营业收入和相应的百分比预计相关资产、负债，最后确定融资需求。其步骤：

1. 确定经营资产和经营负债项目的销售百分比

经营资产和经营负债项目的销售百分比，可以根据传统财务报表数据预计，也可以使用经过调整的管理用财务报表数据预计，后者更方便，也更合理。经营资产和经营负债项目占营业收入的百分比，可以根据基期的数据确定，也可以根据以前若干年度的平均数确定。

2. 预计各项经营资产和经营负债

各项经营资产（或负债）= 预计营业收入 × 各项目销售百分比

3. 预计可动用的金融资产

4. 预计增加的留存收益

留存收益是企业内部的筹资来源。只要企业有盈利并且不全部支付股利，留存收益就会使股东权益增长，从而全部或部分满足企业的融资需求。这部分资金的多少，取决于净利润的多少和股利支付率的高低。

留存收益增加 = 预计营业收入 × 预计营业净利率 ×（1 - 预计股利支付率），假设当年利润当年分配股利。

5. 预计增加的借款

需要的外部融资额，可以通过增加借款或增发股票筹集，涉及资本结构管理问题。通常，在目标资本结构允许的情况下，企业会优先使用借款筹资。如果不宜再增加借款，则需要增发股票。

融资总需求 = 动用金融资产 + 增加留存收益 + 增加借款

注：销售百分比法是一种比较简单、粗略的预测方法。首先，该方法假设各项经营资产和经营负债与营业收入保持稳定的百分比，可能与事实不符。其次，该方法假设预计营业净利率可以涵盖借款利息的增加，也不一定合理。

【例题 10 · 单选题】某公司 2017 年销售收入为 100 万元，税后净利 4 万元，发放了股利 2 万元，净经营资产为 70 万元，金融资产为 10 万元（均为可动用金融资产），预计 2018 年销售收入为 150 万元，计划销售净利率和股利支付率与 2017 年保持一致，若该净经营资产周转率预计保持 2017 年水平，则 2018 年外部融资需要量为（　　）万元。

A. 32　　B. 28

C. 25　　D. 22

【答案】D

【解析】净经营资产占销售百分比 = 70/100 = 70%

可动用的金融资产为 10 万元

需从外部融资额 = 增加的净经营资产 - 可动用金融资产 - 增加的留存收益

= 50 × 70% - 10 - 150 × 4% ×（1 - 50%）

= 35 - 10 - 3

= 22（万元）

考点五：增长率与资本需求的测算（★★）

（一）内含增长率

如果企业没有可动用的金融资产，且不能或不打算从外部融资，则只能靠内部积累，这将限制销售增长，此时的销售增长率称为“内含增长率”。

【提示】内含增长率的计算方法

设外部融资需求量等于零，同时没有可动用金融资产，则有：

外部融资额 =（经营资产销售百分比 × 营业收入增加）-（经营负债销售百分比 × 营业收入增加）-［预计营业收入 × 预计营业净利率 ×（1 - 预计股利支付率）］

设外部融资额 = 0，即：

经营资产销售百分比 - 经营负债销售百分比 - 预计营业净利率 ×［（1 + 增长率）÷ 增长率］×（1 - 预计股利支付率）= 0，亦可求得营业收入增长率，即内含增长率。

【例题 11 · 单选题】甲公司 2017 年经营资产销售百分比为 70%，经营负债销售百分比为 15%，股利支付率为 37.5%，假设公司 2018 年上述比率保持不变，没有可动用的金融资产，不打算进行股票回购，并采用内含增长方式支持销售增长，为实现 10% 的销售增长目标，预计2018年销售净利率为（　　）。

A. 5%　　B. 8%

C. 10%　　D. 12%

【答案】B

【解析】内含增长率=[预计营业净利率×净经营资产周转率×(1-预计股利支付率)]/[1-预计营业净利率×净经营资产周转率×(1-预计股利支付率)]。

净经营资产周转率=1/(70%-15%)=100/55

10%=[预计销售净利率×100/55×(1-37.5%)]/[1-预计销售净利率×100/55×(1-37.5%)]

则预计销售净利率=8%。

【例题12·单选题】由于通货紧缩，某公司不打算从外部融资，而主要靠调整股利分配政策，扩大留存收益来满足销售增长的资金需求。历史资料表明，该公司经营资产、经营负债与销售总额之间存在着稳定的百分比关系。现已知经营资产销售百分比为75%，经营负债销售百分比为15%，计划下年销售净利率10%，股利支付率为20%，若预计下一年单价会下降2%，则据此可以预计下年销量增长率为（　　）。

A. 23.53%　　B. 26.05%

C. 17.73%　　D. 15.38%

【答案】C

【解析】由于不打算从外部融资，此时的销售增长率为内含增长率，设为x，

净经营资产周转率=1/(75%-15%)=1/0.6

内含增长率=(10%×1/0.6×80%)/(1-10%×1/0.6×80%)=15.38%

(1-2%)×(1+销量增长率)-1=15.38%

所以销量增长率=17.73%。

（二）可持续增长率（★★）

含义	可持续增长率是指不发行新股或回购股票，不改变经营效率和财务政策时公司销售所能达到的增长率
假设条件	（1）公司营业净利率将维持当前水平，并且可以涵盖新增债务增加的利息； （2）公司的资产周转率将维持当前的水平； （3）公司目前的资本结构是目标资本结构，并且打算继续维持下去； （4）公司目前的利润留存率是目标利润留存率，并且打算继续维持下去； （5）不愿意或者不打算增发新股和股份回购。 在上述假设条件成立时，销售的增长率是可持续增长率
计算	（1）根据期初股东权益计算： 可持续增长率=期初权益本期净利率×本期利润留存率 =营业净利率×期末总资产周转次数×期末总资产期初权益乘数×利润留存率 （2）根据期末股东权益计算： 可持续增长率=(营业净利率×期末总资产周转次数×期末总资产权益乘数×本期利润留存率)/(1-营业净利率×期末总资产周转次数×期末总资产权益乘数×本期利润留存率)=(期末权益净利率×本期利润留存率)/(1-期末权益净利率×本期利润留存率)
应用	由于假设经营效率和财务政策不变，则股利支付率、营业净利率不变。营业净利率不变，意味着销售增长率等于净利润增长率（即营业净利率的分子、分母变动幅度相同）；而股利支付率不变，意味着股利增长率等于净利润增长率（即股利支付率的分子、分母变动幅度相同），所以，销售增长率等于股利增长率

【例题13·单选题】（2019年）甲公司处于可持续增长状态。预计2019年末净经营资产1 000万元，净负债340万元，2019年营业收入1 100万元，净利润100万元，股利支付率40%，甲公司2019年的可持续增长率是（　　）。

A. 6.5%

B. 6.1%

C. 9.1%

D. 10%

【答案】D

【解析】可持续增长率=100/(1 000-340)×(1-40%)/[1-100/(1 000-340)×(1-40%)]=10%

【例题14·多选题】假设企业本年的经营效率、资本结构和股利支付率与上年相同，目标销售收入增长率为30%（大于可持续增长率），则下列说法中正确的有（　　）。

A. 本年权益净利率为30%

B. 本年净利润增长率为30%

C. 本年增发了外部股权资金

D. 本年新增投资的报酬率为30%

【答案】BC

【解析】由于经营效率不变，所以销售净利率不变，净利润的增长率等于销售收入增长率等于30%，所以选项B正确；由于销售增长率高于可持续增长率，而四个比率不变，所以只能靠从外部筹集股权资金支持高增长，选项C正确。

（三）外部资本需求的测算（★★）

1. 外部融资销售增长比

掌握外部融资销售增长比的应用：（1）外部融资额＝外部融资销售增长比×新增营业收入；（2）如果存在通货膨胀，则应将销售增长率调整为营业收入含有通货膨胀的增长率；（3）调整财务政策的可行性。

2. 外部融资需求的敏感分析

外部融资需求的多少，不仅取决于销售增长，还要看营业净利率和股利支付率。在股利支付率小于1的情况下，营业净利率越大，外部融资需求越少；在营业净利率大于0的情况下，股利支付率越高，外部融资需求越大。

通关演练

一、单项选择题

1. 下列关于营运资本的说法中，正确的是（　　）。（2016年）

A. 营运资本越多的企业，流动比率越大

B. 营运资本越多，长期资本用于流动资产的金额越大

C. 营运资本增加，说明企业短期偿债能力提高

D. 营运资本越多的企业，短期偿债能力越强

2. 甲公司的生产经营存在季节性，每年的6月到10月是生产经营旺季，11月到次年5月是生产经营淡季。如果使用应收账款年初余额和年末余额的平均数计算应收账款周转次数，计算结果会（　　）。（2014年）

A. 高估应收账款周转速度

B. 低估应收账款周转速度

C. 正确反映应收账款周转速度

D. 无法判断对应收账款周转速度的影响

3. 甲公司是一家电器销售企业，每年6月到10月是销售旺季，管理层拟用存货周转率评价全年存货管理业绩，适合使用的公式是（　　）。（2015年）

A. 存货周转率＝销售收入/（$\sum$各月末存货/12）

B. 存货周转率＝销售收入/［（年初存货＋年末存货）/2］

C. 存货周转率＝销售成本/［（年初存货＋年末存货）/2］

D. 存货周转率＝销售成本/（$\sum$各月末存货/12）

4. 某企业本年的总资产周转次数为2次，流动资产周转次数为5次，若一年有360天，则非流动资产周转天数为（　　）天。

A. 360　　B. 108

C. 120　　D. 72

5. 甲公司上年净利润为250万元，流通在外的普通股的加权平均股数为100万股，优先股为50万股，优先股股息为每股1元。如果上年末普通股的每股市价为30元，甲公司的市盈率为（　　）。（2012年）

A. 12　　B. 15

C. 18　　D. 22.5

6. 下列各项营运能力比率中，不正确的是（　　）。

A. 应收账款周转天数＝应收账款/日销售收入

B. 调整后的应收账款周转天数＝赊销收入/（应收账款平均净额＋应收票据平均余额＋坏账准备平均余额）

C. 总资产周转次数等于各项资产周转次数之和

D. 总资产周转率＝营业收入/总资产的平均余额

7. 下列有关营运资本计算错误的是（　　）。

A. 营运资本＝流动资产－流动负债

B. 营运资本＝所有者权益－非流动负债－非流动资产

C. 营运资本 = 长期资本 - 长期资产

D. 营运资本 =（所有者权益 + 非流动负债）- 非流动资产

8. 甲公司上年末的营运资本配置比率为60%，流动负债为 140 万元，由此可知，甲公司上年末的流动资产为（　　）万元。

A. 300　　B. 400

C. 420　　D. 350

9. 某公司 2019 年营业收入为 100 万元，税后净利 4 万元，发放了股利 2 万元，净经营资产为 60 万元，金融资产为 10 万元（均为可动用金融资产），预计 2020 年营业收入为 150 万元，计划营业净利率和股利支付率与 2019 年保持一致，若该净经营资产周转率预计保持 2019 年水平，则 2020 年融资总需求为（　　）万元。

A. 35　　B. 28

C. 30　　D. 22

10. 下列各项中，关于应收账款周转率的说法错误的是（　　）。

A. 计算时分子应使用赊销额而非营业收入

B. 计算平均应收账款时可以使用多个时点的平均数，而不仅仅是年初和年末的平均数

C. 计算应收账款周转率，不必考虑坏账准备

D. 应收账款周转天数并非越短越好

二、多项选择题

1. 根据资金需要量预测的销售百分比法，下列负债项目中，通常会随销售额变动而成正比例变动的有（　　）。

A. 应付账款

B. 短期借款

C. 长期负债

D. 应付票据

2. 假设其他条件不变，下列计算方法的改变会导致应收账款周转天数减少的有（　　）。(2011 年)

A. 从使用赊销额改为使用销售收入进行计算

B. 从使用应收账款平均余额改为使用应收账款平均净额进行计算

C. 从使用应收账款全年日平均余额改为使用应收账款旺季的日平均余额进行计算

D. 从使用已核销应收账款坏账损失后的平均余额改为核销应收账款坏账损失前的平均余额进行计算

3. 甲公司是制造业企业，采用管理用财务报表进行分析，下列各项中，属于甲公司金融负债的有（　　）。(2016 年)

A. 优先股

B. 融资租赁形成的长期应付款

C. 应付股利

D. 无息应付票据

4. 甲公司是一家非金融企业，在编制管理用财务报表时，下列项目中属于金融负债的有（　　）。(2014 年)

A. 应付利息

B. 应付普通股股利

C. 应付优先股股利

D. 融资租赁形成的长期应付款

5. 甲公司是一家非金融企业，在编制管理用资产负债表时，下列资产中属于金融资产的有（　　）。(2012 年)

A. 短期债券投资

B. 长期债券投资

C. 短期股票投资

D. 长期股权投资

6. 甲公司 2019 年实现税后经营净利润 200 万元，折旧与摊销为 30 万元，经营性流动资产增加 80 万元，经营性流动负债增加 30 万元，净经营性长期资产增加 80 万元。下列说法中，正确的有（　　）。

A. 甲公司 2019 年的营业现金毛流量为 170 万元

B. 甲公司 2019 年的经营性营运资本增加为 50 万元

C. 甲公司 2019 年的资本支出为 80 万元

D. 甲公司 2019 年的实体现金流量为 70 万元

7. 下列各项中，说法错误的有（　　）。

A. 优先股属于金融负债

B. 应付利息属于经营负债

C. 融资租赁引起的长期应付款属于经营负债

D. 短期权益性投资形成的应收股利属于金融资产

8. 假设其他因素不变，下列变动中有利于

减少企业外部融资额的有（　　）。(2014 年)

A. 提高存货周转率

B. 提高产品毛利率

C. 提高权益乘数

D. 提高股利支付率

9. 在企业可持续增长的情况下，下列计算各相关项目的本期增加额的公式中，正确的有（　　）。

A. 本期资产增加 =（本期销售增加/基期营业收入）× 基期期末总资产

B. 本期负债增加 = 基期营业收入 × 营业净利率 × 利润留存率 ×（基期期末负债/基期期末股东权益）

C. 本期股东权益增加 = 基期营业收入 × 营业净利率 × 利润留存率

D. 本期销售增加 = 基期营业收入 ×（基期净利润/基期期初股东权益）× 利润留存率

10. 甲公司无法取得外部融资，只能依靠内部积累增长。在其他因素不变的情况下，下列说法中正确的有（　　）。(2014 年)

A. 营业净利率越高，内含增长率越高

B. 净经营资产周转次数越高，内含增长率越高

C. 经营负债销售百分比越高，内含增长率越高

D. 股利支付率越高，内含增长率越高

11. 假设其他因素不变，下列变动中导致外部融资额增加的有（　　）。

A. 提高存货周转天数

B. 提高产品毛利率

C. 提高销售成本率

D. 提高股利支付率

12. 甲公司是一家非金融企业，在编制管理用财务报表时，下列项目中属于经营资产的有（　　）。

A. 交易性金融资产

B. 长期股权投资

C. 应收利息

D. 应收账款

三、计算分析题

1. 甲公司是一家制造业企业，为做好 2015 年财务计划，甲公司管理层拟对财务报表进行分析和预测。相关资料如下：

（1）甲公司 2014 年的主要财务报表数据：

单位：万元

资产负债表项目	2014 年年末
货币资金	1 000
应收账款	1 800
存货	3 500
长期股权投资	2 000
固定资产	7 500
资产合计	15 800
应付账款	3 000
长期借款	5 000
股东权益	7 800
负债及股东权益合计	13 200
利润表项目	2014 年度
营业收入	20 000
减：营业成本	12 000
税金及附加	740
管理费用	4 000
财务费用	160
利润总额	3 300
减：所得税费用	800
净利润	2 500

（2）甲公司没有优先股且没有外部股权融资计划，股东权益变动均来自利润留存，投资收益均来自长期股权投资。

（3）甲公司所得税税率为 25%。

（4）甲公司使用固定股利支付率政策，股利支付率为 60%，经营性资产、经营性负债与营业收入保持稳定的百分比关系。

（5）销售部门预测 2015 年公司营业收入增长率为 10%。

要求：

（1）假设 2015 年所有成本费用与营业收入的占比关系维持 2014 年水平，用销售百分比法初步预测甲公司 2015 年融资总需求和外部融资需求。

（2）假设 2015 年甲公司除货币资金、长期借款外所有资产和负债与营业收入保持 2014 年的百分比关系，除财务费用和所得税费用外所有成本费用与营业收入的占比关系维持 2014 年水平，2015 年新增财务费用按新增长期借款期初借入计算，所得税费用按当年利润总额计算。为满足资金需求，甲公司

根据要求（1）的初步测算结果，以百万元为单位向银行申请贷款，贷款利率 7%，贷款金额超出融资需求的部分计入货币资金。预测公司 2015 年末资产负债表和 2015 年度利润表（结果填入下方表格中，不用列出计算过程）。

单位：万元

资产负债表项目	2014 年年末
货币资金	
应收账款	
存货	
长期股权投资	
固定资产	
资产合计	
应付账款	
长期借款	
股东权益	
负债及股东权益合计	
利润表项目	2014 年度
营业收入	
减：营业成本	
税金及附加	
管理费用	
财务费用	
加：投资收益	
利润总额	
减：所得税费用	
净利润	

2. X 公司是一家家电生产企业，拟采用管理用财务报表进行财务分析。相关资料如下：

（1）X 公司 2019 年主要财务报表数据

资产负债表项目	2019 年末
货币资金	400
应收账款	800
存货	1 500
固定资产	5 500
资产总计	8 200
应付账款	2 200
长期借款	2 000
股东权益	4 000
负债及股东权益总计	8 200

续表

利润表项目	2019 年末
营业收入	10 000
减：营业成本	6 000
税金及附加	320
销售和管理费用	2 000
财务费用	180
利润总额	1 500
减：所得税费用	375
净利润	1 125

（2）X 公司货币资金全部为经营活动所需，财务费用全部为利息支出，X 公司的企业所得税税率 25%。

（3）Y 公司是甲公司的竞争对手，2019 年相关财务比率如下：

项目	净经营资产净利率	税后利息率	净财务杠杆（净负债/股东权益）	权益净利率
Y 公司	24%	8%	60%	33.6%

要求：（1）编制 X 公司 2019 年管理用财务报表（结果填入下方表格中，不用列出计算过程）。

管理用财务报表项目	2019 年
经营性资产	
经营性负债	
净经营资产	
金融负债	
金融资产	
净负债	
股东权益	
净负债及股东权益总计	
税前经营利润	
减：经营利润所得税	
税后经营净利润	
利息费用	
减：利息费用抵税	
税后利息费用	
净利润	

（2）基于X公司管理用财务报表，计算X公司的净经营资产净利率，税后利息率，净财务杠杆和权益净利率。（注：资产负债表相关数据用年末数计算）

（3）计算X公司与Y公司权益净利率的差异。并使用因素分析法，按照净经营资产净利率，税后利息率和净财务杠杆的顺序，对该差异进行定量分析。

四、综合题

1. 甲公司是一家化工原料生产企业，生产经营无季节性。股东使用管理用财务报表分析体系对公司2013年度业绩进行评价。主要的管理用财务报表数据如下：

单位：万元

项目	2013年	2012年
资产负债表项目（年末）：		
经营性流动资产	9 000	7 000
减：经营性流动负债	2 000	1 000
经营性长期资产	27 000	24 000
净经营资产合计	34 000	30 000
短期借款	1 000	0
长期借款	10 000	8 000
净负债合计	11 000	8 000
股本	15 000	15 000
资本公积	5 000	5 000
留存收益	3 000	2 000
股东权益合计	23 000	22 000

续表

项目	2013年	2012年
利润表项目（年度）：		
营业收入	35 000	28 000
税后经营净利润	5 500	4 000
减：税后利息费用	1 000	700
净利润	4 500	3 300

甲公司一直采用固定股利支付率政策，股利支付率为60%。甲公司的企业所得税税率为25%。为简化计算，计算相关财务指标时，涉及的资产负债表数据均使用其各年年末数据。

要求：（1）计算甲公司2013年和上年的净经营资产净利率、税后利息率、净财务杠杆、经营差异率、杠杆贡献率和权益净利率。

（2）对2013年权益净利率较上年变动的差异进行因素分解，依次计算净经营资产净利率、税后利息率和净财务杠杆的变动对2013年权益净利率变动的影响。

（3）如果甲公司2014年的营业净利率、净经营资产周转率与股利支付率不变，计算甲公司的内含增长率。

（4）若甲公司不打算增发股票（或回购股票），维持2013年营业净利率、股利支付率、资产周转率和资产负债率不变，则2014年预期销售增长率为多少？

（5）简述可持续增长率和内含增长率的区别。

2. A公司2017年财务报表主要数据如下表所示：

单位：万元

项目	2017年实际	项目	2017年实际
销售收入	3 200	流动负债	1 200
净利润	160	长期负债	800
本期分配股利	48	负债合计	2 000
本期留存利润	112	实收资本	1 600
流动资产	2 552	期末未分配利润	752
固定资产	1 800	股东权益合计	2 352
资产合计	4 352	负债及股东权益合计	4 352

假设A公司资产均为经营性资产，流动负债为经营负债（假设经营资产、经营负债占销售收入的比不变），长期负债为金融负债，不变的销售净利率可以涵盖增加的负债

利息。

A 公司 2018 年的增长策略有三种选择：

（1）可持续增长：维持目前的经营效率和财务政策，不增发新股。

（2）高速增长：销售增长率为 20%。为了筹集高速增长所需的资金，公司拟提高财务杠杆。在保持 2017 年的销售净利率、资产周转率和收益留存率不变的情况下，将权益乘数（总资产/股东权益）提高到 2。

（3）高速增长：销售增长率为 20%。为了筹集高速增长所需的资金，公司拟提高销售净利率。不发行股票，不改变财务政策和资产周转率。

要求：

（1）假设 A 公司 2018 年选择方案 1，请计算确定 2018 年所需的外部筹资额及其构成。

（2）假设 A 公司 2018 年选择方案 2，请预计 2018 年财务报表的主要数据（具体项目同上表，答案填入给定的表格内），并计算确定 2018 年所需的外部筹资额及其构成。

（3）假设 A 公司选择方案 3，预计销售净利率应达到多少？

项目	2017 年实际	2018 年预计	项目	2017 年实际	2018 年预计
销售收入	3 200		流动负债	1 200	
净利润	160		长期负债	800	
本期分配股利	48		负债合计	2 000	
本期留存利润	112		实收资本	1 600	
流动资产	2 552		期末未分配利润	752	
固定资产	1 800		股东权益合计	2 352	
资产总计	4 352		负债及股东权益总计	4 352	

答案及解析

一、单项选择题

1.【答案】B

【解析】营运资本 = 流动资产 - 流动负债 = 长期资本 - 长期资产。营运资本为正数，说明长期资本来源大于长期资产占用，所以营运资本数额越大，财务状况越稳定，选项 B 正确。营运资本是绝对数，营运资本越多的企业，其流动比率（相对数）不一定越大，因此不便于直接评价企业的短期偿债能力。选项 A、C、D 错误。

【该题针对“短期偿债能力比率”进行考核】

2.【答案】A

【解析】应收账款的年初余额反映的是 1 月初的余额，应收账款的年末余额反映的是 12 月末的余额，这两个月份都是该企业的生产经营淡季，应收账款的数额较少，因此用这两个月份的应收账款余额平均数计算出的应收账款周转次数会比较高，一定程度高估应收账款周转速度。

【该题针对“营运能力比率”进行考核】

3.【答案】D

【解析】为了评价存货管理的业绩，应当使用“销售成本”计算存货周转率。而存货的年初余额在 1 月初，年末余额在 12 月末，都不属于旺季，存货的数额较少，采用存货余额年初年末平均数计算出来的存货周转率较高，因此应该按月进行平均，比较准确，所以选项 D 正确。

【该题针对“营运能力比率”进行考核】

4.【答案】B

【解析】总资产周转天数 = 360/2 = 180（天），流动资产周转天数 = 360/5 = 72（天），非流动资产周转天数 = 180 - 72 = 108（天）

5.【答案】B

【解析】每股收益 = 归属于普通股股东的净利润/流通在外普通股加权平均数 = (250 - 50 × 1)/100 = 2（元），市盈率 = 每股市价/每股收益 = 30/2 = 15。

【该题针对“市价比率”进行考核】

6.【答案】C

【解析】总资产周转天数等于各项资产周转天数之和。

7.【答案】B

【解析】营运资本 = 流动资产 - 流动负债 =（总资产 - 非流动资产）-（总资产 - 所有者权益 - 非流动负债）=（所有者权益 + 非流动负债）- 非流动资产 = 长期资本 - 长期资产。故选项 B 错误。

8.【答案】D

【解析】营运资本配置比率 = 营运资本/流动资产 =（流动资产 - 流动负债）/流动资产 = 1 - 流动负债/流动资产，根据营运资本配置比率 = 60% 可知，流动负债/流动资产 = 40%，即流动资产 = 140/40% = 350（万元）。

9.【答案】C

【解析】由于净经营资产周转率不变，故营业收入增长率等于净经营性资产增长率 =（150 - 100）/100 = 50%；融资总需求 = 增加的净经营资产 = 60 × 50% = 30。

10.【答案】C

【解析】计算应收账款周转率时应使用赊销额，但是，外部分析人员无法在财务报表内取得公司的赊销数据，只好直接使用营业收入作为替代进行计算。因此选项 A 正确。多个时点的平均数可以减少季节性、偶然性或人为因素的影响。因此选项 B 正确。资产负债表上的资产是按净值列示，报表上的应收账款金额是扣除坏账准备后的金额，因此，如果坏账准备的影响比较大，则应考虑坏账准备的影响，选项 C 错误。应收账款是赊销引起的，如果赊销有可能比现金销售更有利，周转天数就不是越少越好。因此，选项 D 正确。

二、多项选择题

1.【答案】AD

【解析】经营负债项目包括应付票据、应付账款等项目，不包括短期借款、短期融资券、长期负债等筹资性负债，根据销售百分比法，经营负债是随营业收入变动而变动的项目，选项 A、D 正确。

2.【答案】AB

【解析】应收账款周转天数 = 365/应收账款周转次数，应收账款周转次数 = 销售收入/应收账款，即周转次数越多，周转天数越少。选项 A 和选项 B 会导致应收账款周转次数增加，从而导致应收账款周转天数减少；选项 C 和选项 D 的影响正好与选项 A 和选项 B 相反。

【该题针对“营运能力比率”进行考核】

3.【答案】ABC

【解析】无息应付票据属于经营负债。所以选项 A、B、C 正确。

【该题针对“财务报表分析”进行考核】

4.【答案】ABCD

【解析】“应付利息”是债务筹资的应计费用，属于金融负债；“应付股利”（包括优先股的应付股利和普通股的应付股利），均为筹资活动的应计费用，因此属于金融负债；融资租赁引起的长期应付款属于金融负债，因为它被视为企业因购买资产而发生的借款。

【该题针对“财务报表分析”进行考核】

5.【答案】ABC

【解析】对于非金融企业，债券和其他带息的债权投资都是金融性资产，包括短期和长期的债权性投资，所以，选项 A 和 B 正确；短期权益性投资不是生产经营活动所必需的，只是利用多余现金的一种手段，因此是金融资产，所以，选项 C 正确；长期股权投资是经营性资产，所以，选项 D 错误。

【该题针对“财务报表分析”进行考核】

6.【答案】BD

【解析】营业现金毛流量 = 税后经营净利润 + 折旧与摊销 = 200 + 30 = 230（万元）。经营性营运资本增加 = 经营性流动资产增加 - 经营性流动负债增加 = 80 - 30 = 50（万元）。资本支出 = 净经营性长期资产增加 + 折旧与摊销 = 80 + 30 = 110（万元）。实体现金流量 = 营业现金毛流量 - 经营营运资本增加 - 资本支出 = 230 - 50 - 110 = 70（万元）。

7.【答案】BC

【解析】从普通股股东角度看，优先股应属于金融负债。所以选项 A 正确。应付利息是为筹资活动的应计费用，属于金融负债，所以选项 B 错误。融资租赁引起的长期应付款属于金融负债，经营活动引起的长期应付款属于经营负债，选项 C 错误。长期权益性投资的应收股利属于经营资产，短期权益性投资形成的应收股利，属于金融资产，选项 D 正确。

8.【答案】AB

【解析】外部融资额 =（经营资产销售百

分比×销售收入增加)-(经营负债销售百分比×销售收入增加)-可动用金融资产-预计营业收入×营业净利率×(1-预计股利支付率),假设其他因素不变,提高产品毛利率则会提高营业净利率,从而减少外部融资额;提高存货周转率,则会减少存货占用资金,即减少经营资产占用资金,从而减少外部融资额。

【该题针对“内含增长率”进行考核】

9.【答案】AD

【解析】在可持续增长的情况下,资产增长率=营业收入增长率,因此,本期资产增加=(本期销售增加/基期营业收入)×基期期末总资产,所以,选项A正确;本期负债增加=基期期末负债×本期负债增长率,在可持续增长的情况下,本期负债增长率=本期股东权益增长率,因此,本期负债增加=基期期末负债×本期股东权益增长率=基期期末负债×(本期营业收入×营业净利率×利润留存率/基期期末股东权益),所以,选项B和选项C错误,应该把公式中的“基期营业收入”改为“本期营业收入”。

本期销售增加=基期营业收入×本期销售增长率,在可持续增长的情况下,本期销售增长率=基期可持续增长率=基期期初权益净利率×利润留存率=基期净利润/基期期初股东权益×利润留存率,即本期销售增加=基期营业收入×(基期净利润/基期期初股东权益)×利润留存率,所以,选项D正确。

【该题针对“可持续增长率”进行考核】

10.【答案】ABC

【解析】内含增长率=(预计营业净利率×净经营资产周转率×预计利润留存率)/(1-预计营业净利率×净经营资产周转率×预计利润留存率),根据公式可知预计营业净利率、净经营资产周转率、预计利润留存率与内含增长率同向变动,选项A、B正确;经营负债销售百分比提高,会使净经营资产降低,净经营资产周转率提高,从而使内含增长率提高,选项C正确;而预计利润留存率与预计股利支付率反向变动,所以预计股利支付率与内含增长率反向变动,选项D错误。

【该题针对“内含增长率”进行考核】

11.【答案】ACD

【解析】外部融资额=(经营资产销售百分比×营业收入增加)-(经营负债销售百分比×营业收入增加)-预计营业收入×预计营业净利率×(1-预计股利支付率),提高产品毛利率则会提高营业净利率,从而减少外部融资额;提高存货周转天数会降低存货周转率,增加存货占用资金,即增加经营资产占用资金,从而增加外部融资额。提高股利支付率,从而增加外部融资额。提高销售成本率会降低营业净利率,从而增加外部融资额。所以选项A、C、D正确。

12.【答案】BD

【解析】长期股权投资是为了经营活动而持有的,属于经营资产。应收利息是债务筹资的利息,属于金融资产。交易性金融资产是短期持有的、利用闲置资金获得投资收益,属于金融资产。应收账款属于经营资产。

三、计算分析题

1.【答案】

(1)2015年融资总需求=增加的净经营资产=(15 800-3 000)×10%=1280(万元)。

2015年外部融资需求=融资总需求-可动用的金融资产-内部留存收益=1 280-0-20 000×(1+10%)×(2 500/20 000)×(1-60%)=180(万元)。

(2)【解析】要求(1)中,甲公司的外部融资需求为180万元,需以百万元为单位向银行申请贷款,则需要借款200万元,长期借款增加200万元。

单位:万元

资产负债表项目	2014年年末
货币资金	17 323.6-1 980-3 850-2 200-8 250=1 043.6
应收账款	1 800×(1+10%)=1 980
存货	3 500×(1+10%)=3 850
长期股权投资	2 000×(1+10%)=2 200
固定资产	7 500×(1+10%)=8 250
资产合计	17323.6
应付账款	3 000×(1+10%)=3 300
长期借款	5 000+200=5 200
股东权益	7 800+2 559×(1-60%)=8 823.6
负债及股东权益合计	17 323.6

续表

资产负债表项目	2014 年年末
利润表项目	2014 年度
营业收入	20 000 ×（1 +10%）=22 000
减：营业成本	12 000 ×（1 +10%）=13 200
税金及附加	740 ×（1 +10%）=814
管理费用	4 000 ×（1 +10%）=4 400
财务费用	160 +200 ×7% =174
利润总额	3 412
减：所得税费用	853
净利润	2 559

2.【答案】

（1）

管理用财务报表项目	2019 年
经营性资产	8 200
经营性负债	2 200
净经营资产	6 000
金融负债	2 000
金融资产	0
净负债	2 000
股东权益	4 000
净负债及股东权益总计	6 000
税前经营利润	1 680
减：经营利润所得税	420
税后经营净利润	1 260
利息费用	180
减：利息费用抵税	45
税后利息费用	135
净利润	1 125

（2）净经营资产净利率 =1 260/6 000 =21%

税后利息率 =135/2 000 =6.75%

净财务杠杆 =2 000/4 000 =50%

权益净利率 =1 125/4 000 =28.125%

（3）X 公司与 Y 公司权益净利率的差异 =28.125% −33.6% = −5.475%

Y 公司权益净利率 =24% +（24% −8%）×60% =33.6% ①

21% +（21% −8%）×60% =28.8% ②

净经营资产净利率变动的影响

② − ① = −4.8%

21% +（21% − 6.75%）× 60% = 29.55% ③

税后利息率变动的影响 = ③ − ② = 29.55% −28.8% =0.75%

21% +（21% − 6.75%）× 50% = 28.125% ④

净财务杠杆变动的影响 = ④ − ③ = 28.125% −29.55% = −1.425%

即净经营资产净利率降低导致权益净利率下降 4.8%，税后利息率降低导致权益净利率提高 0.75%，净财务杠杆降低导致权益净利率下降 1.425%，综合导致权益净利率下降 5.475%。

四、综合题

1.【答案】

（1）2013 年：

净经营资产净利率 = 税后经营净利润/净经营资产 =5 500/34 000 =16.18%

税后利息率 = 税后利息/净负债 =1 000/11 000 =9.09%

净财务杠杆 = 净负债/股东权益 =11 000/23 000 =0.48

经营差异率 = 净经营资产净利率 − 税后利息率 =16.18% −9.09% =7.09%

杠杆贡献率 = 经营差异率 × 净财务杠杆 =7.09% ×0.48 =3.40%

权益净利率 = 净经营资产净利率 + 杠杆贡献率 =16.18% +3.40% =19.58%

2012 年：

净经营资产净利率 = 税后经营净利润/净经营资产 =4 000/30 000 =13.33%

税后利息率 = 税后利息/净负债 = 700/8 000 =8.75%

净财务杠杆 = 净负债/股东权益 = 8000/22 000 =0.36

经营差异率 = 净经营资产净利率 − 税后利息率 =13.33% −8.75% =4.58%

杠杆贡献率 = 经营差异率 × 净财务杠杆 =4.58% ×0.36 =1.65%

权益净利率 = 净经营资产净利率 + 杠杆贡献率 =13.33% +1.65% =14.98%

（2）2012 年权益净利率 =14.98%

替代净经营资产净利率：16.18% +（16.18% −8.75%）×0.36 =18.8548%

替代税后利息率：16.18% +（16.18% - 9.09%）×0.36 = 18.7324%

替代净财务杠杆：16.18% +（16.18% - 9.09%）×0.48 = 19.5832%

净经营资产净利率变动影响 = 18.8548% - 14.98% = 3.87%

税后利息率变动影响 = 18.7324% - 18.8548% = -0.12%

净财务杠杆变动影响 = 19.5832% - 18.7324% = 0.85%

（3）2013 年的营业净利率 = 净利润/营业收入 = 4 500/35 000 = 12.86%

净经营资产周转率 = 营业收入/净经营资产 = 35 000/34 000 = 1.0294

股利支付率 = 60%

$$内含增长率 = \frac{预计营业净利率 \times 预计净经营资产周转率 \times 预计留存利润率}{1 - 预计营业净利率 \times 预计净经营资产周转率 \times 预计留存利润率}$$

$$= \frac{12.86\% \times 1.0294 \times (1 - 60\%)}{1 - 12.86\% \times 1.0294 \times (1 - 60\%)}$$

$$= 5.59\%$$

（4）ROE = 净利润/股东权益 = 4 500/23 000 = 19.57%

2014 年预期销售增长率 = 2014 年可持续增长率 $= \frac{ROE_{期末} \times 利润留存率}{1 - ROE_{期末} \times 利润留存率}$

$$= \frac{19.57\% \times (1 - 60\%)}{1 - 19.57\% \times (1 - 60\%)} = 8.49\%$$

（5）可持续增长率是指不增发新股或回购股票，不改变经营效率（不改变营业净利率和资产周转率）和财务政策（不改变权益乘数和利润留存率）时，其销售所能达到的增长率。

内含增长率是只靠内部积累（即增加留存收益）实现的销售增长率。

可持续增长率的假设条件是：

①公司的营业净利率将维持当前水平，并且可以涵盖新增债务增加的利息。

②公司的总资产周转率将维持当前的水平。

③公司目前的资本结构是目标资本结构，并且打算继续维持下去。

④公司目前的利润留存率是目标利润留存率，并且打算继续维持下去。

⑤不愿意或者不打算增发新股（包括股票回购）。

2.【答案】

（1）2017 年可持续增长率 =（160/2 352 × 112/160）/（1 - 160/2 352 × 112/160）= 5%

可持续增长前提下增加外部融资方式只能靠增加负债来解决。

2018 年可持续增长下增加的总负债 = 2 000 × 5% = 100（万元）

其中：2018 年可持续增长下增长的经营负债 = 1 200 × 5% = 60（万元）

2018 年可持续增长下增长的外部金融负债 = 800 × 5% = 40（万元）

外部融资额为 40 万元，均为外部长期负债。

（2）预计 2018 年主要财务数据

项目	2017 年实际	2018 年预计	项目	2017 年实际	2018 年预计
销售收入	3 200	3 840	流动负债	1 200	1 440
净利润	160	192	长期负债	800	1 171.2
本期分配股利	48	57.6	负债合计	2 000	2 611.2
本期留存利润	112	134.4	实收资本	1 600	1 724.8
流动资产	2 552	3 062.4	期末未分配利润	752	752 + 134.4 = 886.4
固定资产	1 800	2 160	股东权益合计	2 352	2 611.2
资产总计	4 352	5 222.4	负债及股东权益总计	4 352	5 222.4

2018年所需的外部筹资额及其构成 = (1 724.8 - 1 600) + (1 171.2 - 800) = 124.8 + 371.2 = 496（万元）

其中：增加股权筹资124.8万元

增加负债筹资371.2万元

(3) 资产周转率 = 3 200/4 352

权益乘数 = 4 352/2 352

利润留存率 = 112/160

8% = 销售净利率 × (3 200/4 352) × (2 352/4 352) × (112/160)/[1 - 销售净利率 × (3 200/4 352) × (2 352/4 352) × (112/160)]

销售净利率 = 26.63%

【该题针对“财务比率分析”“可持续增长率”等知识点进行考核】

第三章　价值评估基础

本章考情分析

本章从题型来看主要是客观题，但是货币时间价值计算与风险与报酬的衡量是本书下文相关章节的计算基础，应予以足够重视。

本章教材变化

本章对第一节中的流动性溢价理论进行了修订，另外对第三节中的最小方差组合做了进一步的解释。

基本内容框架

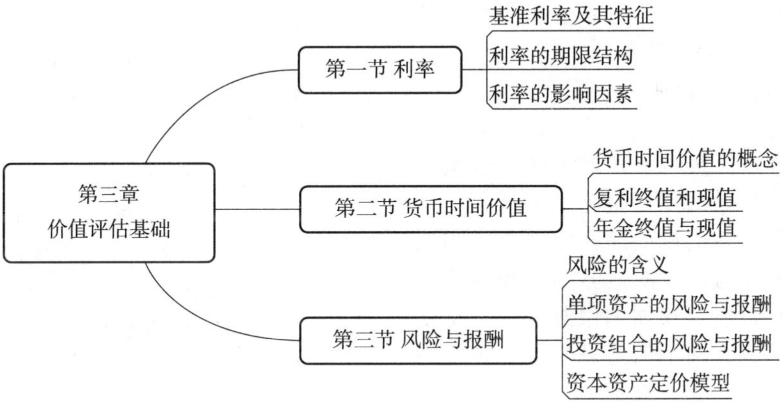

通关重难点例题解析

考点一：基准利率及其特征（★★）

1. 基准利率的含义

基准利率是金融市场上具有普遍参照作用的利率，其他利率水平或金融资产价格均可根据这一基准利率水平来确定。

在我国，以中国人民银行（央行）对国家专业银行和其他金融机构规定的存贷利率为基准利率。基准利率是央行实现货币政策的重要手段之一。

2. 基准利率的特征

市场化	必须由市场供求关系决定，并反映市场对未来供求状况的预期
基础性	在利率体系、金融产品价格体系中处于基础性地位
传递性	所反映的市场信号或央行的调控信号，能有效传递到其他金融市场和金融产品价格上

考点二：利率的期限结构（★★★）

利率期限结构是指某一时点不同期限债券的到期收益率与期限之间的关系，反映的是长期利率和短期利率的关系。该关系可以用曲线来表示，该曲线被称为债券收益率曲线，简称收益率曲线。研究利率期限结构，有助于反映不同期限债券的供求关系，揭示市场利率的总体水平和变化方向，为投资者从事债券投资和政府部门加强管理提供参考依据。

（一）无偏预期理论

无偏预期理论认为，利率期限结构完全取决于市场对未来利率的预期，即长期债券即期利率是短期债券预期利率的函数。也就是说长期即期利率是短期预期利率的无偏估计。

（二）市场分割理论

市场分割理论认为，由于法律制度、文化心理、投资偏好等不同，投资者会比较固定地投资于某一期限的债券，即每类投资者固定偏好于收益率曲线的特定部分，从而形成了以期限为划分标志的细分市场。由此，即期利率水平完全由各个期限市场上的供求关系决定；单个市场上的利率变化不会对其他市场上的供求关系产生影响。

（三）流动性溢价理论

流动性溢价理论综合了预期理论和市场分割理论的特点，认为不同期限的债券虽然不像预期理论所述的那样是完全替代品，但也不像市场分割理论说的那样完全不可相互替代。该理论认为，短期债券的流动性比长期债券高，因为债券到期期限越长，利率变动的可能性越大，利率风险就越高。投资者为了减少风险，偏好于流动性好的短期债券，因此，长期债券要给予投资者一定的流动性溢价。即长期即期利率是未来短期预期利率平均值加上一定的流动性风险溢价。

流动性溢价理论对收益率曲线的解释：

上斜收益率曲线：市场预期未来短期利率既可能上升，也可能不变，还可能下降，但下降幅度小于流动性溢价。

下斜收益率曲线：市场预期未来短期利率将会下降，下降幅度大于流动性溢价。

水平收益率曲线：市场预期未来短期利率将会下降，下降幅度等于流动性溢价。

峰型收益率曲线：市场预期较近一段时期短期利率可能上升，也可能不变，还可能下降，但下降幅度小于流动性溢价；而在较远的将来，市场预期短期利率将会下降，下降幅度大于流动性溢价。

【例题1·单选题】假定1年期即期利率6%，市场预测1年后1年期预期利率为7%，那么，2年期即期利率计算公式为（　　）。

A. $\sqrt{(1+6\%)\times(1+7\%)}-1$

B. $(6\%+7\%)/2$

C. $(1+6\%)\times(1+7\%)$

D. $(1+6\%)\times(1+7\%)-1$

【答案】A

【解析】2年期即期利率 $=\sqrt{(1+6\%)\times(1+7\%)}-1=6.5\%$

考点三：市场利率的影响因素（★★★）

市场利率
- 纯粹利率、通货膨胀溢价 }（名义）无风险利率
- 风险溢价
  - 违约风险溢价
  - 流动性风险溢价
  - 期限风险溢价

纯粹利率	亦称真实无风险利率，是指在没有通货膨胀、无风险情况下资金市场的平均利率
通货膨胀溢价	证券存续期间预期的平均通货膨胀率
违约风险溢价	债券发行者在到期时不能按约定足额支付本金或利息的风险而给予债权人的补偿
流动性风险溢价	债券因存在不能短期内以合理价格变现的风险而给予债权人的补偿
期限风险溢价	债券因面临存续期内市场利率上升导致价格下跌的风险而给予债权人的补偿，亦称市场利率风险溢价

【例题2·单选题】下列关于利率期限结构的表述中，属于预期理论观点的是（　　）。

A. 不同到期期限的债券无法相互替代

B. 到期期限不同的各种债券的利率取决于该债券的供给与需求

C. 长期债券的利率等于在其有效期内人们所预期的短期利率的平均值

D. 长期债券的利率等于长期债券到期之前预期短期利率的平均值与随债券供求状况变动而变动的流动性溢价之和

【答案】C

【解析】预期理论提出的命题是：长期债券的利率等于在其有效期内人们所预期的短期利率的平均值。

考点四：货币时间价值概念（★）

1. 定义

货币经历一定时间的投资和再投资所增加的价值。理论上，货币的时间价值率是没有风险和没有通货膨胀下的社会平均利润率。实务中，通常以利率、报酬率等来代替货币的时间价值率。

2. 时间轴

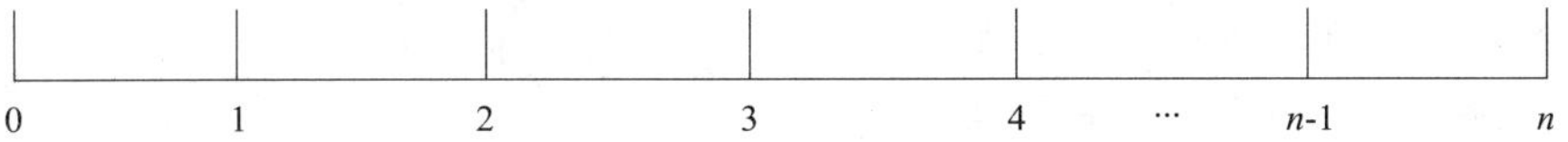

(1) 以 0 为起点（目前进行价值评估及决策分析的时间点）。

(2) 时间轴上的每一个点代表该期的期末及下期的期初。

3. 终值与现值

(1) 终值（F）：现在一定量的货币，按照某一收益率计算的，相当于未来某一时点上的货币额。

(2) 现值（P）：未来一定量的货币，按照某一收益率计算的，相当于现在的货币额。

4. 复利：利滚利，每期所产生的利息要并入本金，作为下一期的计息基数

考点五：复利终值与复利现值（★★）

1. 复利终值：一次性款项的终值（已知 P，i，n，求 F）

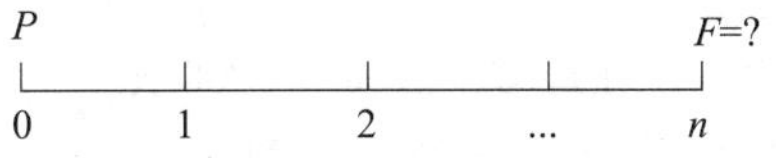

$F = P \times (1+i)^n = P \times (F/P, i, n)$

其中，$(1+i)^n$ 为复利终值系数，用符号表示为（F/P，i，n），其含义是：在年收益率为 i 的条件下，现在的 1 元钱和 n 年后的 $(1+i)^n$ 元在经济上等效。

【注意】在复利终值系数 $(1+i)^n$ 中，利率 i 是指在 n 期内，每期复利一次的利率。该规则适用于所有的货币时间价值计算。

2. 复利现值：一次性款项的现值，复利终值的逆运算（已知 F，i，n，求 P）

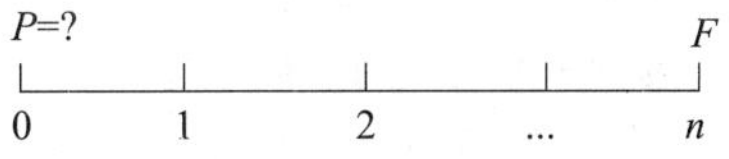

$P = F \times (1+i)^{-n} = F \times (P/F, i, n)$

其中，$(1+i)^{-n}$ 为复利现值系数，是复利终值系数的倒数，用符号表示为（P/F，i，n），其含义是：在年收益率为 i 的条件下，n 年后的 1 元钱，和现在的 $(1+i)^{-n}$ 元在经济上等效。

【示例】（P/F，10%，5）= 0.6209 的含义是：在年收益率为 10% 的条件下，5 年后的 1 元钱和现在的 0.6209 元在经济上等效，即在投资者眼中的当前价值（经济价值、内在价值）为 0.6209 元。

考点六：普通年金终值与现值（★★）

（一）普通年金终值及偿债基金（互为逆运算）

1. 普通年金终值：各笔年金在终点 n（最后一笔年金发生的时点）的终值合计（已知 A，i，n，求 F_A）

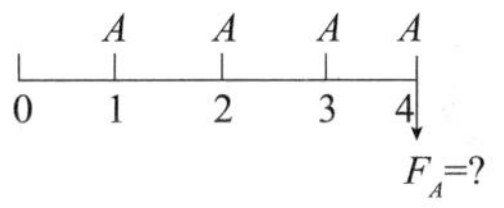

$$F_A = A + A(1+i) + A(1+i)^2 + A(1+i)^3 + \cdots + A(1+i)^{n-1}$$

$$= A \times \frac{(1+i)^n - 1}{i} = A \times (F/A, i, n)$$

其中：$\frac{(1+i)^n - 1}{i}$ =（F/A，i，n）为年金终值系数，其含义为：在收益率为 i 的条件下，n 年内每年年末的 1 元钱和第 n 年末的 $\frac{(1+i)^n - 1}{i}$ 元在经济上等效。

【示例】（F/A，10%，5）= 6.1051 的含义是：在年收益率为 10% 的条件下，5 年内每年年末的 1 元钱，与第 5 年末的 6.1051 元在经济上等效；或者说，在 5 年内，每年年末投入 1 元钱，第 5 年末收回 6.1051 元，将获得每年 10% 的投资收益率。

【例题 3·多选题】某人连续 3 年每年末存入银行 1 000 元，假定年利率为 4%，每年复利两次，复利计息，三年后一次性取出本利和，可以取出 W 元，则下列等式正确的有（　　）。

A. $W=1\ 000\times(F/P,2\%,4)+1\ 000\times(F/P,2\%,2)+1\ 000$

B. $W=500\times(F/A,2\%,6)$

C. $W=1\ 000\times(F/A,4.04\%,3)$

D. $W=1\ 000\times(F/P,2\%,3)$

【答案】AC

【解析】此题年金是每年的年金，每年复利两次，因此终值的计算有两种方法：一种是采用系列收付款项终值计算原理，$W=1\ 000\times(F/P,2\%,4)+1\ 000\times(F/P,2\%,2)+1\ 000$；另一种方法直接套用普通年金终值计算公式，但利率是有效年利率4.04%，所以$W=1\ 000\times(F/A,4.04\%,3)$。

2. 偿债基金：为使年金终值达到既定金额每年末应支付的年金数额——年金终值的逆运算（已知F_A，i，n，求A）

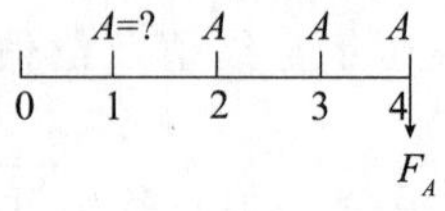

由：$F_A=A\times\dfrac{(1+i)^n-1}{i}=A\times(F/A,\ i,\ n)$，可得：

$$A=F_A\times\frac{(1+i)^n-1}{i}=F_A\times(A/F,\ i,\ n)$$

其中，$\dfrac{(1+i)^n-1}{i}=(A/F,\ i,\ n)$为偿债基金系数，是年金终值系数的倒数。

【注意】偿债基金VS复利现值（均依据终值来计算）。

复利现值（P/F）：根据终值（F）计算0时点上的一次性款项。

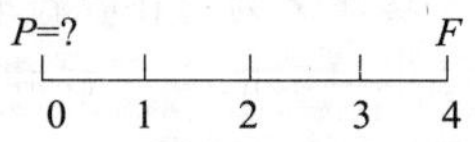

偿债基金（A/F）：根据终值合计（F_A）计算时点"1～n"上的一系列定期、等额款项。

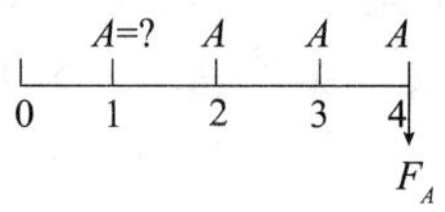

（二）普通年金现值及投资回收额（互为逆运算）

1. 普通年金现值：各笔年金在0时点（第一笔年金发生的前一个时点）的现值合计（已知A，i，n，求P_A）

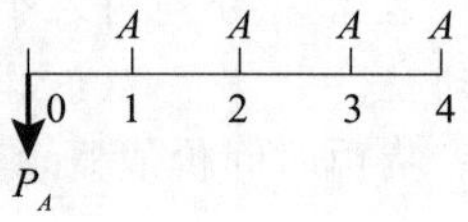

$$P_A=A\ (1+i)^{-1}+A\ (1+i)^{-2}+A\ (1+i)^{-3}+A\ (1+i)^{-4}+\cdots+A\ (1+i)^{-n}$$
$$=A\times\frac{1-(1+i)^{-n}}{i}=A\times\ (P/A,\ i,\ n)$$

其中：$\dfrac{1-(1+i)^{-n}}{i}=(P/A,\ i,\ n)$为年金现值系数，其含义为：在收益率为$i$的条件下，$n$年内每年年末的1元钱，和现在的$\dfrac{1-(1+i)^{-n}}{i}$元在经济上等效。

【示例】（P/A，10%，5）=3.7908的含义是：在年收益率为10%的条件下，5年内每年年末的1元钱，与现在的3.7908元在经济上等效，即在投资者眼中的当前价值（经济价值、内在价值）为3.7908元；或者说，现在投入（筹措）3.7908元，在5年内，每年年末收回（付出）1元钱，将获得10%的投资收益率（承担10%的资本成本率）。例如，假设等风险投资的预期收益率（即投资的必要收益率）为10%，某项目可在5年内每年年末获得1元钱现金流入，则为获取不低于10%的投资收益率，现在最多应投资3.7908元。

【例题4·多选题】下列关于资金时间价值系数关系的表述中，正确的有（　　）。

A. 普通年金现值系数×偿债基金系数=1

B. 普通年金终值系数×投资回收系数=1

C. 普通年金终值系数×(1+折现率)=预付年金现值系数

D. 普通年金现值系数×(1+折现率)=预付年金终值系数

【答案】ABCD

【解析】本题考点是系数之间的关系。

【例题5·单选题】某企业打算在未来2年内，每半年末存入30万元，年利率10%，每半年复利一次，则对于该系列流量现值的计算，下列式子正确的是（　　）。

A. 现值$=30\times(P/A,10\%,2)$

B. 现值$=60\times(P/A,10\%,2)$

C. 现值$=30\times(P/A,5\%,4)$

D. 现值 $=60\times[1+(P/A,10\%,1)+(P/A,10\%,2)+(P/A,10\%,3)]$

【答案】C

【解析】未来4次流量构成了4期普通年金，每半年发生一次流量，半年利率为5%。

2. 投资回收额：年金现值的逆运算（已知 P_A，i，n，求 A）

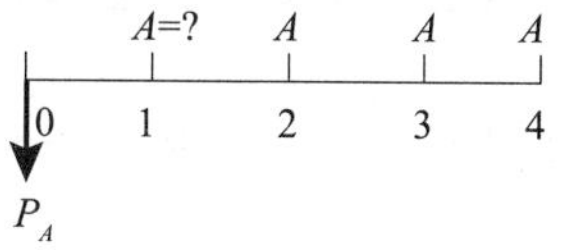

由：$P_A=A\times\frac{1-(1+i)^{-n}}{i}=A\times(P/A,\ i,\ n)$，可得：

$$A=P_A\times\frac{i}{1-(1+i)^{-n}}=P_A\times(A/P,\ i,\ n)$$

其中，$\frac{i}{1-(1+i)^{-n}}=(A/P,\ i,\ n)$ 为投资回收系数，是年金现值系数的倒数。

【注意】投资回收额 VS 复利终值（均依据现值来计算）。

复利终值（F/P）：根据现值（P）计算未来某一时点上的一次性款项。

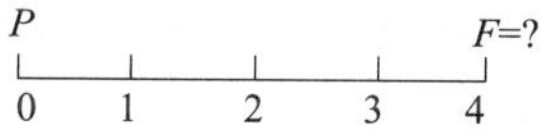

投资回收额（A/P）：根据现值合计（P_A）计算时点"$1\sim n$"上的一系列定期、等额款项。

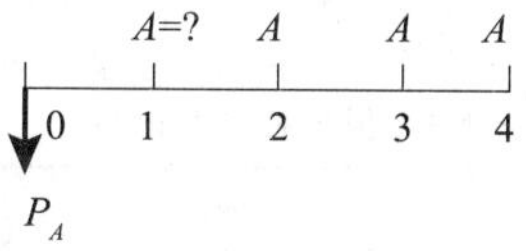

考点七：预付年金终值与现值（★★）

由于预付年金的发生时间（期初）早于普通年金（期末），因此预付年金的价值量（终值与现值）均高于普通年金。无论是预付年金终值还是现值，一律在计算普通年金终值或现值的基础上，再"$\times(1+i)$"。

1. 预付年金终值：预付年金的每一笔款项比普通年金多复利一次（多计一期利息）

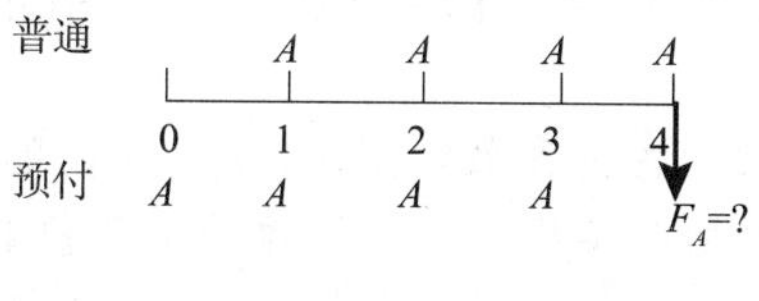

$F_{预付}=F_{普通}\times(1+i)=A\times[(F/A,i,n+1)-1]$

即：预付年金终值系数是在普通年金终值系数基础上，期数加1，系数减1的结果。

2. 预付年金现值：预付年金的每一笔款项比普通年金少折现一期，或者说，普通年金的每一笔款项比预付现金多折现一期

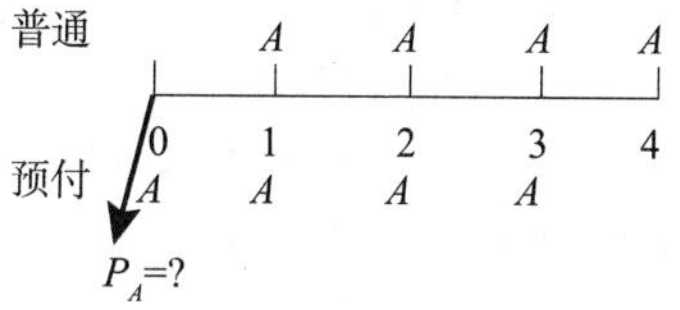

$P_{普通}=P_{预付}\times(1+i)^{-1}$，整理，得：

$P_{预付}=P_{普通}\times(1+i)=A\times[(P/A,i,n-1)+1]$

即：预付年金现值系数是在普通年金现值系数基础上，期数减1，系数加1的结果。

【例题6·单选题】假设银行利率为 i，从现在开始每年年末存款1元，n 年后的本利和为 $\frac{(1+i)^n-1}{i}$ 元。如果改为每年年初存款，存款期数不变，n 年后的本利和应为（　　）元。（2014年）

A. $\frac{(1+i)^n-1}{i}$

B. $\frac{(1+i)^{n+1}-1}{i}-1$

C. $\frac{(1+i)^{n+1}-1}{i}+1$

D. $\frac{(1+i)^{n-1}-1}{i}+1$

【答案】B

【解析】预付年金终值系数与普通年金终值系数相比，期数加1，而系数减1。

【例题7·单选题】（2019年）甲商场某型号电视机每台售价7 200元，拟进行分期付款促销活动，价款可在9个月内按月分期，每期期初等额支付。假设年利率12%。下列各项金额中，最接近该电视机月初分期付款金额的是（　　）元。

A. 832　B. 800　C. 841　D. 850

【答案】A

【解析】月利率 $=12\%/12=1\%$，月初分期付款金额 $=7\,200/[(P/A,1\%,9)\times(1+1\%)]=832$（元）。

考点八：递延年金终值与现值（★★）

1. 递延年金终值：支付期的普通年金终

值，与递延期无关

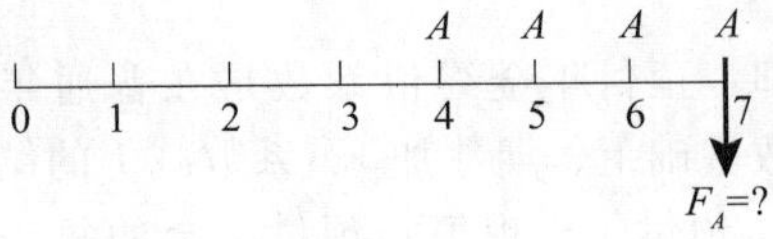

$F_A = A + A(1+i) + A(1+i)^2 + A(1+i)^3 + \cdots + A(1+i)^{n-1}$

$= A \times (F/A, i, n)$

【例题8·单选题】有一项年金，前2年无流入，后5年每年年初流入500万元，假设年利率为10%，则其第7年年初（即第6年年末）终值和递延期为（　　）。

A. 3 052.55万元和1年

B. 3 357.81万元和1年

C. 3 693.59万元和1年

D. 3 052.55万元和2年

【答案】A

【解析】$F = 500 \times (F/A, 10\%, 5) = 3\ 052.55$（万元）。注意：本题中第一次现金流入发生在第3年年初（与第2年年末是同一时点），所以递延期 = 2 − 1 = 1，或递延期 = 3 − 2 = 1。递延年金的终值与递延期无关，与普通年金终值相同。

2. 递延年金现值

（1）分段折现法。

先计算支付期的普通年金现值，即支付期内各期年金在支付期初或递延期末（第一笔年金发生的前一个时点）的现值合计（P'），再将其折现至递延期初（计算递延期的复利现值）。

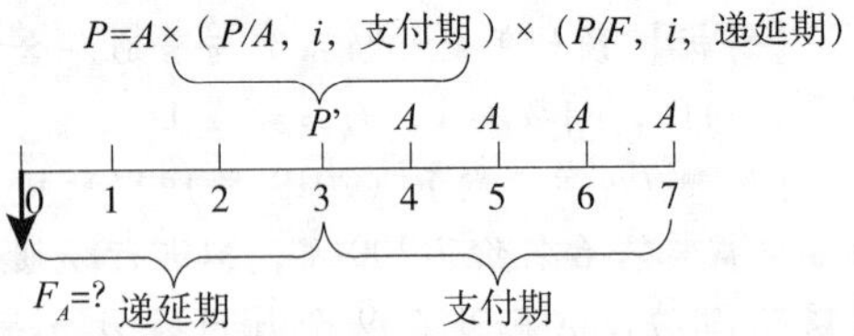

（2）插补法。

假设递延期内也有年金发生，先计算（递延期＋支付期）的年金现值，再扣除递延期内实际并未发生的年金现值。

$P_A = A \times [(P/A, i, \text{递延期} + \text{支付期}) - (P/A, i, \text{递延期})]$

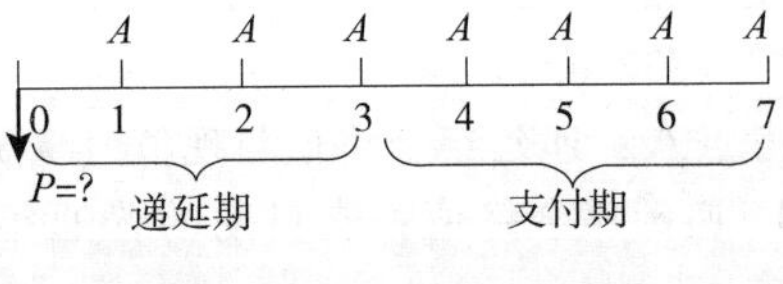

考点九：永续年金现值（★★）

1. 永续年金没有终值

2. 永续年金现值：$P = A \times \frac{1-(1+i)^{-\infty}}{i} = A/i$

【例题9·多选题】下列关于永续年金的说法中，正确的有（　　）。

A. 每期期末支付的永续年金现值 = 年金额/折现率

B. 每期期初支付的永续年金现值 = 年金额 + 年金额/折现率

C. 无限期定额支付的年金，称为永续年金

D. 永续年金可以计算出终值

【答案】ABC

【解析】永续年金没有终止的时间，也就没有终值，所以选项D的说法不正确。

考点十：报价利率、有效年利率、计息期利率（★★）

1. 含义

报价利率	银行等金融机构为利息报价时提供的年利率，亦称名义利率。 由于报价利率的实际计息周期未必是1年，因此报价利率必须同时提供每年的复利次数（或计息期的天数）
计息期利率	在实际计息周期内，每1元本金每期支付的利息，可以是年利率、半年利率、季度利率、月利率、日利率
有效年利率	按照给定的计息期利率和每年复利次数计算利息时，能够产生相同结果的每年复利1次的年利率，亦称等价年利率。 报价利率不是每年复利1次时，有效年利率与报价利率不相等

2. 报价利率、有效年利率、计息期利率之间的换算

（1）报价利率与计息期利率之间的换算：将报价利率换算成与之等效的，实际计息周期内每期复利1次的利率

计息期利率 = 报价利率/1年内复利的次数

【示例】报价利率为年利率10%、1年复利2次，与其等效的计息期利率为：

半年利率 = 10% ÷ 2 = 5%，半年复利一次

（2）报价利率与有效年利率之间的换算：将报价利率换算成与之等效的1年复利1次

的有效年利率。

有效年利率 =（1 + 报价利率/每年复利次数）^{每年复利次数} − 1 =（1 + 计息期利率）^{每年复利次数} − 1

【示例】报价利率为年利率 10%、1 年复利 2 次，其有效年利率为：

$(1+10\%/2)^2-1=10.25\%$

即：年利率 10%，1 年复利 2 次 = 年利率 10.25%，1 年复利 1 次

3. 报价利率、有效年利率、计息期利率之间的关系

（1）报价利率 1 年复利 1 次时，有：报价利率 = 计息期利率 = 有效年利率。

（2）报价利率在 1 年内复利的次数越多，与之等效的有效年利率越大。

【示例】报价年利率 10%，1 年复利 2 次时，与之等效的有效年利率为 $(1+5\%)^2-1=10.25\%$；若改为 1 年复利 4 次，则与之等效的有效年利率为 $(1+2.5\%)^4-1=10.38\%$。

（3）在比较利率时，只能在相同计息周期（或 1 年内复利次数）的条件下进行比较。

计息周期不同的利率，必须换算为相同计息周期的形式（如 1 年复利 1 次的有效年利率、计息周期相同的报价利率或计息期利率），才能进行比较。

（4）计息周期（或 1 年内复利的次数）不同时，若两个利率在经济上等效，必须满足二者的有效年利率相等——计息周期相同（1 年）且数值相等。

【示例】上例中，如果 B 银行每半年为客户结息 1 次，并且与 A 银行的年利率（1 年复利 1 次的有效年利率 10%）等效，则其提供的年利率（1 年复利 2 次的报价利率）应为 9.7618%（其有效年利率为 10%）。

4. 报价利率在 1 年内复利多次（计息期短于 1 年）时的货币时间价值运算

（1）货币时间价值运算中，利率必须是在给定的期数内，每期复利 1 次的利率，即利率与期数必须相互匹配。

【示例】如果期数为年数，则利率 i 是每年复利 1 次的年利率（有效年利率）；如果期数为半年数，则利率 i 是每半年复利 1 次的半年期利率（计息期利率）。

（2）在 1 年复利多次时，报价利率本身并非是给定的年数内，每年复利 1 次的年利率不能直接用于货币时间价值计算，而必须采用其等效的计息期利率或有效年利率来计算。

【示例】本金 100 元存入银行，年利率 10%，1 年复利 2 次，则 5 年后的本利和可计算如下：

①依据计息期利率和实际的计息周期数计算——计息期利率与实际计息周期数相匹配。

$F=100\times(F/P,5\%,10)=162.89$（元）

②依据有效年利率和实际年数计算——有效年利率与年数相匹配。

$F=100\times(F/P,10.25\%,5)=100\times(1+10.25\%)^5=162.89$（元）

（3）当复利次数 m 趋于无穷大时，利息支付的频率比每秒 1 次还频繁，所得到的利率为连续复利。

连续复利的有效年利率 = $e^{报价利率}-1$

e 为自然常数，是一个约等于 2.71828……的无理数，连续复利终值系数，可利用连续复利终值系数表来查找。

【例题 10 · 多选题】计息期利率等于（　　）。

A. 有效年利率除以年内计息次数

B. 报价利率与年内复利次数的乘积

C. 报价利率除以年内计息次数

D. （1 + 有效年利率）1/m − 1

【答案】CD

【解析】计息期利率 = 报价利率/每年复利次数，所以选项 C 正确，选项 A 和选项 B 不正确；有效年利率 =（1 + 计息期利率）m − 1，所以计息期利率 =（1 + 有效年利率）1/m − 1，选项 D 正确。

【例题 11 · 单选题】甲公司平价发行 5 年期的公司债券，债券票面利率为 10%，每半年付息一次，到期一次偿还本金。该债券的有效年利率是（　　）。

A. 10%　　B. 10.5%

C. 10.25%　　D. 9.5%

【答案】C

【解析】有效年利率 =（1 + 10%/2）2 − 1 = 10.25%。

【例题 12 · 单选题】有一理财产品，年度报价利率为 10%，复利方式为连续复利，投资 1 000 元 5 年后可以领到的钱数为（　　）元

A. 1 491.8　　B. 1 161.8

C. 1 491.8　　D. 1 648.7

【答案】D

【解析】此题求的是连续复利的终值 = $1\,000\times e^{10\%\times5}=1\,000\times1.6487=16\,48.7$（元）。

考点十一：单项投资的风险与报酬(★★)

风险是预期结果的不确定性（变动性），危险（负面效应）与机会（正面效应）并存，投资对象本身固有的风险是客观存在的，而投资人需要承担的风险是主观选择的。

预期值	概念	随机变量的各个取值，以相应的概率为权数的加权平均数，即预期值或均值。
	计算	各个变量值出现概率已知，预期值的计算： $\overline{K} = \sum_{i=1}^{n}(P_i \times K_i)$
标准差	概念	反映概率分布中各种可能结果对预期值离散程度的一个数值。
	计算	（1）各个变量值出现概率已知，标准差的计算： $\delta = \sqrt{\sum_{i=1}^{n}(K_i - \overline{K})^2 \times P_i}$ （2）各个变量值出现概率未知，标准差的计算： $\delta = \sqrt{\frac{\sum(K_i - \overline{K})^2}{n-1}}$
	财务应用	（1）标准差衡量投资项目的绝对风险，在预期值相同的情况下，标准差越大，绝对风险越大。只适用于相同预期值相同项目的风险程度比较。 （2）标准差衡量的是全部风险，既包括系统性风险，也包括非系统性风险
变异系数	概念	从相对角度观测差异和离散程度的统计量指标
	计算	变异系数＝标准差/预期值
	财务应用	变异系数衡量投资项目的风险，变异系数越大，相对风险越大。变异系数指标的适用范围较广，尤其适用于预期值不同的项目风险的比较

【例题13·多选题】下列关于单个证券投资风险度量指标的表述中，正确的有（　　）。(2017年)

A. 贝塔系数度量投资的系统风险

B. 标准差度量投资的非系统风险

C. 方差度量投资的系统风险和非系统风险

D. 变异系数度量的单位期望报酬承担的系统风险和非系统风险

【答案】ACD

【解析】标准差度量投资的系统风险和非系统风险，选项B说法不正确。

【例题14·多选题】投资决策中用来衡量项目风险的，可以是项目的（　　）。

A. 预期报酬率

B. 各种可能的报酬率的概率分布

C. 预期报酬率的标准差

D. 预期报酬率的方差

【答案】BCD

【解析】风险的衡量需要使用概率和统计方法，一般包括概率、离散程度，其中离散程度包括全距、平均差、方差和标准差。预期值是用来衡量方案的平均收益水平，计算预期值是为了确定离差，并进而计算方差和标准差。

考点十二：投资组合的风险与报酬（★★）

（一）投资组合的期望报酬率

投资组合的期望报酬率是两种或两种以上证券（资产）期望报酬率的加权平均数。

计算公式	$R_P = \sum_{j=1}^{m} R_j A_j$
影响因素	影响因素包括个别证券的期望报酬率和个别证券的投资比重 ①将资金100%投资于最高资产收益率资产，可获得最高组合收益率 ②将资金100%投资于最低资产收益率资产，可获得最低组合收益率

（二）投资组合的标准差

投资组合的标准差不是单个证券标准差的加权平均。投资组合的风险不仅受到各证券风险影响，还受到证券之间相互关系的影响。两种证券投资组合的标准差计算公式为：

$$\sigma_F = \sqrt{A_1^2\sigma_1^2 + A_2^2\sigma_2^2 + 2A_1A_2r_{1-2}\sigma_1\sigma_2}$$

式中，A_1、A_2：两种证券的投资比重；

σ_1、σ_2：两种证券的标准差；

r_{1-2}：两种证券的相关系数。

1. 两种证券之间相关性的衡量

（1）相关系数。

相关系数是用于衡量两种证券报酬率之间相互变动的程度，是协方差与两种证券报酬率标准差之积的比值，其计算公式为：

$$r_{jk}=\frac{\delta_{jk}}{\sigma_j\sigma_k}$$

相关系数总是在 -1 至 +1 之间取值。-1代表完全负相关，+1 代表完全正相关，0 则表示不相关。

（2）协方差。

协方差是两种证券报酬率偏离各自均值的离差的乘积的预期值。其计算公式为（补充内容）：

$$\sigma_{jk}=\frac{1}{n-1}\sum_{j=1}^{n}\sum_{k=1}^{n}(R_j-\overline{R}_j)(R_k-\overline{R}_k)$$

协方差通常根据给定的相关系数计算，其公式为：

$$\sigma_{jk}=r_{jk}\sigma_j\sigma_k$$

当协方差为正值时，表示两种证券的报酬率呈同方向变动，即正相关关系；协方差为负值时，表示两种证券的报酬率呈反方向变动，即负相关关系。

2. 协方差对投资组合标准差的重要性分析

投资组合报酬率概率分布的方差公式为：

$$\sigma_P^2=\sum_{j-1}^{m}\sum_{k-1}^{m}A_jA_k\sigma_{jk}$$

假设投资组合有 m 种证券，上述组合方差公式由 m 个方差和 m（$m-1$）个协方差组成。如果组合各证券所占比例均为 $1/m$，各证券方差均为 a，证券之间协方差平均为 b，则：

$$\sigma_P^2=\frac{1}{m^2}\times m\times a+\frac{1}{m}\times\frac{1}{m}\times m\times(m-1)\times b=\frac{a}{m}+(1-\frac{1}{m})\times b$$

结论：充分投资组合的风险，只受证券之间协方差的影响，而与各证券本身的方差无关。

3. 相关系数对两种证券投资组合标准差影响

两种证券投资组合的标准差计算公式：

$$\sigma_p=\sqrt{A_1^2\sigma_1^2+A_2^2\sigma_2^2+2A_1A_2r_{1-2}\sigma_1\sigma_2}$$

（1）相关系数等于 1 时，其组合标准差等于个别标准的加权平均值，即：

$$\sigma_p=\sqrt{A_1^2\sigma_1^2+A_2^2\sigma_2^2+2A_1A_2r_{1-2}\sigma_1\sigma_2}=A_1\sigma_1+A_2\sigma_2$$

（2）相关系数等于 -1 时，其组合标准差为：

$$\sigma_p=\sqrt{A_1^2\sigma_1^2+A_2^2\sigma_2^2+2A_1A_2r_{1-2}\sigma_1\sigma_2}=|A_1\sigma_1-A_2\sigma_2|$$

（3）相关系数等于 0 时，其组合标准差为：

$$\sigma_p=\sqrt{A_1^2\sigma_1^2+A_2^2\sigma_2^2+2A_1A_2r_{1-2}\sigma_1\sigma_2}=\sqrt{A_1^2\sigma_1^2+A_2^2\sigma_2^2}$$

（4）相关系数小于 1 时（大多情况），其组合标准为：

$$\sigma_p=\sqrt{A_1^2\sigma_1^2+A_2^2\sigma_2^2+2A_1A_2r_{1-2}\sigma_1\sigma_2}<A_1\sigma_1+A_2\sigma_2$$

即只要两种证券的相关系数小于1，证券组合报酬率的标准差就小于各证券报酬率标准差的加权平均数。

【例题 15·多选题】市场上有两种有风险证券 X 和 Y，下列情况下，两种证券组成的投资组合风险低于二者加权平均风险的有（ ）。

A. X 和 Y 期望报酬率的相关系数是 -1

B. X 和 Y 期望报酬率的相关系数是 0

C. X 和 Y 期望报酬率的相关系数是 0.5

D. X 和 Y 期望报酬率的相关系数是 1

【答案】ABC

【解析】当相关系数为 1 时，两种证券的投资组合的风险等于二者的加权平均数。

（三）投资组合的机会集

投资组合的机会集是在既定的相关系数下，由于投资比例变化而形成的投资组合点的轨迹，反映风险与期望报酬率的权衡关系。如 A 公司和 B 公司股票在不同投资比例下的报酬率和标准差（相关系数为零）。

A 公司股票	B 公司股票	组合报酬率	组合标准差
1.00	0.00	26.0	50.0
0.80	0.20	22.0	40.3
0.60	0.40	18.0	31.6
0.40	0.60	14.0	25.0
0.20	0.80	10.0	22.4
0.00	1.00	6.0	25.0

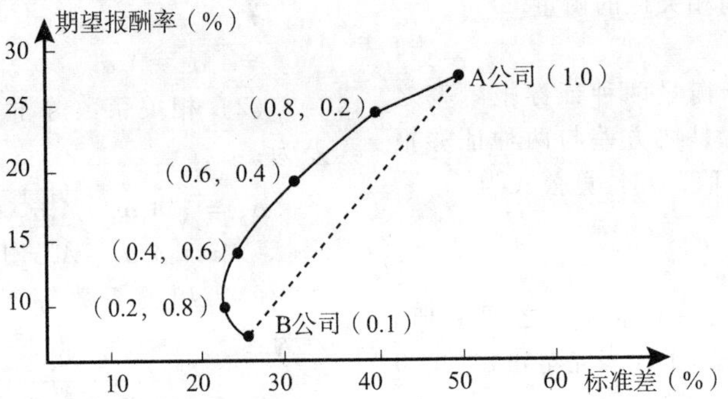

投资组合的机会集

1. 机会集曲线向左凸出，揭示了风险分散化效应（相关系数为零的机会集曲线）

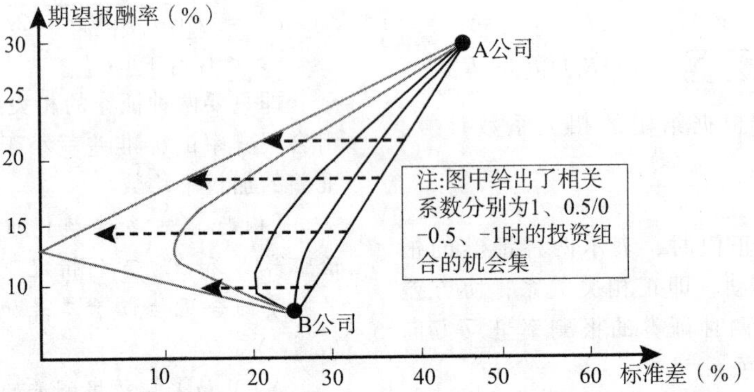

【提示】相关性对风险的影响

（1）完全正相关的投资组合（相关系数等于1），机会集是一条直线，没有风险分散化效应；

（2）证券报酬率之间相关系数越小，机会集曲线越弯曲，风险分散效果越强；

（3）部分机会集曲线没有向左凸出现象（如相关系数为0.5），即没有风险分散化效应。

2. 有效集位于机会集的顶部，从最小方差组合点起到最高期望报酬率点止，其余为无效集

如果分散化投资未导致机会集曲线向左侧凸出，则最小方差组合即为标准差较小的资产，即全部投资于标准差较小的资产。

有效集	无效集
（1）相同的标准差和较高的期望报酬率； （2）相同的期望报酬率和较低的标准差。	（1）相同的标准差和较低的期望报酬率； （2）相同的期望报酬率和较高的标准差； （3）较低报酬率和较高的标准差。

3. 多种证券组合的机会集是一个平面，但其有效集是在外围边界，并从最小方差组合点至最高报酬率点止

（四）证券投资组合策略的选择（资本市场线的应用）

1. 贷出资金和借入资金的证券组合策略

贷出资金是指投资人将部分或全部多余资金投资购买无风险资产（标准差为零）。

借入资金是指通过转让无风险资产取得资金并入自有资本后，全部投资购买风险资产组合。

2. 组合的总期望报酬率和总标准差

总期望报酬率 = Q ×（风险组合的期望报酬率）+（$1-Q$）×（无风险报酬率）

总标准差 = Q × 风险组合的标准差

式中：Q 表示投资于风险资产的投资比例。

【提示】如果存在贷出资金，Q 小于1，投资者承担风险小于市场平均风险；如果存在借入资金，Q 大于1，投资者承担风险大于市场平均风险。

【例题16·多选题】（2019年）甲投资组

合由证券X和证券Y各占50%组成。下列说法中，正确的有（　　）。

A. 甲的期望报酬率 = X的期望报酬率 × 50% + Y的期望报酬率 × 50%

B. 甲期望报酬率的标准差 = X期望报酬率的标准差 × 50% + Y期望报酬率的标准差 × 50%

C. 甲期望报酬率的变异系数 = X期望报酬率的变异系数 × 50% + Y期望报酬率的变异系数 × 50%

D. 甲的β系数 = X的β系数 × 50% + Y的β系数 × 50%

【答案】AD

【解析】组合标准差受相关系数影响，不等于组合内各单项资产标准差的加权平均数，而变异系数 = 标准差/期望值，所以选项B、C错误。

3. 资本市场线

应注意以下四点：

（1）资本市场线是通过无风险资产报酬率，向风险资产有效边界所做的切线（即同时持有无风险资产和风险资产）；

（2）市场均衡点M是所有证券以各自总市场价值为权数的加权平均组合，是唯一有效的风险资产组合（市场组合）；

（3）资本市场线揭示了持有不同比例无风险资产和市场组合情况下风险与期望报酬率的权衡关系，其截距是无风险报酬率，斜率代表风险的市场价格；

（4）投资者个人风险偏好不影响最佳风险资产组合，只影响借入或贷出资金的数量。

【例题17·多选题】证券市场组合的期望报酬率是16%，标准差为20%，甲投资人以自有资金100万元和按6%的无风险利率借入的资金40万元进行证券投资，甲投资人的期望报酬率和标准差分别是（　　）。

A. 甲投资人的标准差为18%

B. 甲投资人的期望报酬率20%

C. 甲投资人的期望报酬率22.4%

D. 甲投资人的标准差为28%

【答案】BD

【解析】期望报酬率 = 16% × 140/100 + (1 − 140/100) × 6% = 20%。标准差 = 20% × 140/100 = 28%。

考点十三：资本资产定价模型（★★★）

（一）系统风险与非系统风险

系统风险（市场风险、不可分散风险）	影响所有公司的因素引起的风险。该风险影响整个资本市场，不能通过投资组合来消除；系统风险决定着资产期望报酬率的高低
	影响因素：经济衰退、通货膨胀、利率变化等
非系统风险（公司特有风险、可分散风险）	个别公司的特有事件引起的风险。该风险可以通过多样化投资分散，无须任何价格补偿
	影响因素：新产品开发失败、工人罢工等

【例题18·单选题】关于证券投资组合理论的以下表述中，正确的是（　　）。

A. 证券投资组合能消除大部分系统风险

B. 证券投资组合的总规模越大，承担的风险越大

C. 最小方差组合是所有组合中风险最小的组合，所以报酬最大

D. 一般情况下，随着更多的证券加入到投资组合中，整体风险降低的速度会越来越慢

【答案】D

【解析】系统风险是不可分散风险，所以选项A错误；证券投资组合的越充分，能够分散的风险越多，所以选项B不正确；最小方差组合是所有组合中风险最小的组合，但其收益不是最大的，所以C不正确。在投资组合中投资项目增加的初期，风险分散的效应比较明显，但增加到一定程度，风险分散的效应就会减弱。有经验数据显示，当投资组合中的资产数量达到20个左右时，绝大多数非系统风险均已被消除，此时，如果继续增加投资项目，对分散风险已没有多大实际意义。

【例题19·单选题】下列事项中，能够

改变特定企业非系统风险的是（　　）。

A. 货币政策变化

B. 国家加入世界贸易组织

C. 汇率波动

D. 竞争对手被外资并购

【答案】D

【解析】选项A、B、C属于引起系统风险的致险因素。

（二）系统风险的度量

1. 单项资产的贝塔系数

贝塔系数反映某一资产报酬率波动与市场组合报酬率波动之间的相关性，即市场投资组合的报酬率每变动1%，期望的证券报酬率变动的百分比，是系统风险度量指标。

（1）公式法。

$$\beta_J = \frac{r_{JM}\sigma_J\sigma_m}{\sigma_M^2} = r_{JM}\ (\frac{\sigma_J}{\sigma_M})$$

【提示1】β值大小影响因素包括：该股票与整个股票市场的相关性；该股票的标准差；整个市场组合的标准差。

【提示2】市场组合的贝塔系数是1，无风险资产的贝塔系数是0。

（2）回归直线法。

即利用股票报酬率与市场组合报酬率的线性关系，利用回归直线方程求斜率b，即为该股票的β值。

【提示】β系数的经济意义

β系数反映了相对市场组合来说，特定资产系统风险的大小。

①当$\beta=1$时，说明该单项资产的报酬率与整个市场组合平均报酬率变动幅度相同，其系统风险与整个市场组合的风险一致；

②如果$\beta>1$，说明该单项资产的报酬率变动幅度大于整个市场组合平均报酬率变动幅度，其系统风险大于整个市场组合的风险；

③如果$\beta<1$，说明该单项资产的报酬率变动幅度小于整个市场组合平均报酬率变动幅度，其系统风险程度小于整个市场组合的风险。

2. 投资组合的贝塔系数

投资组合的β系数是所有单项资产β系数的加权平均数，权数为各种资产在投资组合中所占的比重。计算公式为：

$$\beta_p = \sum_{i=1}^{n} X_i\beta_i$$

【提示】投资组合的β系数受到单项资产的β系数和各种资产在投资组合中所占比重两个因素的影响。

【例题20·多选题】下列关于资本资产定价模型β系数的表述中，正确的有（　　）。

A. β系数可以为负数

B. β系数是影响证券收益的唯一因素

C. β系数反映的是证券的系统风险

D. 投资组合的β系数一定会比组合中任一单只证券的β系数低

【答案】AC

【解析】β系数为负数表明该资产报酬率与市场组合报酬率的变动方向不一致，选项A正确；无风险报酬率、市场组合报酬率以及β系数都会影响证券报酬，选项B错误；投资组合的β系数是加权平均的β系数，β系数衡量的是系统风险，所以不能分散，因此不能说β系数一定会比组合中任一单只证券的β系数低，选项D错误，选项C正确。

（三）资本资产定价模型

1. 资本资产定价模型的意义

资本资产定价模型揭示了证券投资的必要报酬率与系统风险之间关系。其公式为：

$R_i = R_f + \beta\times\ (R_m - R_f)$

R_i——股票的必要报酬率；

R_f——无风险报酬率（国库券报酬率）；

R_m——平均股票必要报酬率（市场组合必要报酬率）；

（$R_m - R_f$）——风险价格（市场风险溢价）；

$\beta\times$（$R_m - R_f$）——股票风险溢价。

【提示】资本资产定价模型既适用于单个证券，也是适合证券组合必要报酬率的计算。

2. 证券市场线

证券市场线揭示了在市场均衡的状态下，股票的必要报酬率与β值（系统性风险）的线性关系。证券市场线是一条市场均衡线，即每项资产的期望报酬率应该等于其必要报酬率。其公式为：$R_i = R_f + \beta\times(R_m - R_f)$

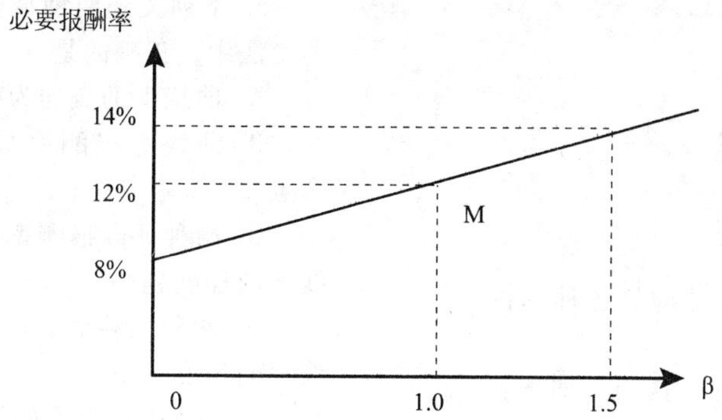

结论：

（1）贝塔系数越大，必要报酬率越高；

（2）投资者风险厌恶感越强，斜率越大，要求的风险补偿越多；

（3）预计发生通货膨胀，无风险报酬率上升，证券市场线向上平移。

（四）证券市场线与资本市场线比较

	证券市场线	资本市场线
描述的内容	描述的是市场均衡条件下单项资产或资产组合（无论是否已经有效地分散风险）的期望收益与风险之间的关系，适合于所有证券（包括投资组合）	描述的是由风险资产和无风险资产构成的投资组合的有效边界，只适用于有效组合
测度风险的工具	单项资产或资产组合对于整个市场组合方差的贡献程度，即β系数	整个资产组合的标准差
斜率与投资人对待风险态度的关系	市场整体对风险的厌恶感越强，证券市场线的斜率越大，对风险资产所要求的风险补偿越大，对风险资产的要求报酬率越高	不影响直线的斜率。 【提示】投资者个人对风险的态度仅仅影响借入或贷出的资金量，不影响最佳风险资产组合

（五）必要报酬率与期望报酬率比较

必要报酬率	期望报酬率
即最低要求的报酬率，能准确反映预期未来现金流量风险的报酬率，是等风险投资的机会成本。以必要报酬率为折现率，计算未来现金流量的现值，即该证券的内在价值	即预期的平均报酬率，是使净现值等于零时的报酬率。以期望报酬率作折现率计算未来现金流量的现值，即为该证券的市场价格
股票期望报酬率大于必要报酬率，应购入该股票，以获得超额回报	
随着股票的买单增加，使股票价格上涨，降低股票未来的期望报酬率（股利收益率和资本利得收益率下降），最终达到均衡，即：必要报酬率等于期望报酬率	

【例题21·多选题】下列关于证券市场线的说法中，正确的有（　　）。

A. 无风险报酬率越大，证券市场线在纵轴的截距越大

B. 预计通货率提高时，证券市场线向上平移

C. 投资者对风险的厌恶感越强，证券市场线的斜率越大

D. 证券市场线描述了由风险资产和无风险资产构成的投资组合的有效边界

【答案】ABC

【解析】选项D是资本市场线的特点，不是证券市场线的特点。资本市场线描述了由风险资产和无风险资产构成的投资组合的有效边界。

通关演练

一、单项选择题

1. 关于利率期限结构的各种理论，下列各项正确的是（　　）。

A. 流动性溢价理论认为短期债券的流动性比长期债券低

B. 无偏预期理论认为利率的期限结构完全取决于市场对未来利率的预期

C. 分割市场理论认为长期债券即期利率是未来短期预期理论平均值加上一定的流动性风险溢价

D. 利率的期限结构理论包括无偏预期理论和流动性溢价理论

2. 6 年分期付款购物，每年初付 300 元，设银行利率为 10%，该项分期付款相当于一次现金支付的购价是（　　）。

A. 1 450. 22 元　　B. 1 480 元

C. 1 491. 24 元　　D. 1 458. 16 元

3. 下列各项中，说法错误的是（　　）。

A. 两种证券的所有可能组合会落在一条曲线上

B. 完全正相关的投资组合的机会集是一条直线

C. 机会集曲线越平坦，风险分散化效应越弱

D. 证券报酬率之间的相关系数越大，机会集曲线就与越弯曲

4. 甲公司拟投资于两种证券 X 和 Y，两种证券期望报酬率的相关系数为 0. 3。根据投资 X 和 Y 的不同资金比例测算，投资组合期望报酬率与标准差的关系如下图所示。甲公司投资组合的有效集是（　　）。(2015 年)

A. X、Y 点　　B. XR 曲线

C. RY 曲线　　D. XRY 曲线

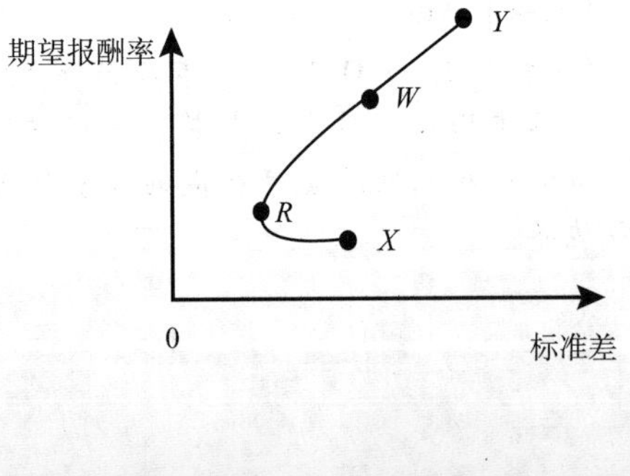

5. 下列关于两种证券组合的机会集曲线的说法中，正确的是（　　）。(2013 年)

A. 曲线上的点均为有效组合

B. 曲线上报酬率最低点是最小方差组合点

C. 两种证券报酬率的相关系数越大，曲线弯曲程度越小

D. 两种证券报酬率的标准差越接近，曲线弯曲程度越小

6. 一项 500 万元的借款，借款期为 5 年，年利率为 8%，若每半年复利一次，名义利率比实际利率降低（　　）。

A. 0. 16%　　B. 8. 16%

C. 0. 08%　　D. 8. 08%

7. 关于利率期限结构的各种理论，下列各项正确的是（　　）。

A. 无偏预期理论认为利率的期限结构完全取决于市场对未来利率的预期

B. 流动性溢价理论认为短期债券的流动性比长期债券低

C. 分割市场理论认为长期债券即期利率是未来短期预期理论平均值加上一定的流动性风险溢价

D. 利率的期限结构理论包括无偏预期理论和流动性溢价理论

8. 甲投资人以自有资金 100 万元和以 6% 的无风险利率借入的资金 60 万元进行证券投资，证券市场组合的标准差是 20%，甲投资人的标准差是（　　）。

A. 20%　　B. 28%

C. 32%　　D. 22. 4%

9. 甲自有资本 100 万元，借入资金 20 万元，将 120 万元全部投资于风险资产。无风险利率为 4%，风险组合的期望报酬率为 10%，风险组合的标准差是 12。下列各项中错误的是（　　）。

A. Q 为 1. 2

B. 组合期望报酬率为 12. 8%

C. 组合期望报酬率为 11. 2%

D. 组合标准差为 14. 4

二、多项选择题

1. 下列关于证券市场线的有关表述中，不正确的有（　　）。

A. 无风险利率提高，证券市场线向下

平移

B. 投资者风险厌恶感加强，会提高证券市场线的斜率

C. 投资者风险厌恶感加强，会降低资本市场线的斜率

D. 证券市场线适用于单项资产或资产组合

2. 市场上有两种有风险证券 x 和 y，下列情况下，两种证券组成的投资组合风险低于二者加权平均风险的有（　　）。（2016年）

A. x 和 y 期望报酬率的相关系数是0

B. x 和 y 期望报酬率的相关系数是 -1

C. x 和 y 期望报酬率的相关系数是1

D. x 和 y 期望报酬率的相关系数是0.5

3. 下列各项中可以用来衡量单个证券投资总风险的指标有（　　）。

A. β 系数

B. 标准差

C. 方差

D. 变异系数

4. 贝塔系数和标准差都能衡量投资组合的风险。下列关于投资组合的贝塔系数和标准差的表述中，正确的有（　　）。（2013年）

A. 贝塔系数度量的是投资组合的系统风险

B. 标准差度量的是投资组合的非系统风险

C. 投资组合的贝塔系数等于被组合各证券贝塔系数的算术加权平均值

D. 投资组合的标准差等于被组合各证券标准差的算术加权平均值

5. 下列关于相关系数的说法，正确的有（　　）。

A. 当相关系数 =1 时，表明两项资产的收益率呈同方向变化，组合抵消的风险较少

B. 当相关系数 = -0.5 时，表示两种资产收益率反方向变化，抵消的风险较多

C. 当相关系数 =0 时，表示缺乏相关性，每种证券的报酬率相对于另外的证券的报酬率独立变动

D. 只要两种证券之间的相关系数小于1，证券组合报酬率的标准差就小于各证券报酬率标准差的加权平均数

6. 没有通货膨胀的条件下，下列各项中可以视为纯粹利率的有（　　）。

A. 银行贷款基准利率

B. 没有风险的资金市场的平均利率

C. 社会实际平均收益率

D. 短期政府债券的利率

7. 下列选项中无法计算出终值的确切结果的有（　　）。

A. 普通年金

B. 预付年金

C. 递延年金

D. 永续年金

8. 下列关于资本资产定价模型表述正确的有（　　）。

A. 市场风险溢价提高，所有资产的必要收益率都提高

B. 如果某项资产的 $\beta=1$，则该资产的必要收益率等于市场平均收益率

C. 市场上所有资产的 β 系数不可能为负数

D. 如果市场对风险的平均容忍程度越高，市场风险溢酬越小

9. 递延年金具有的特点有（　　）。

A. 年金的第一次支付发生在若干期以后

B. 没有终值

C. 递延期与年金现值的计算无关

D. 递延期与年金终值的计算无关

三、计算分析题

1. ABC公司有A和B两个投资机会，假设未来的经济状况只有3种：繁荣、一般、衰退，有关的概率分布和期望报酬率如下表：

市场状况	概率P	期望报酬率	
		A方案	B方案
繁荣	0.3	90%	20%
一般	0.4	15%	15%
衰退	0.3	-60%	10%

要求：

（1）计算A与B方案的期望报酬率；

（2）计算A与B方案的标准差；

（3）判断A和B方案哪个好？

2. 甲公司计划投资A、B、C三种股票中的一种，计划购买额为3 000万元。三种股票的购买概率以及预期收益率分布如下表：

股票种类	概率	A项目报酬率
A	0.2	18%
B	0.5	12%
C	0.3	8%

要求：

(1) 甲公司此次投资报酬率的期望值为多少？

(2) 甲公司此次投资报酬率的标准差为多少？

(3) 甲公司此次投资报酬率的变异系数为多少？

答案及解析

一、单项选择题

1. 【答案】A

【解析】流动性溢价理论认为短期债券的流动性比长期债券高，所以选项A的说法不正确；长期债券即期利率是未来短期预期理论平均值加上一定的流动性风险溢价，这是流动性溢价理论的观点，所以选项C的说法不正确。利率的期限结构理论包括无偏预期理论、市场分割理论和流动性溢价理论，所以选项D的说法不正确。

2. 【答案】C

【解析】$P = A \times [(P/A, i, n-1) + 1] = 300 \times [(P/A, 10\%, 5) + 1] = 300 \times (3.7908 + 1) = 1\,491.24$

3. 【答案】D

【解析】证券报酬率之间的相关系数越小，机会集曲线就会越弯曲，所以D选项错误。

4. 【答案】C

【解析】有效集位于机会集的顶部，从最小方差组合点起到最高期望报酬率点止，即RY曲线。其余为无效集，选项C正确。

【该题针对“投资组合的机会集”进行考核】

5. 【答案】C

【解析】只有不存在无效集时，曲线上的点才会均为有效组合，选项A错误；曲线上标准差最低点（曲线最左端的点）是最小方差组合点，选项B错误；两种证券报酬率的相关系数越大，即正相关程度越高，风险分散效应越弱，曲线弯曲程度越小，选项C正确；两种证券报酬率的标准差越接近，只能说明两种证券的风险越接近，并不能说明两种证券报酬率的相关程度（即共同变动程度）如何，无法推出风险分散效应程度即曲线弯曲程度，选项D错误。

【该题针对“投资组合的机会集”进行考核】

6. 【答案】A

【解析】实际利率 $= (1 + r/m) m - 1 = (1 + 8\%/2) \times 2 - 1 = 8.16\%$

实际利率高出名义利率 $= 8.16\% - 8\% = 0.16\%$。

7. 【答案】A

【解析】流动性溢价理论认为短期债券的流动性比长期债券高，所以选项B的说法不正确；长期债券即期利率是未来短期预期理论平均值加上一定的流动性风险溢价，这是流动性溢价理论的观点，所以选项C的说法不正确。利率的期限结构理论包括无偏预期理论、市场分割理论和流动性溢价理论，所以选项D的说法不正确。

8. 【答案】C

【解析】本题中，$Q = (100 + 60)/100 = 1.6$。总的标准差 $= Q \times$ 风险组合的标准差 $= 1.6 \times 20\% = 32\%$。

9. 【答案】B

【解析】$Q = 120/100 = 1.2$，组合期望报酬率 $= Q \times$ 风险组合的期望报酬率 $+ (1 - Q) \times$ 无风险报酬率 $= 1.2 \times 10\% + (1 - 1.2) \times 4\% = 11.2\%$，选项B错误。组合标准差 $= Q \times$ 风险组合的标准差 $= 1.2 \times 12 = 14.4$。

二、多项选择题

1. 【答案】AC

【解析】无风险利率影响证券市场线的截距，截距提高，证券市场线向上平移，A错误；证券市场线的斜率表示经济系统中风险厌恶感的程度，一般来说，投资者对风险的厌恶感越强，证券市场线的斜率越大，所以选项C不正确。

2. 【答案】ABD

【解析】如果相关系数小于1，则投资组合会产生风险分散化效应，组合风险就会低于各资产加权平均风险。

【该题针对“投资组合的机会集”进行考核】

3. 【答案】BCD

【解析】方差、标准差、变异系数度量投资的总风险（包括系统风险和非系统风险），贝塔系数度量投资的系统风险。

4. 【答案】AC

【解析】标准差度量整体风险，选项B错误；由于投资组合的风险分散化效应，投资组合的标准差通常小于组合内各证券标准差的加权平均值。

【该题针对“投资组合的机会集”进行考核】

5. 【答案】BCD

【解析】当相关系数=1时，表明两项资产的收益率变化相同，不能抵消风险。A选项错误。

6. 【答案】BD

【解析】纯粹利率，也指真实无风险利率，是指在没有通货膨胀、无风险情况下资金市场的平均利率。没有通货膨胀时，短期政府债券的利率可以视作纯粹利率。选项B、D正确。

7. 【答案】D

【解析】永续年金持续期无限，没有终点，因此没有终值。

8. 【答案】BD

【解析】$\beta=1$时，资产的必要收益率=无风险收益率+β×（市场平均收益率-无风险收益率）=无风险收益率+1×（市场平均收益率-无风险收益率）=市场平均收益率，选项B正确。β系数也可以是负数或者0，不一定是正数，如果β系数为负数的话，市场风险溢酬提高，资产的必要收益率是降低的，选项A、C不正确。市场风险溢酬，它反映的是市场作为整体对风险的平均“容忍”程度，如果市场对风险的平均容忍程度越高，则市场风险溢酬越小，选项D正确。

9. 【答案】AD

【解析】递延年金是指第一次收付发生在第二期或第二期以后的年金，递延年金终值是指最后一次收付时的本利和，其计算方法与普通年金终值相同，只不过只考虑等额收付的次数罢了。

三、计算分析题

1. 【答案】

（1）A方案的期望报酬率：

$=90\%\times0.3+15\%\times0.4+(-60\%)\times0.3=15\%$

B方案的期望报酬率

$=20\%\times0.3+15\%\times0.4+10\%\times0.3=15\%$

（2）A方案的标准差：

市场状况	概率 P_i	A方案期望报酬率（K_i）	报酬率偏差的平方 $(K_i-K)^2$
繁荣	0.3	90%	$(90\%-15\%)^2$
一般	0.4	15%	$(15\%-15\%)^2$
衰退	0.3	-60%	$(-60\%-15\%)^2$

A方案的方差$=(90\%-15\%)^2\times0.3+(15\%-15\%)^2\times0.4+(-60\%-15\%)^2\times0.3=0.3375$

A方案的标准差$=\sqrt{0.3375}\times100\%=58.09\%$

B方案的标准差：

市场状况	概率 P_i	B方案期望报酬率（K_i）	报酬率偏差的平方 $(K_i-K)^2$
繁荣	0.3	20%	$(20\%-15\%)^2$
一般	0.4	15%	$(15\%-15\%)^2$
衰退	0.3	10%	$(10\%-15\%)^2$

B方案的方差$=(20\%-15\%)^2\times0.3+(15\%-15\%)^2\times0.4+(10\%-15\%)^2\times0.3=0.0015$

B方案的标准差$=\sqrt{0.0015}=3.87\%$

（3）A方案的期望报酬率=15%

B方案的期望报酬率=15%

A方案的标准差=58.09%

B方案的标准差=3.87%

收益率相同，A方案离散程度更大。综合考虑，B方案更好。

【该题针对“投资组合的风险与报酬”进行考核】

2. 【答案】

（1）甲公司此次投资报酬率的期望值=

$18\% \times 0.2 + 12\% \times 0.5 + 8\% \times 0.3 = 12\%$

（2）甲公司此次投资报酬率的标准差＝

$$\sqrt{(18\% - 12\%)^2 \times 0.2 + (12\% - 12\%)^2 \times 0.5 + (8\% - 12\%)^2 \times 0.3} = 3.46\%$$

（3）甲公司此次投资报酬率的标准差率＝3.46%/12%＝28.87%

【该题针对“投资组合的风险与报酬”进行考核】

第四章　资本成本

本章考情分析

资本成本的确定是后面很多章节的基础，因此本章的题型除单项选择题、多项选择题、计算分析题外，还很容易和其他章节综合起来考查。

本章教材变化

本章对到期收益率法进行了补充和修订。

基本内容框架

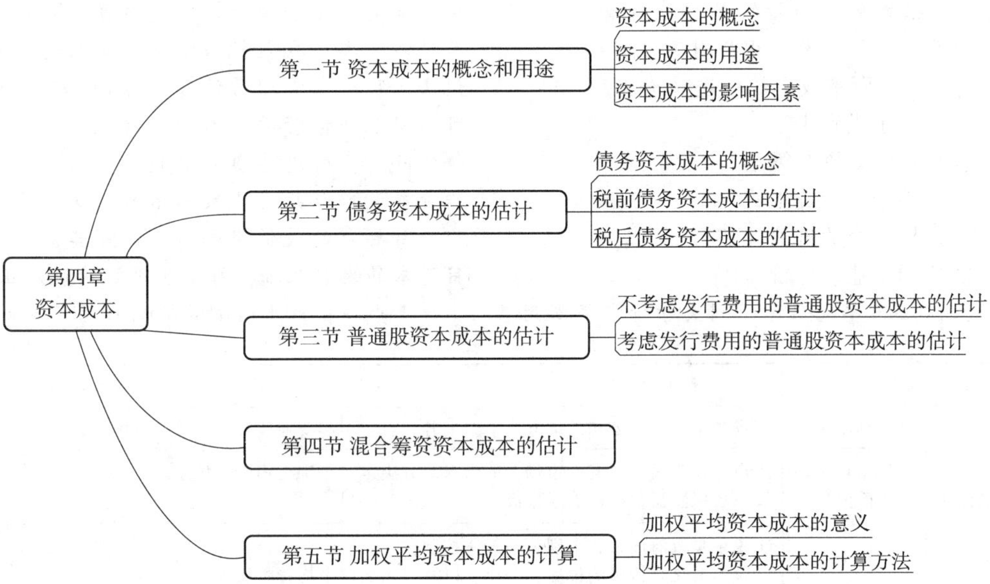

通关重难点例题解析

考点一：资本成本的概念（★）

（1）定义：一般来说，资本成本是指投资资本的机会成本，是公司从现有资产获得的符合金融市场投资人期望的最小收益率。

（2）分类：资本成本分为公司（筹资）的资本成本和投资项目的资本成本。

【例题1·多选题】（2016年）下列关于投资项目资本成本的说法中，正确的有（　　）。

A. 资本成本是投资项目的取舍率

B. 资本成本是投资项目的必要报酬率

C. 资本成本是投资项目的机会成本

D. 资本成本是投资项目的内含报酬率

【答案】ABC

【解析】公司资本成本是投资人针对整个

公司要求的报酬率，或者说是投资者对于企业全部资产要求的必要报酬率。项目资本成本是公司投资于资本支出项目所要求的必要报酬率。选项D，项目的内含报酬率是真实的报酬率，不是资本成本。

【例题2·单选题】（2019年）甲公司有X、Y两个项目组，分别承接不同的项目类型。X项目组资本成本8%，Y项目组资本成本12%，甲公司资本成本10%。下列项目中，甲公司可以接受的是（　　）。

A. 报酬率为9%的X类项目

B. 报酬率为7%的X类项目

C. 报酬率为10%的Y类项目

D. 报酬率为11%的Y类项目

【答案】A

【解析】报酬率为9%的X类项目大于X项目组资本成本8%，甲公司可以接受。报酬率为7%的X类项目小于X项目组资本成本8%，甲公司不可以接受。报酬率为10%的Y类项目和报酬率为11%的Y类项目都小于Y项目组资本成本12%，甲公司不可以接受。

考点二：资本成本的用途（★★）

（1）用于投资决策

（2）用于筹资决策

（3）用于营运资本管理

（4）用于企业价值评估

（5）用于业绩评价

【例题3·单选题】下列关于资本成本用途的说法中，不正确的是（　　）。

A. 在投资项目与现有资产平均风险不同的情况下，公司资本成本和项目资本成本没有联系

B. 在评价投资项目中，项目资本成本是净现值法中的折现率，也是内含报酬率法中的“取舍率”

C. 在管理营运资本方面，资本成本可以用来评估营运资本投资政策

D. 加权平均资本成本是其他风险项目资本的调整基础

【答案】A

【解析】如果投资项目与现有资产平均风险不同，公司资本成本不能作为项目现金流量的折现率。不过，公司资本成本仍具有重要价值，它提供了一个调整基础，所以选项A的说法不正确；评价投资项目最普遍的方法是净现值法和内含报酬率法。采用净现值法时候，项目资本成本是计算净现值的折现率；采用内含报酬率法时，项目资本成本是其“取舍率”或最低报酬率，所以选项B的说法正确；在管理营运资本方面，资本成本可以用来评估营运资本投资政策和营运资本筹资政策，所以选项C的说法正确；加权平均资本成本是投资决策的依据，既是平均风险项目要求的最低报酬率，也是其他风险项目资本的调整基础，所以选项D的说法正确。

考点三：资本成本的影响因素（★★）

影响因素		说明
外部因素	利率	市场利率上升，公司的债务成本会上升，也会引起普通股和优先股的成本上升。
	市场风险溢价	①市场风险溢价由资本市场上的供求双方决定，个别公司无法控制。 ②市场风险溢价会影响股权成本。
	税率	①税率是政府政策，个别公司无法控制。 ②税率变化直接影响税后债务成本以及公司加权平均资本成本。
内部因素	资本结构	①适度负债的资本结构下，资本成本最小。 ②增加债务的比重，会使平均资本成本趋于降低，同时会加大公司的财务风险，财务风险的提高，又会引起债务成本和权益成本上升。
	投资政策	①公司的资本成本反映现有资产的平均风险。 ②如果公司向高于现有资产风险的新项目大量投资，公司资产的平均风险就会提高，并使得资本成本上升

【例题4·多选题】下列因素中会导致各公司资本成本不同的有（　　）。

A. 无风险报酬率

B. 经营风险溢价

C. 财务风险溢价

D. 通货膨胀率

【答案】BC

【解析】一个公司资本的高低，取决于三

个因素：①无风险报酬率；②经营风险溢价；③财务风险溢价。由于对于各个公司来说，无风险报酬率是相同的，所以本题的答案为选项B和C。

考点四：债务资本成本的概念（★）

特征	估计债务成本就是确定债权人要求的收益率。 【提示】债务筹资的成本低于权益筹资的成本。
债务资本成本的区分	（1）区分历史成本和未来成本 作为投资决策和企业价值评估依据的资本成本，只能是未来借入新债务的成本。 （2）区分债务的承诺收益与期望收益 对于筹资人来说，债权人的期望收益是其债务的真实成本。 因为存在违约风险，债务投资组合的期望收益低于合同规定的收益。 （3）区分长期债务和短期债务 由于加权平均资本成本主要用于资本预算，涉及的债务是长期债务，因此通常的做法是只考虑长期债务，而忽略各种短期债务。 值得注意的是，有时候公司无法发行长期债券或取得长期银行借款，被迫采用短期债务筹资并将其不断续约。这种债务，实质上是一种长期债务，是不能忽略的

【例题5·单选题】在进行投资决策时，需要估计的债务成本是（ ）。

A. 现有债务的期望收益

B. 未来债务的期望收益

C. 未来债务的承诺收益

D. 现有债务的承诺收益

【答案】B

【解析】对于筹资人来说，债权人的期望收益是其债务的真实成本。

考点五：税前债务资本成本的估计（★★）

1. 到期收益率法

基本原理	逐步测试求折现率，即找到使得未来现金流出的现值等于现金流入现值的那一个折现率
适用范围	公司目前有上市的长期债券
计算公式	$\sum_{t=1}^{n}\frac{利息}{(1+r_d)^t}+\frac{本金}{(1+r_d)^n}=P_0$ 式中：P_0——债券的市价 r_d——到期收益率即税前债务成本； n——债务的期限，通常以年表示 如果债券不是按年付息，而是每年付息 m 次，则上述公式调整为： $P_0=\sum_{t=1}^{mn}\frac{利息\div m}{(1+r_d)^t}+\frac{本金}{(1+r_d)^{mn}}$ 式中：P_0——债券的市价； r_d——计息期折现率； m——每年计息次数； n——债务的剩余期限，通常以年表示。 债务税前资本成本 = 有效年利率 = $(1+r_d)^m-1$

2. 可比公司法

适用范围	公司没有上市的债券，可以找到一个拥有可交易债券的可比公司作为参照物
基本做法	计算可比公司长期债券的到期收益率，作为本公司的长期债务成本
注意的问题	可比公司应当与目标公司处于同一行业，具有类似的商业模式。最好两者的规模、负债比率和财务状况也比较类似

可比公司应当与目标公司处于同一行业，具有类似的商业模式。最好两者的规模、负债比率和财务状况也比较类似。

3. 风险调整法

适用范围	没有上市的债券，也找不到合适的可比公司
基本公式	税前债务成本 = 政府债券的市场回报率 + 企业的信用风险补偿率
信用风险补偿率的确定	信用风险的大小可以用信用级别来估计。具体做法如下： （1）选择若干信用级别与本公司相同的上市的公司债券； （2）计算这些上市公司债券的到期收益率； （3）计算与这些上市公司债券同期的长期政府债券到期收益率（无风险利率）； （4）计算上述两个到期收益率的差额，即信用风险补偿率； （5）计算信用风险补偿率的平均值，并作为本公司的信用风险补偿率。

政府债券的市场回报率：

（1）与企业债券预期期限相同（到期日接近）。

（2）到期收益率。

4. 财务比率法

适用范围	公司没有上市的长期债券，找不到合适的可比公司，也没有信用评级资料
基本做法	需要知道目标公司的关键财务比率，根据这些比率可以大体上判断该公司的信用级别，有了信用级别就可以使用风险调整法确定其债务成本

【例题6·单选题】甲公司采用风险调整法估计债务成本，在选择若干已上市公司债券以确定本公司的信用风险补偿率时，应当选择（　　）。

A. 与本公司信用级别相同的债券

B. 与本公司所处行业相同的公司的债券

C. 与本公司商业模式相同的公司的债券

D. 与本公司债券期限相同的债券

【答案】A

【解析】信用风险的大小可以用信用级别来表示，因此应选择若干信用级别与本公司相同的上市的公司债券。

【例题7·多选题】甲公司目前没有上市债券，在采用可比公司法测算公司的债务资本成本时，选择的可比公司应具有的特征有（　　）。

A. 与甲公司商业模式类似

B. 与甲公司在同一行业

C. 拥有可上市交易的长期债券

D. 与甲公司在同一生命周期阶段

【答案】ABC

【解析】如果需要计算债务成本的公司，没有上市债券，就需要找一个拥有可交易债券的可比公司作为参照物。计算可比公司长期债券的到期收益率，作为本公司的长期债务成本。

考点六：税后债务资本成本的估计（★★）

税后债务成本 = 税前债务成本 ×（1 − 所得税税率）

【提示】由于所得税的作用，公司的债务成本小于债权人要求的收益率。

【提示】新发债券，考虑发行成本的影响

【例题8·单选题】某公司5年前发行了面值为1 000元、利率为10%、期限为15年的长期债券，每半年付息一次，目前市价为950元，公司所得税税率为25%，假设债券半年的税前资本成本为 i，则正确的表达式是（　　）。

A. $1\ 000 \times 5\% \times (P/A, i, 10) + 1\ 000 \times (P/F, i, 10) = 950$

B. $1\ 000 \times 10\% \times (P/A, i, 10) + 1\ 000 \times (P/F, i, 10) = 950$

C. $1\ 000 \times 5\% \times (P/A, i, 20) + 1\ 000 \times (P/F, i, 20) = 950$

D. $1\ 000 \times 10\% \times (P/A, i, 5) + 1\ 000 \times (P/F, i, 5) = 950$

【答案】C

【解析】未来还有10年，会收到20次利息，因此：$1\ 000 \times 5\% \times (P/A, i, 20) + 1\ 000 \times (P/F, i, 20) = 950$。

考点七：不考虑发行费用的普通股资本成本的估计（★★）

估算模型：
- 资本资产定价模型
- 股利增长模型
- 债券收益率风险调整模型

（一）资本资产定价模型

权益资本成本 = 无风险利率 + 风险溢价

$R_s = R_f + \beta \times (R_m - R_f)$

式中：R_f——无风险报酬率；

β——该股票的贝塔系数；

R_m——平均风险股票报酬率；

$(R_m - R_f)$——市场风险溢价；

$\beta \times (R_m - R_f)$——该股票的风险溢价。

1. 无风险报酬率的估计

一般来说：选择长期政府债券的名义到期收益率

（1）政府债券期限的选择。

通常选择法	选择理由
选择长期政府债券的利率比较适宜	（1）普通股是长期的有价证券； （2）资本预算涉及的时间长； （3）长期政府债券的利率波动较小

（2）选择票面利率或到期收益率。

通常选择法	选择理由
应当选择上市交易的政府长期债券的到期收益率作为无风险利率的代表	不同时间发行的长期政府债券，其票面利率不同，有时相差较大。长期政府债券的付息期不同，有半年期或一年期等，还有到期一次还本付息的。因此，票面利率是不适宜的

（3）选择名义利率或实际利率。

①通货膨胀的影响。

对利率的影响	这里的名义利率是指包含了通货膨胀因素的利率，实际利率是指排除了通货膨胀因素的利率。 两者的关系可表述如下式： 1 + r 名义 = (1 + r 实际)(1 + 通货膨胀率)
对现金流量的影响	如果企业对未来现金流量的预测是基于预算年度的价格水平，并消除了通货膨胀的影响，那么这种现金流量称为实际现金流量。 包含了通货膨胀影响的现金流量，称为名义现金流量。两者的关系为： 名义现金流量 = 实际现金流量 × (1 + 通货膨胀率) 式中：n——相对于基期的期数

②决策分析的基本原则。

原则	名义现金流量要使用名义折现率进行折现，实际现金流量要使用实际折现率进行折现

③实务中的处理方式。

通常做法	一般情况下使用含通胀的名义货币编制预计财务报表并确定现金流量，与此同时，使用含通胀的无风险利率计算资本成本
使用实际利率的情况	（1）存在恶性的通货膨胀（通货膨胀率已经达到两位数）时，最好使用排除通货膨胀的实际现金流量和实际利率； （2）预测周期特别长

2. β 的估计

（1）计算方法：利用第三章的回归直线法或定义公式。

（2）关键变量的选择。

关键变量	选择	注意
有关预测期间的长度	①公司风险特征无重大变化时，可以采用5年或更长的预测期长度； ②如果公司风险特征发生重大变化，应当使用变化后的年份作为预测期长度	不一定时间越长估计的值就越可靠
收益计量的时间间隔	使用每周或每月的收益率	使用每日内的收益率会由于有些日子没有成交或者停牌，由此引起的偏差会降低股票收益率与市场收益率之间的相关性，也会降低该股票的 β 值。使用每周或每月的收益率能显著地降低这种偏差。年度收益率较少采用

（3）使用历史β值估计权益资本的前提。

β值的关键驱动因素：
- 经营杠杆
- 财务杠杆
- 收益的周期性

【解释】收益的周期性，是指一个公司的收入、利润与整个经济周期状态的依赖性强弱。

3. 市场风险溢价的估计

（1）市场风险溢价的含义。

市场风险溢价 $= R_m - R_f$

通常被定义为在一个相当长的历史时期里，市场平均收益率与无风险资产平均收益率之间的差异。

（2）权益市场收益率的估计。

关键变量选择	选择理由
选择时间跨度	由于股票收益率非常复杂多变，影响因素很多，因此，较短的期间所提供的风险溢价比较极端，无法反映平均水平，因此应选择较长的时间跨度。既要包括经济繁荣时期，也包括经济衰退时期
选择算术平均数还是几何平均数	多数人倾向于采用几何平均法

【提示】

①几何平均数方法下的权益市场收益率 $= \sqrt[n]{\dfrac{p_n}{p_o}} - 1$

②算术平均数方法下的权益市场收益率 $= \dfrac{\sum_{t=1}^{n} K_t}{n}$

其中：

$$K_t = \frac{P_t - P_t - 1}{P_t - 1}$$

式中：P_n—第 n 年的价格指数；

K_t—第 t 年的权益市场收益率。

③几何平均法得出的预期风险溢价，一般情况下比算术平均法要低一些。

（二）股利增长模型

1. 基本公式

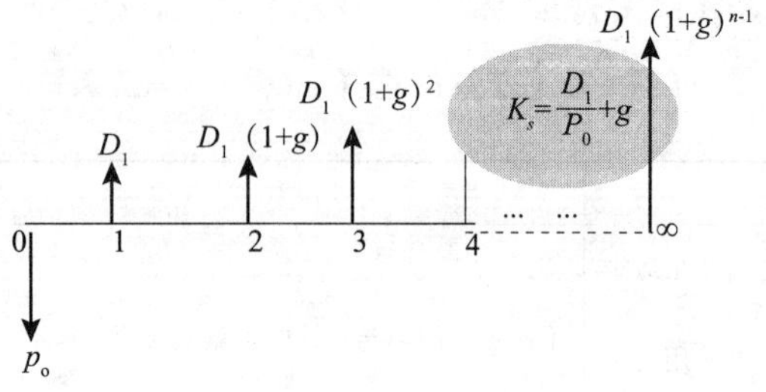

2. 增长率的估计

（1）历史增长率。

估算依据	这种方法是根据过去的股利支付数据估计未来的股利增长率。
估算方法	股利增长率可以按几何平均数计算，也可以按算术平均数计算。

（2）可持续增长率。

假设未来保持当前的经营效率和财务政策（包括不增发股票和股票回购）不变，则可根据可持续增长率来确定股利的增长率。

股利的增长率 = 可持续增长率 = 期初权益预期净利率 × 预计利润留存率

【提示】可以利用期末权益的计算公式：

股利的增长率 = 可持续增长率 =（利润留存比率 × 权益净利率）/（1 − 利润留存比率 × 权益净利率）。

（3）采用证券分析师的预测。

证券分析师发布的各公司增长率预测值，通常是分年度或季度的，而不是一个唯一的长期增长率。对此，有两种解决办法：

①将不稳定的增长率平均化。

转换的方法是计算未来足够长期间（例如30年或50年）的年度增长率的几何平均数。

②根据不均匀的增长率直接计算股权成本。

（三）债券收益率风险调整模型

$r_s = r_{dt} + RP_c$

式中：r_{dt}——税后债务成本；

RP_c——股东比债权人承担更大风险所要求的风险溢价。

【提示】风险溢价是凭借经验估计的。一般认为，某企业普通股风险溢价对其自己发行的债券来讲，大约在3%～5%之间。对风险较高的股票用5%，风险较低的股票用3%。

【例题9·单选题】某公司的预计未来保

持经营效率、财务政策不变，且预期未来不发行股票，企业当前的每股股利为3元，每股净利润为5元，每股净资产为20元，每股市价为50元，则股票的资本成本为（ ）。

A. 16.25% B. 11.11%

C. 17.78% D. 18.43%

【答案】C

【解析】留存收益比例 = 1 - 3/5 = 40%；权益净利率 = 5/20 = 25%；股利的增长率 = 可持续增长率 = 留存收益比率 × 权益净利率/(1 - 留存收益比率 × 权益净利率) = 40% × 25%/(1 - 40% × 25%) = 11.11%；股票的资本成本 = 3 × (1 + 11.11%)/50 + 11.11% = 17.78%；

考点八：考虑发行费用的普通股资本成本的估计（★★）

新发行普通股的成本：$R_s = D_1/[P_0(1-f)]+g$

筹资净额：$P_0(1-f)$

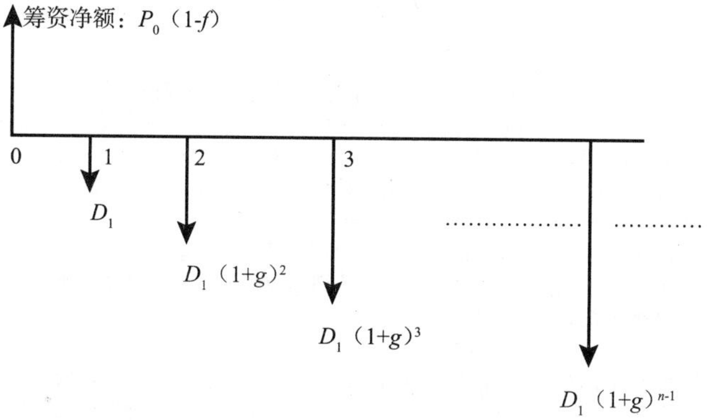

【例题10·计算题】公司现有普通股：当前市价50元，最近一次支付的股利为4.19元/股，预期股利的永续增长率为5%，该股票的贝塔系数为1.2。公司不准备发行新的普通股。目前资本市场：国债收益率为7%；市场平均风险溢价估计为6%。公司所得税税率：25%。

要求：计算普通股资本成本：用资本资产定价模型和股利增长模型两种方法估计，以两者的平均值作为普通股资本成本。

【答案】利用股利增长模型可得：R = 4.19 × (1 + 5%)/50 + 5% = 13.80%

利用资本资产定价模型可得：R = 7% + 1.2 × 6% = 14.20；平均股票成本 = (13.80% + 14.20%) ÷ 2 = 14%

考点九：混合筹资资本成本的估计（★★）

（一）优先股资本成本的估计

含义	优先股资本成本是优先股股东要求的必要报酬率
内容	优先股资本成本包括股息和发行费用
计算公式	$r_p = D_p/[P_p(1-F)]$ 式中，r_p表示优先股资本成本；D_p表示优先股每股年股息；P_p表示优先股发行价格；F表示优先股发行费用率

（二）永续债的资本成本

永续债的含义	没有明确到期日或期限非常长的债券，债券发行方只需支付利息，没有还本义务（实际操作中会附加赎回及利率调整条款）
税前资本成本	$r_{pd} = I_{pd}/[P_{pd}(1-F)]$ 式中，r_{pd}表示永续债资本成本；I_{pd}表示永续债每年利息；P_{pd}表示永续债发行价格；F表示永续债发行费用率

【提示】如果计息期小于1年，需将计息期r_{pd}按照每年复利次数转换为有效年利率，

即有效年利率 $=(1+r_{pd})^{m}-1$

【例题11·单选题】某企业经批准发行永续债，发行费用率和年利息率分别为5%和9%，每半年付息1次，所得税税率为25%，则永续债的税后资本成本为（　　）。

A. 9.47%　　B. 9.70%

C. 7.28%　　D. 5.49%

【答案】C

【解析】$R=4.5\%/(1-5\%)=4.74\%$。年有效税前资本成本 $=(1+4.74)^{2}-1=9.7\%$

税后资本成本 $=9.7\%\times(1-25\%)=7.28\%$

考点十：加权平均资本成本的计算（★）

计算公式		$K_w=\sum_{j=1}^{n}K_jW_j$ 式中：K_w—加权平均资本成本 K_j—第 j 种个别资本成本 W_j—第 j 种个别资本占全部资本的比重（权数）
权重的选择	账面价值加权	根据企业资产负债表上显示的会计价值来衡量每种资本的比例。 缺点：账面结构反映的是历史的结构，不一定符合未来的状态；账面价值会歪曲资本成本
	实际市场价值加权	根据当前负债和权益的市场价值比例衡量每种资本的比例。 缺点：由于市场价值不断变动，负债和权益的比例也随之变动，计算出的加权平均资本成本数额也是经常变化的
	目标资本结构加权	根据按市场价值计量的目标资本结构衡量每种资本要素的比例。 优点：这种方法可以选用平均市场价格，回避证券市场价格变动频繁的不便；可以适用于公司评价未来的资本结构，而不像账面价值权数和实际市场价值权数那样只反映过去和现在的资本结构

【提示】主观题考试时权重按照题目的要求来选，如果考试没有说明以什么为权重，根据以往考试来看通常是以账面价值为权重。

【例题12·多选题】下列关于计算加权平均资本成本的说法中，正确的有（　　）。

A. 计算加权平均资本成本时，理想的做法是按照以市场价值计量的目标资本结构的比例计量每种资本要素的权重

B. 计算加权平均资本成本时，每种资本要素的相关成本是未来增量资金的机会成本，而非已经筹集资金的历史成本

C. 计算加权平均资本成本时，需要考虑发行费用的债务应与不需要考虑发行费用的债务分开，分别计量资本成本和权重

D. 计算加权平均资本成本时，如果筹资企业处于财务困境，需将债务的承诺收益率而非期望收益率作为债务成本

【答案】ABC

【解析】目标资本结构加权是指根据按市场价值计量的目标资本结构衡量每种资本要素的比例，所以选项A正确；作为投资决策和企业价值评估依据的资本成本，只能是未来新的成本，现有的历史成本，对于未来的决策是不相关的沉没成本，选项B正确；存在发行费用，会增加成本，所以需要考虑发行费用的债务应与不需要考虑发行费用的债务分开，分别计量资本成本和权重，选项C正确；因为存在违约风险，债务投资组合的期望收益低于合同规定的收益，对于筹资人来说，债权人的期望收益是其债务的真实成本，所以选项D错误。

通关演练

一、单项选择题

1. 下列各项中，通常不会导致企业资本成本增加的是（　　）。

A. 通货膨胀减缓

B. 投资风险上升

C. 国民经济不景气

D. 证券市场流动性降低

2. 在采用风险调整法估计债券资本成本

时，风险补偿率是（　　）。

A. 信用级别与目标公司相同的上市公司债券与同期的长期国债到期收益率的差额

B. 信用级别与目标公司相同的上市公司债券与同期的短期国债到期收益率的差额

C. 目标公司债券与信用级别与其相同的上市公司债券到期收益率的差额

D. 目标公司债券与长期国债到期收益率的差额

3. 甲、乙公司已进入稳定增长状态，股票信息如下：

	甲	乙
最近一期每股股利	0.75 元	0.55 元
股利稳定增长率	6%	8%
股票价格	15 元	18 元

下列关于甲、乙股票投资的说法中，正确的是（　　）。

A. 甲、乙股票股利收益率相同

B. 甲、乙股票期望报酬率相同

C. 甲、乙股票股价增长率相同

D. 甲、乙股票资本利得收益率相同

4. 下列有关债务成本的表述不正确的是（　　）。

A. 对筹资人来说，债权人的期望收益是其债务的真实成本

B. 债务筹资的成本低于权益筹资的成本

C. 现有债务的历史成本，对于未来的决策是不相关的沉没成本

D. 对筹资人来说可以违约的能力会使借款的实际成本低于债务的期望收益率

5. 下列关于债券收益率风险调整模型的说法中不正确的是（　　）。

A. 权益资本成本 = 税前债务成本 + 股东要求的风险溢价

B. 对于风险较高的股票，风险溢价用 5%

C. 对于风险较低的股票，风险溢价用 3%

D. 权益资本成本 = 税后债务成本 + 股东要求的风险溢价

二、多项选择题

1. 使用企业当前的资本成本作为项目资本成本应具备的条件有（　　）。

A. 项目经营风险与企业当前资产的平均经营风险相同

B. 公司继续采用相同的资本结构为新项目筹资

C. 新项目的现金流量是可以准确预测的

D. 资本市场是完善的

2. 甲公司目前没有上市债券，也找不到合适的可比公司，在采用风险调整法测算公司的债务资本成本时，下列做法中正确的有（　　）。

A. 选择若干与甲公司信用级别相同的上市的公司债券

B. 计算这些公司债券的到期收益率

C. 计算与这些上市公司债券期限相同或相似的长期政府债券的到期收益率

D. 计算公司债券与政府债券到期收益率的差额作为信用风险补偿率

3. 下列关于资本成本的说法中，正确的有（　　）。

A. 资本成本的本质是企业为筹集和使用资金而实际付出的代价

B. 公司资本成本是公司取得资本使用权的代价

C. 公司资本成本是公司投资人要求的必要报酬率

D. 项目资本成本可以视为项目投资或使用资本的机会成本

4. 某企业准备发行五年期企业债券，每半年付息一次，票面年利率 8%，面值 1000 元，平价发行，以下关于该债券的说法中，正确的有（　　）。

A. 该债券的半年期利率为 4%

B. 该债券的有效年到期收益率是 8.16%

C. 该债券的报价利率是 8%

D. 由于平价发行，该债券的报价利率与报价年必要报酬率相等

5. 采用风险调整法估计债务成本的前提条件有（　　）。

A. 公司目前有上市的长期债券

B. 本公司没有上市的债券

C. 找不到合适的可比公司

D. 没有信用评级资料

6. 采用可比公司法计算税前债务资本成本时，选择可比公司必须具备的条件有

（　　）。

A. 处于同一行业

B. 具有类似的商业模式

C. 相同的公司规模

D. 相同的负债比率

7. 下列利用风险调整法确定债务成本的等式中，正确的有（　　）。

A. 税前债务成本 = 可比公司的债务成本 + 企业的信用风险补偿率

B. 税前债务成本 = 政府债券的市场回报率 + 企业的信用风险补偿率

C. 信用风险补偿率 = 信用级别与本公司相同的上市公司的债券到期收益率 - 与这些上市公司债券同期的长期政府债券到期收益率

D. 信用风险补偿率 = 信用级别与本公司相同的上市公司的债券到期收益率 - 与这些上市公司债券同期的长期政府债券到期收益率

8. 考虑所得税的情况下，关于债务成本的表述正确的有（　　）。

A. 债权人要求的收益率等于公司的税后债务成本

B. 优先股的资本成本高于债务的资本成本

C. 利息可以抵税，政府实际上支付了部分债务成本

D. 不考虑发行成本时，平价发行的债券其税前的债务成本等于债券的票面利率

9. 下列关于市场风险溢价的估价中，正确的有（　　）。

A. 估计权益市场收益率最常见的方法是进行历史数据分析

B. 较长的期间所提供的风险溢价无法反映平均水平，因此应选择较短的时间跨度

C. 几何平均数是下一阶段风险溢价的一个更好的预测指标

D. 多数人倾向于采用几何平均数

10. 下列关于债券收益率风险调整模型说法中正确的有（　　）。

A. 风险溢价是凭借经验估计的

B. 普通股风险溢价对其自己发行的债券来讲，大约在3% ~5%之间

C. 历史的风险溢价可以用来估计未来普通股成本

D. 资本资产定价模型、股利增长模型和债券报酬率风险调整模型计算出来的成本的结果是一致的

三、计算分析题

1. H公司是一家机械制造企业，为了W项目的筹资，H公司决定发行债券，H公司发行5年期的债券，面值为1 000元，票面利率为14%，每半年付息一次。该债券发行价为1 080元。不用考虑发行成本。甲公司的所得税税率为25%。

要求：

（1）简述债务资本成本的估计方法及其适用条件；

（2）计算H公司所发行债券的税后资本成本。

2. M公司2019年度财务报表主要数据如下：

单位：万元

收入	8 000
净利润	800
股利	400
留存收益	400
负债	8 000
股东权益	6 000
负债及股东权益总计	14 000

假设该公司未来保持经营效率及财务政策不变且不发行新股；公司目前的负债全部为长期有息负债，负债的平均利息率为9%，且公司未来打算维持目标资本结构。公司发行在外的普通股股数为800万股，公司目前的股价为26元/股，所得税税率为25%。

要求：

（1）计算该公司债务的税后资本成本；

（2）计算该公司股票资本成本；

（3）计算加权平均资本成本。

3. 甲公司于2019年10月发行3年期的公司债券，债券面值为1 000元，每半年付息一次，2022年10月到期还本，甲公司目前没有已上市债券，为了确定拟发行债券的票面利率，公司决定采用风险调整法估计债务成本。甲公司的信用级别为BB级。收集同行业的6家公司发行的已上市债券，并分别与各

自发行期限相同的已上市政府债券进行比较，结果如下：

公司债券				政府债券	
发债公司	信用级别	到期日	到期收益率	到期日	到期收益率
A 公司	AAA	2020 年 3 月 25 日	5.3%	2020 年 3 月 28 日	4.67%
B 公司	AA	2020 年 1 月 28 日	4.80%	2020 年 2 月 1 日	3.97%
C 公司	A	2021 年 8 月 15 日	4.52%	2021 年 8 月 20 日	3.47%
D 公司	BB	2022 年 11 月 23 日	5.82%	2022 年 11 月 12 日	4.43%
E 公司	BB	2022 年 9 月 28 日	5.65%	2022 年 10 月 3 日	4.62%
F 公司	BB	2021 年 9 月 26 日	5.36%	2021 年 9 月 25 日	4.25%

甲公司的目标资本结构是 3/7（负债/权益），所得税税率为 25%。除了债券，甲公司无其他负债。甲公司的权益资本相对其税后债务资本成本的风险溢价为 5%。

要求：

（1）估计无风险利率。

（2）利用风险调整法，计算甲公司发行债券的税前资本成本。

（3）采用债券收益率风险调整模型计算权益资本成本。

（4）计算加权平均资本成本。

四、综合题

甲公司正在编制 2015 年的财务计划，公司财务主管请你协助计算个别资本成本和加权平均资本成本。有关信息如下：

（1）公司银行借款年利率当前是 8%，明年将下降为 7.9%，并保持借新债还旧债维持目前的借款规模，借款期限为 5 年，每年年末付息一次，本金到期偿还；

（2）公司债券面值为 1 000 元，票面利率为 8%，期限为 10 年，每年年末付息一次，到期还本，当前市价为 850 元；

（3）公司普通股面值为 1 元，普通股股数为 400 万股，当前每股市价为 5.5 元，本年派发现金股利 0.35 元/股，预计每股收益增长率维持 6%，并保持 20% 的股利支付率不变；

（4）公司当前（本年）的资本结构为：

单位：万元

银行借款	200
长期债券	550
普通股	400
留存收益	440

（5）公司所得税税率为 25%；

（6）公司普通股的 β 值为 1.2；

（7）当前国债的收益率为 4.5%，市场上普通股平均收益率为 12.5%。

（计算单项资本成本时，百分数保留 2 位小数）

要求：

（1）计算银行借款的税后资本成本。

（2）计算债券的税后资本成本。

（3）分别使用股利增长模型和资本资产定价模型估计股权资本成本，并计算两种结果的平均值作为股权资本成本。

（4）如果仅靠内部筹资，明年不增加外部融资规模，计算其加权平均资本成本。

答案及解析

一、单项选择题

1.【答案】A

【解析】如果国民经济不景气或者经济过热，通货膨胀持续居高不下，投资者投资风险大，预期报酬率高，筹资的资本成本就高。通常情况下，证券市场流动性降低，投资者的投资风险会变大，要求的预期报酬率会提高，企业通过资本市场融通的资本其成本水平会增加。因此，选项 B、C、D 均会导致企业资本成本增加。所以，选项 A 是答案。

2.【答案】A

【解析】风险补偿率是信用级别与目标公司相同的上市公司债券和与其同期的长期政府债券到期收益率的差额。

3. 【答案】B

【解析】甲股票股利收益率 = 0.75 × (1 + 6%)/15 = 5.3%，乙股票股利收益率 = 0.55 × (1 + 8%)/18 = 3.3%，选项 A 错误。甲股票期望报酬率 = 5.3% + 6% = 11.3%，乙股票期望报酬率 = 3.3% + 8% = 11.3%，选项 B 正确。甲股票股价增长率 = 甲股票资本利得收益率 = 6%，乙股票股价增长率 = 乙股票资本利得收益率 = 8%，选项 C、D 错误。

4. 【答案】A

【解析】实务中估计债务资本成本时，一般应使用债务的承诺收益率作为债务资本成本

5. 【答案】D

【解析】风险溢价是凭借经验估计的，一般认为，某企业普通股风险溢价对其自己发行的债券来讲，大约在 3% ~5% 之间。

二、多项选择题

1. 【答案】AB

【解析】使用企业当前的资本成本作为项目资本成本应具备的两个条件：一是项目经营风险与企业当前资产的平均经营风险相同；二是公司继续采用相同的资本结构为新项目筹资。

2. 【答案】ABD

【解析】应该找与上市公司债券到期日相同或接近的政府债券，不是债券的期限相同或接近，选项 C 错误。

3. 【答案】BCD

【解析】资本成本的本质是投资资本的机会成本，但并不是企业实际付出的代价，所以选项 A 不正确。

4. 【答案】ABCD

【解析】由于报价利率 = 8%，半年付息一次，所以计息期利率 = 8%/2 = 4%，选项 A 正确；由于是平价发行，到期收益率等于票面利率，有效年到期收益率 = $(1+4\%)^2-1$ = 8.16%，选项 B 正确；对于平价发行，分期付息债券，报价利率与报价必要报酬率相等，选项 C、D 正确。

5. 【答案】BC

【解析】如果本公司没有上市的债券，而且找不到合适的可比公司，那么就需要使用风险调整法估计债务成本。

【该题针对“风险调整法”知识点进行考核】

6. 【答案】AB

【解析】可比公司的规模、财务比率和财务状况最好较为类似，并不一定必须相同，所以选项 C、D 错误。

【该题针对“可比公司”知识点进行考核】

7. 【答案】BC

【解析】如果本公司没有上市的债券，而且找不到合适的可比公司，那么就需要使用风险调整法估计债务成本。按照这种方法，信用风险补偿率 = 信用级别与本公司相同的上市公司的债券到期收益率 - 与这些上市公司债券同期的长期政府债券到期收益率；债务成本通过同期限政府债券的市场收益率与企业的信用风险补偿率相加求得。

【该题针对“风险调整法”知识点进行考核】

8. 【答案】BCD

【解析】由于所得税的作用，利息可以抵税，政府实际上支付了部分债务成本，所以公司的债务成本小于债权人要求的收益率，选项 A 错误，选项 C 正确；优先股成本的估计方法与债务成本类似，不同的只是其股利是税后支付，没有“政府补贴”，所以其资本成本会高于债务，选项 B 正确。

【该题针对“税后债务资本成本的估计”知识点进行考核】

9. 【答案】AD

【解析】由于股票收益率非常复杂多变，影响因素很多，因次，较短的期间所提供的风险溢价比较极端，无法反映平均水平，因此应选择较长的时间跨度，选项 B 错误；算数平均数更符合资本资产定价模型中的平均方差的结构，因而是下一阶段风险溢价的一个更好的预测指标，选项 C 错误。

【该题针对“市场风险溢价”知识点进行考核】

10. 【答案】ABC

【解析】风险溢价是凭借经验估计的。一般认为，某企业普通股风险溢价对其自己发行的债券来讲，大约在 3% ~5% 之间。所以，选项 A、B 正确；通常在比较时会发现，虽然权益收益率和债券收益率有较大波动，但两者的差额相当稳定。正因为如此，

历史的 RP_c 可以用来估计未来普通股成本。所以，选项 C 正确；资本资产定价模型、股利增长模型和债券报酬率风险调整模型讲述了三种计算普通成本的估计方法，这三种方法的计算结果经常不一致。所以，选项 D 不正确。

风险溢价 RP_c 的估计方法有两种：一是凭借经验估计，另一种是使用历史数据分析。

【该题针对“风险溢价的估计方法”知识点进行考核】

三、计算分析题

1.【答案】

（1）债务资本成本的估计有到期收益率法、可比公司法、风险调整法和财务比率法。

如果公司目前有上市的长期债券，则可以使用到期收益率法计算债务的税前成本。

如果需要计算债务成本的公司，没有上市债券，就需要找一个拥有可交易债券的可比公司作为参照物，计算可比公司长期债券的到期收益率，作为本公司的长期债务成本。

如果本公司没有上市的债券，而且找不到合适的可比公司，那么就需要使用风险调整法估计债务成本。

如果目标公司没有上市的长期债券，也找不到合适的可比公司，并且没有信用评级资料，那么可以使用财务比率法估计债务成本。

（2）$1\ 000 \times (14\%/2) \times (P/A, K, 10) + 1\ 000 \times (P/F, K, 10) = 1\ 066$（元）

设 $K = 5\%$，$70 \times 7.7217 + 1\ 000 \times 0.6139 = 1\ 154.419$

设 $K = 6\%$，$70 \times 7.3601 + 1\ 000 \times 0.5584 = 1\ 073.607$

利用内插法：$(K - 5\%)/(6\% - 5\%) = (1\ 080 - 1\ 154.419)/(1\ 073.607 - 1\ 154.419)$

解得：$K = 5.92\%$。

债券的年有效到期收益率 = (1 + 5.92%)^2 − 1 = 12.19%

债券的税后资本成本 = 12.19% × (1 − 25%) = 9.14%。

2.【答案】

（1）债务税后资本成本 = 9% × (1 − 25%) = 6.75%

（2）权益净利率 = 净利润/股东权益 = 800/6 000 = 13.33%

利润留存率 = 400/800 = 50%

可持续增长率 = 13.33% × 50%/(1 − 13.33% × 50%) = 7.14%

当前每股股利 = 400/800 = 0.5（元/股）

股票资本成本 = 0.5 × (1 + 7.14%)/26 + 7.14% = 9.20%

（3）加权平均资本成本 = 6.75% × (8 000/14 000) + 9.20% × (6 000/14 000) = 7.8%

3.【答案】

（1）无风险利率为 3 年后到期与该公司发行债券到期日相近的政府债券的到期收益率，即 4.62%。

（2）甲公司的信用级别是 BB 级。信用级别与甲公司相同的公司有 D 公司、E 公司、F 公司三家。

D 公司债券的风险补偿率 = 5.82% − 4.43% = 1.39%

E 公司债券的风险补偿率 = 5.65% − 4.62% = 1.03%

F 公司债券的风险补偿率 = 5.36% − 4.25% = 1.11%

平均信用风险补偿率 = (1.39% + 1.03% + 1.11%)/3 = 1.18%

税前债务资本成本 = 4.62% + 1.18% = 5.8%。

（3）权益资本成本 = 5.8% × (1 − 25%) + 5% = 9.35%。

（4）加权平均资本成本 = 5.8% × (1 − 25%) × 30% + 9.35% × 70% = 7.85%。

四、综合题

【答案】（1）银行借款的税后资本成本 = 7.9% × (1 − 25%) = 5.93%

（2）债券成本的计算：

$NPV = 1\ 000 \times 8\% \times (P/A, r_d, 10) + 1\ 000 \times (P/F, r_d, 10) - 850$

当 $r_d = 10\%$ 时：

$NPV = 1\ 000 \times 8\% \times (P/A, 10\%, 10) + 1\ 000 \times (P/F, 10\%, 10) - 850 = 80 \times 6.1446 + 1\ 000 \times 0.3855 - 850 = 27.068$（元）

当 $r_d = 12\%$ 时：

$NPV = 1\ 000 \times 8\% \times (P/A, 12\%, 10) + 1\ 000 \times (P/F, 12\%, 10) - 850 = 80 \times 5.6502 +$

$1\,000 \times 0.3220 - 850 = -75.984$（元）

$$r_d = 10\% + \frac{27.068 - 0}{27.068 - (-75.984)} \times (12\% - 10\%) = 10.53\%$$

债券税后资本成本 $= 10.53\% \times (1 - 25\%) = 7.90\%$。

（3）普通股成本和留存收益成本的计算：

股利增长模型：

$$普通股成本 = \frac{0.35 \times (1 + 6\%)}{5.5} + 6\% = 12.75\%$$

资本资产定价模型：

普通股成本 $= 4.5\% + 1.2 \times (12.5\% - 4.5\%) = 4.5\% + 9.6\% = 14.1\%$

普通股平均成本 $= (12.75\% + 14.1\%) \div 2 = 13.43\%$。

（4）留存收益数额：

明年每股收益 $= (0.35 \div 20\%) \times (1 + 6\%) = 1.75 \times 1.06 = 1.855$（元）

明年留存收益数额 $= 1.855 \times 400 \times (1 - 20\%) + 440 = 593.6 + 440 = 1\,033.6$（万元）

计算加权平均资本成本：

项目	金额（万元）	占百分比	单项成本	加权平均
银行借款	200	9.16%	5.93%	0.54%
长期债券	550	25.19%	7.90%	1.99%
普通股	400	18.32%	13.43%	2.46%
留存收益	1 033.6	47.33%	13.43%	6.36%
合计	2 183.6	100%		11.35%

【该题针对“税后资本成本”“加权平均资本”知识点进行考核】

第五章　投资项目资本预算

本章考情分析

本章属于财务管理的重点章节，在历年试题中，除客观题外，出计算分析题或综合题的概率较大。投资项目的评价、投资项目现金流量的构成、折现率的估计和投资项目的敏感性分析是重要考点。

本章教材变化

本章对各种投资项目评价方法的定义和计算方法进行了完善，对相关成本和非相关成本进行了补充说明。

基本内容框架

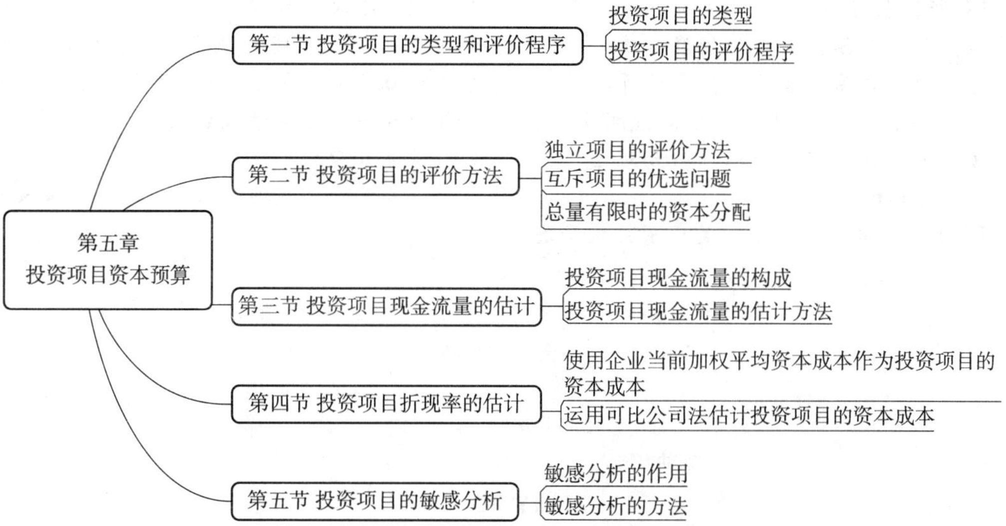

通关重难点例题解析

考点一：投资项目的类型（★★）

分类标准	分　　类
按所投资对象、经营性长期资产投资项目	新产品开发或现有产品的规模扩张项目 设备或厂房的更新项目 研究与开发项目 勘探项目 其他项目

续表

分类标准	分　类
按投资项目之间的相互关系	独立项目：相容性投资，各投资项目之间互不关联、互不影响，可以同时并存。 互斥项目：非相容性投资，各投资项目之间相互关联、相互替代，不能同时并存

考点二：投资项目的评价程序（★★）

1. 提出各种项目的投资方案
2. 估计投资方案的相关现金流量
3. 计算投资方案的价值指标
4. 比较价值指标与可接受标准
5. 对已接受的方案进行再评价

【例题1·单选题】下列各项中，不属于投资项目评价步骤的是（　　）。

A. 提出各种项目的投资方案

B. 估计投资方案的相关现金流量

C. 建立基于绩效的管理层报酬计划

D. 计算投资方案的价值指标，如净现值、内含报酬率等

【答案】C

【解析】投资项目的评价一般包含下列基本步骤：①提出各种项目的投资方案；②估计投资方案的相关现金流量；③计算投资方案的价值指标，如净现值、内含报酬率等；④比较价值指标与可接受标准；⑤对已接受的方案进行再评价。

【例题2·单选题】下列关于项目投资决策的表述中，正确的是（　　）。

A. 两个互斥项目的初始投资额不一样，在权衡时选择内含报酬率高的项目

B. 使用净现值法评估项目的可行性与使用内含报酬率法的结果是一致的

C. 使用获利指数法进行投资决策可能会计算出多个获利指数

D. 投资回收期主要测定投资方案的流动性而非盈利性

【答案】D

【解析】互斥方案中，如果初始投资额不同，衡量时用绝对数指标判断对企业最有利，可以最大限度地增加企业价值，所以在权衡时选择净现值大的方案，选项A的说法不正确。内含报酬率具有“多值性”，计算内含报酬率的时候，可能出现多个值，所以，净现值大于0（或者获利指数大于1）的项目的内含报酬率不一定大于必要报酬率，选项B、C的说法不正确。

考点三：独立项目的评价方法（★★）

评价方法
- 基本方法——现金流量折现法
  - 净现值法、现值指数法
  - 内含报酬率法
- 辅助方法
  - 回收期法
  - 会计报酬率法

（一）净现值法（Net Present Value）

1. 含义：净现值是指特定项目未来现金流入的现值与未来现金流出的现值之间的差额。

2. 计算公式

净现值 = 未来现金净流量现值 - 原始投资额现值

3. 折现率的确定：项目资本成本。

4. 决策原则：当净现值大于0，投资项目可行。

5. 优缺点：

优点	具有广泛的适用性，在理论上也比其他方法更完善
缺点	净现值是个金额的绝对值，在比较投资额不同的项目时有一定的局限性

（二）现值指数（获利指数 Profitability Index 或现值比率）

1. 含义：现值指数是指投资项目未来现金净流量总现值与原始投资额总现值的比值。

2. 计算现值指数的公式

现值指数 = 未来现金净流量现值/原始投资额现值

3. 与净现值的比较

现值指数是一个相对数指标，反映投资的效率；而净现值指标是绝对数指标，反映投资的效益。

4. 决策原则：当现值指数大于1，投资项目可行。

（三）内含报酬率（Internal Rate of Return）

1. 含义

内含报酬率是指能够使未来现金净流量现值等于原始投资额现值的折现率，或者说是使投资项目净现值为零的折现率。

2. 计算

（1）当各年现金流入量均衡时：利用年金现值系数表，然后通过内插法求出内含报酬率。

（2）一般情况下：逐步测试法

计算步骤：首先通过逐步测试找到使净现值一个大于0，一个小于0的，并且最接近的两个折现率，然后通过内插法求出内含报酬率。

3. 决策原则

当内含报酬率高于投资项目资本成本时，投资项目可行。

4. 基本指标间的比较

相同点：

在评价单一方案可行与否的时候，结论一致。

当净现值 >0 时，现值指数 >1，内含报酬率 > 资本成本率；

当净现值 =0 时，现值指数 =1，内含报酬率 = 资本成本率；

当净现值 <0 时，现值指数 <1，内含报酬率 < 资本成本率。

区别点：

指标大小受折现率影响，折现率的高低将会影响方案的优先次序：
- 净现值（绝对数指标，反映投资效益）
- 现值指数

现值指数、内含报酬率：相对数指标，反映投资效率

指标大小不受折现率影响——内含报酬率

总结

	指标	净现值	现值指数	内含报酬率
区别点	指标性质	绝对指标	相对指标	相对指标
	指标反映的收益特性	衡量投资的效益	衡量投资的效率	衡量投资的效率
	是否受设定折现率的影响	是（折现率的高低将会影响方案的优先次序）		否
	是否反映项目投资方案本身报酬率	否		是

（四）回收期法（Payback Period）

1. 回收期（静态回收期、非折现回收期）

（1）含义。

回收期是指投资引起的现金净流量累计到与原始投资额相等所需要的时间。

（2）计算方法。

①在原始投资额一次支出，每年现金净流量相等时：

投资回收期 = 原始投资额/每年现金净流量

②如果现金净流量每年不等，或原始投资额是分几年投入，则使累计现金净流量等于原始投资额的时间为回收期。

（3）指标的优缺点。

优点	回收期法计算简便，并且容易为决策人所正确理解，可以大体上衡量项目的流动性和风险
缺点	不仅忽视了时间价值，而且没有考虑回收期以后的现金流，也就是没有衡量盈利性

【提示】主要用来测定方案的流动性而非盈利性。

2. 折现回收期（动态回收期）

（1）含义：折现回收期是指在考虑资金时间价值的情况下以项目现金流量流入抵偿全部投资所需要的时间。

（2）计算。

投资回收期 = M + 第 M 年的尚未回收额的现值/第 $M+1$ 年的现金净流量的现值

（五）会计报酬率

1. 特点：计算时使用会计报表上的数据。

2. 计算公式：

会计报酬率 = 年平均净利润/原始投资额 ×100%

3. 优缺点

优点	它是一种衡量盈利性的简单方法，使用的概念易于理解；使用的财务报告数据，容易取得；考虑了整个项目寿命期的全部利润
缺点	使用账面利润而非现金流量，忽视了折旧对现金流量的影响；忽视了净利润的时间分布对于项目经济价值的影响

【例题3·单选题】若净现值为负数，表明该投资项目（　　）。

A. 各年利润小于0，不可行

B. 它的投资报酬率小于0，不可行

C. 它的投资报酬率没有达到预定的折现率，不可行

D. 它的投资报酬率超过了预定的折现率，不可行

【答案】C

【解析】净现值为负数，即表明该投资项目的报酬率小于预定的折现率，方案不可行。但并不表明该方案一定为亏损项目或投资报酬率小于0。

【例题4·多选题】（2019年）甲公司拟在华东地区建立一家专卖店，经营期限6年，资本成本8%。假设该投资的初始现金流量均发生在投产后各年末。该投资现值指数小于1。下列关于该投资的说法中，正确的有（　　）。

A. 内含报酬率小于8%

B. 折现回收期小于6年

C. 会计报酬率小于8%

D. 净现值小于0

【答案】AD

【解析】现值指数小于1，净现值小于0，内含报酬率小于资本成本，因此选项A、D正确。折现回收期与会计报酬率不一定，所以选项B、C错误。

考点四：互斥项目的优选问题（★★）

（一）项目寿命相同，但是投资额不同，利用净现值和内含报酬率进行优选结论有矛盾时，此时应当以净现值法结论优先。

（二）项目寿命不相同时

1. 共同年限法

计算原理	决策原则
假设投资项目可以在终止时进行重置，通过重置使两个项目达到相同的年限，然后比较其净现值 【提示】通常选最小公倍寿命为共同年限	选择调整后净现值最大的方案为优

2. 等额年金法

计算步骤	决策原则
（1）计算两项目的净现值； （2）计算净现值的等额年金额 = 该方案净现值/（P/A，i，n） （3）永续净现值 = 等额年金额/资本成本 i 【提示】等额年金法的最后一步即永续净现值的计算，并非总是必要的。在资本成本相同时，等额年金大的项目永续净现值肯定大，根据等额年金大小就可以直接判断项目的优劣	选择永续净现值最大的方案为优

共同年限法与等额年金法的缺点：

（1）有的领域技术进步快，不可能原样

复制；

（2）如果通货膨胀比较严重，必须考虑重置成本的上升，两种方法均未考虑；

（3）从长期来看，竞争会使项目净利润下降，甚至被淘汰，两种方法均未考虑。

【例题5·多选题】下列关于投资项目评估方法的表述中，正确的有（　　）。

A. 现值指数法克服了净现值法不能直接比较投资额不同项目的局限性，它在数值上等于投资项目的净现值除以初始投资额

B. 动态回收期法克服了静态回收期法不考虑货币时间价值的缺点，但是仍然不能衡量项目的盈利性

C. 计算内含报酬率时，如果用试算的折现率得到的净现值大于零，说明项目的内含报酬率小于该试算的折现率

D. 内含报酬率法不能直接评价两个投资规模不同的互斥项目的优劣

【答案】BD

【解析】现值指数是未来现金流入现值与未来现金流出现值的比率，选项A错误；无论动态回收期还是静态回收期都没有考虑回收期满以后的现金流量，所以不能衡量盈利性，选项B正确；计算内含报酬率时，如果用试算的折现率得到的净现值大于零，说明项目的内含报酬率高于该试算的折现率，选项C错误；对于互斥项目应当净现值法优先，因为净现值大可以给股东带来的财富就大，股东需要的是实实在在的报酬而不是报酬的比率。

【例题6·单选题】下列说法不正确的是（　　）。

A. 净现值是绝对数指标，反映投资的效益

B. 现值指数是相对数指标，反映投资的效率

C. 内含报酬率可以反映投资项目本身的投资报酬率

D. 净现值为零，表明投资报酬率等于资本成本，应该采纳

【答案】D

【解析】净现值是绝对数指标，反映投资的效益；现值指数是相对数指标，反映投资的效率；内含报酬率可以反映投资项目本身的投资报酬率；如果净现值为零，表明投资报酬率等于资本成本，不改变股东财富，没有必要采纳。

考点五：总量有限时的资本分配（★★）

资本分配问题是指在企业投资项目有总量预算约束的情况下，如何选择相互独立的项目。

决策前提	决策原则
在资本总量不受限制时	凡是净现值为正数的项目或者内含报酬率大于资本成本的项目，都可以增加股东财富，都应当被采用
在资本总量受到限制时	现值指数排序并寻找净现值最大的组合就成为有用的工具，有限资源的净现值最大化成为具有一般意义的原则

【例题7·单选题】对于多个投资组合方案，当资金总量受到限制时，应在资金总量范围内选择（　　）。

A. 使累计净现值最大的方案进行组合

B. 累计会计收益率最大的方案进行组合

C. 累计现值指数最大的方案进行组合

D. 累计内部收益率最大的方案进行组合

【答案】A

【解析】在主要考虑投资效益的条件下，多方案比较决策的主要依据，就是能否保证在充分利用资金的前提下，获得尽可能多的净现值总量

【例题8·多选题】使用企业当前的资本成本作为项目资本成本应具备的条件有（　　）。

A. 项目的经营风险与企业当前资产的平均风险相同

B. 公司继续采用相同的资本结构为新项目筹资

C. 新项目的现金流量是可以准确预测的

D. 资本市场是完善的

【答案】AB

【解析】使用企业当前的资本成本作为项目资本成本应具备的两个条件：一是项目的经营风险与企业当前资产的平均风险相同；二是公司继续采用相同的资本结构为新项目筹资。

考点六：投资项目现金流量的构成（★★）

（一）现金流量的含义

在投资决策中是指一个项目引起的企业现金支出和现金收入增加的数量。

针对投资项目而言
增加的数量
广义

（二）现金流量的构成

一般而言，投资项目的现金流量包括现金流出量、现金流入量和现金净流量。

【例题9·单选题】关于现金流量的估计，下列说法不正确的是（　　）。

A. 只有增量现金流量才是与项目相关的现金流量

B. 沉没成本、过去成本、账面成本等往往是非相关成本

C. 不需要考虑放弃其他投资机会可能取得的收益

D. 假定开始投资时筹措的营运资本在项目结束时收回

【答案】C

【解析】在投资方案的选择中，如果选择了一个投资方案，则必须放弃投资于其他途径的机会。其他投资机会可能取得的收益是实行本方案的一种代价，称为这项投资方案的机会成本，在现金流量估计中需要考虑。

【例题10·单选题】某企业拟进行一项固定资产投资项目决策，设定折现率为10%，有四个方案可供选择。其中甲方案的项目期限为10年，净现值为1 000万元，（A/P，10%，10）＝0.163；乙方案的现值指数为0.95；丙方案的项目期限为12年，其净现值的等额年金为180万元；丁方案的内含报酬率为9%。最优的投资方案是（　　）。

A. 甲方案　　B. 乙方案

C. 丙方案　　D. 丁方案

【答案】C

【解析】乙方案的现值指数为0.95，说明乙方案的净现值为负，因此乙方案经济上不可行；丁方案的内含报酬率为9%，小于设定折现率10%，因而丁方案经济上不可行；甲、丙方案的项目期限不同，因而只能求净现值的等额年金才能比较方案的优劣，甲方案净现值的等额年金＝1 000×（*A*/*P*，10%，10）＝163（万元），丙方案的年等额年金为180万元，甲方案净现值的等额年金小于丙方案净现值的等额年金，因此丙方案最优。

考点七：投资项目现金流量的估计方法（★★★）

（一）新建项目现金流量的确定

项目计算期是指从投资建设开始到最终清理结束整个过程的全部时间。

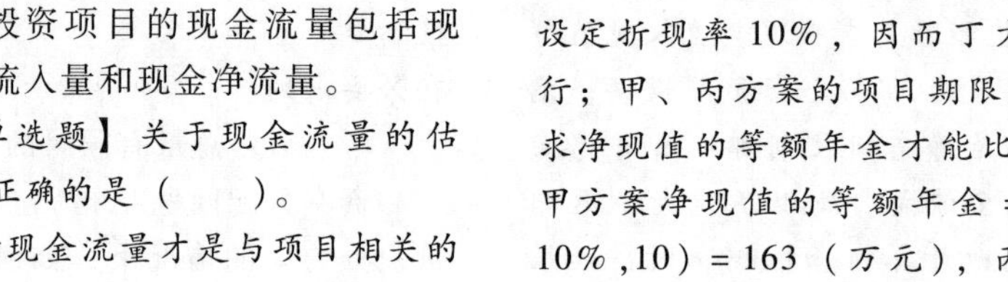

（二）新建项目现金流量的估计（不考虑所得税）

（三）投资项目现金流量的影响因素

- 建设期现金流量=-原始投资额
  - 长期资产投资
  - 垫支营运资本
- 营业现金流量
  - =营业收入-付现成本
  - =利润+非付现成本
- 终结现金流量
  - 回收长期资产余值（或变价收入）
  - 回收垫支营运成本

1. 区分相关成本和非相关成本

（1）相关成本：与特定决策有关的、在分析评价时必须加以考虑的成本。例如，边际成本、机会成本、重置成本、付现成本、可避免成本、可延缓成本、专属成本、差量成本等都属于相关成本。

（2）非相关成本：与特定决策无关的、在分析评价时不必加以考虑的成本是非相关成本。例如，沉没成本、不可避免成本、不可延缓成本、共同成本等往往是非相关成本。

2. 不要忽视机会成本

3. 要考虑投资方案对公司其他项目的影响

4. 对营运资本的影响

（四）固定资产更新决策

1. 更新决策现金流量的特点

更新决策的现金流量主要是现金流出。即使有少量的残值变现收入，也属于支出抵减，而非实质上的流入增加。

2. 确定相关现金流量应注意的问题

①旧设备的初始投资额应以其变现价值考虑

②设备的使用年限应按尚可使用年限考虑

3. 固定资产的平均年成本

（1）含义：固定资产的平均年成本是指该资产引起的现金流出的年平均值。

（2）计算公式：

$$固定资产的平均年成本=\frac{现金流出总现值}{(P/A,\ i,\ n)}$$

（3）使用平均年成本法需要注意的问题：

①平均年成本法的假设前提是将来设备再更换时，可以按原来的平均年成本找到可代替的设备。

②平均年成本法是把继续使用旧设备和购置新设备看成是两个互斥的方案，而不是一个更换设备的特定方案。因此，不能将旧设备的变现价值作为购置新设备的一项现金流入。对于更新决策来说，除非未来使用年限相同，否则，不能根据实际现金流动分析的净现值或内含报酬率法解决问题。

【提示】更新决策的两种处理方法：

方法一：互斥方案选择

方法二：差量分析法（售旧购新）

前提：新旧设备尚可使用年限一致。

③固定资产的经济寿命。

含义：最经济的使用年限，即是固定资产的平均年成本最小的那一使用年限。

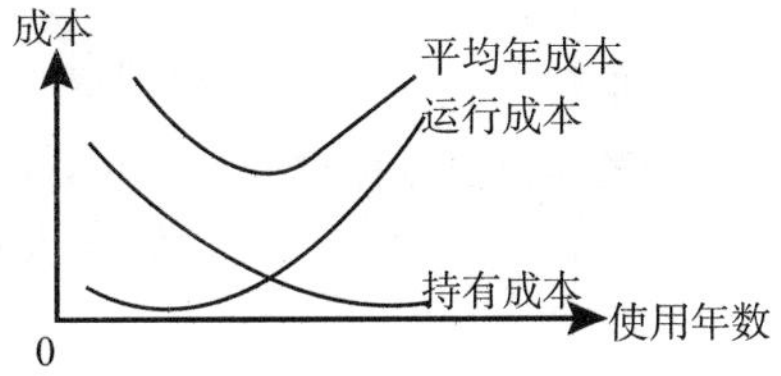

固定资产的平均年成本

【例题11·单选题】在设备更换不改变生产能力且新旧设备未来使用年限不同的情况下，固定资产更新决策应选择的方法是（　　）。

A. 折现回收期法

B. 内含报酬率法

C. 平均年成本法

D. 净现值法

【答案】C

【解析】对于使用年限不同的互斥方案，决策标准应当选用平均年成本法，所以选项C正确。

【例题12·多选题】某公司正在开会讨论是否投产一种新产品，对以下收支发生争论。你认为不应列入该项目评价的现金流量有（　　）。

A. 动用为其他产品储存的原料约200万元

B. 新产品销售会使本公司同类产品减少收益100万元，如果本公司不经营此产品，竞争对手也会推出此新产品

C. 该项目利用现有未充分利用的厂房和设备，如将该设备出租可获收益200万元，但公司规定不得将生产设备出租，以防止对本公司产品形成竞争

D. 新产品投产需要占用营运资金80万元，它们可在公司现有周转资金中解决，不需要另外筹集

【答案】BC

【解析】选项B、C所述现金流量无论方案采纳与否，流量均存在，所以选项B、C均为非相关成本。

考点八：所得税和折旧对现金流量的影响（★★★）

（一）基本概念

- 基本概念
  - （1）税后收入
  - （2）税后费用
  - （3）折旧的抵税作用
  - （4）税后现金流量

（二）考虑所得税后的现金流量

- 建设期净现金流量
  - 长期资产投资（包括固定资产、无形资产等）
  - 垫支的营运资本
  - 原有资产变现净损益对所得税的影响
- 营业现金毛流量
  - =营业收入-付现营业费用-所得税
  - =税后经营净利润+折旧
  - =营业收入×（1-税率）-付现营业费用×（1-税率）+折旧×税率
- 终结现金流量=回收额
  - 回收垫支的营运成本
  - 回收固定资产的净残值
  - 回收固定资产的残值净损益对所得税的影响

【总结】

1. 建设期的现金流量

（1）时点。

（2）利用原有旧资产，考虑丧失的变现价值及变现损益对所得税的影响。

变现损益：将变现价值与账面净值对比。

2. 营业流量

（1）区分变动成本与固定成本。

（2）固定成本——付现还是非付现。

（3）折旧计算方法：始终按税法的规定来确定。

按照税法规定计提折旧。即按照税法规定的折旧年限、折旧方法、净残值等数据计算各年的折旧额。

【提示】

双倍余额递减法	年折旧率=2/预计使用年限×100% 年折旧额=固定资产账面净值×年折旧率 最后两年平均摊销=(固定资产账面净值-预计净残值)/2
年数总和法（年限合计法）	年折旧率=尚可使用年限÷预计使用寿命的年数总和×100% 年折旧额=（固定资产原价-预计净残值）×年折旧率

（4）折旧抵税的年限——孰短法。

①税法规定尚可使用年限5年，企业估计尚可使用年限4年。（提前报废状况）所以折旧抵税年限为4年。

②税法规定尚可使用年限5年，企业估计尚可使用年限6年。（超龄使用问题）所以折旧抵税年限为5年。

（5）支出处理——资本支出还是费用支出。

3. 终结流量

当最终残值与税法规定的账面净残值不

一致时，要考虑对所得税的影响。

【注意】如果遇到提前报废（自己计算税法规定的账面净残值），账面净残值＝原值－已提折旧

【例题13·计算题】（2019年）甲汽车租赁公司拟购置一批新车用于出租，现有两种投资方案，相关信息如下：

方案一：购买中档轿车100辆，每辆车价格10万元，另需支付车辆价格10%的购置相关税费，每年平均出租300天，日均租金150元/辆，车辆预计使用年限8年，8年后变现价值为0，前5年每年维护费2 000元/辆，后3年每年维护费3 000元/辆，车辆使用期间每年保险费3 500元/辆，其他税费500元/辆。每年增加付现固定运营成本20.5万元。

方案二：购买大型客车20辆，每辆车价格50万元，另需支付车辆价格10%购置相关税费。

每年平均出租250天，日均租金840元/辆。车辆可使用年限10年，10年后变现价值为0。前6年每年维护费5 000元/辆，后4年每年维护费10 000元/辆。车辆使用期间每年保险费30 000元/辆，其他税费5 000元/辆。每年增加付现固定运营成本10万元。

根据税法相关规定，车辆购置相关税费计入车辆原值，采用直线计提折旧，无残值。

等风险投资必要报酬率12%，企业所得税税率25%。

假设购车相关支出发生在期初，每年现金流入、现金流出均发生在年末。要求：

（1）分别估计两个方案的现金流量。

（2）分别计算两个方案的净现值。

（3）分别计算两个方案净现值的等额年金。

（4）假设两个方案都可以无限重置，且是互斥项目，用等额年金法判断甲公司应采用哪个投资方案。

【答案】（1）方案一：

0时点现金流量＝－100×10×（1＋10%）＝－1 100（万元）

折旧＝1 100/8＝137.5（万元）

1～5时点现金流量＝300×150×100/10 000×（1－25%）－（2 000＋3 500＋500）×100/10 000×（1－25%）－20.5×（1－25%）＋137.5×25%＝311.5（万元）

6～8时点现金流量＝300×150×100/10 000×（1－25%）－（3 000＋3 500＋500）×100/10 000（1－25%）－20.5×（1－25%）＋137.5×25%＝304（万元）

方案二：

0时点现金流量＝20×50×（1＋10%）＝－1 100（万元）

折旧＝1 100/10＝110（万元）

1～6时点现金流量＝250×840×20/10 000×（1－25%）－（5 000＋30 000＋5 000）×20/10 000×（1－25%）－10×（1－25%）＋110×25%＝275（万元）

7～10时点现金流量＝250×840×20/10 000×（1－25%）－（10 000＋30 000＋5 000）×20/10 000×（1－25%）－10×（1－25%）＋110×25%＝267.5（万元）

（2）方案一的净现值＝304×（P/A，12%，3）×（P/F，12%，5）＋311.5×（P/A，12%，5）－1 100＝437.18（万元）

方案二的净现值＝267.5×（P/A，12%，4）×（P/F，12%，6）＋275×（P/A，12%，6）－1 100＝442.24（万元）

（3）方案一的净现值的等额年金＝437.18/（P/A，12%，8）＝88.01（万元）

方案二的净现值的等额年金＝442.24/（P/A，12%，10）＝78.27（万元）

（4）方案一的等额年金大于方案二，所以选择方案一。

考点九：使用企业当前加权平均资本成本作为投资项目的资本成本（★★）

应同时具备两个条件：

（1）项目的经营风险与企业当前资产的平均风险相同；

（2）公司继续采用相同的资本结构为新项目筹资。

【例题14·多选题】下列关于平均年成本法的表述中，正确的有（　　）。

A. 平均年成本法是把继续使用旧设备和购置新设备看成是两个互斥的方案

B. 平均年成本法的假设前提是将来设备再更换时，可以按原来的平均年成本找到可代替的设备

C. 平均年成本法通常以旧设备尚可使用年限为“比较期”

D. 平均年成本法是把继续使用旧设备和购置新设备看成是一个更换设备的特定方案

【答案】ABC

【解析】平均年成本法是把继续使用旧设备和购置新设备看成是两个互斥的方案，而不是一个更换设备的特定方案。

考点十：运用可比公司法估计投资项目的资本成本（★★）

1. 可比公司法

适用范围	若目标公司待评价项目经营风险与公司原有经营风险不一致（不满足等风险假设）
调整方法	寻找一个经营业务与待评价项目类似的上市公司，以该上市公司的β值作为待评价项目的β值
计算步骤	①卸载可比企业财务杠杆： $\beta_{资产}$ = 类比上市公司的$\beta_{权益}$/[1 + (1 − 类比上市公司适用所得税税率) × 类比上市公司的负债/权益] ②加载目标企业财务杠杆 目标公司的$\beta_{权益}$ = $\beta_{资产}$ × [1 + (1 − 目标公司适用所得税税率) × 目标公司的负债/权益] ③根据目标企业的$\beta_{权益}$计算股东要求的报酬率 股东要求的报酬率 = 无风险利率 + $\beta_{权益}$ × 市场风险溢价 ④计算目标企业的加权平均资本成本 加权平均资本成本 = 负债税前成本 × (1 − 所得税税率) × 负债比重 + 股东权益成本 × 权益比重

【提示】$\beta_{资产}$不含财务风险，$\beta_{权益}$既包含了项目的经营风险，也包含了目标企业的财务风险。

2. 扩展

若目标公司待评价项目经营风险与公司原有经营风险一致，但资本结构与公司原有资本结构不一致（满足等风险假设，但不满足等资本结构假设）。

调整方法	以本公司的原有β作为待评价项目的β值
计算步骤	①卸载原有公司财务杠杆： $\beta_{资产}$ = 原有公司的$\beta_{权益}$/[1 + (1 − 公司原适用所得税税率) × 公司原有的产权比率] ②加载投资新项目后企业新的财务杠杆 公司新的$\beta_{权益}$ = $\beta_{资产}$ × [1 + (1 − 公司新适用所得税税率) × 公司新的产权比率] ③根据新的$\beta_{权益}$计算股东要求的报酬率 股东要求的报酬率 = 无风险利率 + $\beta_{权益}$ × 市场风险溢价 ④计算新的加权平均资本成本 加权平均资本成本 = 负债税前成本 × (1 − 所得税税率) × 新负债比重 + 权益成本 × 新权益比重

【例题15·计算题】甲公司是一家化工原料生产企业，生产经营无季节性。股东使用管理用财务报表分析体系对公司2013年度业绩进行评价，主要的管理用财务报表数据如下：

单位：万元

项目	2013年	2012年
资产负债表项目（年末）：		
经营性流动资产	7 500	6 000
减：经营性流动负债	2 500	2 000
经营性长期资产	20 000	16 000
净经营资产合计	25 000	20 000
短期借款	2 500	0
长期借款	10 000	8 000

续表

项目	2013年	2012年
净负债合计	12 500	8 000
股本	10 000	10 000
留存收益	2 500	2 000
股东权益合计	12 500	12 000
利润表项目（年度）：		
销售收入	25 000	20 000
税后经营净利润	3 300	2 640
减：税后利息费用	1 075	720
净利润	2 225	1 920

按照市场权益资本成本作为权益投资要求的报酬率。已知无风险利率为4%，平均风险股票的报酬率为12%，2012年股东要求的

权益报酬率为16%。甲公司的企业所得税税率为25%。

要求：计算2013年股东要求的权益报酬率

【答案】

2012年的$\beta_{权益}$ =（16% －4%）÷（12% －4%）=1.5

$\beta_{资产}$ =1.5 ÷［1 +（1 －25%）×（8 000/12 000）］=1

2013年的$\beta_{权益}$ =1×［1 +（1 －25%）×（12 500/12 500）］=1.75

2013年股东要求的权益资本成本 = 无风险利率 + 平均市场风险溢价 ×$\beta_{权益}$ =4% +（12% －4%）×1.75 =18%

考点十一：敏感性分析的作用（★★）

（1）确定影响项目经济效益的敏感因素。

（2）计算主要变量因素的变化引起项目经济效益评价指标变动的范围，使决策者全面了解建设项目投资方案可能出现的经济效益变动情况，以减少和避免不利因素的影响，改善和提高项目的投资效果。

（3）通过各种方案敏感度大小的对比，区别敏感度大或敏感度小的方案，选择敏感度小的，即风险小的项目作投资方案。

（4）通过可能出现的最有利与最不利的经济效果变动范围的分析，为决策者预测可能出现的风险程度，并对原方案采取某些控制措施或寻找可替代方案，为最后确定可行的投资方案提供可靠的决策依据。

【例题16·单选题】下列关于投资项目的敏感性分析的说法中，不正确的是（　　）。

A. 敏感性分析是投资项目评价中常用的一种研究不确定性的方法

B. 敏感性分析主要包括最大最小法和敏感程度法两种分析方法

C. 敏感性分析是一种常用的风险分析方法，但计算过程复杂

D. 在进行敏感性分析时，只允许一个变量发生变动，而假设其他变量保持不变

【答案】C

【解析】敏感性分析是一种常用的风险分析方法，计算过程简单，易于理解。所以选项C的说法不正确。

【例题17·单选题】假定某公司准备购入一套生产设备用于生产甲产品，该项目的总投资额为300 000元，可以使用6年，期末无残值，按直线法计提折旧。预计投入使用后，甲产品的单价为10元/件，单位变动成本为6元/件，年固定成本为（不含折旧）20 000元，年销售量为26 000件。若公司所得税税率为25%，按资本成本10%计算的净现值为28 825.15元。则单价变动对净现值的敏感系数为（　　）。

A. 25.56　　B. 19.38

C. 29.46　　D. 30.69

【答案】C

【解析】年折旧额 =300 000/6 =50 000（元），假定单价提高20%，新单价为12元，年营业现金流量 =［（12 －6）×26 000 －20 000 －50 000］×（1 －25%）+50 000 =114 500（元），NPV =114 500 ×（P/A，10%，6）－300 000 =114 500 ×4.3553 －300 000 =198 681.85（元），NPV的变动百分比 =（198 681.85 －28 825.15）/28 825.15 =589.27%，单价的敏感系数 =589.27%/20% =29.46，所以选项C为本题答案。

【例题18·多选题】下列选项中属于敏感性分析局限性的有（　　）。

A. 只允许一个变量发生变动，而假设其他变量保持不变，但现实世界中这些变量通常是相互关联的，会一起发生变动

B. 每次测算一个变量变化对净现值的影响，可以提供一系列分析结果，但是没有给出每一个数值发生的可能性

C. 计算复杂

D. 不便于理解

【答案】AB

【解析】敏感性分析是一种最常用的风险分析方法，计算过程简单，易于理解。但也存在局限性，主要有：①在进行敏感性分析时，只允许一个变量发生变动，而假设其他变量保持不变，但现实世界中这些变量通常是相互关联的，会一起发生变动，但是变动的幅度不同；②每次测算一个变量变化对净现值的影响，可以提供一系列分析结果，但是没有给出每一个数值发生的可能性。

考点十二：敏感分析的方法（★★★）

1. 最大最小法

方法1	主要步骤
最大最小法	（1）给定计算净现值的每个变量的预期值。 （2）根据变量的预期值计算净现值，由此得出的净现值称为基准净现值。 （3）选择第一个变量并假设其他变量不变，令净现值等于零，计算选定变量的临界值。 （4）选择第二个变量，并重复（3）过程。 通过上述步骤，可以得出使基准净现值由正值变为负值（或相反）的各变量最大（或最小）值，可以帮助决策者认识项目的特有风险

2. 敏感程度法

方法2	主要步骤
敏感程度法	（1）计算项目的基准净现值（方法与最大最小法相同）。 （2）选定一个变量，如每年税后营业现金流入，假设其发生一定幅度的变化，而其他因素不变，重新计算净现值。 （3）计算选定变量的敏感系数。 敏感系数 = 目标值变动百分比/选定变量变动百分比 （4）根据上述分析结果，对项目的敏感性作出判断

3. 特点

优点：计算过程简单，也易于理解。

缺点：

（1）在进行敏感性分析时，只允许一个变量发生变动，而假设其他变量保持不变。

（2）没有给出每一个数值发生的可能性。

总结

方法		评价风险的角度
敏感分析	最大最小法	根据净现值为零时选定变量的临界值评价项目的特有风险
	敏感程度法	根据选定变量的敏感系数评价项目的特有风险

【例题19·综合题】甲公司是一家制造业上市公司，主营业务是易拉罐的生产和销售。为进一步满足市场需求，公司准备新增一条智能化易拉罐生产线。目前，正在进行该项目的可行性研究。

相关资料如下：

（1）该项目如果可行，拟在2016年12月31日开始投资建设生产线，预计建设期1年，即项目将在2017年12月31日建设完成，2018年1月1日投资使用，该生产线预计购置成本4 000万元，项目预期持续3年，按税法规定，该生产线折旧年限4年，残值率5%。按直线法计提折旧，预计2020年12月31日项目结束时该生产线变现价值1 800万元。

（2）公司有一闲置厂房拟对外出租，每年租金60万元，在出租年度的上年年末收取。该厂房可用于安装该生产线，安装期间及投资后，该厂房均无法对外出租。

（3）该项目预计2018年生产并销售12 000万罐，产销量以后每年按5%增长，预计易拉罐单位售价0.5元，单位变动制造成本0.3元，每年付现销售和管理费用占销售收入的10%，2018年、2019年、2020年每年固定付现成本分别为200万元、250万元、300万元。

（4）该项目预计营运资本占销售收入的20%，垫支的营运资本在运营年度的上年年末投入，在项目结束时全部收回。

（5）为筹资所需资金，该项目拟通过发行债券和留存收益进行筹资，发行期限5年、面值1 000元，票面利率6%的债券，每年末付息一次，发行价格960元。发行费用率为发行。

价格的2%，公司普通股β系数1.5，无风险报酬率3.4%，市场组合必要报酬率7.4%。当前公司资本结构（负债/权益）为2/3，目标资本结构（负债/权益）为1/1。

（6）公司所得税税率25%。

假设该项目的初始现金流量发生在2016年末，营业现金流量均发生在投产后各年末。

要求：

（1）计算债务税后资本成本、股权资本成本和项目加权平均资本成本。

（2）计算项目2016年及以后各年年末现金净流量及项目净现值，并判断该项目是否可行。（计算过程和结果填入下方表格）

（3）假设其他条件不变，利用最大最小法计算生产线可接受的最高购置价格。

【答案】

（1）到期收益率法：$960\times(1-2\%)=1\,000\times6\%\times(P/A,i,5)+1\,000\times(P/F,i,5)$

内插法求利率：

当利率 = 7% 时，现值 959.01

当利率 = 8% 时，现值 920.16

$(I-7\%)/(8\%-7\%)=(940.8-959.01)/(920.16-959.01)$

$I=7.47\%$

税后债务资本成本 $=7.47\%\times(1-25\%)=5.60\%$

$\beta_{资产}=1.5/[1+(1-25\%)\times2/3]=1$，$\beta_{权益}=1\times[1+(1-25\%)\times1/1]=1.75$

股权资本成本 $=3.4\%+1.75\times(7.4\%-3.4\%)=10.40\%$。

加权资本成本 $=5.6\%\times50\%+10.4\%\times50\%=8\%$。

（2）年折旧额 $=4\,000\times(1-5\%)/4=950$（万元）

项目终结点的账面价值 $=4\,000-950\times3=1\,150$（万元）

年份	2016年末	2017年末	2018年末	2019年末	2020年末
时点	0	1	2	3	4
设备购置支出	-4 000				
销售收入			12 000×0.5 =6 000	6 300	6 615
营运资本			6 000×20% =1 200	1 260	1 323
垫支营运资本		-1 200	-60	-63	
回收营运资本					1 323
税后收入			4 500	4 725	4 961.25
税后变动成本费用			12 000×(0.3+0.05)×(1-25%)=-3 150	-3 307.5	-3 472.875
丧失税后租金收入	-60×(1-25%) = -45	-45	-45	-45	
付现固定成本			200×(1-25%) = -150	250×(1-25%) = -187.5	300×(1-25%) = -225
折旧抵税			950×25% =237.5	237.5	237.5
变现价值					1 800
账面净值					4 000-3×950 =1 150
变现收益纳税					-(1 800-1 150)×25% = -162.5
回收残值净流量					1 637.5
现金净流量	-4 045	-1 245	1 332.5	1 359.5	4 461.375
折现系数8%	1	0.9259	0.8573	0.7938	0.7350
现金流量现值	-4 045	-1 152.75	1 142.35	1 079.17	3 279.11
净现值	302.88				

项目净现值大于零，所以项目可行。

（3）设增加的购置成本为 X 万元。

折旧：$(4\,000+X)\times(1-5\%)/4=950+X\times(1-5\%)/4=950+0.2375X$

折旧抵税 $=237.5+0.059375X$

增加的折旧抵税 $=0.059375X$

账面价值 $=(4\,000+X)-(950+0.2375X)\times3=1\,150+0.2875X$

终结点变现价值 $=1\,800$

终结点回收变现相关现金流量 $=1\,800-(1\,800-1\,150-0.2875X)\times25\%=1\,637.5+0.071875X$

增加的终结点回收变现相关现金流量 $=0.071875X-X+0.059375X\times(P/A,8\%,3)\times(P/F,8\%,1)+0.071875X\times(P/F,8\%,4)+302.88=0$

解得 $X=376.03$

能够接受的最高购置价格 $=4\,000+376.03=4\,376.03$（万元）。

通关演练

一、单项选择题

1. 在各类投资项目中，通常需要添置新的固定资产，并增加企业的营业现金流（　　）。

A. 新产品开发或现有产品的规模扩张

B. 设备或厂房的更新

C. 研究与开发

D. 勘探

2. 某企业的资本成本为10%，有三项投资项目，其中A项目净现值为1 669万元，B项目净现值为1 557万元，C项目净现值为 -560万元，则下列说法中，正确的是（　　）。

A. A、B项目的投资报酬率等于10%

B. A、B项目的投资报酬率小于10%

C. A、B项目的投资报酬率大于10%

D. C项目的投资报酬率小于10%，应予采纳

3. 有A和B两个互斥的投资项目，A项目的年限为6年，资本成本为8%，净现值12 441万元，内含报酬率19.73%；B项目的年限为3年，资本成本为10%，净现值为8 324万元，内含报酬率32.67%，下列说法正确的是（　　）。

A. A的净现值大于B的净现值，所以A项目比B项目好

B. B的内含报酬率大于A的内含报酬率，所以B项目比A项目好

C. 二者年限不同，应当采用净现值的等额年金法来判断

D. 二者的年限、资本成本均不同，应当采用永续净现值法来判断

4. 某投资方案，当折现率为10%时，其净现值为160元；当折现率为12%时，其净现值为 -40元。该方案的内含报酬率为（　　）。

A. 10.2%　　B. 10.8%

C. 11.4%　　D. 11.6%

5. 已知某投资项目一次原始投资2 800万元，没有建设期，营业期前4年每年的现金净流量为800万元，营业期第5年和第6年的现金净流量分别为850万元和870万元，则该项目的静态投资回收期为（　　）年。

A. 3.5　　B. 5.3

C. 5　　D. 3

6. 在投资项目决策分析时，根据各项指标得出的结论出现了差异，下列说法中正确的是（　　）。

A. 以内含报酬率法得出的结论为准

B. 以会计报酬率法得出的结论为准

C. 以现值指数法得出的结论为准

D. 以净现值法得出的结论为准

7. 下列关于投资组合理论的表述中，不正确的是（　　）。

A. 当增加投资组合中资产的种类时，组合风险将不断降低，而收益率仍然是个别资产收益率的加权平均值

B. 投资组合中的资产多样化到一定程度后，唯一剩下的风险是特别风险

C. 在充分组合的情况下，单个资产的风险对于决策是没有用的，投资人关注的只是投资组合的系统风险

D. 在投资组合理论出现以后，风险是指投资组合的系统风险

二、多项选择题

1. 下列关于各项评价指标的表述中，正

确的有（　　）。

A. 净现值是绝对数指标，在比较投资额不同的项目时有一定的局限性

B. 现值指数是相对数，反映投资的效益

C. 内含报酬率是项目本身的投资报酬率

D. 会计报酬率是使用现金流量计算的

2. 某一个投资项目预计净现值为 100 万元，以下正确的有（　　）。

A. 该项目等额年金大于 0

B. 该项目内含报酬率大于资本成本

C. 该项目现值指数小于 1

D. 该项目会计报酬率大于 1

3. 下列属于静态回收期法缺点的有（　　）。

A. 它忽视了资金时间价值

B. 它计算复杂，不容易为决策人所理解

C. 它不能测度项目的流动性

D. 它不能衡量项目的盈利性

4. 投资项目评价指标出现矛盾的原因有（　　）。

A. 折现率不同

B. 投资额不同

C. 项目寿命不同

D. 现金流量不同

5. 关于项目资本成本的说法中正确的有（　　）。

A. 在使用净现值法评价投资项目时，项目资本成本是“折现率”

B. 在使用内含报酬率法评价投资项目时，项目资本成本是“取舍率”

C. 在使用内含报酬率法评价投资项目时，项目资本成本是“必要报酬率”

D. 项目资本成本是项目投资评价的基准

6. 对于互斥方案决策而言，如果两个方案的投资额和项目期限都不相同，则可以选择的评价方法有（　　）。

A. 净现值法

B. 共同年限法

C. 等额年金法

D. 内含报酬率法

7. 甲公司拟投资一个采矿项目，经营期限 10 年，资本成本 14%。假设该项目的初始现金流量发生在期初，营业现金流量均发生在投产后各年末。该项目现值指数大于 1。下列关于该项目的说法中，正确的有（　　）。

A. 内含报酬率大于 14%

B. 净现值大于 0

C. 折现回收期大于 10 年

D. 会计报酬率大于 14%

8. 某一个投资项目预计净现值为 −80 万元，以下正确的有（　　）。

A. 该项目等额年金大于 0

B. 该项目内含报酬率小于资本成本

C. 该项目现值指数小于 1

D. 该项目会计报酬率大于 1

9. 下列各项中，关于投资项目折现率的估计说法正确的有（　　）。

A. 如果公司的经营风险没变，资本结构没有改变，则可以使用公司目前的加权平均资本成本作为投资项目的资本成本

B. 在等风险假设和资本结构不变假设同时不成立时，不能使用企业当前的平均资本成本作为新项目的资本成本

C. 如果公司的经营风险没变，但是资本结构改变了，可以利用公司原来的资本结构卸载财务杠杆再加载新的财务杠杆

D. 如果公司的经营风险变了，则需要使用可比公司法估计投资项目的折现率

10. 下列关于平均年成本的说法中，正确的有（　　）。

A. 考虑货币时间价值时，平均年成本 = 净现值/年金现值系数

B. 考虑货币时间价值时，平均年成本 = 现金流出总现值/年金现值系数

C. 不考虑货币时间价值时，平均年成本 = 未来现金流入总额/使用年限

D. 不考虑货币时间价值时，平均年成本 = 未来现金流出总额/使用年限

11. 对于两个期限不同的互斥项目，可采用共同年限法和等额年金法进行项目决策，下列关于两种方法共同缺点的说法中，正确的有（　　）。（2018 年）

A. 未考虑项目收入带来的现金流入

B. 未考虑竞争导致的收益下降

C. 未考虑技术更新换代导致的投入产出变更

D. 未考虑通货膨胀导致的重置成本上升

三、计算分析题

1. 甲汽车租赁公司拟购置一批新车用于

出租，现有两种投资方案，相关信息如下：

方案一：公司可以选择购买 100 辆中档轿车，每辆车价格 12 万元，另需支付车辆价格 10% 的购置相关税费，该类型轿车每年平均可以出租 300 天，日均租金可达 200 元/辆，车辆预计使用年限 8 年，8 年后的变现价值为 0，前 4 年每年需要维护费 3 000 元/辆，后 4 年每年需要维护费 5 000 元/辆，车辆使用期间还需要承担每年保险费 4 000 元/辆，其他税费 600 元/辆。每年增加付现固定运营成本 20 万元。

方案二：公司可以选择购买 30 辆中档商务车，每辆车价格 40 万元，另需支付车辆价格 10% 购置相关税费。该类型商务车每年平均可以出租 200 天，日均租金可达 900 元/辆。车辆预计可使用年限 10 年，10 年后变现价值为 0。前 5 年每年需要维护费 5 000 元/辆，后 5 年每年需要维护费 7 000 元/辆。车辆使用期间还需要承担每年保险费 20 000 元/辆，其他税费 4 000 元/辆。每年增加付现固定运营成本 8 万元。

根据税法相关规定，车辆购置相关税费计入车辆原值，采用直线计提折旧，无残值。

等风险投资必要报酬率 12%，企业所得税税率 25%。

假设购车相关支出发生在期初，每年现金流入、现金流出均发生在年末。

要求：

(1) 分别估计两个方案的各年现金流量情况，并据此计算项目净现值。

(2) 分别计算两个方案净现值的等额年金。假设两个方案都可以无限重置，且是互斥项目，用等额年金法判断甲公司应采用哪个投资方案？

2. (2018 年) 甲公司是一家传统制造业上市公司，只生产 A 产品。2019 年公司准备新上一条生产线，正在进行项目的可行性研究。相关资料如下：

(1) 如果可行，该生产线拟在 2019 年初投产，经营周期 4 年。预计 A 产品每年销售 1 000 万只，单位售价 60 元，单位变动制造成本 40 元，每年付现固定制造费用 2 000 万元，付现销售和管理费用 800 万元。

(2) 项目需要一栋厂房、一套设备和一项专利技术。目前公司有一栋厂房正好适合新项目使用。该厂房正在对外出租，每年末收取租金 100 万元。2018 年末租期到期，可续租也可收回自用。设备购置成本 10 000 万元，无须安装，可于 2019 年初投入使用，4 年后变现价值 1 600 万元。税法规定，设备采用直线法计提折旧，折旧年限 5 年。折旧期满后无残值。

专利技术使用费 8 000 万元，于 2019 年初一次性支付，期限 4 年。税法规定，专利技术使用费可按合同约定使用年限平均摊销，所得税前扣除。

(3) 项目需增加营运资本 200 万元，于 2019 年初投入，项目结束时收回。

(4) 项目投资的必要报酬率 12%。公司的企业所得税税率 25%。假设项目每年销售收入和付现费用均发生在各年年末。

要求：

(1) 该项目 2018 年末至 2022 年末的相关现金净流量、净现值和现值指数（计算过程和结果填入下方表格中）。

单位：万元

	2018 年末	2019 年末	2020 年末	2021 年末	2022 年末
现金净流量					
折现系数					
现值					
净现值					
现值系数					

(2) 根据净现值和现值指数，判断该项目是否可行，并简要说明理由。

(3) 简要回答净现值和现值指数之间的相同点和不同点。

四、综合题

1. 甲公司是一家保健器械制造企业，研制成功一台新仪器，现在需要决定是否大规模投产，有关资料如下：

（1）公司的销售部门预计，如果每台定价6万元，销售量每年可以达到7 000台；生产部门预计，变动制造成本每台3万元，不含折旧费的固定制造成本每年5 000万元，新业务将在2020年1月1日开始，假设营业现金流发生在每年年底。

（2）为生产该产品，需要添置一台生产设备，预计其购置成本为8 000万元。该设备可以在2019年底以前安装完毕，并在2019年底支付设备购置款。该设备按税法规定折旧年限为5年，净残值率为10%，经济寿命为4年，4年后即2023年底该项设备的市场价值预计为1 000万元。如果决定投产该产品，公司将可以连续经营4年，预计不会出现提前中止的情况。

（3）生产该产品需要的营运资本预计为营业收入的10%。假设营运资本在年初投入，项目结束时收回。

（4）该项目的风险与目前公司的平均风险相同，筹资资本结构相同，公司的所得税税率为25%。

（5）该公司目前的资本来源状况如下：负债的主要项目是公司债券，该债券的票面利率为8%，每年付息一次，5年后到期，面值1 000元/张，共100万张，每张债券的当前市价970元；股东权益的主要项目是普通股，流通在外的普通股共10 000万股，市价20元/股，贝塔系数为1.2。其他资本来源项目可以忽略不计。

当前的无风险收益率为5%，预期市场风险溢价为8%。该项目所需资金按公司当前的资本结构筹集，并可以忽略债券和股票的发行费用。

新项目的营业收入与公司当前的营业收入相比只占较小份额，并且公司每年有若干新项目投入生产，因此该项目万一失败不会危及整个公司的生存。

要求：

（1）计算该公司当前的加权平均资本成本（资本结构权数按市价计算）。

（2）计算项目评价使用的含有风险的折现率（折现率保留到1%）。

（3）计算项目的初始投资额，包括与项目有关的固定资产购置支出以及垫支的营运资本。

（4）分别计算设备的年折旧额以及第4年年末的账面价值（提示：折旧按年提取，投入使用当年提取全年折旧），以及处置设备引起的税后现金净流量。

（5）计算各年项目现金净流量以及项目的净现值和动态投资回收期。

2. ABC公司研制成功一台新产品，现在需要决定是否大规模投产，有关资料如下：

（1）公司的销售部门预计，如果每台定价3万元，销售量每年可以达到10 000台；生产部门预计，变动制造成本每台2.1万元，不含折旧费的固定制造成本每年4 000万元，新业务将在2018年1月1日开始，假设营业现金流发生在每年年底。

（2）为生产该产品，需要添置一台生产设备，预计其购置成本为6 000万元。该设备可以在2017年底以前安装完毕，并在2017年底支付设备购置款。该设备按税法规定折旧年限为5年，净残值率为5%，经济寿命为4年，4年后即2021年底该项设备的市场价值预计为600万元。如果决定投产该产品，公司将可以连续经营4年，预计不会出现提前中止的情况。

（3）生产该产品需要的营运资本预计为营业收入的8%。假设营运资本在年初投入，项目结束时收回。

（4）该项目的风险与目前公司的平均风险相同，筹资资本结构相同，公司的所得税税率为25%。

（5）该公司目前的资本来源状况如下：负债的主要项目是公司债券，该债券的票面利率为8%，每年付息1次，5年后到期，面值1 000元/张，共100万张，每张债券的当前市价950元；股东权益的主要项目是普通股，流通在外的普通股共10 000万股，市价23元/股，贝塔系数为0.7。其他资本来源项目可以忽略不计。

当前的无风险收益率为4%，预期市场风险溢价为7%。该项目所需资金按公司当前的资本结构筹集，并可以忽略债券和股票的发行费用。

新项目的营业收入与公司当前的营业收入相比只占较小份额，并且公司每年有若干新项目投入生产，因此该项目万一失败不会危及整个公司的生存。

要求：

（1）计算该公司当前的加权平均资本成本（资本结构权数按市价计算）。

（2）计算项目评价使用的含有风险的折现率（折现率保留到1%）。

（3）计算项目的初始投资额，包括与项目有关的固定资产购置支出以及垫支的营运资本。

（4）分别计算设备的年折旧额以及第4年年末的账面价值（提示：折旧按年提取，投入使用当年提取全年折旧），以及处置设备引起的税后现金净流量。

（5）计算各年项目现金净流量以及项目的净现值和静态投资回收期。

答案及解析

一、单项选择题

1.【答案】A

【解析】经营性长期资产投资项目可以分为五种类型：

（1）新产品开发或现有产品的规模扩张项目。这种决策通常需要添置新的固定资产，并增加企业的营业现金流入。

（2）设备或厂房的更新项目。这种决策通常需要更换固定资产，但不改变企业的营业现金收入。

（3）研究与开发项目。这种决策通常不直接产生现实的收入，而是得到一项是否投产新产品的选择权。

（4）勘探项目。这种决策通常使企业得到一些有价值的信息。

（5）其他项目。包括劳动保护设施建设、购置污染控制装置等。这些决策不直接产生营业现金流入，而使企业在履行社会责任方面的形象得到改善。它们有可能减少未来的现金流出。

【该题针对“经营性长期资产投资项目的类型”知识点进行考核】

2.【答案】C

【解析】A、B两项目投资的净现值为正数，说明这两个项目的投资报酬率均超过10%。都可以采纳。C项目净现值为负数，说明该项目的报酬率达不到10%，应予放弃。

【该题针对“独立项目的评价方法”知识点进行考核】

3.【答案】D

【解析】评价指标出现矛盾的原因有两种：一是投资额不同；二是项目寿命不同。如果净现值与内含报酬率的矛盾是项目有效期不同引起的，我们有两种解决办法，一个是共同年限法，另一个是等额年金法。在资本成本相等时，等额年金大的项目永续净现值肯定大，资本成本不同时，应当采用永续净现值法来判断。

【该题针对“独立项目的评价方法”知识点进行考核】

4.【答案】D

【解析】内含报酬率是使投资项目净现值为零时的折现率。利用内插法，$\frac{IRR-10\%}{12\%-10\%}=\frac{0-160}{-40-160}$，$IRR=10\%+(0-160)/(-40-160)\times(12\%-10\%)=11.6\%$

【该题针对“内含报酬率”知识点进行考核】

5.【答案】A

【解析】静态投资回收期＝2 800/800＝3.5（年）

【该题针对“静态投资回收期”知识点进行考核】

6.【答案】D

【解析】净现值法具有广泛的适用性，在理论上比其他方法更完善。净现值反映一个项目按现金流量计算的净收益现值。

7.【答案】B

【解析】在投资组合理论出现以后，风险是指投资组合的系统风险，既不是指单个资产的风险，也不是指投资组合的全部风险。投资组合中的资产多样化到一定程度后，唯一剩下的风险是系统风险。B选项错误。

二、多项选择题

1.【答案】AC

【解析】现值指数是相对数，反映投资的效率，所以选项B错误。会计报酬率法的缺点：使用账面利润而非现金流量，忽视了折旧对现金流量的影响；忽视了净利润的时间分布对于项目经济价值的影响。所以选项 D 错误。

2. 【答案】AB

【解析】对于单一投资项目，净现值大于 0，等额年金大于 0，现值指数大于 1，内含报酬率大于资本成本。而会计报酬率没有考虑货币时间价值和折旧对现金流量的影响，所以无法根据净现值的大小判断会计报酬率的大小。

3. 【答案】AD

【解析】静态回收期法的缺点是忽视了时间价值，把不同时间的货币收支看成是等效的；没有考虑回收期以后的现金流，也就是没有衡量盈利性；促使公司接受短期项目，放弃有战略意义的长期项目。

【该题针对“静态回收期法”知识点进行考核】

4. 【答案】BC

【解析】评价指标会出现相互矛盾的情况，原因主要有两种：一是投资额不同，二是项目寿命不同。选项 B 和选项 C 正确。

5. 【答案】ABCD

【解析】评价投资项目最普遍的方法是净现值法和内含报酬率法。采用净现值法的时候，项目资本成本是计算净现值的折现率；采用内含报酬率法时，项目资本成本是其“取舍率”或必要报酬率。因此，项目资本成本是项目投资评价的基准。

6. 【答案】BC

【解析】互斥方案下，内含报酬率法可能会出现与净现值法结论不一致的情况，所以内含报酬率法不适用于互斥方案的比较；净现值法适用于项目寿命相同的多个互斥方案的比较决策；共同年限法和等额年金法适用于项目投资额不同而且寿命不相同的多个互斥方案的比较决策。

【该题针对“互斥方案决策”知识点进行考核】

7. 【答案】ABD

【解析】现值指数大于 1，净现值大于 0，所以未来现金净流量总现值补偿了原始投资额现值后还有剩余，即折现回收期小于 10 年，选项 C 错误。

8. 【答案】BC

【解析】对于单一投资项目，净现值小于 0，等额年金小于 0，现值指数小于 1，内含报酬率小于资本成本。而会计报酬率没有考虑货币时间价值和折旧对现金流量的影响，所以无法根据净现值的大小判断会计报酬率的大小。

9. 【答案】ACD

【解析】在等风险假设或资本结构不变假设不能成立时，不能使用企业当前的平均资本成本作为新项目的资本成本。并不是需要两者同时不成立，选项 B 错误。

10. 【答案】BD

【解析】固定资产的平均年成本，是指该资产引起的现金流出的年平均值。如果不考虑货币的时间价值，它是未来使用年限内的现金流出总额与使用年限的比值。如果考虑货币的时间价值，它是未来使用年限内现金流出总现值与年金现值系数的比值，即平均每年的现金流出。

【该题针对“平均年成本”知识点进行考核】

11. 【答案】BCD

【解析】两种方法存在共同的缺点：①有的领域技术进步快，目前就可以预期升级换代不可避免，不可能原样复制；②如果通货膨胀比较严重，必须考虑重置成本的上升，这是一个非常具有挑战性的任务，对此两种方法都没有考虑；③从长期来看，竞争会使项目净利润下降，甚至被淘汰，对此分析时没有考虑。

三、计算分析题

1. 【答案】

（1）方案一：

0 时点现金流量 = −100 × 12 ×（1 + 10%）= −1 320（万元）

折旧 = 1 320/8 = 165（万元）

1 ~ 4 时点现金流量 = 300 × 200 × 100/10 000 ×（1 − 25%）−（3 000 + 4 000 + 600）× 100/10 000 ×（1 − 25%）− 20 ×（1 − 25%）+ 165 × 25% = 450 − 57 − 15 + 41.25 = 419.25（万元）

5 ~ 8 时点现金流量 = 300 × 200 × 100/10 000 ×（1 − 25%）−（5 000 + 4 000 + 600）× 100/10 000 ×（1 − 25%）− 20 ×（1 − 25%）+ 165 × 25% = 450 − 72 − 15 + 41.25 = 404.25

（万元）

方案一的净现值 $=404.25\times(P/A,12\%,4)\times(P/F,12\%,4)+419.25\times(P/A,12\%,4)-1\ 320=404.25\times3.0373\times0.6355+419.25\times3.0373-1\ 320=780.29+1\ 273.39-1\ 320=733.67$（万元）

方案二：

0 时点现金流量 $=30\times40\times(1+10\%)=-1\ 320$（万元）

折旧 $=1\ 320/10=132$（万元）

1～5 时点现金流量 $=200\times900\times30/10\ 000\times(1-25\%)-(5\ 000+20\ 000+4\ 000)\times30/10\ 000\times(1-25\%)-8\times(1-25\%)+132\times25\%=405-65.25-6+33=366.75$（万元）

5～10 时点现金流量 $=200\times900\times30/10\ 000\times(1-25\%)-(7\ 000+20\ 000+4\ 000)\times30/10\ 000\times(1-25\%)-8\times(1-25\%)+132\times25\%=405-69.75-6+33=362.25$（万元）

方案二的净现值 $=362.25\times(P/A,12\%,5)\times(P/F,12\%,5)+366.75\times(P/A,12\%,5)-1\ 320=362.25\times3.6048\times0.5674+366.75\times3.6048-1\ 320=742.99$（万元）

（2）方案一的净现值的等额年金 $=733.67/(P/A,12\%,8)=733.67/4.9676=147.69$（万元）

方案二的净现值的等额年金 $=742.99/(P/A,12\%,10)=742.99/5.6502=131.50$（万元）

方案一的等额年金大于方案二，所以选择方案一。

2.【答案】

（1）

	2018 年末	2019 年末	2020 年末	2021 年末	2022 年末
设备购置成本	-10 000				
专利技术使用费	-8 000				
税后销售收入		45 000	45 000	45 000	45 000
税后变动制造费用		-3 000	-3 000	-3 000	-3 000
税后付现固定制造费用		-1 500	-1 500	-1 500	-1 500
税后付现销售和管理费用		-600	-600	-600	-600
折旧抵税		500	500	500	500
摊销抵税		500	500	500	500
丧失税后租金收入		-75	-75	-75	-75
营业现金毛流量		13 825	13 825	13 825	13 825
设备变现价值					1 600
设备变现损失抵税					100
垫支营运资本	-200				
营运资本收回					200
现金净流量	-18 200	13 825	13 825	13 825	15 725
折现系数	1	0.8929	0.7972	0.7118	0.6355
现值		12 344.44	11 021.29	9 840.64	9 993.24
净现值	24 999.51				
现值系数	2.37				

（2）净现值大于0，现值指数大于1，该项目可行。

（3）相同点：①都考虑了时间价值和风险。②对于单一方案，决策结果相同，净现值大于0，现值指数大于1，项目可行。③净现值和现值指数在比较期限不同的项目时均有一定的局限性。

不同点：①净现值是绝对值，反映投资的效益。现值指数是相对数，反映投资的效率。②净现值法在比较投资额不同的项目时有一定的局限性。现值指数消除了投资额的差异。

四、综合题

1.【答案】

（1）设债券的税前资本成本为 i：

$1000\times8\%\times(P/A,i,5)+1\ 000\times(P/F,i,5)=970$

当 $i=8\%$ 时，$1\ 000\times8\%\times(P/A,8\%,5)+1\ 000\times(P/F,8\%,5)=1\ 000$

当 $i=9\%$ 时，$1\ 000\times8\%\times(P/A,9\%,5)+1\ 000\times(P/F,9\%,5)=961.076$

所以 $i=8.77\%$

税后债券资本成本为 $8.77\%\times(1-25\%)=6.58\%$

股权资本成本 $=5\%+1.2\times8\%=14.6\%$

债券市场价值权数 $=970\times100/(970\times100+20\times10\ 000)=32.7\%$

股权市场价值权数 $=20\times10\ 000/(970\times100+20\times10\ 000)=67.3\%$

加权平均税后资本成本 $=6.58\%\times32.7\%+14.6\%\times67.3\%=11.98\%$。

（2）由于该项目的风险与目前公司的平均风险相同，筹资资本结构相同，所以项目评价使用的含有风险的折现率 = 公司加权平均资本成本 $=11.98\%\approx12\%$。

（3）设备投资8 000万元，营运资本投资 $=6\times7\ 000\times10\%=4\ 200$（万元），初始投资额 $=8\ 000+4\ 200=12\ 200$（万元）。

（4）设备的年折旧额 $=8\ 000\times(1-10\%)/5=1\ 440$（万元）

第4年年末设备的账面价值 $=8\ 000-1\ 440\times4=2\ 240$（万元）

第4年年末处置设备引起的税后现金净流量 $=1\ 000+(2\ 240-1\ 000)\times25\%=1\ 310$（万元）。

（5）每年营业现金毛流量 =（营业收入 − 变动成本合计 − 付现固定成本）×（1 − 25%）+ 折旧 × 25% $=(6\times7\ 000-3\times7\ 000-5\ 000)\times(1-25\%)+1\ 440\times25\%=12\ 360$（万元）。

单位：万元

年度	0	1	2	3	4
设备投资	−8 000				
营运资本投资	−4 200				
营运资本收回					4 200
营业现金毛流量		12 360	12 360	12 360	12 360
处置设备现金净流量					1 310
各年现金净流量	−12 200	12 360	12 360	12 360	17 870
折现系数（12%）	1	0.8929	0.7972	0.7118	0.6355
折现现金流	−12 200	11 036.24	9 853.39	8 797.85	11 356.39
项目净现值	28 843.87				
累计现金净流量	−12 200	−1 163.76	8 689.63		
动态投资回收期（年）	1+1 163.76/9 853.39=1.12				

2.【答案】

（1）设债券的税前资本成本为 i：

$1\ 000\times8\%\times(P/A,i,5)+1\ 000\times(P/F,i,5)-950=0$

当 $i=9\%$ 时，$1\ 000\times8\%\times(P/A,9\%,5)+1\ 000\times(P/F,9\%,5)-950=11.08$

当 $i=10\%$ 时，$1\ 000\times8\%\times(P/A,10\%,5)+1\ 000\times(P/F,10\%,5)-950=-25.84$

所以 $i = (0-11.08)/(-25.84-11.08)\times(10\%-9\%)+9\%=9.3\%$

税后债券资本成本为 $9.3\%\times(1-25\%)=6.98\%$

股权资本成本 $=4\%+0.7\times7\%=8.9\%$

债券市场价值权数 $=950\times100/(950\times100+23\times10\,000)=29.23\%$

股权市场价值权数 $=23\times10\,000/(950\times100+23\times10\,000)=70.77\%$

加权平均税后资本成本 $=6.98\%\times29.23\%+8.9\%\times70.77\%=8.34\%$。

（2）由于该项目的风险与目前公司的平均风险相同，筹资资本结构相同，所以项目评价使用的含有风险的折现率 = 公司加权平均资本成本 $=8.34\%\approx8\%$。

（3）设备投资 6 000 万元，营运资本投资 $=3\times10\,000\times8\%=2\,400$（万元），初始投资额 $=6\,000+2\,400=8\,400$（万元）。

（4）设备的年折旧额 $=6\,000\times(1-5\%)/5=1\,140$（万元）

第 4 年年末设备的账面价值 $=6\,000-1\,140\times4=1\,440$（万元）

第4年年末处置设备引起的税后现金净流量 $=600+(1\,440-600)\times25\%=810$（万元）。

（5）每年营业现金毛流量 =（营业收入 - 变动成本合计 - 付现固定成本）×（1 - 25%）+ 折旧 × 25% $=(3\times10\,000-2.1\times10\,000-4\,000)\times(1-25\%)+1\,140\times25\%=4\,035$（万元）。

单位：万元

年度	0	1	2	3	4
设备投资	-6 000				
营运资本投资	-2 400				
营运资本收回					2 400
营业现金毛流量		4 035	4 035	4 035	4 035
处置设备现金净流量					810
各年现金净流量	-8 400	4 035	4 035	4 035	7 245
折现系数（8%）	1	0.9259	0.8573	0.7938	0.7350
项目净现值	7 323.27				
累计现金净流量	-8 400	-4 365	-330	3 705	10 950
静态投资回收期（年）	2 + 330/4 035 = 2.08				

第六章　债券、股票价值评估

本章考情分析

本章属于次重点章。重点关注债券、股票价值及其到期收益率的计算和债券价值的影响因素分析。从题型来看，客观题、主观题都有可能性，主观题出题点主要是债券、普通股价值评估、债券的到期收益率和普通股的期望报酬率的确定。

本章教材变化

本章对债券分类进行了补充，同时对年折现率的定义以及其与计息期折现率之间的计算公式进行了调整，其他部分无实质性变动。

基本内容框架

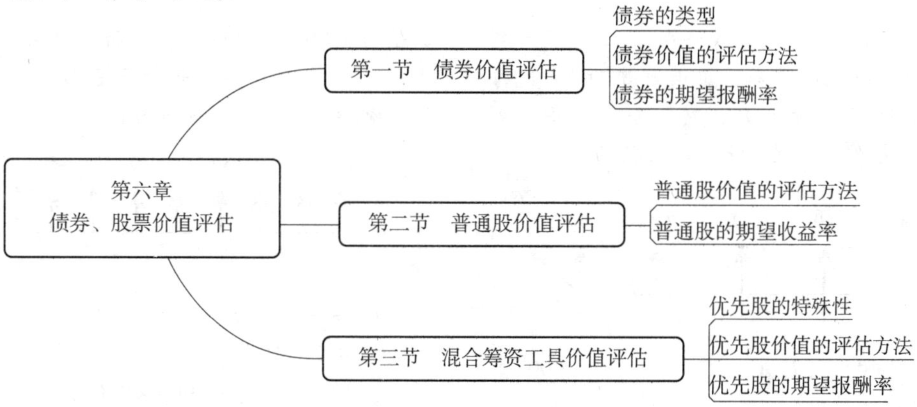

通关重难点例题解析

考点一：债券的类型（★）

一、债券的分类

分类标准	分类
按债券是否记名分类	记名债券和无记名债券
按债券能否转换为股票分类	可转换债券和不可转换债券
按有无财产抵押分类	抵押债券和信用债券
按能否上市分类	上市债券和非上市债券

续表

分类标准	分类
按偿还方式分类	到期一次债券和分期债券
按债券的发行人分类	政府债券、地方政府债券、公司债券、国际债券

二、债券的基本要素

基本要素	补充说明
（1）债券面值	到期应归还的本金
（2）票面利率	利息 = 面值 × 票面利率
（3）付息方式	付息时点
（4）债券到期日	持有期限

考点二：债券的价值因素（★★★）

一、债券的估值模型

（一）债券价值的含义

债券的价值或债券的内在价值，是指债券未来本金和利息流入按等风险投资的市场利率所折成的现值之和。

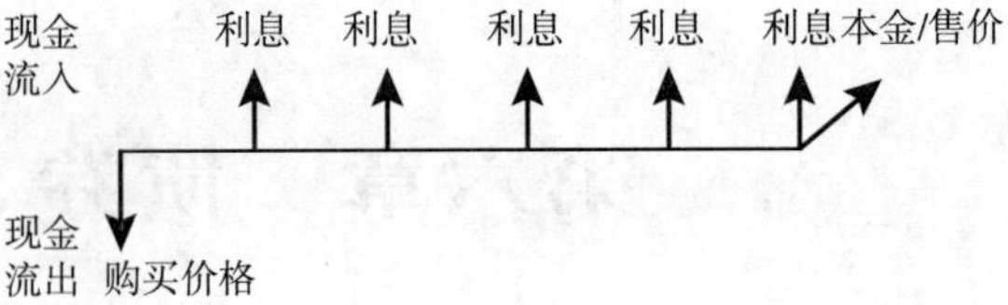

（二）债券价值的计算

基本公式：债券价值 = 未来各期利息收入的现值合计 + 未来到期本金或售价的现值

模型	含义	基本公式	
平息债券	是指利息在到期时间内平均支付的债券。支付的频率可能是1年1次、半年1次、每季度1次或每月1次等	PV = 利息 ×（P/A, i, n）+ 本金 ×（P/F, i, n）公式中：PV – 债券价值；i – 折现率；n – 债券到期前的期数。下同	
纯贴现债券	是指承诺在未来某一确定日期按面值支付的债券	到期一次还本付息债券	PV = 到期本利和 ×（P/F, i, n）
		零息债券	PV = 本金 ×（P/F, i, n）
永久债券	是指没有到期日，永不停止定期进行支付利息的债券	PV = 利息/i	
流通债券	是指已发行并在二级市场上流通的债券	到期时间小于债券发行在外的时间；估值的时点不在发行日	

【例题1·计算题】A公司于2018年发行面值为1 000元的债券，票面利率为6%，每年12月31日支付1次利息，并于5年后到期。假设报价利率为8%。其价值为：

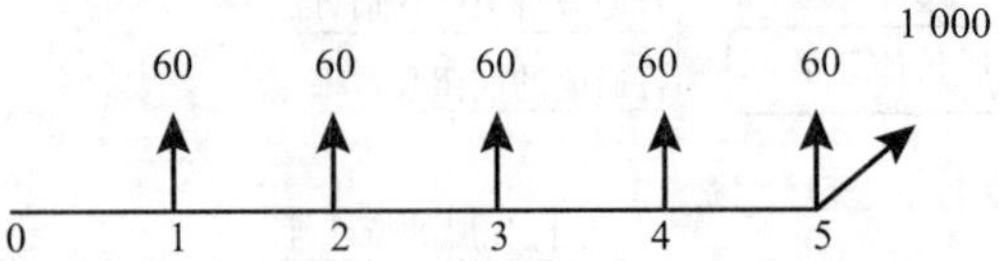

$PV = 60 \times (P/A, 8\%, 5) + 1\ 000 \times (P/F, 8\%, 5)$

$= 60 \times 3.993 + 1\ 000 \times 0.681$

$= 920.58$（元）

【例题2·计算题】A公司于2018年发行面值为1 000元的债券，票面利率为6%，每半年支付1次利息，并于5年后到期。假设报价利率为8%。其价值为：

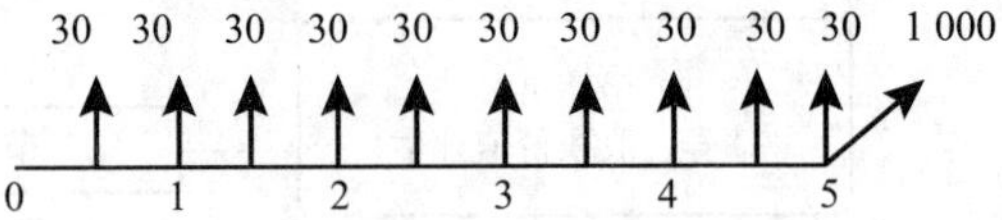

$PV = 30 \times (P/A, 4\%, 10) + 1\ 000 \times (P/F, 4\%, 10)$

$= 30 \times 8.111 + 1\ 000 \times 0.676$

$= 919.33$（元）

（三）决策原则

当债券价值高于购买价格时，可以购买。

二、债券估值的主要影响因素

债券付息方式	到期时间	付息频率	等风险投资的市场利率
分期付息	（1）平价债券的价值，随着到期日的临近，总体上在波动中等于债券的票面价值； （2）折价债券的价值，随着到期日的临近，总体上波动提高，最终等于债券的票面价值； （3）溢价债券的价值，随着到期日的临近，总体上波动降低，最终等于债券的票面价值。	（1）平价债券的价值，不受付息频率的影响，总体上在波动中始终等于债券的票面价值； （2）折价债券的价值，随着付息频率的加快，总体上在波动中逐渐降低； （3）溢价债券的价值，随着付息频率的加快，总体上在波动中逐渐提高。	等风险投资的市场利率与债券价值反向变化。随着到期时间的缩短，等风险投资的市场利率的变动对债券价值的影响越来越小。

续表

债券付息方式	到期时间	付息频率	等风险投资的市场利率
到期一次还本付息，单利计息	到期一次还本付息，单利计息、复利折现债券的价值随着到期日的临近，逐渐提高。		

【例题3·多选题】（2012年）下列关于债券价值的说法中，正确的有（ ）。

A. 当市场利率高于票面利率时，债券价值高于债券面值

B. 当市场利率不变时，随着债券到期时间的缩短，溢价发行债券的价值逐渐下降，最终等于债券面值

C. 当市场利率发生变化时，随着债券到期时间的缩短，市场利率变化对债券价值的影响越来越小

D. 当票面利率不变时，溢价出售债券的计息期越短，债券价值越大

【答案】BCD

【解析】当市场利率高于票面利率时，债券价值低于债券面值，此时债券应该折价发行，所以，选项A错误；当市场利率不变时，随着债券到期时间的缩短，溢价发行债券的价值总体波动中逐渐下降，最终等于债券面值，所以，选项B正确；当市场利率发生变化时，债券到期期限越短，市场利率变化对债券价值的影响越小，所以，选项C正确；当票面利率不变时，债券的计息期越短，即债券的付息频率越大，溢价债券的价值就越大，所以，选项D正确。

【例题4·单选题】（2013年）甲公司平价发行5年期的公司债券，债券票面利率为10%，每半年付息一次，到期一次偿还本金。该债券的有效年利率是（ ）。

A. 9.5%　　B. 10%

C. 10.25%　　D. 10.5%

【答案】C

【解析】对于平价发行、分期付息、到期一次偿还本金债券来讲，该债券的有效年利率 $= (1+5\%)^2-1=10.25\%$。

【例题5·单选题】（2014年）假设折现率保持不变，溢价发行的平息债券自发行后债券价值（ ）。

A. 直线下降，至到期日等于债券面值

B. 波动下降，至到期日之前一直高于债券面值

C. 波动下降，至到期日之前可能等于债券面值

D. 波动下降，至到期日之前可能低于债券面值

【答案】B

【解析】溢价发行的平息债券发行后债券价值随着到期日的临近是波动下降的，因为溢价债券在发行日和付息时点债券的价值都是高于面值的，而在两个付息日之间债券的价值又是上升的，所以至到期日之前债券的价值会一直高于债券面值。

【例题6·多选题】（2016年）在其他条件不变的情况下，关于单利计息、到期一次还本付息的可转换债券的内含报酬率，下列各项中正确的有（ ）。

A. 债券期限越长，债券内含报酬率越高

B. 票面利率越高，债券内含报酬率越高

C. 转换价格越高，债券内含报酬率越高

D. 转换比率越高，债券内含报酬率越高

【答案】BD

【解析】票面利率越高，单利计息、到期一次还本付息的可转换债券的到期本息流入量越大，债券的内含报酬率越高，所以选项B正确；计算可转换债券转换内含报酬率使用的期限是截至转换时点的，与债券期限长短无关；转换比率越高，或转换价格越低，转换给投资者带来的现金流入量越多，则债券投资的内含报酬率越高，所以选项A、C错误、选项D正确。

考点三：债券的期望报酬率（★★★）

一、含义

债券的期望报酬率是指能使未来现金流入现值等于债券买入价格的折现率。即债券投资的内含报酬率。

二、计算

计算方法："插补法"：求解含有折现率的方程。

【例题7·计算题】某投资者2016年7月1

日以 97 元购入一笔债券，该债券信息如下：发行时间为 2014 年 7 月 1 日，面值 100 元，期限 3 年，票面年利率 8%，每半年支付一次利息，付息日为 6 月 30 日和 12 月 31 日。试问该投资者持有该债券至到期日的收益率是多少？

【答案】该债券的到期收益率：

先用 10% 试算：

$4\times(P/A,\ 10\%/2,\ 2)+100\times(P/F,\ 10\%/2,\ 2)=4\times1.8594+100\times0.9070=98.14$（元）

再用 12% 试算：

$4\times(P/A,\ 12\%/2,\ 2)+100\times(P/F,\ 12\%/2,\ 2)=4\times1.8334+100\times0.8900=96.33$（元）

用插补法计算：

$$10\%+\frac{98.14-97}{98.14-96.33}\times(12\%-10\%)=11.26\%$$

即该投资者持有该债券至到期日的收益率是 11.26%。

三、结论

1. 平价发行的债券，其到期收益率等于票面利率

2. 溢价发行的债券，其到期收益率低于票面利率

3. 折价发行的债券，其到期收益率高于票面利率

四、决策原则

当到期收益率高于投资人要求的必要收益率，该债券值得投资。

【例题 8 · 单选题】某企业于 2016 年 3 月 1 日以 980 元购得面额为 1 000 元的新发行债券，票面利率 10%，每年付息一次，到期还本，该企业若持有该债券至到期日，其到期收益率为（　　）。

A. 高于 10%　　B. 低于 10%

C. 等于 10%　　D. 难以确定

【答案】A

【解析】对于折价发行的债券，其到期收益率高于票面利率；对于平价发行的债券，其到期收益率等于票面利率；对于溢价发行的债券，其到期收益率低于票面利率。

考点四：普通股价值的评估方法（★★★）

一、股票价值的含义

普通股是指股份公司依法发行的具有表决权和剩余索取权的一类股票。

普通股价值评估有两种常见的方法：现金流量折现模型和相对价值评估模型。本章重点介绍现金流量折现模型中的股利折现模型。

二、股票估值的基本模型

（一）有限期持有

——类似于债券价值计算

有限期持有，未来准备出售

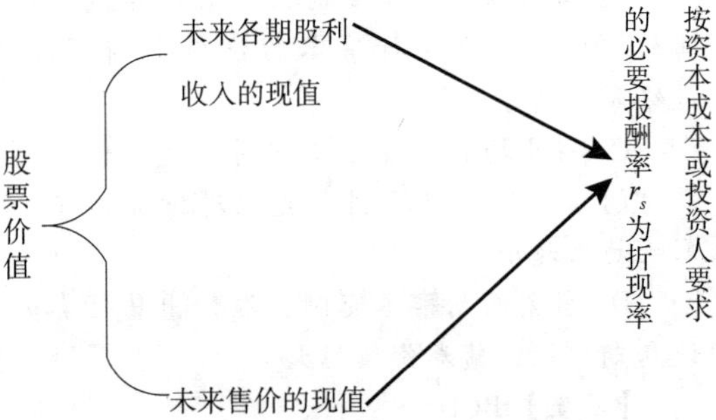

（二）无限期持有

——现金流入只有股利收入

1. 零增长股票：即永续年金计算现值

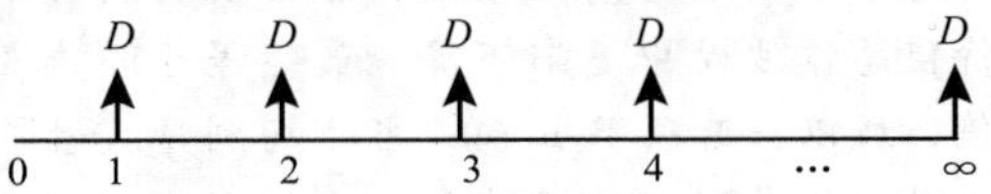

$$PV=\frac{D}{(1+r_s)^1}+\frac{D}{(1+r_s)^2}+\frac{D}{(1+r_s)^3}+\cdots+\frac{D}{(1+r_s)^n}+\cdots=\frac{D}{r_s}$$

式中：r_s 是投资必要报酬率（股权资本成本）；D 是每期股利额。

【例题 9 · 计算题】投资者拟购买 A 公司股票，当前市价 13 元。该股票预计未来每年分配现金股利 2 元，投资者必要报酬率为 16%。

要求：计算该股票的内在价值并判断是否可以购买。

【答案】股票内在价值 $=2/16\%=12.5$（元）

股票市价高于内在价值，该股票不可以购买。

2. 固定增长股

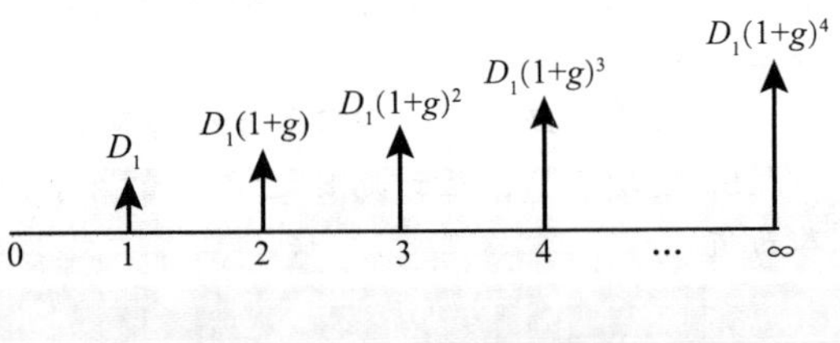

$PV=D_1/(1+r_S)+D_1(1+g)/(1+r_S)^2+D_1(1+g)^2/(1+r_S)^3+\cdots+D_1(1+g)^{n-1}/(1+r_S)^n$

$=D_1/(r_S-g)=D_0\times(1+g)/(r_S-g)$

式中：r_S 是投资必要报酬率（股权资本成本）；g 是股利增长率。

【例题 10·计算题】投资者拟购买甲公司股票，当前市价 22 元。该股票预计第 1 年股利 2 元，股利未来增长率 6%，投资必要报酬率为 16%。

要求：计算该股票的内在价值并判断是否可以购买。

【答案】股票内在价值 = 2/(16% - 6%) = 20（元）

股票市价高于内在价值，该股票不可以购买。

3. 非固定增长股

计算方法：分段计算。

在现实生活中，有的公司的股利是不固定的，要分段计算股票的价值。见下表：

类型	计算方法
高增长后的零增长	增长阶段股利的现值与零增长阶段股利现值之和
高增长后的固定增长	高增长阶段股利的现值与固定增长阶段股利的现值之和

【例题 11·单选题】甲上市公司 2013 年度的利润分配方案是每 10 股派发现金股利 12 元，预计公司股利可按 10% 的速度稳定增长，股东要求的收益率为 12%，于股权登记日，甲公司股票的预期价格为（　　）元。（2014 年）

A. 60　　B. 61.2

C. 66　　D. 67.2

【答案】D

【解析】股票的价格 = 1.2 × (1 + 10%)/(12% - 10%) + 1.2 = 67.2（元）。

考点五：普通股的期望报酬率（★★★）

一、期望报酬率的概念

期望报酬率是股票未来现金流量现值等于投资购买价格的折现率。

二、期望报酬率计算

类型	期望报酬率计算方法
无限期零增长股票	$R=D/P_0$
无限期固定增长股票	$R=D_1/P_0+g$
无限期非固定增长股票	分段计算未来股利现值之和等于股票价格时的折现率，需要借助逐步测试法并结合内插法计算
长期有限持有股票	未来股利和出售价格折成的现值之和等于现金流出的现值（即股票价格）时的折现率，即股票投资的内含报酬率，需要借助逐步测试法并结合内插法计算

【例题 12·计算题】投资者拟按当前市价 20 元购买 A 公司股票，该股票预计下一年股利是 1 元，未来股利将维持 10% 的速度持续增长。投资者要求的收益率为 12%。

要求：计算该股票的期望报酬率并判断是否值得购买。

【答案】期望报酬率 = 1/20 + 10% = 15%

期望报酬率 15% 大于必要报酬率 12%，股票值得投资。

考点六：混合筹资工具价值评估（★★）

一、优先股的特殊性

（一）优先分配利润

（二）优先分配剩余财产

（三）表决权限制

【提示】除以下情况外，优先股股东不出席股东大会会议，所持股份没有表决权：①修改公司章程中与优先股相关的内容；②一次或累计减少公司注册资本超过 10%；③公司合并、分立、解散或变更公司形式；④发行优先股；⑤公司章程规定的其他情形。上述事项的决议，除须经出席会议的普通股股东（含表决权恢复的优先股股东）所持表决权的 2/3 以上通过之外，还须经出席会议的优先股股东（不含表决权恢复的优先股股东）所持表决权的 2/3 以上通过。

二、优先股价值的评估方法

（一）优先股票面股息率类型

1. 固定股息率。公司章程中规定优先股采用固定股息率的，可以在优先股存续期内采取相同的固定股息率，或明确每年的固定股息率，各年度的股息率可以不同。

2. 浮动股息率。公司章程中规定优先股采用浮动股息率的，应当明确优先股存续期内票面股息率的计算方法。

（二）优先股价值的评估方法

优先股的价值是通过对未来股利的折现进行估计。如果优先股存续期均采用相同的固定股息率时，每期股息形成了无限期定额支付的年金，即永续年金，优先股则相当于永久债券。其估价公式为：

$$V_P = \frac{D_P}{R_P}$$

式中：V_P是优先股价值；D_P是优先股每股股息；R_P是优先股资本成本或投资的必要报酬率。

三、优先股的期望报酬率

优先股股息通常是固定的，优先股股东的期望报酬率估计如下：

$$R_P = D_P / P_P$$

【例题 13 · 多选题】相对普通股而言，下列各项中，属于优先股特殊性的有（　　）。（2015 年）

A. 当公司破产清算时，优先股股东优先于普通股股东求偿

B. 当公司分配利润时，优先股股东优先于普通股股利支付

C. 当公司选举董事会成员时，优先股股东优先于普通股股东当选

D. 当公司决定合并、分立时，优先股股东表决权优先于普通股股东

【答案】AB

【解析】优先股有如下特殊性：①优先分配利润。优先于普通股股东分配公司利润；②优先分配剩余财产。公司因解散、破产等原因进行清算时，公司财产在按照《公司法》和《破产法》有关规定进行清偿后的剩余财产，应当优先向优先股股东支付未派发的股息和公司章程约定的清算金额。③表决权限制。所以，选项 A、B 正确。

通关演练

一、单项选择题

1. 某投资人长期持有甲公司的股票，投资的必要报酬率为 12%，预计甲公司未来 5 年每股股利分别为 0.12 元、0.15 元、0.2 元、0.22 元、0.25 元。在此后转为正常增长，增长率为 4%，则该股票在第 6 年年初的内在价值为（　　）元。

A. 1.94　　B. 2.99

C. 3.25　　D. 4.33

2. 甲上市公司 2019 年度的利润分配方案是每 10 股派发现金股利 15 元，预计公司股利可按 8% 的速度稳定增长，股东要求的收益率为 16%，甲公司股票的预期价格为（　　）元。

A. 20　　B. 21.2

C. 25.12　　D. 20.25

3. 假设折现率保持不变，溢价发行的平息债券自发行后债券价值（　　）。

A. 波动下降，到期日之前可能等于债券面值

B. 波动下降，到期日之前可能低于债券面值

C. 波动下降，到期日之前一直高于债券面值

D. 直线下降，至到期日等于债券面值

4. 假设其他条件不变，当市场利率等于票面利率时，下列关于拟发行平息债券价值的说法中，错误的是（　　）。

A. 市场利率上升，价值下降

B. 期限延长，价值不变

C. 票面利率上升，价值上升

D. 计息频率增加，价值下降

5. 假设折现率保持不变，平价发行的平息债券自发行后的债券价值是（　　）。

A. 波动，到期日之前可能高于或等于债券面值

B. 波动，到期日之前可能高于、低于或等于债券面值

C. 逐渐下降，至到期日等于债券面值

D. 波动下降，到期日之前一直高于债券面值

6. A 公司发行了优先股，面值 1 元，并约定按票面股息率 10% 支付股息，投资人的必要报酬率为 17%，则每股优先股的价值为（ ）元。

A. 1.05　　B. 0.59

C. 11.05　　D. 5.90

7. 假设其他条件不变，当市场利率等于票面利率时，下列关于拟发行平息债券价值的说法中，错误的是（ ）。(2018 年)

A. 市场利率上升，价值下降

B. 期限延长，价值下降

C. 票面利率上升，价值上升

D. 计息频率增加，价值不变

二、多项选择题

1. 债券 A 和债券 B 是两只刚发行的平息债券，债券的面值和票面利率相同，票面利率均高于必要报酬率，以下说法中，正确的有（ ）。

A. 如果两债券的必要报酬率和利息支付频率相同，偿还期限长的债券价值低

B. 如果两债券的必要报酬率和利息支付频率相同，偿还期限长的债券价值高

C. 如果两债券的偿还期限和必要报酬率相同，利息支付频率高的债券价值低

D. 如果两债券的偿还期限和利息支付频率相同，必要报酬率与票面利率差额大的债券价值高

2. 下列关于债券价值与折现率的说法中，正确的有（ ）。

A. 报价利率除以年内复利次数得出计息期利率

B. 如果折现率低于债券利率，债券的价值就高于面值

C. 如果债券印制或公告后折现率发生了变动，可以改变票面利率

D. 为了便于不同债券的比较，在报价时需要把不同计息期的利率统一折算成年利率

3. 某公司发行期限为 5 年，票面利率为 10%，每年付息 2 次、到期还本的债券，以下关于该债券的叙述中，不正确的有（ ）。

A. 当必要报酬率等于票面利率时，到期时间的长短对债券价值没有影响

B. 当必要报酬率高于票面利率时，到期时间的长短与债券价值反向变化

C. 当必要报酬率低于票面利率时，到期时间的长短与债券价值同向变化

D. 无论必要报酬率高于、低于还是等于票面利率，到期日债券价值均等于面值

4. 与普通股相比，优先股的特殊性表现在（ ）。

A. 优先分配利润

B. 优先分配剩余财产

C. 对公司重大事项拥有优先表决权

D. 除规定情形外，优先股股东不出席股东大会会议，所持股份没有表决权

5. 相对于普通股，公司应当在公司章程中明确关于优先股的事项有（ ）。

A. 公司在有可分配税后利润的情况下是否必须分配利润

B. 优先股利润分配涉及的其他事项

C. 优先股股东按照约定的股息率分配股息后，是否有权同普通股股东一起参加剩余利润分配

D. 优先股股息率是采用固定股息率还是浮动股息率，并相应明确固定股息率水平或浮动股息率计算方法

6. 下列有关股票投资的说法中，正确的有（ ）。

A. 股票带给持有人的现金流入包括股利收入和出售时获得的资本利得

B. 股利的多少取决于每股收益和股利支付率两个因素

C. 如果股票未来各年股利不变，则股票价值 = 年股利/（1 + 必要报酬率）

D. 如果股利增长率是固定的，则股票预期收益率 = 股利收益率 + 股利增长率

7. 下列各项中，与零增长股票价值呈反方向变化的因素有（ ）。

A. 期望收益率

B. 预计要发放的股利

C. 必要收益率

D. β 系数

8. 估算股票价值时的贴现率，可以使用（ ）。

A. 股票市场的平均收益率

B. 债券收益率加适当的风险报酬率

C. 国债的利息率

D. 投资的必要报酬率

9. 若付息期无限小，对于平息债券，下列关于债券价值的说法中，正确的有（　　）。

A. 当市场利率等于票面利率时，债券到期时间的延长对债券价值没有影响

B. 当市场利率不变时，随着债券到期时间的缩短，溢价发行债券的价值逐渐下降，最终等于债券面值

C. 当市场利率发生变化时，随着债券到期时间的缩短，市场利率变化对债券价值的影响越来越小

D. 当市场利率不等于票面利率时，随着债券到期时间的延长，债券价值越偏离面值

10. 假设其他因素不变，下列事项中，会导致折价发行的平息债券价值下降的有（　　）。

A. 提高付息频率

B. 延长到期时间

C. 提高票面利率

D. 等风险债券的市场利率上升

11. 甲公司折价发行公司债券，该债券期限5年，面值1 000元，票面利率8%，每半年付息一次，下列说法中，正确的有（　　）。（2018年）

A. 该债券的到期收益率等于8%

B. 该债券的报价利率等于8%

C. 该债券的计息周期利率小于8%

D. 该债券的有效年利率大于8%

三、计算分析题

1. 甲公司是一家制造业企业，信用级别为A级，目前没有上市的债券，为投资新产品项目，公司拟通过发行面值1 000元的5年期债券进行筹资，公司采用风险调整法估计拟发行债券的税前债务资本成本，并以此确定该债券的票面利率。

2019年1月1日，公司收集了当时上市交易的3种A级公司债券及与这些上市债券到期日接近的政府债券的相关信息如下：2019年4月1日，本公司发行该债券，该债券每年3月31日付息一次，2024年3月31日到期，发行当天的等风险投资市场报酬率为10%。

公司债券				政府债券	
发债公司	信用级别	到期日	到期收益率	到期日	到期收益率
A公司	A	2023年3月25日	7.5%	2023年3月28日	4.5%
B公司	A	2024年6月28日	8.3%	2024年6月1日	5.2%
C公司	A	2024年3月15日	7.9%	2024年3月20日	5%

要求：

（1）计算2019年1月1日，A级公司债券的平均信用风险补偿率，并确定甲公司拟发行债券的票面利率。

（2）计算2019年4月1日，甲公司债券的发行价格。

（3）2021年4月1日，A投资人在二级市场上以940元的价格购买了甲公司债券，并计划持有至到期。投资当天等风险投资市场报酬率为10%，计算A投资人的到期收益率，并据此判断该债券价格是否合理。

已知：$(P/A,10\%,5)=3.7908$，$(P/F,10\%,5)=0.6209$，$(P/A,10\%,3)=2.4869$，$(P/F,10\%,3)=0.7513$；$(P/A,9\%,3)=2.5313$，$(P/F,9\%,3)=0.7722$

2. 已知：甲公司股票必要报酬率为12%。乙公司2007年1月1日发行公司债券，每张面值1 000元，票面利率8%，5年期。

要求：

（1）若甲公司的股票未来3年股利为零增长，每年股利为1元/股，预计从第4年起转为正常增长，增长率为5%，则该股票的价值为多少？

（2）若甲公司股票目前的股价为20元，预计未来两年股利每年增长10%，预计第1年股利为1元/股，从第3年起转为稳定增长，增长率为5%，则该股票的投资收益率为多少？

（3）假定乙公司的债券是每年12月31日付息一次，到期按面值偿还，必要报酬率

为10%。B公司2010年1月1日打算购入该债券并持有至到期，计算确定当债券价格为多少时，B公司才可以考虑购买。

已知：(*P/F*，12%，3) = 0.7118，(*P/A*，12%，3) = 2.4018，(*P/F*，10%，1) = 0.9091

(*P/F*，10%，2) = 0.8264，(*P/F*，12%，1) = 0.8929，(*P/F*，12%，2) = 0.7972，(*P/A*，10%，2) = 1.7355

3. A公司2011年2月1日发行公司债券，每张面值1 000元，票面利率10%，5年期。A公司适用的所得税税率为25%。

要求：

(1) 假定每年2月1日付息一次，到期按面值偿还。发行价格为1 060元/张，发行费用为6元/张，计算该债券的税后资本成本。

(2) 假定每年付息两次，每间隔6个月付息一次，到期按面值偿还。甲公司2014年2月1日按每张1 020元的价格购入该债券并持有至到期，计算该债券的有效年到期收益率。

(3) 假定每年付息两次，每间隔6个月付息一次，到期按面值偿还。折现率为12%，甲公司2013年2月1日打算购入该债券并持有至到期，计算确定当债券价格低于什么水平时，甲公司才可以考虑购买。

4. 甲公司是一家快速成长的上市公司，目前因项目扩建急需筹资1亿元。由于当前公司股票价格较低，公司拟通过发行可转换债券的方式筹集资金，并初步拟定了筹资方案。有关资料如下：

(1) 可转换债券按面值发行，期限5年。每份可转换债券的面值为1 000元，票面利率为5%，每年年末付息一次，到期还本。可转换债券发行一年后可以转换为普通股，转换价格为25元。

(2) 可转换债券设置有条件赎回条款，当股票价格连续20个交易日不低于转换价格的120%时，甲公司有权以1 050元的价格赎回全部尚未转股的可转换债券。

(3) 甲公司股票的当前价格为22元，预期股利为0.715元/股，股利年增长率预计为8%。

(4) 当前市场上等风险普通债券的市场利率为10%。

(5) 甲公司适用的企业所得税税率为25%。

(6) 为方便计算，假定转股必须在年末进行，赎回在达到赎回条件后可立即执行。

要求：

(1) 计算发行日每份纯债券的价值。

(2) 计算第4年年末每份可转换债券的底线价值。

(3) 计算可转换债券的税前资本成本，判断拟定的筹资方案是否可行并说明原因。

答案及解析

一、单项选择题

1. 【答案】C

【解析】股票在第6年年初的内在价值 = 0.25×(1+4%)/(12%−4%) = 3.25（元）。

2. 【答案】D

【解析】股票的价格 = 1.5×(1+8%)/(16%−8%) = 20.25（元）。

3. 【答案】C

【解析】对于溢价发行的平息债券而言，在折现率不变的情况下，发行后价值逐渐升高，在付息日由于割息导致价值下降，但是注意债券价值不会低于面值，因为每次割息之后的价值最低，而此时相当于重新发行债券，由于票面利率高于市场利率，所以，一定还是溢价发行，债券价值仍然高于面值，然后又逐渐上升，总的趋势是波动下降，最终等于债券面值。

4. 【答案】D

【解析】当市场利率等于票面利率时，属于平价发行的债券。对于拟平价发行的债券而言，计息频率不影响价值，选项D错误。

5. 【答案】A

【解析】平价发行的平息债券发行后债券价值先上升，在付息日由于割息而下降，但是不会低于面值。因此，平价发行的平息债券发行后呈波动的趋势，到期日之前可能高于或等于债券面值，选项A正确。

6. 【答案】B

【解析】每股优先股的价值 = 1×10%/

17% =0.59（元）

7.【答案】B

【解析】当市场利率等于票面利率时，属于平价发行的债券。对于拟平价发行的债券而言，期限长短不影响价值，选项 B 错误。

二、多项选择题

1.【答案】BD

【解析】根据票面利率高于必要报酬率可知债券属于溢价发行，对于溢价发行的债券而言，其他条件相同的情况下，利息支付频率越高（即债券付息期越短），债券价值越高，由此可知，选项 C 的说法不正确；对于平息债券而言，在其他条件相同的情况下，债券偿还期限越短，债券价值越接近面值，而溢价发行的债券价值高于面值，所以，偿还期限越短，债券价值越低，偿还期限越长，债券价值越高，选项 A 的说法不正确，选项 B 的说法正确；对于平息债券而言，发行时的债券价值 = 债券面值 × 票面利率/利息支付频率 ×（P/A，必要报酬率/利息支付频率，偿还期限 × 利息支付频率）+ 债券面值 ×（P/F，必要报酬率/利息支付频率，偿还期限 × 利息支付频率），在票面利率相同且均高于必要报酬率的情况下，必要报酬率与票面利率差额越大，意味着必要报酬率越低，即意味着债券价值计算公式中的折现率越低，而在其他条件相同的情况下，折现率越低，现值越大，所以选项 D 的说法正确。

【该题针对“债券价值与到期时间”知识点进行考核】

2.【答案】ABD

【解析】如果债券印制或公告后折现率发生了变动，可以通过溢价或折价调节发行价，而不应修改票面利率。所以选项 C 的说法不正确。

【该题针对“债券价值与折现率”知识点进行考核】

3.【答案】ABC

【解析】对于连续支付利息的债券来说，选项 ABCD 的说法均是正确的，但本题涉及的债券属于非连续支付利息的债券，对这种债券来说，由于价值线是呈周期性波动的，因此不能说到期时间对债券价值没有影响，也不能说到期时间与债券价值的变动关系是同向或者反向，选项 ABC 的说法均不正确。

【该题针对“债券价值的评估方法”知识点进行考核】

4.【答案】ABD

【解析】相对普通股而言，优先股有如下特殊性：（1）优先分配利润；（2）优先分配剩余财产；（3）表决权限制。除规定情形外，优先股股东不出席股东大会会议，所持股份没有表决权。

5.【答案】ABCD

【解析】公司应当在公司章程中明确以下事项：（1）优先股股息率是采用固定股息率还是浮动股息率，并相应明确固定股息率水平或浮动股息率计算方法。（2）公司在有可分配税后利润的情况下是否必须分配利润。（3）如果公司因本会计年度可分配利润不足而未向优先股股东足额派发股息，差额部分是否累积到下一会计年度。（4）优先股股东按照约定的股息率分配股息后，是否有权同普通股股东一起参加剩余利润分配。（5）优先股利润分配涉及的其他事项。

6.【答案】BD

【解析】股票带给持有人的现金流入包括股利收入和出售时的售价，所以选项 A 的说法不正确；如果股票未来各年股利不变，则该股票价值 = 年股利/必要报酬率，所以选项 C 的说法不正确。

【该题针对“普通股价值的评估方法”知识点进行考核】

7.【答案】CD

【解析】零增长股票价值 PV = 股利/R_s，由公式看出，预计要发放的股利与股票价值同向变动。必要收益率 R_s 与股票价值呈反向变化，而 β 系数与必要收益率呈同向变化，因此 β 系数同股票价值亦呈反方向变化。

【该题针对“零增长股票的价值”知识点进行考核】

8.【答案】ABD

【解析】由于股票投资具有风险，所以，估算股票价值的贴现率应该包含风险因素，而国债的利息率可以近似地认为是无风险收益率，不包含风险因素，所以国债的利息率在估算股票的价值时不能用作折现率。

【该题针对“股票估值的基本模型”知识点进行考核】

9.【答案】ABCD

【解析】债券价值与面值不一致是由于票面利率与市场利率不一致引起的，到期时间越长影响越大。

10.【答案】ABD

【解析】对于折价发行的债券加快付息频率会使债券价值下降，所以选项 A 正确；对于折价发行的债券，到期时间越长，表明未来获得的低于市场利率的利息越多，则债券价值越低，选项 B 正确；提高票面利率会使债券价值上升，选项 C 错误；等风险债券的市场利率上升，债券价值下降，选项 D 正确。

11.【答案】BCD

【解析】甲公司折价发行公司债券，所以到期收益率大于票面利率 8%，选项 A 错误；该债券的报价利率即票面利率，等于 8%，选项 B 正确；该债券的利息周期利率 $=8\%/2=4\%$，选项 C 正确；该债券的有效年利率 $=(1+8\%)^2-1=8.16\%$，选项 D 正确。

三、计算分析题

1.【答案】

（1）平均信用风险补偿率 $=[(7.5\%-4.5\%)+(8.3\%-5.2\%)+(7.9\%-5\%)]/3=3\%$ 拟发行债券的票面利率 $=5\%+3\%=8\%$

（2）发行价格 $=1\ 000\times 8\%\times(P/A,10\%,5)+1\ 000\times(P/F,10\%,5)=80\times 3.7908+1\ 000\times 0.6209=924.16$（元）

（3）等风险投资市场报酬率 = 10%，所以合理的价格是 $80\times 2.4869+1\ 000\times 0.7513=950.25$。由于购买价格低于该价格，因此投资人会购买该债券，即该债券价格是合理的。

2.【答案】

（1）股票价值

$=1\times(P/A,12\%,3)+1\times(1+5\%)/(12\%-5\%)\times(P/F,12\%,3)$

$=1\times 2.4018+15\times 0.7118$

$=13.08$（元）

【该题针对“普通股的期望报酬率”知识点进行考核】

（2）设投资收益率为 r，则

$20=1\times(P/F,r,1)+1\times(1+10\%)\times(P/F,r,2)+1\times(1+10\%)\times(1+5\%)/(r-5\%)\times(P/F,r,2)$（1 分）

即：$20=1\times(P/F,r,1)+1.1\times(P/F,r,2)+1.155/(r-5\%)\times(P/F,r,2)$

$20=1\times(P/F,r,1)+[1.1+1.155/(r-5\%)]\times(P/F,r,2)$

当 $r=10\%$ 时，$1\times(P/F,r,1)+[1.1+1.155/(r-5\%)]\times(P/F,r,2)=20.908$（0.5 分）

当 $r=12\%$ 时，$1\times(P/F,r,1)+[1.1+1.155/(r-5\%)]\times(P/F,r,2)=14.924$（0.5 分）

利用内插法可知：

$(20.908-20)/(20.908-14.924)=(10\%-r)/(10\%-12\%)$

解得：$r=10.30\%$（1 分）

【该题针对“普通股的期望报酬率”知识点进行考核】

（3）债券价值 $=1\ 000\times 8\%\times(P/A,10\%,2)+1\ 000\times(P/F,10\%,2)$（1 分）

$=80\times 1.7355+1\ 000\times 0.8264=965.24$（元）（1 分）

所以，当债券价格低于 965.24 元时，B 公司才可以考虑购买。（1 分）

【该题针对“普通股的期望报酬率”知识点进行考核】

3.【答案】

（1）假设债券的税前资本成本为 i，则有：$1\ 000\times 10\%\times(P/A,i,5)+1\ 000\times(P/F,i,5)=1\ 054$

采用内插法，求出 $i=8.65\%$

债券的税后资本成本 $=8.65\%\times(1-25\%)=6.49\%$

（2）设半年到期收益率为 i，则有：

$1\ 000\times 5\%\times(P/A,i,4)+1\ 000\times(P/F,i,4)=1\ 020$

采用内插法求得：$i=4.46\%$

债券的有效年到期收益率 $=(1+4.46\%)^2-1=9.12\%$。

（3）债券价值 $=1\ 000\times 5\%\times(P/A,6\%,6)+1\ 000\times(P/F,6\%,6)$

$=50\times 4.9173+1\ 000\times 0.7050=950.87$（元）

所以，当债券价格低于 950.87 元时，B 公司才可以考虑购买。

4.【答案】

（1）发行日每份纯债券的价值 $=1\ 000\times$

$5\% \times (P/A, 10\%, 5) + 1\ 000 \times (P/F, 10\%, 5) = 50 \times 3.7908 + 1\ 000 \times 0.6209 = 810.44$（元）

（2）可转换债券的转换比率 = 1 000/25 = 40

第 4 年年末每份纯债券价值 = $1\ 000 \times 5\% \times (P/A, 10\%, 1) + 1\ 000 \times (P/F, 10\%, 1) = (50 + 1\ 000) \times 0.9091 = 954.56$（元）

第 4 年年末每份可转换债券的转换价值 = $40 \times 22 \times (F/P, 8\%, 4) = 1\ 197.23$（元），大于纯债券价值，所以，第 4 年年末每份可转换债券的底线价值为 1197.23 元。

（3）第 4 年年末甲公司股票的价格 = $22 \times (F/P, 8\%, 4) \approx 30$（元），即将接近转换价格的 120%[$25 \times (1 + 20\%) = 30$（元）]，因此，投资者如果在第 4 年年末不转换，则在第 5 年年末将要按照 1 050 元的价格被赎回，理性的投资人会选择在第 4 年末转股，转换价值 = $22 \times (F/P, 8\%, 4) \times 40 = 1\ 197.23$（元）。

设可转换债券的税前资本成本为 i，则有：

$NPV = 1\ 000 \times 5\% \times (P/A, i, 4) + 1\ 197.23 \times (P/F, i, 4) - 1\ 000$

当 $i = 9\%$ 时，

$NPV = 50 \times (P/A, 9\%, 4) + 1\ 197.23 \times (P/F, 9\%, 4) - 1\ 000 = 50 \times 3.2397 + 1\ 197.23 \times 0.7084 - 1\ 000 = 10.1$（元）

当 $i = 10\%$ 时，

$NPV = 50 \times (P/A, 10\%, 4) + 1\ 197.23 \times (P/F, 10\%, 4) - 1\ 000 = 50 \times 3.1699 + 1\ 197.23 \times 0.6830 - 1\ 000 = -23.8$（元）

运用内插法：$(i - 9\%)/(10\% - 9\%) = (0 - 10.1)/(-23.8 - 10.1)$

求得：$i = 9.3\%$，所以，可转换债券的税前资本成本为 9.3%。

由于可转换债券的税前资本成本 9.3% 小于等风险普通债券的市场利率 10%，对投资人没有吸引力，该筹资方案不可行。

第七章　期权价值评估

本章考情分析

本章主要介绍了期权的概念和类型以及期权估值原理。从考试题型来看客观题、主观题都有可能出题。主观题出题点主要是金融期权价值的影响因素和金融期权价值的评估方法。

本章教材变化

本章没有实质性变动。

基本内容框架

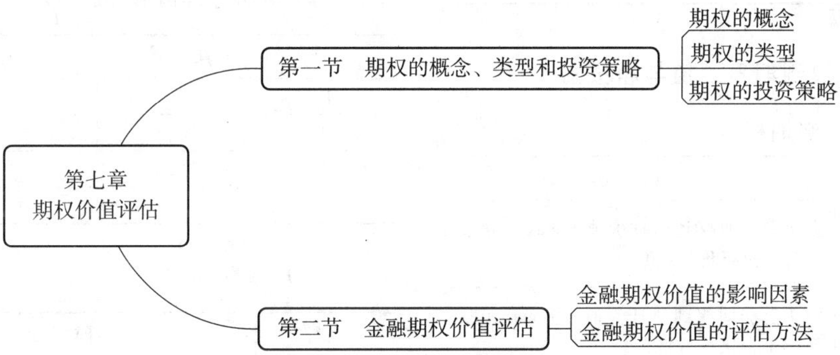

通关重难点例题解析

考点一：期权的概念（★）

一、含义

期权是指一种合约，该合约赋予持有人在某一特定日期或该日之前的任何时间以固定价格购进或售出一种资产的权利。

二、要点

主要要点	含义	需注意的问题
期权是一种权利	期权合约至少涉及购买人和出售人两方	持有人只享有权利而不承担相应的义务

续表

主要要点	含义	需注意的问题
期权的标的资产	期权的标的资产是指选择购买或出售的资产。它包括股票、政府债券、货币、股票指数、商品期货等。期权是这些标的物“衍生”的，因此称为衍生金融工具	值得注意的是，期权出售人不一定拥有标的资产。期权是可以“卖空”的。期权购买人也不一定真的想购买资产标的资产。因此，期权到期时双方不一定进行标的物的实物交割，而只需按价差补足价款即可

考点二：期权的类型（★★★）

一、期权类型

分类标准	种类	特征
按照期权执行时间	欧式期权	该期权只能在到期日执行
	美式期权	该期权可以在到期日或到期日之前的任何时间执行
按照合约授予期权持有人权利的类别	看涨期权	看涨期权是指期权赋予持有人在到期日或到期日之前，以固定价格购买标的资产的权利。其授予权利的特征是“购买”。因此也可以称为“择购期权”“买入期权”或“买权”
	看跌期权	看跌期权是指期权赋予持有人在到期日或到期日前，以固定价格出售标的资产的权利。其授予权利的特征是“出售”。因此也可以称为“择售期权”“卖出期权”或“卖权”

二、期权到期日价值与净损益

（一）看涨期权

项目	计算公式
到期日价值（执行净收入）	多头看涨期权到期日价值 = max（股票市价 - 执行价格，0）
	空头看涨期权到期日价值 = - max（股票市价 - 执行价格，0）
净损益	多头看涨期权净损益 = 多头看涨期权到期日价值 - 期权价格
	空头看涨期权净损益 = 空头看涨期权到期日价值 + 期权价格

买入看涨期权（多头看涨头寸）：

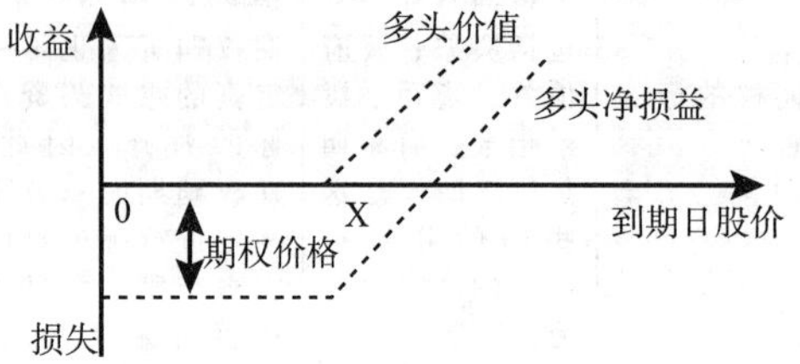

例如：股票当前市价 10 元，执行价格 10 元，期权价格 2 元，6 个月后股票价格有四种情况，即 9 元、10 元、12 元和 15 元，计算 6 个月后的到期日价值和净损益。

股价	到期日价值	净损益
9	0	-2
10	0	-2
12	2	0
15	5	3

卖出看涨期权（空头看涨头寸）

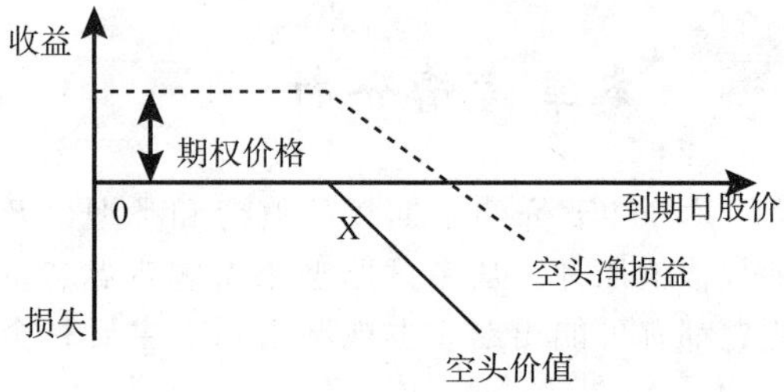

例如：股票当前市价 10 元，执行价格 10 元，期权价格 2 元，6 个月后股票价格有四种情况，即 9 元、10 元、12 元和 15 元，计算 6 个月后的到期日价值和净损益。

股价	到期日价值	净损益
9	0	2
10	0	2
12	-2	0
15	-5	-3

（二）看跌期权

项目	计算公式
到期日价值（执行净收入）	多头看跌期权到期日价值 = max（执行价格 - 股票市价，0）
	空头看跌期权到期日价值 = - max（执行价格 - 股票市价，0）
净损益	多头看跌期权净损益 = 多头看跌期权到期日价值 - 期权价格
	空头看跌期权净损益 = 空头看跌期权到期日价值 + 期权价格

买入看跌期权（多头看跌头寸）

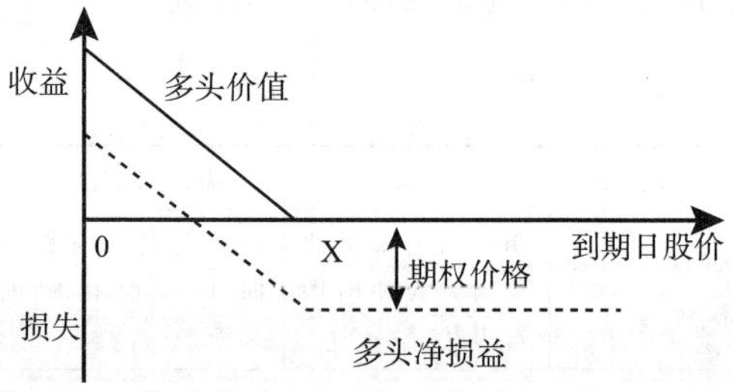

例如：股票当前市价10元，执行价格10元，期权价格2元，6个月后股票价格有四种情况，即7元、8元、10元和15元，计算6个月后的到期日价值和净损益。

股价	到期日价值	净损益
7	3	1
8	2	0
10	0	-2
15	0	-2

卖出看跌期权（空头看跌头寸）

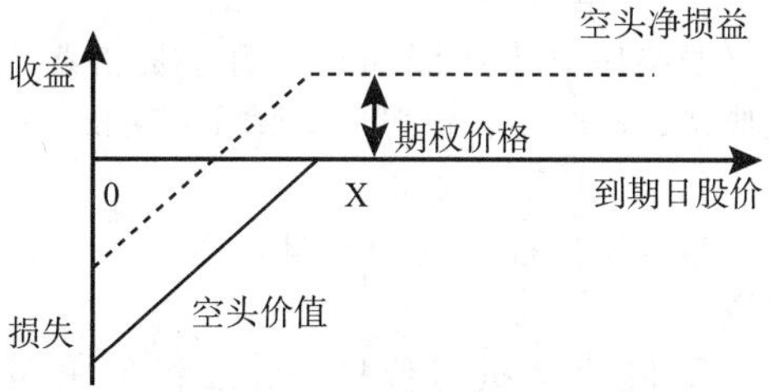

例如：股票当前市价10元，执行价格10元，期权价格2元，6个月后股票价格有四种情况，即7元、8元、10元和15元，计算6个月后的到期日价值和净损益。

股价	到期日价值	净损益
7	-3	-1
8	-2	0
10	0	2
15	0	2

【总结】

类型	总结
看涨期权	①市价大于执行价格，多头与空头价值的金额绝对值相等，符号相反； ②若市价小于或等于执行价格，多头与空头价值均为0； ③多头净损失有限（期权价格），而净收益却潜力巨大； ④空头净收益有限（期权价格），而净损失无下限。
看跌期权	①市价小于执行价格，多头与空头价值的金额绝对值相等，符号相反； ②若市价大于或等于执行价格，多头与空头价值均为0； ③多头净损失有限（期权价格），而净收益最大为"执行价格-期权价格"； ④空头净收益有限（期权价格），而净损失最大为"执行价格-期权价格"。

【例题1·计算题】某期权交易所2017年5月18日对ABC公司的期权报价如下：

到期日和执行价格		看涨期权价格	看跌期权价格
8月	40元	3.80元	5.25元

要求：

(1) 若甲投资人购买一份看涨期权，标的股票的到期日市价为45元，其期权到期价值为多少，投资净损益为多少。

(2) 若乙投资人卖出一份看涨期权，标的股票的到期日市价为45元，其空头看涨期权到期价值为多少，投资净损益为多少。

(3) 若甲投资人购买一份看涨期权，标的股票的到期日市价为35元，其期权到期价值为多少，投资净损益为多少。

(4) 若乙投资人卖出一份看涨期权，标的股票的到期日市价为35元，其空头看涨期权到期价值为多少，投资净损益为多少。

(5) 若丙投资人购买一份看跌期权，标的股票的到期日市价为45元，其期权到期日价值为多少，投资净损益为多少。

(6) 若丁投资人卖出一份看跌期权，标的股票的到期日市价为45元，其空头看跌期权到期日价值为多少，投资净损益为多少。

(7) 若丙投资人购买一份看跌期权，标的股票的到期日市价为35元，其期权到期日价值为多少，投资净损益为多少。

(8) 若丁投资人卖出一份看跌期权，标的股票的到期日市价为35元，其空头看跌期权到期日价值为多少，投资净损益为多少。

【答案】

(1) 甲投资人购买看涨期权到期日价值 = 45 - 40 = 5（元）

甲投资人投资净损益 = 5 - 3.8 = 1.2（元）

(2) 乙投资人空头看涨期权到期日价值 = -5（元）

乙投资净损益 = -5 + 3.8 = -1.2（元）

(3) 甲投资人购买看涨期权到期日价值 = 0（元）

甲投资人投资净损益 = 0 - 3.8 = -3.8（元）

(4) 乙投资人空头看涨期权到期日价值 = 0（元）

乙投资净损益 = 3.8（元）

(5) 丙投资人购买看跌期权到期日价值 = 0（元）

丙投资人投资净损益 = 0 - 5.25 = -5.25（元）

(6) 丁投资人空头看跌期权到期日价值 = 0（元）

丁投资人投资净损益 = 0 + 5.25 = 5.25（元）

(7) 丙投资人购买看跌期权到期日价值 = 40 - 35 = 5（元）

丙投资人投资净损益 = 5 - 5.25 = -0.25（元）

(8) 丁投资人空头看跌期权到期日价值 = -5（元）

丁投资人投资净损益 = -5 + 5.25 = 0.25（元）

【例题2·多选题】（2019年）甲公司股票目前每股20元，市场上有X、Y两种该股票的看涨期权。执行价格分别为15元、25元。到期日相同，下列说法中，正确的有（　　）。

A. Y期权时间溢价0元

B. X期权价值高于Y期权价值

C. 股票价格上涨5元，X、Y期权内在价值均上涨5元

D. X期权内在价值5元

【答案】BD

【解析】因为没有到期，所以时间溢价大于0，选项A错误。目前X股票内在价值 = 20 - 15 = 5（元），Y股票内在价值 = 0，股票价格上涨5元，X股票内在价值 = 25 - 15 = 10（元），Y股票内在价值 = 0，所以选项C错误，选项D正确。对于看涨期权，期权价值与执行价格反向变动，所以选项B正确。

考点三：期权的投资策略（★★★）

一、保护性看跌期权

（一）含义

股票加多头看跌期权组合，是指购买1股股票，同时购入该股票1股看跌期权。

（二）组合净损益

组合净损益 = 到期日的组合净收入 - 初始投资

1. 股价 < 执行价格：执行价格 -（股票初始投资买价 + 期权购买价格）

2. 股价 > 执行价格：股票售价 -（股票初始投资买价 + 期权购买价格）

（三）保护性看跌期权特点

保护性看跌期权锁定了最低净收入和最低净损益。同时净损益的预期也因此降低了：当股价高于执行价格时，比单一投资股票获得的收益低。

二、抛补性看涨期权

（一）含义

股票加空头看涨期权组合，是指购买1股股票，同时出售该股票1股看涨期权。

（二）组合净损益

组合净损益 = 到期日组合净收入 - 初始投资

1. 股价 < 执行价格：股票售价 + 期权（出售）价格 - 股票初始投资买价

2. 股价 > 执行价格：执行价格 + 期权（出售）价格 - 股票初始投资买价

（三）抛补看涨期权的特点

抛补看涨期权缩小了未来的不确定性。如果到期日股价高于执行价格，锁定了最高净收入和净收益。如果到期日股价低于执行价格，净损失比单纯购买股票要小，其差额就是收取的期权价格。

三、对敲

（一）多头对敲

1. 含义

多头对敲是指同时买进一只股票的看涨期权和看跌期权，它们的执行价格、到期日都相同。

2. 适用范围

多头对敲策略对于预计市场价格将发生剧烈变动，但是不知道会升高还是降低的投资者非常有用。

3. 组合净损益

组合净损益 = 到期日组合净收入 - 初始投资

(1) 股价 < 执行价格：（执行价格 - 股票售价）- 两种期权（购买）价格

(2) 股价 > 执行价格：（股票售价 - 执行价格）- 两种期权（购买）价格

4. 结论

多头对敲的最坏结果是到期股价与执行价格一致，白白损失了看涨期权和看跌期权的购买成本。股价偏离执行价格的差额必须超过期权购买成本，才能给投资者带来净收益。

（二）空头对敲

1. 含义

空头对敲是同时出售一只股票的看涨期权和看跌期权，它们的执行价格、到期日都相同。

2. 适用范围

空头对敲策略对于预计市场价格相对比较稳定，股价与执行价格相比没有变化时。

3. 组合净损益

组合净损益 = 到期日组合净收入 - 初始投资

（1）股价 < 执行价格：-（执行价格 - 股票售价）+ 两种期权（购买）价格

（2）股价 > 执行价格：-（股票售价 - 执行价格）+ 两种期权（购买）价格

4. 结论

空头对敲的最好结果是到期股价与执行价格一致，投资者白白赚取出售看涨期权和看跌期权的收入。空头对敲的股价偏离执行价格的差额必须小于期权出售收入，才能给投资者带来净收益。

【例题3·多选题】（2019年）甲投资者同时买进一只股票的看涨期权和看跌期权，该投资策略适合的情形有（ ）。

A. 预计标的股票市场价格将小幅下跌

B. 预计标的股票市场价格将小幅上涨

C. 预计标的股票市场价格将大幅上涨

D. 预计标的股票市场价格将大幅下跌

【答案】CD

【解析】多头对敲是指同时买进一只股票的看涨期权和看跌期权，对于预计市场价格将发生剧烈变动，但是不知道会升高还是降低的投资者非常有用。

【例题4·计算题】（2016年试卷Ⅰ）甲公司是一家制造业上市公司，当前每股市价40元，市场上有两种以该股票为标的资产的期权，欧式看涨期权和欧式看跌期权，每份看涨期权可买入1股股票，每份看跌期权可卖出1股股票，看涨期权每份5元，看跌期权每份3元，两种期权执行价格均为40元，到期时间为6个月，目前，有四种投资组合方案可供选择，保护性看跌期权，抛补看涨期权，多头对敲，空头对敲。

要求：

（1）投资者希望将净损益限定在有限区间内，应选择哪种投资组合？该投资组合应该如果构建？假设6个月后该股票价格上涨20%，该投资组合的净损益是多少？

（2）投资者预期未来股价大幅度波动，应该选择哪种投资组合？该组合应该如何构建？假设6个月后股票价格下跌50%，该投资组合的净损益是多少？（注：计算投资组合净损益时，不考虑期权价格，股票价格的货币时间价值）

【答案】

（1）应该选择抛补性看涨期权，可将净损益限定在0到执行价格之间。

购买1股股票，同时出售该股票的1股看涨期权。

股票价格上涨，该组合的净损益 = 40 - 40 + 5 = 5（元）。

（2）预期股价大幅波动，不知道股价上升还是下降应该选择多头对敲组合。多头对敲就是同时买进一只股票的看涨期权和看跌期权。

6个月后股价 = 40 ×（1 - 50%）= 20（元）

组合净收入 = $X - S_T$ = 40 - 20 = 20（元）

组合净损益 = 组合净收入 - 期权购买价格 = 20 - 8 = 12（元）

【例题5·计算题】（2016年试卷Ⅱ）甲公司是一家制造业上市公司，当前每股市价50元，市场上有两种以该股票为标的资产的期权，欧式看涨期权和欧式看跌期权，每份看涨期权可买入1股股票，每份看跌期权可卖出1股股票，看涨期权每份6元，看跌期权每份4元，两种期权执行价格均为50元，到期时间为6个月，目前，有四种投资组合方案可供选择，保护性看跌期权，抛补看涨期权，多头对敲，空头对敲。

要求：

（1）投资者希望将净损益限定在有限区间内，应选择哪种投资组合？该投资组合应该如何构建？假设6个月后该股票价格下降20%，该投资组合的净损益是多少？（注：计算投资组合净损益时，不考虑期权价格，股票价格的货币时间价值）

（2）投资者预期未来股价波动较小，应该选择哪种投资组合？该组合应该如何构建？假设6个月后股票价格上升5%，该投资组合的净损益是多少？（注：计算投资组合净损益时，不考虑期权价格，股票价格的货币时间价值）

【答案】

（1）①选择抛补看涨期权组合；

②抛补性看涨期权组合的构建方法是购买1股股票，并卖空1份以该股票为标的的看涨期权；

③股票价格下降，期权持有人不行权，所以投资者的净损益 = 40 - 50 + 6 = -4（元）。

（2）①选择空头对敲组合；

②投资者的净损益 $= -(S_T - X) + P_0 + C_0 = -[50 \times (1+5\%) - 50] + (4+6) = 7.5$（元）。

考点四：金融期权价值的影响因素（★★★）

一、期权的内在价值和时间溢价

期权价值 = 内在价值 + 时间溢价

（一）期权的内在价值

1. 含义：期权的内在价值，是指期权立即执行产生的经济价值。

2. 影响因素：内在价值的大小，取决于期权标的资产的现行市价与期权执行价格的高低。

（二）期权的价值状态

价值状态	看涨期权	看跌期权	执行状况
"实值期权"（溢价期权）	标的资产现行市价高于执行价格时	标的资产现行市价低于执行价格时	有可能被执行，但也不一定被执行
"虚值期权"（折价期权）	标的资产现行市价低于执行价格时	标的资产现行市价高于执行价格时	不会被执行
"平价期权"	标的资产现行市价等于执行价格时	标的资产现行市价等于执行价格时	不会被执行

（三）期权的时间溢价

含义	计算公式	影响因素
期权的时间溢价是指期权价值超过内在价值的部分	时间溢价 = 期权价值 - 内在价值	时间溢价是时间带来的"波动的价值"，是未来存在不确定性而产生的价值，不确定性越强，期权时间价值越大

二、期权价值影响因素

影响因素	影响方向
股票市价	与看涨期权价值同向变动，看跌期权价值反向变动
执行价格	与看涨期权价值反向变动，看跌期权价值同向变动
到期期限	对于美式看涨期权来说，到期期限越长，其价值越大；对于欧式看涨期权来说，较长的时间不一定能增加期权价值
股价波动率	股价的波动率增加会使期权价值增加 【提示】期权价值不依赖于股票价格的期望值，而是依赖于股票价格的波动性（方差或标准差）
无风险利率	无风险利率越高，执行价格的现值越低。所以，无风险利率与看涨期权价值同向变动，与看跌期权价值反向变动
期权有效期内预计发放的红利	预期发放红利，会降低股价。所以，预期红利与看涨期权价值呈反方向变动，与看跌期权价值呈正方向变动

一个变量增加（其他变量不变）对期权价格的影响。

变量	欧式看涨期权	欧式看跌期权	美式看涨期权	美式看跌期权
股票价格	+	-	+	-
执行价格	-	+	-	+
到期期限	不一定	不一定	+	+
股价波动率	+	+	+	+
无风险利率	+	-	+	-
红利	-	+	-	+

【例题6·单选题】（2016年）在其他条件不变的情况下，下列关于股票的欧式看涨

期权内在价值的说法中，正确的是（　　）。

A. 股票市价越高，期权的内在价值越大

B. 期权到期期限越长，期权的内在价值越大

C. 股价波动率越大，期权的内在价值越大

D. 期权执行价格越高，期权的内在价值越大

【答案】A

【解析】内在价值是期权立即行权产生的经济价值，它不受时间溢价的影响，选项 B、C 错误；看涨期权内在价值 = 股价 - 执行价格，选项 A 正确、选项 D 错误。

三、美式看涨期权价值的边界确定

	要点
美式看涨期权价值的边界确定	（1）看涨期权的价值不可能大于标的股票的价值：具有零执行价格、距离到期日无限远的看涨期权，其价值相当于标的股票的价格
	（2）执行价格越低，距离到期日越远，看涨期权的价值越大
	（3）看涨期权的价值与标的股票的市场价格和距离到期日的时间正相关；与执行价格负相关
	（4）美式看涨期权价值的边界确定：股票价格 > 看涨期权的价值 ≥ max（股票现行价格 - 执行价格，0）
	（5）股票价格足够高时，看涨期权价值线与最低价值线的上升部分逐步接近

考点五：金融期权价值的评估方法（★★★）

一、期权估值原理

（一）复制原理

1. 基本思想

（1）借钱购买股票的筹资策略的风险等于看涨期权的风险；

（2）构造一个购买股票和借款的适当组合，使得无论股价如何变动，该投资组合的损益都与期权投资损益相同；

（3）创建该投资组合的成本即为期权的价值。

2. 计算思路

假设：股价上升时，到期日股价 S_u，期权收入 C_u；股价下降时，到期日股价 S_d，期权收入 C_d；H 是复制一份期权需要的股票数量（套期保值比率、对冲比率等）；D 是借款；r 是无风险报酬率。

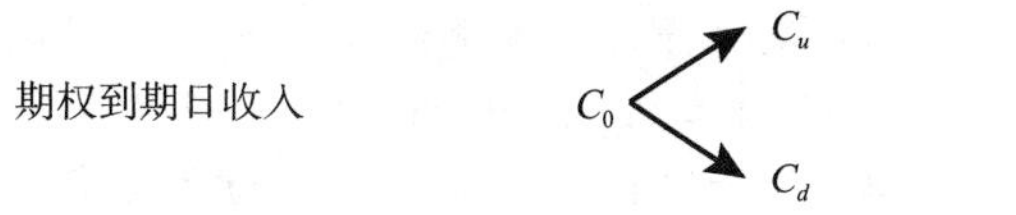

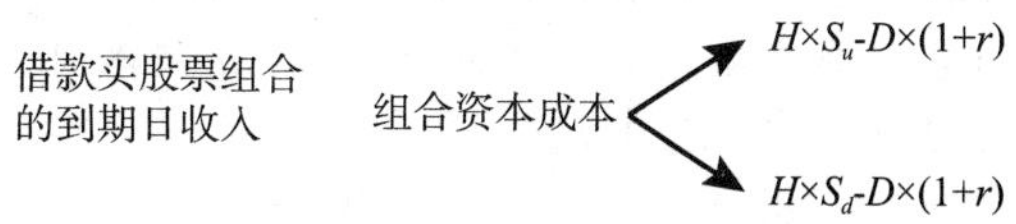

$$\begin{cases} H\times S_u-D\times(1+r)=C_u \\ H\times S_d-D\times(1+r)=C_d \end{cases} \longrightarrow \begin{cases} H=\dfrac{C_u-C_d}{S_u-S_d} \\ D=\dfrac{H\times S_d}{1+r} \end{cases}$$

期权价值（C_0）= 组合投资成本 = $H\times S_0-D$

【例题 7 · 计算题】假设甲公司的股票现在的市价为 20 元。有 1 份以该股票为标的资产的看涨期权，执行价格为 21 元，到期时间是 1 年。1 年以后股价有两种可能：上升 40%，或者下降 30%。无风险报酬率为每年 4%。拟利用复制原理，建立一个投资组合，包括购进适量的股票以及借入必要的款项，使得该组合 1 年后的价值与购进该看涨期权相等。

要求：

（1）计算利用复制原理所建组合中股票的数量为多少？

（2）计算利用复制原理所建组合中借款的数额为多少？

（3）期权的价值为多少？

（4）若期权价格为 4 元，建立一个套利组合。

（5）若期权价格为 3 元，建立一个套利组合。

【答案】

（1）上行股价 = 20 ×（1 + 40%）= 28（元）

下行股价 = 20 ×（1 - 30%）= 14（元）

股价上行时期权到期价值 = 28 - 21 = 7（元）

股价下行时期权到期价值 = 0

组合中股票的数量（套期保值率）= $\frac{期权价值变化}{股价变化} = \frac{7-0}{28-14} = 0.5$（股）

(2) 借款数额 = $\frac{到期日下行股价 \times 套期保值率}{1+持有期无风险报酬率}$

$= \frac{14 \times 0.5}{1+4\%} = 6.73$（元）

(3) 期权价值 = 投资组合成本 = 购买股票支出 - 借款 = 0.5×20 - 6.73 = 3.27（元）

(4) 由于目前看涨期权价格为 4 元高于 3.27 元，所以存在套利空间。套利组合应为：出售 1 份看涨期权，借入 6.73 元，买入 0.5 股股票，可套利 0.73 元。

(5) 由于目前看涨期权售价为 3 元低于 3.27 元，所以存在套利空间。套利组合应为：卖空 0.5 股股票，买入无风险债券 6.73 元，买入 1 股看涨期权进行套利，可套利 0.27 元。

（二）套期保值原理

内容	项目	阐释
套期保值	套期保值原理	无论到期日的股票价格上升还是下降，投资组合的现金净流量都相同。只要股票数量和期权份数比例配置适当，就可以使风险完全对冲
	套期保值比率	普通股股数与期权份数之比。套期保值比率 H = 普通股股数/期权份数 = $(C_u - C_d) / (S_u - S_d)$

（三）风险中性原理

1. 基本思想

假设投资者对待风险的态度是中性的，所有证券的期望报酬率都应当是无风险利率。将期望值用无风险利率折现，即可求得期权的价格。

2. 计算思路

期望报酬率 = 上行概率 × 上行时报酬率（C_u）+ 下行概率 × 下行时报酬率（C_d）

假设公司不派发现金股利，则股价变动率等于股票投资的报酬率，即有：

期望报酬率 = 上行概率 × 股价上升百分比 + 下行概率 ×（-股价下降百分比）

= 上行概率 × 股价上升百分比 +（1 - 上行概率）×（-股价下降百分比）

假设上行概率为 W，则：

$r = W \times (u-1) + (1-W) \times (d-1)$

求得：$W = (1+r-d)/(u-d)$

期权到期日价值的期望值 $Y = W \times C_u + (1-W) \times C_d$

期权的价格 $C_0 = Y/(1+r)$

【例题 8 · 计算题】假设甲公司的股票现在的市价为 20 元。有 1 份以该股票为标的资产的看涨期权，执行价格为 21 元，到期时间是 1 年。1 年以后股价有两种可能：上升 40%，或者下降 30%。无风险利率为每年 4%。

要求：利用风险中性原理确定期权的价值。

【答案】期望报酬率 = 4% = 上行概率 × 40% +（1 - 上行概率）×（-30%）

上行概率 = 0.4857

下行概率 = 1 - 0.4857 = 0.5143

股价上行时期权到期日价值 $C_u = 20 \times (1+40\%) - 21 = 7$（元）

股价下行时期权到期日价值 $C_d = 0$

期权现值 =（上行概率 × 股价上行时期权到期日价值 + 下行概率 × 股价下行时期权到期日价值）÷（1 + 持有期无风险利率）

= (7×0.4857 + 0×0.5143) ÷ (1 + 4%)

= 3.3999/1.04 = 3.27（元）

二、二叉树期权定价模型

（一）基本假设

(1) 市场上投资没有交易成本；

(2) 投资者是价格接受者；

(3) 允许使用卖空所得款项；

(4) 允许以无风险报酬率借入或贷出资金；

(5) 未来股票价格是上升（或下降）中一个。

（二）单期二叉树期权定价模型

根据风险中性原理的有关公式，则：

$$C_0 = [w + C_u + (1+w) \times C_d] + (1+r)$$

$$= \left[\frac{1+r-d}{u-d} \times C_u + \left(1 - \frac{1+r-d}{u-d} \times C_d\right)\right] / (1+r)$$

$$= \frac{1+r-d}{u-d} \times \frac{C_u}{1+r} + \frac{u-1-r}{u-d} \times \frac{C_d}{1+r}$$

【例题 9 · 计算题】假设甲公司的股票现在的市价为 20 元。有 1 份以该股票为标的资产的看涨期权，执行价格为 21 元，到期时间是 1 年。1 年以后股价有两种可能：上升 40%，或者降低30%。无风险利率为每年4%。

要求：利用单期二叉树定价模型确定期权的价值。

【答案】期权价格 = $(1+r-d)/(u-d)\times C_u/(1+r)=(1+4\%-0.7)/(1.4-0.7)\times 7/(1+4\%)=3.27$（元）

（三）两期二叉树模型

两期二叉树模型是单期模型向两期模型的扩展，不过是单期模型的两次应用。

先利用单期定价模型，根据 C_{uu} 和 C_{ud} 计算节点 C_u 的价值，利用 C_{du} 和 C_{dd} 计算 C_d 的价值；然后，再次利用单期定价模型，根据 C_u 和 C_d 计算 C_0 的价值，从后向前推进。

$$C_u=\left[\frac{1+r-d}{u-d}\times C_{uu}+\left(1-\frac{1+r-d}{u-d}\times C_{ud}\right)\right]/(1+r)$$

$$C_d=\left[\frac{1+r-d}{u-d}\times C_{du}+\left(1-\frac{1+r-d}{u-d}\times C_{dd}\right)\right]/(1+r)$$

$$C_0=\left[\frac{1+r-d}{u-d}\times C_u+\left(1-\frac{1+r-d}{u-d}\times C_d\right)\right]/(1+r)$$

（四）多期二叉树模型

1. 原理：从原理上看，与两期模型一样，从后向前逐级推进，只不过多了一个层次。

2. 股价上升与下降的百分比的确定

期数增加以后带来的主要问题是股价上升与下降的百分比如何确定问题。期数增加以后，要调整价格变化的升降幅度，以保证年报酬率的标准差不变。

把年报酬率标准差和升降百分比联系起来的公式是：

$$u=1+\text{上升百分比}=e^{\sigma\sqrt{t}}$$

$$d=1-\text{下降百分比}=\frac{1}{u}$$

其中：e——自然常数，约等于2.7183；

σ——标的资产连续复利报酬率的标准差；

t——以年表示的时段长度。

三、布莱克—斯科尔斯期权定价模型（BS模型）

（一）BS模型基本假设

（1）期权寿命期内，标的股票不发放股利；

（2）股票与期权的买卖没有交易成本；

（3）短期无风险报酬率已知并在期权寿命期内保持不变；

（4）任何证券购买者均能以短期无风险报酬率借得任何数量的资金；

（5）允许卖空，并且能够立即得到卖空股票当天价格的资金；

（6）期权为欧式期权（即只能在到期日执行）；

（7）标的股票价格随机游走，所有证券交易均连续发生。

（二）BS模型的计算公式

$$C_0=S_0[N(d_1)]-Xe^{-r_c t}[N(d_2)]\text{或}$$

$$C_0=S_0[N(d_1)]-PV(X)[N(d_2)]$$

$$d_1=\frac{\ln(S_0\div X)+[r_c+\sigma^2\div 2]t}{\sigma\sqrt{t}}\text{或}$$

$$d_1=\frac{\ln[S_0\div PV(X)]}{\sigma\sqrt{t}}+\frac{\sigma\sqrt{t}}{2}$$

$$d_2=d_1-\sigma\sqrt{t}$$

式中：C_0 是看涨期权的当前价值：S_0 是标的股票的当前价格；

$N(d)$ 是正态分布离差小于 d 的概率；

X 是期权的执行价格；r_c 是连续复利的年度无风险报酬率；

t 是期权到期时间（用年表示）；

σ^2 是连续复利的以年计的股票回报率的方差。

（三）BS模型参数的估计

该模型有5个参数，即：标的资产的现行价格 S_0、看涨期权的执行价格 X、连续复利的短期无风险年利率 r_c、以年计算的期权有效期 t 和连续复利计算的标的资产年收益率的标准差 σ。

四、看涨期权—看跌期权平价定理

假定看涨期权和看跌期权有相同的执行价格、到期日和标的股票，则下述等式成立：

$$C-P=S_0-PV(X)$$

式中：C——看涨期权价格；P——看跌期权价格；S_0——标的资产现行价格；$PV(X)$——执行价格现值；

这种关系，被称为看涨期权—看跌期权平价定理，利用该等式中的4个数据中的3个，就可以求出另外1个。

$$PV(X)=S_0-C+P$$

【例题10·单选题】（2013年）某股票的现行价格为20元，以该股票为标的资产的欧式看涨期权和欧式看跌期权的执行价格均为24.96元。都在6个月后到期。年无风险利率为8%，如果看涨期权的价格为10元，看跌期权的价格为（　　）元。

A. 6.89　　B. 13.11

C. 14　　D. 6

【答案】C

【解析】20＋看跌期权价格＝10＋24.96/（1＋8%/2），所以看跌期权价格＝14（元）。

五、派发股利的期权定价

股利的现值是股票价值的一部分，但只有股东可以享有该收益，期权持有者不能享有。即期权估价时需要从股价中扣除期权到期日前所派发的全部股利的现值。也就是说期权到期日前预期发放的未来的股利视同已经发放，将其现值从现行股价中扣除。考虑派发股利的期权定价公式为：

$$C_0 = S_0 e^{-\delta t}[N(d_1)] - X e^{-r_c t}[N(d_2)]$$

$$d_1 = \frac{\ln(S_0/X) + [r_c - \delta + \sigma^2/2]^t}{\sigma\sqrt{t}}$$

$$d_2 = d_1 - \sigma\sqrt{t}$$

式中，δ是标的股票年股利报酬率（连续支付）。

六、美式期权估值

美式期权在到期前的任意时间都可以执行，除享有欧式期权的全部权利外，还有提前执行的优势。因此，美式期权价值至少等于相应的欧式期权价值，在某种情况下，比欧式期权价值更大。

通关演练

一、单项选择题

1. 同时买入甲股票的1股看涨期权和1股看跌期权，执行价格均为50元，到期日相同，看涨期权的价格为3元，看跌期权的价格为4元。如果到期日的股票价格为45元，该投资组合的净收益是（　　）元。

A. －5　　B. －7

C. －4　　D. －2

2. 在其他因素不变的情况下，下列各项变动中，引起美式看跌期权价值下降的是（　　）。

A. 到期期限增加

B. 股价波动率上升

C. 股票市价上升

D. 无风险报酬率升高

3. 下列各项投资策略中，正确的是（　　）。

A. 保护性看跌期权策略是购买1股股票同时出售该股票的1股看跌期权

B. 抛补性看涨期权策略是指购买1股股票同时卖出该股票的1股看涨期权

C. 多头对敲策略是指同时卖出一只股票的看涨期权和看跌期权

D. 空头对敲策略是指同时买入一只股票的看涨期权和看跌期权

4. 下列关于看跌期权的说法中错误的是（　　）。

A. 空头看跌期权的净收益有限

B. 多头看跌期权的净损失有限，最大为期权费

C. 多头看跌期权的净收益潜力巨大

D. 空头看跌期权的净损失有最大值，最大值为执行价格－期权费

5. 关于期权的标的资产，下列理解不正确的是（　　）。

A. 期权的标的资产不能是实物资产

B. 期权的源生股票发行公司并不能影响期权市场

C. 公司不能从期权市场上筹集资金

D. 期权到期时，交易双方可以按价差补足价款

6.（2019年）假设其他条件不变，下列影响期权价值的各项因素中，会引起期权价值同向变动的是（　　）。

A. 无风险利率

B. 执行价格

C. 标的股票市价

D. 标的股票股价波动率

二、多项选择题

1. 下列关于期权到期日价值的表述中，正确的有（　　）。

A. 多头看涨期权到期日价值＝max（股票市价－执行价格，0）

B. 空头看涨期权到期日价值 = －max(股票市价－执行价格，0)

C. 多头看跌期权到期日价值 = max(执行价格－股票市价，0)

D. 空头看跌期权到期日价值 = －max(执行价格－股票市价，0)

2. 期权是指一种合约，下列表述不正确的有（　　）。

A. 合约赋予持有人在某一特定日期或该日之前的任何时间以固定价格购进一种资产的权利

B. 期权出售人应拥有标的资产，以便期权到期时双方应进行标的物的交割

C. 期权是一种特权，期权合约的买卖双方只有权利没有义务

D. 期权合约至少要涉及购买人和出售人两方

3. 某人买入一份看涨期权，执行价格为 21 元，期权费为 3 元，则下列表述中正确的有（　　）。

A. 只要市场价格高于 21 元，投资者就能盈利

B. 只要市场价格高于 24 元，投资者就能盈利

C. 投资者的最大损失为 3 元

D. 投资者的最大收益不确定

4. 下列属于美式看跌期权的特征的有（　　）。

A. 该期权只能在到期日执行

B. 该期权可以在到期日或到期日之前的任何时间执行

C. 持有人在到期日或到期日之前，可以以固定价格购买标的资产的权利

D. 持有人在到期日或到期日前，可以以固定价格出售标的资产的权利

5. 对于空头和多头看涨期权来说，如果标的股票价格高于执行价格上涨，下列说法正确的有（　　）。

A. 期权一定会被放弃，双方的价值均为零

B. 双方的净损益均为零

C. 多头的价值为正值

D. 空头的价值为负值

6. 甲投资人同时买入一只股票的 1 份看涨期权和 1 份看跌期权，执行价格均为 45 元，到期日相同，看涨期权的价格为 5 元，看跌期权的价格为 6 元。如果不考虑期权费的时间价值，下列情形中能够给甲投资人带来净收益的有（　　）。

A. 到期日股票价格低于 34 元

B. 到期日股票价格介于 34 元至 45 元之间

C. 到期日股票价格介于 45 元至 56 元之间

D. 到期日股票价格高于 56 元

7. 甲公司股票当前的市价是 15 元，有一种以该股票为标的资产的看跌期权，执行价格为 10 元，到期时间为 3 个月，期权价格为 5 元，下列关于该看跌期权的说法中，正确的有（　　）。

A. 该期权处于虚值状态

B. 该期权的内在价值为 0

C. 买入 1 股该看跌期权的最大净收入为 15 元

D. 买入 1 股该看跌期权的最大净收益为 5 元

8. 下列有关期权价值影响因素的表述中，正确的有（　　）。

A. 无风险利率越高，会导致股票价格下降，从而看涨期权的价值越低

B. 股价波动率是期权价值的决定性因素

C. 对期权价值影响的主要因素是股票价格的波动性

D. 期权价值对股票价格的变动股价的波动是最敏感的

三、计算分析题

1. 甲公司是一家上市公司，最近刚发放上年现金股利每股 2.4 元，目前每股市价 36 元。证券分析师预测，甲公司未来股利增长率 5%，等风险投资的必要报酬率 12%。市场上有两种以甲公司股票为标的资产的期权：欧式看涨期权和欧式看跌期权。每份看涨期权可买入 1 股股票，每份看跌期权可卖出 1 股股票，看涨期权价格每份 4 元，看跌期权价格每份 2 元。两种期权的执行价格均为 40 元，期限均为 1 年。

投资者小王和小李都认为市场低估了甲公司股票，预测 1 年后股票价格将回归内在价值，于是每人投资 38 000 元。小王的投资

是：买入1 000股甲公司股票，同时买入1 000份甲公司股票的看跌期权。小李的投资是：买入甲公司股票的看涨期权9 500份。（注：计算投资净损益时不考虑货币时间价值）

要求：

（1）采用股利折现模型，估计1年后甲公司股票的内在价值。

（2）如果预测正确，分别计算小王和小李1年后的净损益。

（3）假如1年后甲公司股票下跌到每股32元，分别计算小王和小李的投资净损益。

2. 甲公司是一家上市公司，其股票于2019年8月1日的收盘价为每股40元。有一种以该股票为标的资产的看涨期权，执行价格为43元，到期时间是3个月。3个月以内公司不会派发股利，3个月以后股价有2种变动的可能：上升到48元或者下降到30元。3个月到期的政府债券利率为4%（年名义利率）

要求：

（1）利用风险中性原理，计算甲公司股价的上行概率和下行概率，以及看涨期权的价值。（保留4位小数）

（2）如果该看涨期权的现行价格是2.5元，请根据套利原理，构建一个投资组合进行套利。

四、综合题

甲公司股票当前每股市价40元，6个月以后股价有两种可能：上升25%或下降20%，市场上有两种以该股票为标的资产的期权：看涨期权和看跌期权。每份看涨期权可买入1股股票，每份看跌期权可卖出1股股票，两种期权执行价格均为45元，到期时间均为6个月，期权到期前，甲公司不派发现金股利，半年无风险报酬率为2%。

要求：

（1）利用风险中性原理，计算看涨期权的股价上行时到期日价值、上行概率及期权价值，利用看涨期权—看跌期权平价定理，计算看跌期权的期权价值。

（2）假设目前市场上每份看涨期权价格2.5元，每份看跌期权价格6.5元，投资者同时卖出1份看涨期权和1份看跌期权，计算确保该组合不亏损的股票价格区间，如果6个月后，标的股票价格实际上涨20%，计算该组合的净损益。（注：计算股票价格区间和组合净损益时，均不考虑期权价格的货币时间价值）

答案及解析

一、单项选择题

1. 【答案】D

【解析】该投资组合的净收益 = (50 - 45) - (4 + 3) = -2（元）。

2. 【答案】C

【解析】看跌期权在未来某一时间执行，其收入是执行价格与股票价格的差额。如果其他因素不变，当股票价格上升时，看跌期权的价值下降，选项C正确；当股价波动率上升时，或到期期限增加，不论美式期权或欧式期权，看跌期权或看涨期权，期权的价值都会上升。一种简单而不全面的解释，假设股票价格不变，无风险报酬率越低，执行价格的现值越高，看跌期权的价值越高。所以选项C正确。

3. 【答案】B

【解析】保护性看跌期权策略是购买1股股票同时购买该股票的1股看跌期权。选项A错误。多头对敲策略是指同时买入一只股票的看涨期权和看跌期权。选项C错误。空头对敲策略是指同时卖出一只股票的看涨期权和看跌期权，选项D错误。

4. 【答案】A

【解析】多头看跌期权的净收益有限，股价最多跌到0，净收益最大值 = 执行价格 - 期权费。

5. 【答案】A

【解析】期权购买人不一定真的想购买标的资产，因此，期权到期时双方不一定进行标的物的实物交割，而只需按价差补足价款即可，所以选项D正确；一个公司的股票期权在市场上被交易，该期权的源生股票发行公司并不能影响期权市场，该公司并不从期权市场上筹集资金。期权持有人没有选举公司董事、决定公司重大事项的投票权，也不能获得该公司的股利。所以 B、C 选项正确；期权的标的资产可以是股票等金融工具，也可以是实物资产，比如房地产等，所以 A 选项不正确。

6.【答案】D

【解析】无风险利率和标的股票市价与看涨期权同向变动，与看跌期权反向变动。执行价格与看涨期权反向变动，与看跌期权同向变动。标的股票价格波动率与期权价值（不管是看涨期权还是看跌期权）同向变动，所以选择选项 D。

二、多项选择题

1.【答案】ABCD

【解析】多头看涨期权到期日价值 = max（股票市价 - 执行价格，0），所以选项 A 正确；空头看涨期权到期日价值 = - max（股票市价 - 执行价格，0），所以选项 B 正确；多头看跌期权到期日价值 = max（执行价格 - 股票市价，0），所以选项 C 正确；空头看跌期权到期日价值 = - max（执行价格 - 股票市价，0），所以选项 D 正确。

2.【答案】ABC

【解析】期权合约赋予持有人在某一特定日期或该日之前的任何时间以固定价格购进或售出一种资产的权利，A 错误；期权出售人不一定拥有标的资产，期权是可以“卖空”的，期权购买人也不一定真的想购买资产标的物，因此，期权到期时双方不一定进行标的物的实物交割，而只需按价差补足价款即可，B 错误；期权是一种特权，持有人只有权利没有义务，C 错误。

3.【答案】BCD

【解析】看涨期权的买入方需要支付期权费 3 元，因此，未来只有标的资产市场价格与执行价格的差额大于 3 元（即标的资产的市场价格高于 24 元），才能获得盈利，所以选项 A 的说法错误，选项 B 的说法正确；如果标的资产价格下跌，投资者可以放弃权利，从而只损失期权费 3 元，因此选项 C 的说法正确；看涨期权投资者的收益根据标的资产价格的上涨幅度而定，由于标的资产价格的变化不确定，从而其收益也就是不确定的，因此选项 D 的说法正确。

4.【答案】BD

【解析】A 选项是欧式期权的特征；C 选项是美式看涨期权的特征。

5.【答案】CD

【解析】对于看涨期权而言，如果标的股票价格低于执行价格标的股票价格下跌，期权会被放弃，双方的价值均为零，所以选项 A 不正确；多头的净损益 = 多头看涨期权到期日价值期权价格，空头的净损益 = 空头看涨期权到期日价值 + 期权价格，所以选项 B 不正确；由于标的股票价格高于执行价格上涨，所以多头的价值为正值，空头的价值为负值，金额的绝对值相同，所以选项 C、D 正确。

6.【答案】AD

【解析】甲投资人采取的是多头对敲投资策略。该投资组合的净损益 = 多头看涨期权净损益 + 多头看跌期权净损益 = | 股票价格 - 执行价格 | - 看涨期权价格 - 看跌期权价格 = | 股票价格 - 45 | - 5 - 6 > 0，则 | 股票价格 - 45 | > 11，股票价格 > 56 或者股票价格 < 34。

7.【答案】ABD

【解析】由于市价高于执行价格，对于看跌期权来说，处于虚值状态，其内在价值为 0，选项 A 和 B 正确。多头看跌期权的净收入 = 执行价格 - 股票价格，股票价格最多降到 0，因此，多头看跌期权的最大净收入 = 执行价格 = 10 元，选项 C 错误。最大净损益 = 最大净收入 - 期权费 = 10 - 5 = 5 元，选项 D 正确。

8.【答案】BCD

【解析】假设股票价格不变，高利率会导致执行价格的现值降低，从而增加看涨期权的价值。因此，无风险利率越高，看涨期权的价格越高。对于看跌期权来说，情况正好与此相反。所以选项 A 错误；在期权估值过程中，价格股价的波动性是最重要的因素。如果一种股票的价格变动很小，期权也值不了多少钱。所以选项 C、D 都正确。

三、计算分析题

1.【答案】（1）1 年后甲公司股票的内在价值 = 2.4 ×（1 + 5%）/（12% - 6%）×（1 + 5%）= 44.1（元）

（2）小王 1 年后的净损益 = 1 000 ×

(44.1 - 36) - 2 × 1 000 = 6 100（元）

小李 1 年后的净损益 =(44.1 - 40 - 4) × 9 500 = 950（元）

(3) 小王的投资净损益 =(32 - 36) × 1 000 + (40 - 32 - 2) × 1 000 = 2 000（元）

小李的投资净损益 = - 4 × 9 500 = - 38 000（元）。

2.【答案】

(1) 股价上升百分比 = (48 - 40)/40 = 20%。

股价下降百分比 =(40 - 30)/40 = 25%。

3 个月期利率 = 4%/4 = 1%。

风险中性原理：无风险利率 = 期望报酬率 = 上行概率 × 股价上升百分比 + 下行概率 × 股价下降百分比 1% = 上行概率 × 20% + (1 - 上行概率) × (- 25%)，上行概率 P = 0.5778，下行概率 = 1 - 上行概率 = 0.4222。

看涨期权价值 = (5 × 0.5778 + 0 × 0.4222)/(1 + 1%) = 2.8604（元）

(2) 购买股票的股数 H = (5 - 0)/(48 - 30) = 0.28（股）。

借款数额 = (0.28 × 30 - 0)/(1 + 1%) = 8.32（元）。

按照复制原理看涨期权的价值 = H = 0.28 × 40 - 8.32 = 2.88（元）。

由于目前看涨期权价格为 2.5 元，低于 2.88 元，所以存在套利空间。套利组合应为：卖空 0.28 股股票，买入无风险债券（或按照无风险利率贷出款项）8.32 元，同时买入 1 股看涨期权进行套利，可套利金额 = 2.88 - 2.50 = 0.38（元）。

四、综合题

【答案】

(1) 看涨期权的股价上行时到期日价值 = 40 × (1 + 25%) - 45 = 5（元）

2% = 上行概率 × 25% + (1 - 上行概率) × (- 20%)

即：2% = 上行概率 × 25% - 20% + 上行概率 × 20%

则：上行概率 = 0.4889

由于股价下行时到期日价值 = 0

所以，看涨期权价值 = (5 × 0.4889 + 0.5111 × 0)/(1 + 2%) = 2.4（元）

看跌期权价值 = 45/(1 + 2%) + 2.4 - 40 = 6.52（元）

(2) 当股价大于执行价格时：

组合净损益 = -(股票市价 - 45) + (2.5 + 6.5)

根据组合净损益 = 0，可知，股票市价 = 54（元）

当股价小于执行价格时：

组合净损益 = -(45 - 股票市价) + 9

根据组合净损益 = 0，可知，股票市价 = 36（元）

所以，确保该组合不亏损的股票价格区间为 36 ~ 54 元。

如果 6 个月后的标的股票价格实际上涨 20%，即股票价格为 40 × (1 + 20%) = 48（元），则：

组合净损益 = -(48 - 45) + 9 = 6（元）。

第八章　企业价值评估

本章考情分析

从本章内容来看，属于财务管理比较重要的章节，而且客观题、计算分析题和综合题都有可能出题。主观题出题点主要是现金流量折现模型和相对价值评估模型。

本章教材变化

本章对相关模型进行了完善，没有实质性变动。

基本内容框架

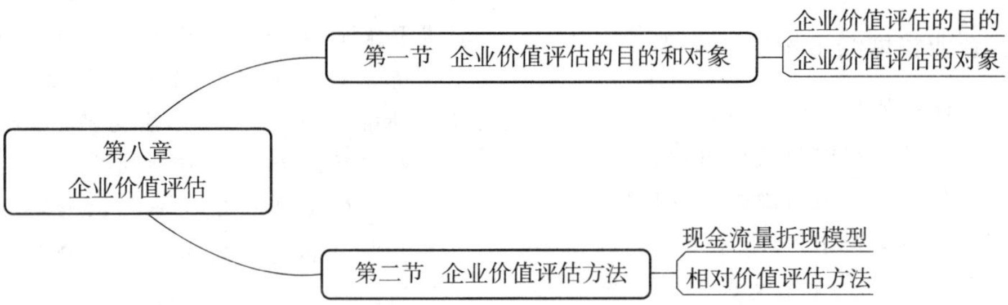

通关重难点例题解析

考点一：企业价值评估的目的（★）

一、含义

企业价值评估简称企业估值，目的是分析和衡量一个企业或一个经营单位的公平市场价值，并提供有关信息以帮助投资人和管理层当局改善决策。价值评估是一种经济"评估"的方法。"评估"不同于"计算"。评估虽然是一种定量分析，但它并不是完全客观和科学的，带有主观估计的成分。

二、价值评估的目的

帮助投资人和管理当局改善决策，具体表现在以下三个方面：

（1）价值评估可以用于投资分析。

（2）价值评估可以用于战略分析。

（3）价值评估可以用于以价值为基础的管理。

【例题1·多选题】下列关于价值评估的意义说法正确的有（　　）。

A. 评估并不是完全客观和科学的

B. 价值评估的结果不可能绝对正确

C. 评估的模型越复杂评估的结果必然越好

D. 即使评估进行得非常认真，合理的误差也是不可避免的

【答案】ABD

【解析】评估是一种定量分析，但它并不是完全客观和科学的。一方面它使用许多定量分析模型，具有一定的科学性和客观性。另一方面它又使用许多主观估计的数据，带有一定的主观估计性质，选项A正确；评估不是随便找几个数据代入模型的计算工作。

模型只是一种工具，并非模型越复杂评估结果必然越好，选项C不正确；价值评估带有主观估计的成分，其结论必然会存在一定误差，不可能绝对正确，选项B正确；在进行评估时，总要对未来做出某些假设，从而导致结论的不确定。因此，即使评估进行得非常认真，合理的误差也是不可避免的，选项D正确。

考点二：企业价值评估的对象（★★）

一、价值评估的一般对象：企业整体的经济价值

（1）整体不是各部分的简单相加；

（2）整体价值来源于要素的结合方式；

（3）部分只有在整体中才能体现出其价值。

经济价值：是指一项资产的公平市场价值，通常用该资产所产生的未来现金流量的现值来计量。

二、企业整体经济价值的类别

（1）实体价值与股权价值；

（2）持续经营价值与清算价值；

（3）少数股权价值与控股股权价值。

【例题2·单选题】经济价值是经济学家所持的价值观念，下列有关表述不正确的是（　　）。

A. 会计价值是指资产、负债和股东权益的账面价值

B. 会计价值与市场价值通常不一致

C. 经济价值是指一项资产的公平市场价值，通常用该资产所产生的未来现金流量的现值来计量

D. 现时市场价格表现了价格被市场所接受，因此与公平市场价值基本一致

【答案】D

【解析】经济价值是经济学家所持的价值观念，它是指一项资产的公平市场价值，通常用该资产所产生的未来现金流量的现值计量。所谓"公平的市场价值"是指在公平的交易中，熟悉情况的双方，自愿进行资产交换或债务清偿的金额。资产被定义为未来的经济利益。所谓"经济利益"其实就是现金流入。资产的公平市场价值就是未来现金流入的现值。而现时市场价格可能是公平的，也可能是不公平的。

【例题3·单选题】下列有关价值评估的表述中，不正确的是（　　）。

A. 企业整体价值是企业单项资产价值的总和

B. 企业价值评估的对象是企业整体的经济价值

C. 价值评估认为市场只在一定程度上有效，即并非完全有效

D. 在完善的市场中，市场价值与内在价值相等，价值评估没有什么实际意义

【答案】A

【解析】企业单项资产价值的总和不等于企业整体价值。企业整体能够具有价值，在于它可以为投资人带来现金流量。这些现金流量是所有资产联合起来运用的结果，而不是资产分别出售获得的现金流量。所以，选项A不正确。在完善的市场中，企业取得投资者要求的风险调整后收益，市场价值与内在价值相等，价值评估没有什么实际意义。在这种情况下，企业无法为股东创造价值。股东价值的增加，只能利用市场的不完善才能实现。价值评估认为市场只在一定程度上有效，即并非完全有效。价值评估正是利用市场的缺陷寻找被低估的资产。

【例题4·多选题】（2019年）甲公司2019年9月30日资产负债表显示，总资产100亿元，所有者权益50亿元，总股数5亿股。当日甲公司股票收盘价每股25元。下列关于当日甲公司股权价值的说法中，正确的有（　　）。

A. 清算价值是50亿元

B. 持续经营价值是100亿元

C. 现时市场价值是125亿元

D. 会计价值是50亿元

【答案】CD

【解析】资产负债表显示的所有者权益6亿元是会计价值，选项D正确。现时市场价值 $=5\times25=125$（亿元）。

考点三：现金流量折现模型（★★★）

一、各种现金流量和价值之间的相互关系

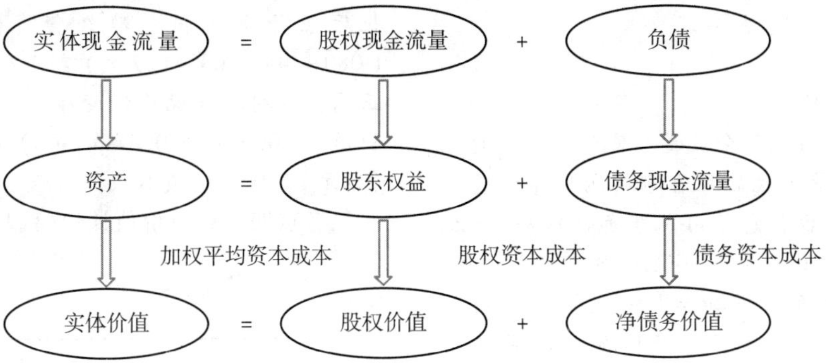

二、无限期寿命的划分

（1）预测的基期。

（2）详细预测期①和后续期②的划分。

三、种类

（1）股利现金流量模型：企业分配给股权投资人的现金流量。

（2）股权现金流量模型：一定期间企业可以提供给股权投资人的现金流量。

（3）实体现金流量模型：全部现金流入扣除成本费用和必要投资后的剩余部分。

四、现金流量的确定

股权现金流量模型

$$永续增长股权价值=\frac{下期股权现金流量}{股权资本成本-永续增长率}$$

$$两阶段增长实体价值=\sum_{t=1}^{n}\frac{股权现金流量t}{\sum_{t=1}^{n}(1+股权资本成本)^t}+\frac{股权现金流量_{n+1}/(股权资本成本-永续增长率)}{(1+股权资本成本)^n}$$

实体现金流量模型

$$永续增长实体价值=\frac{下期实体现金流量}{加权平均资本成本-永续增长率}$$

$$两阶段增长实体价值=\sum_{t=1}^{n}\frac{实体现金流量t}{(1+加权平均资本成本)^t}+\frac{实体现金流量_{n+1}/(加权平均资本成本-永续增长率)}{(1+加权平均资本成本)^n}$$

【例题5·单选题】某公司2017年税前经营利润为2 000万元，所得税税率为25%，折旧与摊销为100万元，经营流动资产增加500万元，经营流动负债增加150万元，经营长期资产总值增加800万元，经营长期负债增加200万元，利息40万元。假设该公司能够按照40%的固定负债率为投资筹集资本，企业保持稳定的资本结构不变，“净经营资产增加”和“净负债增加”存在固定比例关系，则2017年股权现金流量为（　　）万元。

A. 754

① “详细预测期”，或称“预测期”：在此期间，需要对每年的现金流量进行详细预测，并根据现金流量折现模型计算其预测期价值；（5~7年，不超过10年）。

② “后续期”，或称为“永续期”：在此期间，假设企业进入稳定状态，有一个稳定的增长率，可以用简便的方法直接估计后续期价值。

B. 886

C. 960

D. 648

【答案】C

【解析】股权现金流量＝实体现金流量－债务现金流量＝税后经营净利润－净经营资产增加－(税后利息费用－净负债增加)＝税前经营利润×(1－T)－净经营资产增加－I×(1－T)＋净负债增加＝(税前经营利润－I)×(1－T)－净经营资产增加＋净负债增加＝净利润－(净经营资产增加－净负债增加)。

如果按照固定的负债率为投资筹集资本，企业保持稳定的资本结构，“净经营资产增加”和“净负债增加”存在固定比例关系，则股权现金流量的公式可以简化为：

股权现金流量＝净利润－(1－净负债增加/净经营资产增加)×净经营资产增加＝净利润－(1－负债率)×净经营资产增加＝净利润－(1－负债率)×(资本支出－折旧与摊销)－(1－负债率)×经营营运资本净增加＝(2 000－40)×(1－25%)－(1－40%)×(800－200－100)－(1－40%)×(500－150)＝1 470－300－210＝960（万元）。

【例题6·单选题】甲公司2017年销售收入为10 000万元，2017年年底净负债及股东权益总计为5 000万元（其中股东权益4 400万元），预计2018年销售增长率为8%，税后经营净利率为10%，净经营资产周转率保持与2017年一致，净负债的税后利息率为4%，净负债利息按上年年末净负债余额和净负债税后利息率计算。下列有关2018年的各项预计结果中，错误的是（　　）。

A. 净经营资产净投资为400万元

B. 税后经营净利润为1 080万元

C. 实体现金流量为680万元

D. 净利润为1 000万元税后经营净利润为1 080万元

【答案】D

【解析】因为净经营资产周转率不变，所以净经营资产的增长率和销售收入的增长率相等，所以净经营资产净投资＝5 000×8%＝400（万元），所以选项A表述正确；2016年的税后经营净利润＝销售收入×税后经营净利率＝10 000×(1＋8%)×10%＝1 080（万元），所以选项D表述正确；实体现金流量＝税后经营净利润－净经营资产净投资＝1 080－400＝680（万元），所以选项C表述正确；净利润＝税后经营净利润－税后利息费用＝1 080－(5 000－4 400)×4%＝1 056（万元），所以选项B表述错误。

考点四：相对价值评估模型（★★★）

一、基本公式

种类	公式
市盈率模型（市价/净收益比率模型）	目标企业股权价值＝可比企业平均市盈率×目标企业盈利
市净率模型（市价/净资产比率模型）	目标企业股权价值＝可比企业平均市净率×目标企业净资产
市销率模型（市价/收入比率模型）	目标企业股权价值＝可比企业平均市销率×目标企业的销售收入

二、不同模型适用性对比

1. 市盈率模型的适用性

市盈率模型	适用范围	市盈率模型最适合连续盈利，并且β值接近于1的企业
	驱动因素	①企业的增长潜力； ②股利支付率； ③风险。 其中最主要的驱动因素是企业的增长潜力
	优点	①计算市盈率的数据容易取得，并且计算简单； ②市盈率把价格和收益联系起来，直观地反映投入和产出的关系； ③市盈率涵盖了风险、增长率、股利支付率的影响，具有很高的综合性
	局限性	如果收益是负值市盈率就失去了意义

2. 市净率模型的适用性

市净率模型	适用范围	这种方法主要适用于需要拥有大量资产、净资产为正值的企业
	驱动因素	①权益报酬率； ②股利支付率； ③增长潜力； ④风险。 其中最主要的驱动因素是权益报酬率
	优点	①市净率极少为负值，可用于大多数企业； ②净资产账面价值的数据容易取得，并且容易理解； ③净资产账面价值比净利稳定，也不像利润那样经常被人为操纵； ④如果会计标准合理并且各企业会计政策一致，市净率的变化可以反映企业价值的变化
	局限性	①账面价值受会计政策选择的影响，如果各企业执行不同的会计标准或会计政策，市净率会失去可比性； ②固定资产很少的服务性企业和高科技企业，净资产与企业价值的关系不大，其市净率比较没有实际意义； ③少数企业的净资产是负值，市净率没有意义，无法用于比较

3. 市销率模型的适用性

市销率模型	适用范围	主要适用于销售成本率较低的服务类企业，或者销售成本率趋同的传统行业的企业
	驱动因素	①营业净利率； ②股利支付率； ③增长潜力； ④风险。 其中最主要的驱动因素是营业净利率
	优点	①它不会出现负值，对于亏损企业和资不抵债的企业，也可以计算出一个有意义的价值乘数； ②它比较稳定、可靠，不容易被操纵； ③市销率对价格政策和企业战略变化敏感，可以反映这种变化的后果
	局限性	不能反映成本的变化，而成本是影响企业现金流量和价值的重要因素之一

三、不同模型的运用修正

1. 市盈率模型的修正：修正平均市盈率法和股价平均法

修正平均市盈率法

先平均后修正：

① 可比企业平均市盈率

② 可比企业平均增长率

③ 可比企业修正平均市盈率=可比企业平均市盈率/（可比企业平均增长率×100）

④ 目标企业每股股权价值=可比企业修正平均市盈率×目标增长率

股价平均法

先修正后平均：

① 可比企业修正市盈率

② 目标企业每股股权收益=修正市盈率×目标公司预期增长率×100×目标公司每股收益

③ 得出的股票估值进行平均

2. 市净率模型的修正
- 修正市净率＝实际市净率/（预期股东权益净利率×100）
- 目标企业每股价值＝修正平均市净率×目标企业预期股东权益净利率×100×目标企业每股净资产

3. 市销率模型的修正
- 修正市销率＝实际市销率/（预期营业净利率×100）
- 目标企业每股价值＝修正平均市销率×目标企业预期营业净利率×100×目标企业每股收入

【例题7·单选题】某公司本年的净利润为100万元，股东权益为500万元，留存收益比例为40%，预计下年的股东权益、净利润和股利的增长率都为6%。该公司的β值为2，国库券利率为5%，市场平均股票要求的收益率为10%，则该公司的内在市净率为（　　）。

A. 1.33　　B. 1.2

C. 1.25　　D. 1.4

【答案】A

【解析】内在市净率=股东权益净利率×股利支付率/（股权成本－增长率），预期股东权益净利率=[100×（1+6%）]/[500×（1+6%）]=20%

股利支付率=1－利润留存率=1－40%=60%，股权成本=5%+2×（10%－5%）=15%，则有：内在市净率=（20%×60%）/（15%－6%）=1.33。

通关演练

一、单项选择题

1. 下列关于企业价值评估的现金流量折现法的表述中，不正确的是（　　）。

A. 现金流量折现模型的基本思想是增量现金流量原则和时间价值原则

B. 现金流量折现模型的参数包括预测期的年数、各期现金流量和资本成本

C. 预测基期应为上一年的实际数据，不能对其进行调整

D. 预测期和后续期的划分是在实际预测过程中根据销售增长率和投资资本回报率的变动趋势确定的

2. 甲公司采用固定股利支付率政策，股利支付率60%，2019年甲公司每股收益5元，预期可持续增长率5%，股权资本成本13%，期末每股净资产25元，预期下年度权益净利率增长6%。没有优先股，2019年末甲公司的内在市净率为（　　）。

A. 1.52　　B. 1.48

C. 1.17　　D. 1.59

3. 某企业以购买股份的形式并购另一家企业时，企业价值评估的对象是（　　）。

A. 实体价值

B. 股权价值

C. 净债务价值

D. 清算价值

4. 甲公司是一家服务业企业，每股净资产20元，权益净利率14%，与甲公司可比的3家制造业企业的平均市净率是1.6倍。平均权益净利率为12%，用修正平均市净率法估计的甲公司每股价值是（　　）元。

A. 42　　B. 25.6

C. 40　　D. 36.4

5. 下列关于价值评估的说法中，不正确的是（　　）。

A. 价值评估使用的方法一般是定量分析法，它具有一定的科学性和客观性，因此在评估时，不可能导致结论的不确定

B. 在价值评估时，既要关注企业价值的最终评估结果，还要关注评估过程产生的其他信息

C. 价值评估认为，股东价值的增加只能利用市场的不完善才能实现，若市场是完善的，价值评估就没有实际意义

D. 对于相信基本分析的投资人来说，可根据价值评估提供的信息，寻找并且购进被市场低估的证券或企业，以期获得高于必要报酬率的收益

6. 下列关于持续经营价值和清算价值的说法中，错误的是（　　）。

A. 由营业所产生的未来现金流量的现值为持续经营价值

B. 停止经营，出售资产产生的现金流为清算价值

C. 清算价值跟未来现金流量的现值无关

D. 一个企业的持续经营价值低于其清算价值，必须进行清算

7. 下列关于少数股权价值与控股权价值说法不正确的是（　　）。

A. 我们看到的股价，通常只是衡量少数股权的价值

B. 获得控股权，同时就获得了改组企业的特权

C. 买入企业的少数股权，是承认企业现有的管理和经营战略

D. 控股权溢价=V（新的）+V（当前）

8. 下列关于现金流量折现模型的说法中，

不正确的是（　　）。

A. 实体现金流量的折现率为股权资本成本

B. 该模型有三个参数：现金流量、资本成本和时间序列

C. 现金流量折现模型的基本思想是增量现金流量原则和时间价值原则

D. 预测的时间可以分为两个阶段："详细预测期"和"后续期"

9. 利用市净率模型估计企业价值，在考虑可比企业时，应考虑的因素要比市盈率模型多考虑一个因素，即（　　）。

A. 企业的增长潜力

B. 股利支付率

C. 股东权益收益率风险

D. 风险

10. 下列关于相对价值法的表述中不正确的是（　　）。

A. 利用相对价值法计算的企业价值是目标企业的内在价值

B. 市净率法主要适用于需要拥有大量资产、净资产为正值的企业

C. 相对价值法是一种利用可比企业的价值衡量目标企业价值的方法

D. 权益净利率是市净率模型的最关键因素

11. A 公司预计明年净利润 1 200 万元，其中 600 万元用于发放股利；预计明年总资产为 10 000 万元，资产负债率为 40%。经财务部门测算，以后公司净利润的年增长率为 10%，股利支付率保持不变。已知国库券利率为 4%，股票市场的平均风险报酬率为 6%，如果公司的 β 值为 1.5，则该公司的本期市净率为（　　）。

A. 3.67　　B. 3.47

C. 3.84　　D. 3.58

12. 甲公司 2019 年营业收入为 10 000 万元，2019 年年底净负债及股东权益总计为 5 000 万元（其中股东权益 4 400 万元），预计 2020 年销售增长率为 8%，税后经营净利率为 10%，净经营资产周转率保持与 2019 年一致，净负债的税后利息率为 4%，净负债利息按上年年末净负债余额和净负债税后利息率计算。下列有关 2020 年的各项预计结果中，错误的是（　　）。

A. 净经营资产净投资为 400 万元

B. 税后经营净利润为 1 080 万元

C. 实体现金流量为 680 万元

D. 净利润为 1 000 万元

13.（2018 年）甲公司是一家制造业企业，每股营业收入 40 元，销售净利率 5%，与甲公司可比的 3 家制造业企业的平均市销率是 0.8 倍。平均销售净利率 4%，用修正平均市销率法估计的甲公司每股价值是（　　）元。

A. 32　　B. 25.6

C. 40　　D. 33.6

14. 某公司预计第一年每股股权现金流量为 3 元，第 2 ~ 5 年股权现金流量不变，第 6 年开始股权现金流量增长率稳定为 5%，股权资本成本一直保持 10% 不变，计算该公司在目前的股权价值，如果目前的每股市价为 55 元，则该企业股价（　　）。

A. 被高估了

B. 被低估了

C. 准确反映了股权价值

D. 以上都有可能

二、多项选择题

1. E 公司 20×1 年销售收入为 5 000 万元，20×1 年底净负债及股东权益总计为 2 500 万元（其中股东权益 2 200 万元），预计 20×2 年销售增长率为 8%，税后经营净利率为 10%，净经营资产周转率保持与 20×1 年一致，净负债的税后利息率为 4%，净负债利息按上年末净负债余额和预计利息率计算。下列有关 20×2 年的各项预计结果中，正确的有（　　）。

A. 净经营资产净投资为 200 万元

B. 税后经营净利润为 540 万元

C. 实体现金流量为 340 万元

D. 净利润为 528 万元

2. 下列属于价值评估主要用途的有（　　）。

A. 价值评估可以证明市场的完善性

B. 价值评估可以用于投资分析

C. 价值评估可以用于战略分析

D. 价值评估可以用于以价值为基础的管理

3. 下列关于现金流量折现模型的公式中，正确的有（　　）。

A. 实体价值

$$= \sum_{t=1}^{\infty} \frac{\text{实体自由现金流量}_t}{(1+\text{加权平均资本成本})^t}$$

B. 股权价值

$$= \sum_{t=1}^{\infty} \frac{\text{股权现金流量}_t}{(1+\text{加权平均资本成本})^t}$$

C. 股权价值 = 实体价值 - 债务价值

D. 股权价值 = 实体价值 - 净债务价值

4. 下列表述中正确的有（　　）。

A. 股权现金流量只能用股权资本成本来折现，实体现金流量只能用企业实体的加权平均资本成本来折现

B. 股权价值 = 实体价值 - 债务价值

C. 企业实体价值 = 预测期价值 + 后续期价值

D. 永续增长模型下，后续期价值 = 现金流量$_{t+1}$ ÷（资本成本 - 后续期现金流量永续增长率）

5. 下列说法中，正确的有（　　）。

A. 由营业所产生的未来现金流量的现值称为持续经营价值

B. 出售资产产生的现金流称为清算价值

C. 一个企业的公平市场价值应当是其持续经营价值与清算价值中较高的一个

D. 一个企业的持续经营价值已经低于其清算价值，则需要立即进行清算

6. 采用实体现金流量模型进行企业价值评估时，为了计算资本成本，无风险利率需要使用实际利率的情况有（　　）。(2018 年)

A. 预测周期特别长

B. β 系数较大

C. 存在恶性通货膨胀

D. 市场风险溢价较高

7. 下列说法中正确的有（　　）。

A. 经营营运资本净增加 = 经营流动资产增加 - 经营流动负债增加

B. 股权现金流量 = 净利润 -（净经营资产增加 - 净负债增加）

C. 净投资资本 = 股东权益 + 净负债

D. 净投资资本 = 经营营运资本 + 经营长期资产 - 经营长期负债

8. 关于企业公平市场价值的表述中，正确的有（　　）。

A. 公平市场价值就是未来现金流入的现值

B. 公平市场价值就是股票的市场价格

C. 公平市场价值应该是股权的公平市场价值与净债务的公平市场价值之和

D. 公平市场价值应该是持续经营价值与清算价值中的较高者

9. 下列关于企业价值评估的说法中，错误的有（　　）。

A. 谋求控股权的投资者认为的"企业股票的公平市场价值"低于少数股权投资者认为的"企业股票的公平市场价值"

B. 公平市场价值是企业未来现金流入的现值

C. 企业的实体价值是股权价值与净债务价值之和

D. 一个企业的公平市场价值，应当是其持续经营价值与清算价值中较低的一个

10. 下列关于利用可比企业市盈率估计企业价值的说法中，正确的有（　　）。

A. 能估算出企业的内在价值

B. 能直观地反映投入和产出的关系

C. 具有很高的综合性，能体现风险、增长率、股利分配的问题

D. 最适合连续盈利，并且 β 值接近于 1 的企业

三、计算分析题

1. F 公司是一家商业企业，主要从事商品批发业务，该公司 2017 年实际和 2018 年预计的主要财务数据如下：

单位：亿元

项目	2017 年实际（基期）	2018 年预计
利润表项目：		
一、销售收入	500	530
减：营业成本和费用（不含折旧）	380	400
折旧	25	30
二、息税前利润	95	100
减：财务费用	21	23
三、税前利润	74	77
减：所得税费用	14.8	15.4
四、净利润	59.2	61.6
资产负债表项目：		
流动资产	267	293

续表

项目	2017 年实际（基期）	2018 年预计
固定资产净值	265	281
资产总计	532	574
流动负债	210	222
长期借款	164	173
债务合计	374	395
股本	100	100
期末未分配利润	58	79
股东权益合计	158	179
负债及股东权益总计	532	574

其他资料如下：

（1）F 公司的全部资产均为经营性资产，流动负债均为经营性负债，长期负债均为金融性负债，财务费用全部为利息费用。估计债务价值时采用账面价值法。

（2）F 公司预计从 2018 年开始实体现金流量会以 6% 的年增长率稳定增长。

（3）加权平均资本成本为 12%。

（4）F 公司适用的企业所得税税率为 25%。

要求：

（1）计算 F 公司 2017 年的购置固定资产的现金流出、营业现金净流量和实体现金流量。

（2）使用现金流量折现法估计 F 公司 2018 年年底的公司实体价值和股权价值。

（3）假设其他因素不变，为使 2018 年年底的股权价值提高到 700 亿元，F 公司 2017 年的实体现金流量应是多少？

2.（2019 年）甲公司是一家投资公司，拟于 2020 年初以 18 000 万元收购乙公司全部股权，为分析收购方案可行性，收集资料如下：

（1）乙公司是一家传统汽车零部件制造企业，收购前处于稳定增长状态，增长率 7.5%。2019 年净利润 750 万元。当年取得的利润在当年分配，股利支付率 80%。2019 年末（当年利润分配后）净经营资产 4 300 万元，净负债 2 150 万元。

（2）收购后，甲公司将通过拓宽销售渠道、提高管理水平、降低成本费用等多种方式，提高乙公司的销售增长率和营业净利润。预计乙公司 2020 年营业收入 6 000 万元，2021 年营业收入比 2020 年增长 10%，2022 年进入稳定增长状态，增长率 8%。

（3）收购后，预计乙公司相关财务比率保持稳定，具体如下：

营业成本/营业收入	65%
销售和管理费用/营业收入	15%
净经营资产/营业收入	70%
净负债/营业收入	30%
债务利息率	8%
企业所得税税率	25%

（4）乙公司股票等风险投资必要报酬率收购前 11.5%，收购后 11%。

（5）假设各年现金流量均发生在年末。

要求：

（1）如果不收购，采用股利现金折现模型，估计 2020 年初乙公司股权价值。

（2）如果收购，采用股权现金流量折现模型，估计 2020 年初乙公司股权价值（计算过程和结果填入下方表格中）。

单元：万元

	2020 年	2021 年	2022 年
股权现金流量			
乙公司股权价值			

（3）计算该收购产生的控股权溢价、为乙公司原股东带来的净现值、为甲公司带来的净现值。

(4) 判断甲公司收购是否可行，并简要说明理由。

3. 甲公司是一家大型服务类企业。为了进行以价值为基础的管理，公司拟采用相对价值评估模型对股权价值进行评估，有关资料如下：

(1) 甲公司2019年度实现净利润8 000万元，营业收入180 000元。公司没有优先股，2019年年末普通股股数为10 000万股，公司当年没有增发新股，也没有回购股票。预计甲公司2020年及以后年度的销售净利率为6%，权益净利率保持不变。

(2) 甲公司选择了同行业的3家上市公司作为可比公司，并收集了以下相关数据：

可比公司	每股销售收入（元）	预期权益净利率	每股市价（元）	预期销售净利率
A公司	16	21.20%	18	10%
B公司	22	17.50%	20	6%
C公司	20	24.30%	24	11%

要求：

(1) 使用市销率模型下的修正平均市销率法计算甲公司的每股股权的价值。

(2) 使用市销率模型下的股价平均法计算甲公司的每股股权的价值。

四、综合题

甲公司是一家火力发电上市企业，2017年12月31日的股票价格为每股5元。为了对当前股价是否偏离价值进行判断，公司拟对企业整体价值进行评估，有关资料如下：

(1) 甲公司2017年的主要财务报表数据。

项目	2017年
资产负债表项目（年末）	
货币资金	750
应收款项	4 000
存货	2 250
固定资产	41 250
资产总计	48 250
应付款项	3 000
长期借款	36 250
股本（普通股8 000万股）	8 000
留存利润	1 000
负债及股东权益总计	48 250
利润表项目（年度）	2017年
一、销售收入	50 000
减：销售成本	40 000
管理费用	1 000

续表

项目	2017年
财务费用（利息费用）	2 892
二、营业利润	6 108
加：营业外收入	220
减：营业外支出	100
三、利润总额	6 228
减：所得税费用	1 557
四、净利润	4 671

(2) 对甲公司2017年度的财务数据进行修正，作为预测基期数据。甲公司货币资金中经营活动所需的货币资金额为销售收入的1%，应收款项、存货、固定资产均为经营性资产，应付款项均为自发性无息负债。营业外收入和营业外支出均为偶然项目，不具有持续性。

(3) 预计甲公司2018年度的售电量将增长2%，2018年及以后年度售电量将稳定在2018年的水平，不再增长。预计未来电价不变。

(4) 预计甲公司2018年度的销售成本率可降至75%，2018年及以后年度销售成本率维持75%不变。

(5) 管理费用、经营资产、经营负债与销售收入的百分比均可稳定在基期水平。

(6) 甲公司目前的负债率较高，计划将资本结构（净负债/净投资资本）逐步调整到65%，资本结构在高于65%之前不分配股利，多余现金首先用于归还借款。企业采用剩余股利政策分配股利，未来不打算增发或回购股票。净负债的税前资本成本平均预计为8%，以后年度将保持不变。财务费用按照期初净负债计算。

（7）甲公司适用的企业所得税税率为25%，加权平均资本成本为10%。

（8）采用实体现金流量折现模型估计企业价值，债务价值按账面价值估计。

要求：

（1）编制修正后基期及2018年度、2019年度的预计资产负债表和预计利润表（结果填入下方表格中，不用列出计算过程），并计算甲公司2018年度及2019年度的实体现金流量。

项目	基期（修正）	2018年度	2019年度
资产负债表项目（年末）			
经营营运资本			
净经营性长期资产			
净经营资产总计			
净负债			
股东权益合计			
净负债及股东权益总计			

项目	基期（修正）	2018年度	2019年度
利润表项目（年度）			
一、销售收入			
减：销售成本			
管理费用			
二、税前营业利润			
减：经营利润所得税			
三、税后经营净利润			
利息费用			
减：利息费用抵税			
四、税后利息费用			
五、净利润合计			

（2）计算甲公司2017年12月31日的实体价值和每股股权价值，判断甲公司的股价是被高估还是被低估。

答案及解析

一、单项选择题

1.【答案】C

【解析】在企业价值评估的现金流量折现法下，预测的基期有两种确定方法：一种是以上年实际数据作为基期数据；另一种是以修正后的上年数据作为基期数据。如果通过历史财务报表分析认为，上年财务数据具有可持续性，则以上年实际数据作为基期数据。如果通过历史财务报表分析认为，上年的数据不具有可持续性，就应当进行调整，使之适合未来的情况。

2.【答案】D

【解析】内在市净率 = 权益净利率 × 预期股利支付率/（股权成本 − 增长率）=（5/25）×（1 + 6%）× 60%/（13% − 5%）= 1.59，选项D正确。

3.【答案】B

【解析】大多数企业购并是以购买股份的形式进行的，因此，评估的最终目标和双方谈判的焦点是卖方的股权价值。

4.【答案】A

【解析】修正平均市净率 = 1.6/（12% × 100）= 0.13，公司每股价值 = 0.13 × 14% × 100 × 20 = 36.4（元）。

5.【答案】A

【解析】价值评估使用的方法一般是定量分析法，但它并不是完全客观和科学的，其结论必然会存在一定误差。选项A的说法不正确。

6.【答案】D

【解析】一个企业的持续经营价值已经低于其清算价值，本应当进行清算。但是，也有例外，那就是控制企业的人拒绝清算，企业得以持续经营。

【该题针对“现金流量折现模型”知识点进行考核】

7.【答案】D

【解析】新的价值与当前价值的差额称为控股权溢价，它是由于转变控股权而增加的价值。控股权溢价 = V（新的）− V（当前），选项 C 不正确。

【该题针对“企业价值评估额目的和对象”知识点进行考核】

8.【答案】A

【解析】股权现金流量只能用股权资本成本来折现，实体现金流量只能用企业的加权平均资本成本来折现。所以，选项 A 不正确。

【该题针对“现金流量折现模型”知识点进行考核】

9.【答案】C

【解析】市盈率模型估计的驱动因素是企业的增长潜力、股利支付率和风险（股权资本成本的高低与其风险有关），这三个因素类似的企业，才会具有类似的市盈率；驱动市净率的因素有股东权益收益率、股利支付率、增长率和风险，这四个比率类似的企业，会有类似的市净率。

【该题针对“相对价值评估方法”知识点进行考核】

10.【答案】A

【解析】所得出的目标企业价值是相对于可比企业来说，以可比企业价值为基准，是一种相对价值，而非目标企业的内在价值，所以选项 A 说法不正确。

【该题针对“相对价值评估方法”知识点进行考核】

11.【答案】A

【解析】股利支付率 = 600/1 200 × 100% = 50%，股权成本 = 4% + 1.5 × 6% = 13%，下年股东权益净利率 = 1 200/[10 000 × (1 − 40%)] = 20%，内在市净率 = (20% × 50%) × (1 + 10%)/(13% − 10%) = 3.67。

12.【答案】D

【解析】因为净经营资产周转率不变，所以净经营资产的增长率和营业收入的增长率相等，所以净经营资产净投资 = 5 000 × 8% = 400（万元），所以选项 A 表述正确；2020 年的税后经营净利润 = 营业收入 × 税后经营净利率 = 10 000 × (1 + 8%) × 10% = 1 080（万元），所以选项 B 表述正确；实体现金流量 = 税后经营净利润 − 净经营资产净投资 = 1 080 − 400 = 680（万元），所以选项 C 表述正确；净利润 = 税后经营净利润 − 税后利息费用 = 1 080 − (5 000 − 4 400) × 4% = 1 056（万元），所以选项 D 表述错误。

13.【答案】C

【解析】修正平均市销率 = 0.8/(4% × 100) = 0.2，公司每股价值 = 0.2 × 5% × 100 × 40 = 40（元）。

14.【答案】A

【解析】每股股权价值 = 3 × (P/A, 10%, 5) + 3 × (1 + 5%)/(10% − 5%) × (P/F, 10%, 5) = 3 × 3.7908 + 3 × (1 + 5%)/(10% − 5%) × 0.6209 = 50.49（元/股）。计算出的每股股权价值低于目前每股股价，因此企业股价被高估了。

二、多项选择题

1.【答案】ABCD

【解析】(1) 净经营资产净投资 = 净经营资产增加，由于净经营资产周转率不变，所以，净经营资产增长率 = 销售增长率，净经营资产增加 = 原净经营资产 × 销售增长率 = 2 500 × 8% = 200（万元）；(2) 税后经营净利润 = 销售收入 × 税后经营净利率 = 5 000 × (1 + 8%) × 10% = 540（万元）；(3) 实体现金流量 = 税后经营净利润 − 净经营资产净投资 = 540 − 200 = 340（万元）；(4) 净利润 = 税后经营净利润 − 税后利息费用 = 540 − 300 × 4% = 528（万元）。

2.【答案】BCD

【解析】价值评估并不能证明市场的完善性，并且价值评估是不承认市场的完善性的，选项 A 不正确；价值评估主要用途表现在以下三方面：①价值评估可以用于投资分析；②价值评估可以用于战略分析；③价值评估可以用于以价值为基础的管理。选项 B、C、D 正确。

【该题针对“企业价值评估的目的”知识点进行考核】

3.【答案】AD

【解析】股权价值的折现率应该是股权资本成本，选项 B 错误。股权价值 = 实体价值 − 净债务价值，选项 C 错误。

4.【答案】ACD

【解析】股权价值 = 实体价值 − 净债务价值，所以，选项 B 不正确。

【该题针对“企业价值评估的对象”知识点进行考核】

5.【答案】ABC

【解析】一个企业的持续经营价值已经低于其清算价值，本应当进行清算。但是，也有例外，那就是控制企业的人拒绝清算，企业得以持续经营。这种持续经营，将持续削减股东本来可以通过清算得到的价值。

6. 【答案】AC

【解析】实务中，一般情况下使用含通胀的名义货币编制预计财务报表并确定现金流量，与此同时，使用含通胀的无风险报酬率计算资本成本。只有在以下两种情况下，才使用实际的利率计算资本成本：①存在恶性的通货膨胀（通货膨胀已经达到两位数）时，最好使用排除通货膨胀的实际现金流量和实际利率；②预测周期特别长。

7. 【答案】ABCD

【解析】经营营运资本净增加 = Δ经营流动资产 - Δ经营流动负债

股权现金流量 = 实体现金流量 - 债务现金流量 = 税后经营净利润 - 净经营资产增加 -（税后利息费用 - 净负债增加）= 税前经营利润 ×（1 - T）- 净经营资产增加 - I ×（1 - T）+ 净负债增加 =（税前经营利润 - I）×（1 - T）- 净经营资产增加 + 净负债增加 = 净利润 -（净经营资产增加 - 净负债增加）

根据“资产 = 负债 + 股东权益”

即有“经营流动资产 + 经营长期资产 + 金融资产 =（经营流动负债 + 经营长期负债 + 金融负债）+ 股东权益”

变形后得到：（经营流动资产 - 经营流动负债）+ 经营长期资产 - 经营长期负债 =（金融负债 - 金融资产）+ 股东权益

即：经营营运资本 + 经营长期资产 - 经营长期负债 = 股东权益 + 净负债

净投资资本即指股东权益和净负债的合计。

【该题针对“现金流量折现模型”知识点进行考核】

8. 【答案】ACD

【解析】企业价值评估的目的是确定一个企业的公平市场价值。企业的公平市场价值就是企业未来现金流入的现值，是股权的公平市场价值与净债务的公平市场价值之和，是持续经营价值与清算价值中的较高者。对于上市公司而言，每天参加交易的只是少数股权，多数股权不参加日常交易，因此，市价只是少数股东认可的价格，再加上比较严重的信息不对称和股价经常波动，它未必代表公平价值。选项 A、C、D 的说法正确。

9. 【答案】AD

【解析】谋求控股权的投资者认为的“企业股票的公平市场价值”高于少数股权投资者认为的“企业股票的公平市场价值”，二者的差额为“控股权溢价”，由此可知，选项 A 的说法不正确；一个企业的公平市场价值，应当是持续经营价值与清算价值中较高的一个，选项 D 的说法不正确。

10. 【答案】BCD

【解析】相对价值法是参照可比企业的价值衡量目标企业的价值，所得结论是相对于可比企业来说的，以可比企业价值为基准，是一种相对价值，而非目标企业的内在价值，所以选项 A 错误；市盈率把价格和收益联系起来，直观地反映投入和产出的关系，所以选项 B 正确；市盈率涵盖了风险、增长率、股利支付率的影响，所以选项 C 正确；市盈率模型的局限性在于如果收益是负值，市盈率就失去了意义。因此，市盈率模型最适合连续盈利，并且 β 值接近于 1 的企业。所以选项 D 正确。

【该题针对“相对价值评估方法”知识点进行考核】

三、计算分析题

1. 【答案】（1）2017 年税后经营净利润 = 61.6 + 23 ×（1 - 20%）= 78.85（亿元）

2017 年经营营运资本增加 =（293 - 222）-（267 - 210）= 14（亿元）

2017 年购置固定资产的现金流出 = 资本支出 = 净经营性长期资产增加额 + 本期折旧与摊销 =（281 - 265）+ 30 = 46（亿元）

2017 年营业现金净流量 = 78.85 + 30 - 14 = 94.85（亿元）

2017 年实体现金流量 = 94.85 - 46 = 48.85（亿元）

（2）实体价值 = 48.85/（12% - 6%）= 814.17（亿元）

或：= 48.85/（1 + 12%）+ 50 ×（1 + 6%）/（12% - 6%）×（1 + 12%）= 814.17（亿元）

股权价值 = 814.17 - 163 = 651.17（亿元）

第八章

（3）实体价值 = 700 + 164 = 864（亿元）

864 = 2017 年实体现金流量/(12% - 6%)

2017 年实体现金流量 = 51.84（亿元）

2.【答案】

（1）2020 年初乙公司股权价值 = 750 × 80% ×（1 + 7.5%）/（11.5% - 7.5%）= 16 125（万元）

（2）

单位：万元

	2020 年	2021 年	2022 年
营业收入	6 000	6 000 ×（1 + 10%）= 6 600	6 600 ×（1 + 8%）= 7 128
营业成本	6 000 × 65% = 3 900	6 600 × 65% = 4 290	7 128 × 65% = 4 633.2
销售和管理费用	6 000 × 15% = 900	6 600 × 15% = 990	7 128 × 15% = 1 069.2
利息费用	6 000 × 30% × 8% = 144	1 980 × 8% = 158.4	2 138.4 × 8% = 171.07
净利润	(6 000 - 3 900 - 900 - 144) ×（1 - 25%）= 792	871.2	940.9
净经营资产	6 000 × 70% = 4 200	6 600 × 70% = 4 620	7 128 × 70% = 4 989.6
净负债	6 000 × 30% = 1 800	6 600 × 30% = 1 980	7 128 × 30% = 2 138.4
股东权益	4 200 - 1 800 = 2 400	4 620 - 1 980 = 2 640	4 989.6 - 2 138.4 = 2 851.2
股权权益增加	2 400 -（4 300 - 2 150）= 250	2 640 - 2 400 = 240	2 851.2 - 2 640 = 211.2
股权现金流量	792 - 250 = 542	871.2 - 240 = 631.2	940.9 - 211.2 = 729.7
折现系数	0.9009	0.8116	0.7312
预测期股权现金流量现值	488.29	512.28	533.56
后续期价值	26 269.11 × 0.7312 = 19 207.97		729.7 ×（1 + 8%）/（11% - 8%）= 26 269.11
乙公司股权价值	488.29 + 512.28 + 533.56 + 19 207.97 = 20 742.1		

（3）控股权溢价 = 20 742.1 - 16 125 = 4 617.1（万元）

为乙公司原股东带来的净现值 = 18 000 - 16 125 = 1 875（万元）

为甲公司带来的净现值 = 20 742.1 - 18 000 = 2 742.1（万元）

（4）为甲公司带来的净现值大于 0，所以收购可行。

3.【答案】

（1）

企业名称	可比企业市盈率	预期销售利润率
A 公司	18/16 = 1.125	10%
B 公司	20/22 = 0.91	6%
C 公司	24/20 = 1.2	11%
平均数	(1.125 + 0.91 + 1.2)/3 = 1.078	(10% + 6% + 11%)/3 = 9%

修正平均市盈率 = 1.078/(9% × 100) = 0.12

甲公司每股销售收入 = 180 000/10 000 = 18（元）

甲公司每股股权价值 = 0.12 × 6% × 100 × 18 = 12.96（元/股）

（2）甲公司每股销售收入 = 180 000/10 000 = 18（元）

甲公司每股股权价值 = 可比公司修正市销率 × 甲公司预期销售净利率 × 100 × 甲公司每股销售收入

A 公司修正市销率 = (18/16)/(10% × 100) = 0.1125

按 A 公司计算甲公司每股股权价值 = 0.1125 × 6% × 100 × 18 = 12.15（元）

B 公司修正市销率 = (20/22)/(6% × 100) = 0.1515

按 B 公司计算甲公司每股股权价值 = 0.1515 × 6% × 100 × 18 = 16.362（元）

C 公司修正市销率 = (24/20)/(11% × 100) = 0.1091

按 C 公司计算甲公司每股股权价值 = 0.1091 × 6% × 100 × 18 = 11.7828（元）

甲公司每股股权价值 = (12.15 + 16.362 + 11.7828)/3 = 13.4316（元）

四、综合题

（1）

单位：万元

项目	基期（修正）	2017 年度	2018 年度
资产负债表项目（年末）			
经营营运资本	50 000 × 1% + 4 000 + 2 250 − 3 000 = 3 750	3 750 × 1.02 = 3 825	3 825
净经营性长期资产	41 250	41 250 × 1.02 = 42 075	42 075
净经营资产总计	3 750 + 41 250 = 45 000	45 900	45 900
净负债	36 250 − (750 − 50 000 × 1%) = 36 000	30 262.5	29 835
股东权益合计	9 000	15 637.5	16 065
净负债及股东权益总计	45 000	45 900	45 900
利润表项目（年度）			
一、销售收入	50 000	50 000 × 1.02 = 51 000	51 000
减：销售成本	40 000	51 000 × 75% = 38 250	38 250
管理费用	1 000	1 000 × 1.02 = 1020	1 020
二、税前营业利润	9 000	11 730	11 730
减：经营利润所得税	9 000 × 25% = 2 250	2 932.5	2 932.5
三、税后经营净利润	6 750	8 797.5	8 797.5
利息费用	2 892	36 000 × 8% = 2 880	= 30 262.5 × 8% = 2 421
减：利息费用抵税	723	720	605.25
四、税后利息费用	2 169	2 160	1 815.75
五、净利润合计	4 581	6 637.5	6 981.75

2017 年度实体现金流量 = 税后经营净利润 − 净投资 = 8 797.5 − (45 900 − 45 000) = 7 897.5（万元）

2017 年可用于还款的最大剩余现金流量 = 实体流量 − 税后利息 = 7 897.5 − 2 160 = 5 737.5（万元）

还款后的期末负债 = 36 000 − 5 737.5 = 30 262.5（万元）

（按照目标负债比率目标最低负债 = 45 900 × 65% = 29 835 万元，剩余流量不足以还债）

【解析】

2018 年度实体现金流量 = 8 797.5 − (45 900 − 45 900) = 8 797.5（万元）

2018 年若剩余现金全部还款后的期末负债 = 23 280.75（万元）

（按照目标负债比率目标最低负债 = 45 900 × 65% = 29 835 万元）

说明：

预计目标资本结构为 65% 的目标最低净负债额 = 45 900 × 65% = 29 835（万元）

2018 年归还借款额 = 30 262.5 − 29 835 = 427.5（万元）

2018 年支付股利 = 6 981.75 − 427.5 = 6 554.25（万元）

（2）

2017 年 12 月 31 日的实体价值 = 7 897.5 × (P/A, 10%, 1) + (8 797.5/10%) × (P/A, 10%, 1) = (7 897.5 + 87 975) × 0.9091 = 87 156.82（万元）

股权价值 = 87 156.82 − 36 000 = 51 156.82（万元）

每股股权价值 = 51 156.82/8 000 = 6.39（元）

因为每股股权价值大于每股市价（5 元），所以甲公司的股价被低估了。

融资政策总结：

（1）单一的剩余股利政策：目标资本结构不变。

净经营资产增长率 = 净负债增长率 = 股东权益增长率

（2）多余现金首先用于归还借款。

第九章　资本结构

本章考情分析

本章近几年的考试题型主要是客观题，但本章主观题也有可能的考点，如杠杆系数的衡量、资本结构决策分析。

本章教材变化

本章教材内容无实质性变动。

基本内容框架

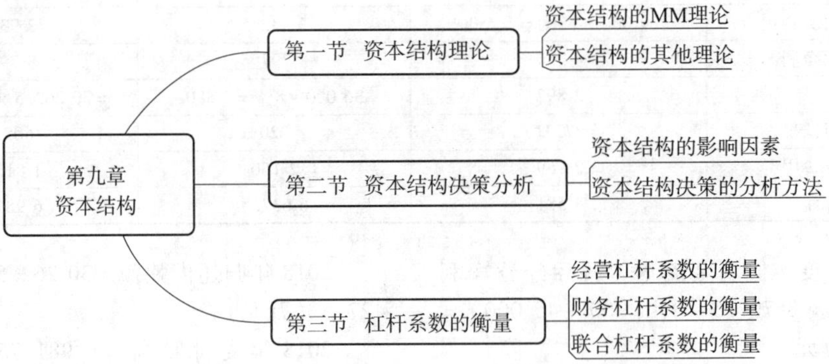

通关重难点例题解析

考点一：资本结构的 MM 理论（★★★）

一、MM 理论的假设前提

（1）经营风险可以用息前税前利润的方差来衡量，具有相同经营风险的公司称为风险同类。

（2）投资者等市场参与者对公司未来的收益与风险的预期是相同的。

（3）完美资本市场，即在股票与债券进行交易的市场中没有交易成本，且个人与机构投资者的借款利率与公司相同。

（4）借债无风险。即公司或个人投资者的所有债务利率均为无风险利率，与债务数量无关。

（5）全部现金流是永续的。即所有公司预计是零增长率，因此具有“预期不变”的息前税前利润，所有债券也是永续的。

二、无公司所得税条件下的 MM 理论

命题一：公司的资本结构与公司价值无关，公司加权平均资本成本与其资本结构无关。

（1）有负债企业价值 = 无负债企业价值

（2）有负债企业的加权平均资本成本 = 风险等级相同的无负债企业的权益资本成本

命题二：有负债公司的权益资本成本随着财务杠杆的提高而增加。

（1）有负债企业的权益资本成本 = 无负债企业的权益资本成本 + 风险溢价

（2）风险溢价与以市值计算的财务杠杆

成正比。

三、有公司所得税条件下的MM理论

命题一：有负债公司的价值等于具有相同风险等级的无负债公司的价值加上债务利息抵税收益的现值。

$V_L = V_U + T \times D$

其中：利息抵税收益的现值 $= D \times T \times i/i = D \times T$；$T$ 表示所得税税率；D 表示债务数量

命题一的表达式说明了由于债务利息可以税前扣除，形成了债务利息的抵税收益，相当于增加了公司的现金流量，增加了公司的价值。随着公司负债比例的提高，公司价值也随之提高，在理论上全部融资来源于负债时，公司价值达到最大。

命题二：有债务公司的权益资本成本等于相同风险等级的无负债公司的权益资本成本加上与以市值计算的债务与权益比例成比例的风险报酬，且风险报酬取决于公司的债务比例以及所得税税率，有负债公司的权益资本成本随着负债程度的增大而增加。

$K_e^L = K_e^U +$ 风险溢价 $= K_e^U + (K_e^U - K_d)(1-T)\dfrac{D}{E}$

【例题1·单选题】根据有税的MM理论的说法中，下列各项中会影响企业价值的是（　　）。（2016年）

A. 债务利息抵税

B. 债务代理成本

C. 债务代理收益

D. 财务困境成本

【答案】A

【解析】有税MM理论下，有负债企业价值＝无风险企业价值＋债务利息抵税收益现值。

【例题2·多选题】（2019年）下列关于有企业所得税情况理论的说法中，正确的有（　　）。

A. 高杠杆企业的债务资本成本大于低杠杆企业的债务资本成本

B. 高杠杆企业的价值大于低杠杆企业的价值

C. 高杠杆企业的权益资本成本大于低杠杆企业的权益资本成本

D. 高杠杆企业的加权平均资本成本大于低杠杆企业的加权平均资本成本

【答案】BC

【解析】有税MM理论下，随着债务比例的提高，债务资本成本不变。企业价值和权益资本成本随负债比例的提高而提高，加权平均资本成本随负债比例的提高而下降，所以选项A、D错误。

考点二：资本结构的其他理论（★★★）

一、权衡理论

强调在平衡债务利息的抵税收益与财务困境成本的基础上，实现公司价值最大化时的最佳资本结构。此时所确定的债务比率是债务抵税收益的边际价值等于增加的财务困境成本的现值。

$V_L = V_U + PV$（利息抵税）$- PV$（财务困境成本）

【例题3·单选题】下列有关资本结构理论的说法中，不正确的是（　　）。

A. 权衡理论认为，负债在为企业带来抵税收益的同时也给企业带来了陷入财务困境的成本

B. 财务困境成本的现值由发生财务困境的可能性以及企业发生财务困境的成本大小这两个因素决定

C. 财务困境成本的大小不能解释不同行业之间的企业杠杆水平的差异

D. 优序融资理论揭示了企业筹资时对不同筹资方式选择的顺序偏好

【答案】C

【解析】财务困境成本的大小和现金流的波动性有助于解释不同行业之间的企业杠杆水平的差异，所以选项C的说法不正确。

二、代理理论

（一）债务代理成本

债务的代理成本既可以表现为因过度投资使经理和股东受益而发生债权人价值向股东转移，也可以表现为因投资不足问题而发生股东为避免价值损失而放弃给债权人带来的价值增值。

表达式：$V_L = V_U + PV$（利息抵税）$- PV$（财务困境成本）$- PV$（债务的代理成本）$+ PV$（债务的代理收益）

项目	过度投资	投资不足
含义	因企业采用不盈利项目或高风险项目而产生的损害股东以及债权人利益并降低企业价值的现象	因企业放弃净现值为正的投资项目而使债权人利益受损并进而降低企业价值的现象
发生情形	(1) 企业经理与股东之间存在利益冲突；(2) 企业股东与债权人之间存在利益冲突	企业陷入财务困境且有比例较高的债务

(二) 债务代理收益

债务的代理收益将有利于减少公司的价值损失或增加公司价值，具体表现为债权人保护条款引入、对经理提升公司业绩的激励措施以及对经理随意支配现金流浪费公司资源的约束等。

(三) 债务代理成本与收益的权衡

$V_L=V_U+PV$(利息抵税) $-PV$(财务困境成本) $-PV$(债务的代理成本) $+PV$(债务的代理收益)

三、优序融资理论

基本观点：是当公司存在融资需求时，首先选择内源融资，其次会选择债务融资，最后选择股权融资。

【例题4·单选题】(2012年) 甲公司目前存在融资需求。如果采用优序融资理论，管理层应当选择的融资顺序是 (　　)。

A. 内部留存收益、公开增发新股、发行公司债券、发行可转换债券

B. 内部留存收益、公开增发新股、发行可转换债券、发行公司债券

C. 内部留存收益、发行公司债券、发行可转换债券、公开增发新股

D. 内部留存收益、发行可转换债券、发行公司债券、公开增发新股

【答案】C

【解析】优序融资理论遵循先内源融资后外源融资的基本顺序。在需要外源融资时，按照风险程度的差异，优先考虑债权融资 (先普通债券后可转换债券)，不足时再考虑权益融资。

考点三：资本结构的影响因素 (★★)

(1) 内部因素：通常有营业收入、成长性、资产结构、盈利能力、管理层偏好、财务灵活性以及股权结构等。

(2) 外部因素：通常有税率、利率、资本市场、行业特征等。不同公司类型与负债水平的关系：

企业状况	负债水平能力
收益与现金流量波动大的企业	低
成长性好的企业	高
盈利能力强的企业	低
一般性用途资产比例高，特殊用途资产比例低的企业	高
财务灵活性大的企业	高

【例题5·多选题】下列各项中，属于影响资本结构的外部因素有 (　　)。

A. 成长性

B. 管理层偏好

C. 资本市场

D. 行业特征

【答案】CD

【解析】影响资本结构的因素较为复杂，大体可以分为企业的内部因素和外部因素。内部因素通常有营业收入、成长性、资产结构、盈利能力、管理层偏好、财务灵活性以及股权结构等；外部因素通常有税率、利率、资本市场、行业特征等。

考点四：资本结构决策分析方法 (★★★)

一、资本成本比较法

不考虑融资方式在数量与比例上的约束以及财务风险差异，计算基于市场价值的长期融资组合方案的加权平均资本成本，选择加权平均资本成本最小的融资方案，确定为相对最优的资本结构。

【例题6·单选题】企业需要筹集资金1 000万元，有以下三种筹资方案可供选择：方案一，长期借款500万元，利率6%；发行普通股500万元，资本成本为15%。方案二，发行长期债券400万元，资本成本为5.5%；发行普通股600万元，资本成本为15%。方案三，长期借款400万元，利率6%；发行长期债券200万元，资本成本为5%；发行普通

股400万元，资本成本为16%。该企业所得税税率为25%。则采用资本成本比较法确定的最优资本结构是（ ）。

A. 方案一

B. 方案二

C. 方案三

D. 方案一或方案二

【答案】C

【解析】方案一加权平均资本成本 = 6% ×（1 - 25%）× 500/1 000 + 15% × 500/1 000 = 9.75%

方案二加权平均资本成本 = 5.5% × 400/1 000 + 15% × 600/1 000 = 11.2%

方案三加权平均资本成本 = 6% ×（1 - 25%）× 400/1 000 + 5% × 200/1 000 + 16% × 400/1 000 = 9.2%

由于方案三的加权平均资本成本最低，所以选项方案三。

二、每股收益无差别点法

含义：所谓每股收益无差别点，是指每股收益不受融资方式影响的销售水平。

计算不同筹资方式的每股收益，并令其两两相等，以求出每股收益的无差别点处的息税前利润（或销售水平）。该种方法判断资本结构是否合理，是通过分析每股收益的变化来衡量。能提高每股收益的资本结构是合理的，反之不合理。

计算公式：$[(EBIT - I_1) \times (1 - T) - PD_1] / N_1 = [(EBIT - I_2) \times (1 - T) - PD_2] / N_2$

决策原则：当息前税前利润大于每股收益无差别点的息前税前利润时，运用负债筹资可获得较高的每股收益；反之运用权益筹资可获得较高的每股收益。

局限性：没有考虑风险因素。

【例题7·单选题】（2012年）甲公司因扩大经营规模需要筹集长期资本，有发行长期债券、发行优先股、发行普通股三种筹资方式可供选择。经过测算，发行长期债券与发行普通股的每股收益无差别点为120万元，发行优先股与发行普通股的每股收益无差别点为180万元。如果采用每股收益无差别点法进行筹资方式决策，下列说法中，正确的是（ ）。

A. 当预期的息税前利润为100万元时，甲公司应当选择发行长期债券

B. 当预期的息税前利润为150万元时，甲公司应当选择发行普通股

C. 当预期的息税前利润为180万元时，甲公司可以选择发行普通股或发行优先股

D. 当预期的息税前利润为200万元时，甲公司应当选择发行长期债券

【答案】D

【解析】发行长期债券与发行普通股的每股收益无差别点为120万元，发行优先股与发行普通股的每股收益无差别点为180万元。当预期的息税前利润为200万元时，应该选择发行长期债券。

三、公司价值比较法

最佳资本结构应当是可使公司的总价值最高，而不一定是每股收益最大的资本结构。同时，在公司总价值最大的资本结构下，公司的资本成本也是最低的。

（1）衡量公司价值的一种合理的方法是：公司的市场价值 V 等于其股票的市场价值 S 加上长期债务价值 B，再加上优先股的价值 P。

在不存在优先股的情况下：$V = S + B$。

（2）加权平均资本成本 = 税前债务资本成本 ×（1 - T）× B/V + 股权资本成本 × S/V

（3）债券市场价值通常采用简化做法，按账面价值确定。

（4）企业价值最大的资本结构即最佳资本结构。

【例题8·单选题】（2019年）企业目标资本结构是使加权平均资本成本最低的资本结构。假设其他条件不变，该资本结构也是（ ）。

A. 使每股收益最高的资本结构

B. 使利润最大的资本结构

C. 使股东财富最大的资本结构

D. 使股票价格最高的资本结构

【答案】C

【解析】公司的最佳资本结构应当是使公司的总价值最高，同时加权平均资本成本也是最低，而不一定是每股收益最高或利润最大的资本结构。假设股东投资资本和债务价值不变，公司价值最大化与增加股东财富具

有相同的意义。所以选择选项C。

考点五：经营杠杆系数的衡量（★★）

一、息税前利润与盈亏平衡分析

1. 息税前利润 $EBIT = Q\times(P-V)-F$

其中，Q——销量；P——单价；V——变动成本；F——固定成本。

2. 盈亏平衡点销售量

当息税前利润等于0的时候，达到了盈亏平衡点，这个时候的收入涵盖了所有的变动成本和固定成本。

$EBIT = Q_{BE}\times(P-V) - F = 0$

盈亏平衡点的销售量 $Q_{BE}=F/(P-V)$

二、经营风险

含义：经营风险是指公司未使用债务时经营的内在风险，即由于经营上的原因给公司的收益（$EBIT$）或报酬率带来的不确定性。

影响因素：（1）产品需求、产品售价、产品成本以上三个因素越稳定，利润越稳定，经营风险越小；越不稳定，经营风险越大。

（2）调整价格的能力。当产品成本变动时，若公司具有较强的价格调整能力，则经营风险小。

（3）固定成本的比重。固定成本比重大——经营风险大。

三、经营杠杆系数的衡量方法

经营杠杆系数的衡量 $= DOL = \dfrac{\Delta EBIT/EBIT}{\Delta S/S}=\dfrac{Q\times(P-V)}{Q\times(P-V)-F}=\dfrac{S-VC}{S-VC-F}=\dfrac{EBIT+F}{EBIT}$ = 息税前利润变化的百分比/营业收入变化的百分比

【例题9·单选题】某企业本年息税前利润10 000元，测定的经营杠杆系数为2，假设固定成本不变，预计明年营业收入增长率为5%，则预计明年的息税前利润为（　　）元。

A. 10 000

B. 10 500

C. 20 000

D. 11 000

【答案】D

【解析】经营杠杆系数 = 息税前利润变动率/营业收入变动率，本题中，经营杠杆系数为2，表明销售增长1倍会引起息税前利润以2倍的速度增长，因此，预计明年的息税前利润应为：10 000 ×（1 + 2 × 5%）= 11 000（元）。

考点六：财务杠杆系数的衡量（★★）

一、财务风险

财务风险指公司运用债务筹资方式而产生的丧失偿付能力的风险，而这种风险最终由普通股股东承担。

二、财务杠杆系数的意义

财务杠杆系数表明息税前利润增长（减少）引起的每股收益的增长（减少）幅度。

三、财务杠杆效应的衡量方法

财务杠杆系数的衡量 $DFL=\dfrac{\Delta EPS/EPS}{\Delta EBIT/EBIT}=\dfrac{Q\times(P-V)-F}{Q\times(P-V)-F-I-PD/(1-T)}=\dfrac{EBIT}{EBIT-I-PD/(1-T)}$ = 每股收益变化的百分比/息税前利润变化的百分比

【例题10·单选题】甲公司只生产一种产品，产品单价为6元，单位变动成本为4元，产品销量为10万件/年，固定成本为5万元/年，利息支出为3万元/年。甲公司的财务杠杆为（　　）。

A. 1.08　　B. 1.25

C. 1.69　　D. 1.88

【答案】B

【解析】财务杠杆系数 = 息税前利润/（息税前利润 − 利息）= [（6 − 4）×10 − 5]/[（6 − 4）×10 − 5 − 3] = 1.25。

考点七：联合杠杆系数的衡量（★★）

含义：联合杠杆效应是指由于固定经营成本和固定融资费用的存在，导致普通股每股收益变动率大于营业收入变动率的现象。

联合杠杆系数的衡量 $DTL=\dfrac{\Delta EPS/EPS}{\Delta S/S}=DOL\times DFL=\dfrac{Q\times(P-V)}{Q\times(P-V)-F-I-PD/(1-T)}=\dfrac{EBIT-F}{EBIT-I-PD/(1-T)}$ = 每股收益变化的百分比/营业收入变化的百分比

【例题 11 · 单选题】联合杠杆可以反映（　　）。(2013 年)

A. 营业收入变化对息税前利润的影响程度

B. 营业收入变化对每股收益的影响程度

C. 息税前利润变化对每股收益的影响程度

D. 营业收入变化对边际贡献的影响程度

【答案】B

【解析】选项 A 反映的是经营杠杆，选项 C 反映的是财务杠杆。联合杠杆系数 = 每股收益变动率/营业收入变动率，所以选项 B 正确。

通关演练

一、单项选择题

1. 某企业 2019 年的边际贡献总额为 100 万元，固定成本为 50 万元，利息为 10 万元。若预计 2020 年的销售额增长 20%，则 2020 年的息税前利润为（　　）万元。

A. 75　　B. 60

C. 70　　D. 62.5

2. 甲公司只生产一种产品，产品单价为 8 元，单位变动成本为 5 元，产品销量为 10 万件/年，固定成本为 4 万元/年，利息支出为 2 万元/年，甲公司的联合杠杆为（　　）。

A. 1.18　　B. 1.25

C. 1.33　　D. 1.66

3. 甲公司目前存在融资需求。如果采用优序融资理论，管理层应当选择的融资顺序是（　　）。

A. 内部留存收益、公开增发新股、发行公司债券、发行可转换债券

B. 内部留存收益、发行公司债券、发行可转换债券、公开增发新股

C. 内部留存收益、公开增发新股、发行可转换债券、发行公司债券

D. 内部留存收益、发行可转换债券、发行公司债券、公开增发新股

4. 下列各项中，关于资本结构理论的说法中不正确的是（　　）。

A. 权衡理论是在代理理论的基础上进行延伸的

B. 权衡理论强调平衡债务利息抵税收益与财务困境成本

C. 在企业陷入财务困境时，容易引起过度投资与投资不足问题

D. 财务困境成本的现值由发生财务困境的可能性和发生财务困境的成本大小两个重要因素决定

5. 某公司明年的经营杠杆系数为 2.5，财务杠杆系数为 1.8，若明年该公司营业收入降低 10%，就会造成每股收益（　　）。

A. 提高 45%　　B. 降低 45%

C. 降低 25%　　D. 提高 18%

6. 甲公司只生产一种产品，产品单价为 12 元，单位变动成本为 4 元，产品销量为 10 万件/年，固定成本为 5 万元/年，利息支出为 4 万元/年。甲公司的财务杠杆为（　　）。

A. 1.18　　B. 1.26

C. 1.33　　D. 1.07

7. 下列各种资本结构的理论中，认为有负债企业价值一定高于无负债企业价值的是（　　）。

A. 无税 MM 理论

B. 有税 MM 理论

C. 代理理论

D. 权衡理论

8. 某公司有负债的股权资本成本为 20%，债务税前资本成本为 6%，以市值计算的债务与企业价值的比为 1∶3。若公司目前处于免税期，则无负债企业的权益资本成本为（　　）。

A. 15.33%　　B. 16.5%

C. 27%　　D. 21.2%

9. 下列各种资本结构的理论中，认为有负债企业价值与无负债企业价值相等的是（　　）。

A. 无税 MM 理论

B. 有税 MM 理论

C. 优序融资理论

D. 权衡理论

10. 下列各项中，关于资本结构理论的说法中不正确的是（　　）。

A. 代理理论是在权衡理论的基础上进行延伸的

B. 权衡理论强调平衡债务利息抵税收益

与财务困境成本

C. 在企业陷入财务困境时，不会引起投资过度问题

D. 财务困境成本的现值由发生财务困境的可能性和发生财务困境的成本大小两个重要因素决定

11. 甲公司2017年净利润为63万元，优先股股利为15万元，已知利息保障倍数为2.4，企业适用的所得税税率为25%，则2018年财务杠杆系数为（　　）。

A. 1.71　　B. 2.25

C. 3.69　　D. 2.98

12. 某公司2017年的财务杠杆系数是1.5，经营杠杆系数是2，普通股每股收益的预期增长率为60%，假定其他因素不变，则2017年预期的销售增长率为（　　）。

A. 5%　　B. 20%

C. 12%　　D. 10%

二、多项选择题

1. 下列关于资本结构理论的表述中，正确的有（　　）。

A. 根据MM理论，当存在企业所得税时，企业负债比例越高，企业价值越大

B. 根据权衡理论，平衡债务利息的抵税收益与代理成本是确定最优资本结构的基础

C. 根据代理理论，当负债程度较高的企业陷入财务困境时，股东通常会选择投资净现值为正的项目

D. 根据优序融资理论，当存在外部融资需求时，首先是选择内源融资，其次是外源融资

2. 若某一企业的经营处于盈亏临界状态，则下列相关表述中，正确的有（　　）。

A. 此时销售额正处于销售收入线与总成本线的交点

B. 此时的经营杠杆系数趋近于无穷小

C. 此时的销售息税前利润率等于零

D. 此时的边际贡献等于固定成本

3. 下列各项中，属于MM理论的假设条件的有（　　）。

A. 经营风险可以用息税前利润的方差来衡量

B. 投资者等市场参与者对公司未来的收益和风险的预期是相同的

C. 在股票与债券进行交易的市场中没有交易成本，且个人与机构投资者的借款利率与公司相同

D. 全部现金流是永续增长的

4. 下列关于资本结构理论的说法中，正确的有（　　）。

A. 按照优序融资理论的观点，利用留存收益筹资是首选

B. 按照无税的MM理论，负债比重不影响权益资本成本和加权资本成本

C. 按照有税的MM理论，负债比重既影响权益资本成本又影响加权资本成本

D. 代理理论、权衡理论、有税的MM理论都认为企业价值最大时的资本结构是最优资本结构

5. 关于资本结构的影响因素，下列说法中正确的有（　　）。

A. 财务灵活性大的企业要比财务灵活性小的企业的负债能力强

B. 影响资本结构的因素较为复杂，既包括内部因素又包括外部因素

C. 成长性好的企业要比成长性差的企业负债水平高

D. 税率、利率、资本市场、行业特征是影响资本结构的外部因素

6. 下列属于影响资本结构内部因素的有（　　）。

A. 成长性　　B. 资产结构

C. 财务灵活性　　D. 股权结构

7. 以下属于影响资本结构外部因素的有（　　）。

A. 税率　　B. 利率

C. 资本市场　　D. 行业特征

8. 下列说法中错误的有（　　）。

A. 通过每股收益无差别点分析，我们可以准确地确定一个公司已存在的财务杠杆、每股收益、资本成本与企业价值之间的关系

B. 每股收益无差别点分析不能用于确定最优资本结构

C. 经营杠杆是经营风险的来源

D. 经营风险指企业未使用债务时经营的内在风险

9. 降低经营杠杆系数，从而降低企业经营风险的途径有（　　）。

A. 提高资产负债率

B. 节约固定成本开支

C. 提高产品销售量

D. 提高权益乘数

10. 下列关于经营杠杆的说法中，正确的有（　　）。

A. 当固定成本不为 0 时，通常经营杠杆系数都是大于 1 的

B. 经营杠杆系数越小，经营风险越小

C. 经营杠杆系数说明了营业收入增长（减少）所引起息前税前利润增长（减少）的幅度

D. 当企业经营处于盈亏平衡点且存在固定成本时，经营杠杆系数趋近于无穷小

三、计算分析题

1. 某企业全部固定成本和费用为 300 万元，企业资产总额为 5 000 万元，资产负债率为 40%，负债平均利息率为 5%，净利润为 750 万元，公司适用的所得税税率为 25%。

要求：

（1）计算 DOL、DFL、DTL。

（2）预计销售增长 20%，公司每股收益增长多少？

2. 某公司目前拥有资金 600 万元，其中：普通股 300 万元，每股价格 10 元；债券 200 万元，年利率 8%；优先股 100 万元，年股利率 15%。该公司准备追加筹资 400 万元，有下列两种方案可供选择：

（1）发行债券 400 万元，年利率 10%；

（2）发行普通股股票 400 万元，每股发行价格 20 元。

假定该公司所得税税率为 25%。

要求：

（1）计算采用发行债券方案后的利息费用总额；

（2）计算采用发行股票方案后额股权规模；

（3）计算每股收益无差别点及无差别点的每股收益额；

（4）当公司息税前利润为 160 万元时，计算采用股权融资方案的财务杠杆系数；

（5）如果不考虑风险，当公司息税前利润为 160 万元时应选择哪个方案？

四、综合题

甲公司是一家上市公司，生产 A、B、C 三种产品。目前的股价为 10 元，企业预期的息税前利润为 320 万元，企业的所得税税率为 25%，其他相关资料如下：

资料一：甲公司目前有 1 000 万元长期资本，均为普通股，股价为 10 元/股。企业目前希望再实现 1 000 万元的长期资本融资以满足扩大经营规模的需要。目前有三种筹资方案可供选择：

方案一：全部通过年利率为 10% 的长期债券融资。

方案二：全部是优先股股利率为 12% 的优先股筹资。

方案三：全部依靠发行普通股股票筹资，按照目前的股价，需要 100 万股新股。

资料二：甲公司 A、B、C 三种产品的情况如下：

项目	产品 A	产品 B	产品 C
单价（元）	980	1 200	1 100
单位变动成本（元）	450	650	500
销量（万件）	10	12	15

甲公司的财务费用为 220 万元，固定成本总额为 1 200 万元。

要求：

（1）根据资料一，采用每股收益无差别点法计算甲公司应该选择哪个方案。

（2）计算甲公司目前的经营杠杆系数、财务杠杆系数和联合杠杆系数。

（3）计算甲公司按照要求（1）的方案筹资后的经营杠杆系数、财务杠杆系数和联合杠杆系数。

答案及解析

一、单项选择题

1.【答案】C

【解析】2019 年的经营杠杆系数 = 100/(100 − 50) = 2，2019 年的息税前利润增长率 = 2 × 20% = 40%，2020 年息税前利润 = (100 − 50) × (1 + 40%) = 70（万元）。

2.【答案】B

【解析】联合杠杆系数 = (息税前利润 +

固定成本)/(息税前利润－利息)＝[(8－5)×10]/[(8－5)×10－4－2]＝1.25。

3.【答案】B

【解析】优序融资理论遵循先内源融资后外源融资的基本顺序。在需要外源融资时，按照风险程度的差异，优先考虑债务融资(先普通债券后可转换债券)，不足时再考虑股权融资。

4.【答案】A

【解析】权衡理论：$V_L = V_U + PV$(利息抵税)－PV(财务困境成本)

代理理论：$V_L = V_U + PV$(利息抵税)－PV(财务困境成本)－PV(债务的代理成本)＋PV(债务的代理收益)。因此，代理理论是权衡理论的延伸。

5.【答案】B

【解析】联合杠杆系数＝每股收益变动百分比/营业收入变动百分比＝4.5，所以每股收益变动百分比＝4.5×(－10%)＝－45%。

6.【答案】D

【解析】财务杠杆系数＝息税前利润/(息税前利润－利息)＝[(12－4)×10－5]/[(12－4)×10－5－4]＝1.07。

7.【答案】B

【解析】无税MM理论下，有负债企业价值＝无负债企业价值；有税MM理论下，有负债企业价值＝无负债企业价值＋债务利息抵税现值；权衡理论下，有负债企业价值＝无负债企业价值＋债务利息抵税现值－财务困境成本现值；代理理论下，有负债企业价值＝无负债企业价值＋债务利息抵税现值－财务困境成本现值－债务代理成本现值＋债务代理收益现值。所以，B选项正确。

8.【答案】A

【解析】根据无税的MM理论可知：20%＝Keu＋1/2×(Keu－6%)，所以Keu＝15.33%。

9.【答案】A

【解析】无税MM理论下，有负债企业价值＝无负债企业价值；有税MM理论下，有负债企业价值＝无负债企业价值＋债务利息抵税现值；权衡理论下，有负债企业价值＝无负债企业价值＋债务利息抵税现值－财务困境成本现值；代理理论下，有负债企业价值＝无负债企业价值＋债务利息抵税现值－财务困境成本现值－债务代理成本现值＋债务代理收益现值。

10.【答案】C

【解析】在企业陷入财务困境时，容易引起投资不足和投资过度问题。所以，C选项错误。

11.【答案】B

【解析】利息保障倍数＝$EBIT/I$，因此$EBIT＝2.4I$，净利润＝$(EBIT－I)×(1－T)$，则63＝$(2.4I－I)$×(1－25%)，解得：I＝60(万元)，$EBIT$＝2.4I＝60×2.4＝144(万元)，2018年财务杠杆系数＝144/[144－60－15/(1－25%)]＝2.25。

12.【答案】B

【解析】联合杠杆系数＝1.5×2＝3，根据联合杠杆系数的定义，销售增长率＝每股收益增长率/联合杠杆系数＝60%/3＝20%。

二、多项选择题

1.【答案】AD

【解析】按照有税的MM理论，有负债企业的价值等于具有相同风险等级的无负债企业的价值加上债务利息抵税收益的现值，因此负债越多企业价值越大，选项A正确；权衡理论就是强调在平衡债务利息的抵税收益与财务困境成本的基础上，实现企业价值最大化时的最佳资本结构，选项B错误；根据代理理论，在企业陷入财务困境时，更容易引起过度投资问题与投资不足问题，导致发生债务代理成本，过度投资是指企业采用不盈利项目或高风险项目而产生的损害股东以及债权人的利益并降低企业价值的现象，投资不足问题是指企业放弃净现值为正的投资项目而使债权人利益受损并进而降低企业价值的现象，选项C错误；根据优序融资理论，当企业存在融资需求时，首先是选择内源融资，其次会选择债务融资，最后选择股权融资，选项D正确。

2.【答案】ACD

【解析】若某一企业的经营处于盈亏临界状态，此时息税前利润趋近于0，经营杠杆系数＝$(EBIT＋F)/EBIT$，所以此时的经营杠杆系数趋近于无穷大。

3.【答案】ABC

【解析】MM理论中的假设条件不包括全

部现金流是永续增长的，D 项错误。

4.【答案】ACD

【解析】按照无税的 MM 理论，企业的加权平均资本成本和资本结构无关，但是负债比重越高，权益资本成本越高。选项 B 不正确。

【该题针对“无税 MM 理论”知识点进行考核】

5.【答案】ABCD

【解析】本题主要考查资本结构的影响因素，以上表述都是正确的。

【该题针对“资本结构的影响因素”知识点进行考核】

6.【答案】ABCD

【解析】影响资本结构的内部因素包括：营业收入、成长性、资产结构、盈利能力、管理层偏好、财务灵活性以及股权结构等。

【该题针对“资本结构的影响因素”知识点进行考核】

7.【答案】ABCD

【解析】影响资本结构的外部因素包括：税率、利率、资本市场、行业特征等。

【该题针对“资本结构的外部因素”知识点进行考核】

8.【答案】AC

【解析】每股收益没有考虑风险因素，所以不能准确反映财务杠杆、资本成本与企业价值的关系，选项 A 错误；每股收益无差别点法在判断资本结构是否合理时，认为能提高每股收益的资本结构是合理的，反之则不够合理。但是公司的最佳资本结构应当是可使公司的总价值最高，而不一定是每股收益最大的资本结构，所以每股收益无差别点分析不能用于确定最优资本结构，选项 B 正确；经营风险是由于生产经营的不确定性引起的，并不是经营杠杆引起的，但由于存在经营杠杆作用，会使销量较小的变动引起息税前利润较大的变动，选项 C 错误；选项 D 是经营风险的含义，表述正确。

【该题针对“每股收益无差别点”“经营风险”知识点进行考核】

9.【答案】BC

【解析】节约固定成本开支、提高产品销量，可以降低经营杠杆系数，降低经营风险。而提高资产负债率、提高权益乘数与经营风险无关，只影响财务风险。

【该题针对“经营杠杆”“经营风险”知识点进行考核】

10.【答案】ABC

【解析】企业经营处于盈亏平衡点，则息前税前利润为 0，经营杠杆系数 =（息前税前利润 + 固定成本）/息前税前利润，分母息前税前利润为 0，则分数趋近于无穷大，选项 D 不正确。

【该题针对“经营杠杆”知识点进行考核】

三、计算分析题

1.【答案】

（1）税前利润 = 750/(1 − 25%) = 1 000（万元）

利息 = 5 000 × 40% × 5% = 100（万元）

$EBIT$ = 1 000 + 100 = 1 100（万元）

固定经营成本 = 300 − 100 = 200（万元）

边际贡献 = 1 100 + 200 = 1 300（万元）

DOL = 1300 ÷ 1 100 = 1.18

DFL = 1100 ÷ 1 000 = 1.1

DTL = 1300 ÷ 1 000 = 1.3

（2）每股收益增长率 = 1.3 × 20% = 26%

2.【答案】

（1）发行债券方案后的利息费用总额 = 200 × 8% + 400 × 10% = 56（万元）

（2）发行股票方案后额股权规模 = 300/10 + 400/20 = 50 万股

（3）根据每股收益无差别点的计算公式，可列等式如下：

$$[(EBIT-56)\times(1-25\%)-15]/30=[(EBIT-16)\times(1-25\%)-15]/50$$

$EBIT$ = 136 万元

EPS = 1.5

（4）股权融资财务杠杆系数 = $EBIT/[EBIT-I-PD/(1-T)]$ = 160/[160 − 16 − 15/(1 − 25%)] = 1.29。

（5）如果不考虑风险，当公司息税前利润为 160 万元时，该公司应选择发行债券筹资方案。

四、综合题

【答案】

(1) 首先计算方案一和方案二的每股收益无差别点。

[(EBIT－1 000×10%)×(1－25%)－0]/100＝[(EBIT－0)×(1－25%)－1 000×12%]/100

无解，长期债务方案的每股收益永远大于优先股筹资的每股收益。

其次，计算方案一和方案三的每股收益无差别点。

[(EBIT－1 000×10%)×(1－25%)－0]/100＝[(EBIT－0)×(1－25%)－0]/200

解得：EBIT＝200（万元）

最后，计算方案二和方案三的每股收益无差别点。

[(EBIT－0)×(1－25%)－1 000×12%]/100＝[(EBIT－0)×(1－25%)－0]/200

解得：EBIT＝320（万元）

由于甲公司预期的息税前利润为320万元，在方案一与方案三比较式选择长期债务融资。在方案三和方案二的比较中选择哪个都无差别。方案一和方案二即长期债务线与优先股线是平行的，不会产生每股收益无差别点，这说明债务融资在任何同一预期收益条件下均比发行优先股能提供更高的每股收益。如果将三个方案综合起来考虑，选择方案一能够实现最大的每股收益。

(2) 边际贡献总额＝(980－450)×10＋(1 200－650)×12＋(1 100－500)×15＝20 900（万元）

息税前利润＝20 900－1 200＝19 700（万元）

经营杠杆系数＝(EBIT＋F)/EBIT＝(19 700＋1 200)/19 700＝1.06

财务杠杆系数＝EBIT/[EBIT－I－PD/(1－T)]＝19 700/(19 700－220)＝1.01

联合杠杆系数＝经营杠杆系数×财务杠杆系数＝[(19 700＋1 200)/19 700]×[19 700/(19 700－220)]＝1.07。

(3) 要求（1）的结果是按照方案一筹资，增加利息＝1 000×10%＝100（万元）

边际贡献总额＝(980－450)×10＋(1 200－650)×12＋(1 100－500)×15＝20 900（万元）

息税前利润＝20 900－1 200＝19 700（万元）

经营杠杆系数＝(EBIT＋F)/EBIT＝(19 700＋1 200)/19 700＝1.06

财务杠杆系数＝EBIT/[EBIT－I－PD/(1－T)]＝19 700/(19 700－220－100)＝1.0165

联合杠杆系数＝经营杠杆系数×财务杠杆系数＝[(19 700＋1 200)/19 700]×[19 700/(19 700－320)]＝1.0784。

第十章　长期筹资

本章考情分析

本章为重要章节，主要内容为长期资本筹集方式，考试的题型客观题、主观题都有可能性。

本章教材变化

本章第二节普通股筹资补充了较多内容，并按照《证券法》和《上市公司证券发行管理办法》的新修订进行了相关变动。

基本内容框架

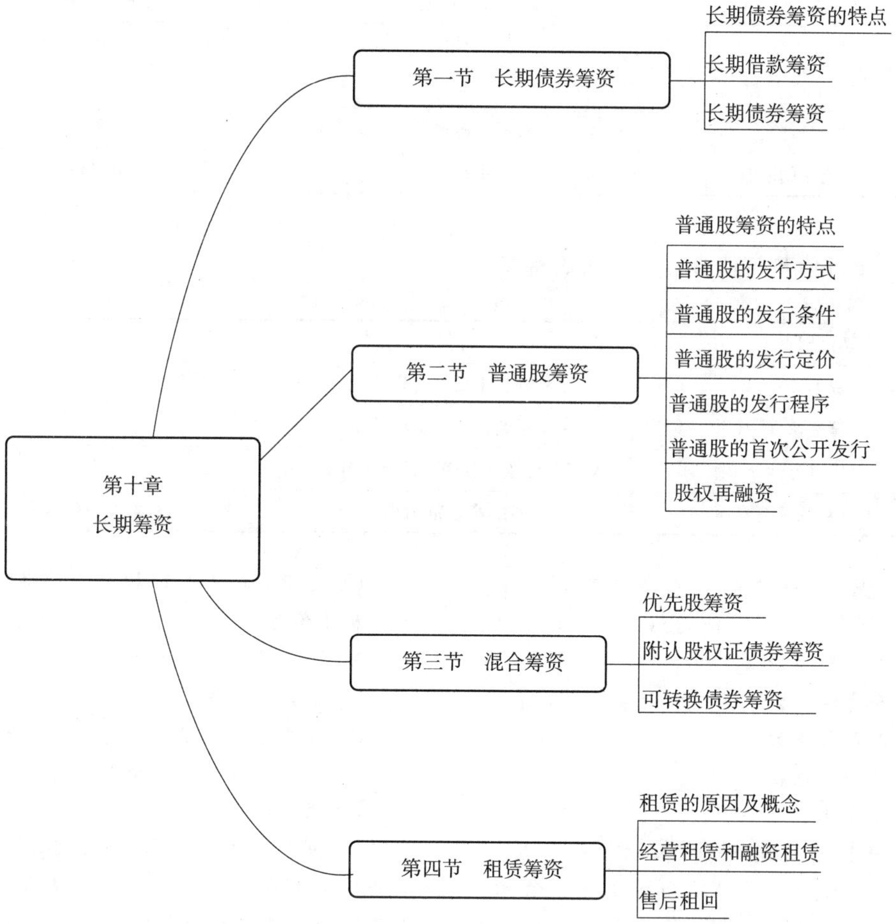

通关重难点例题解析

考点一：长期债务筹资的特点（★）

一、债务筹资与普通股筹资相比的特点

区别点	债务筹资	普通股筹资
资本成本	低（利息可抵税；投资人风险小，要求回报低）	高（股利不能抵税；股票投资人风险大，要求回报高）
公司控制权	不分散	会分散
筹资风险	高（到期偿还；支付固定利息）	低（无到期日；没有固定股利负担）
资金使用的限制	限制条款多	限制少

二、长期债务与短期负债相比的特点

区别点	短期负债	长期债务
筹资速度	快	慢
资本成本	低	高
筹资风险	高（期限短，还本付息压力大）	低
资金使用的限制	限制相对宽松	限制条款多

三、银行借款与债券筹资相比的特点

区别点	银行借款	债券筹资
资本成本	低（利息率低，筹资费低）	高
筹资速度	快（手续比发行债券简单）	慢
筹资弹性	大（可协商，可变更性比债券好）	小
筹资对象及范围	对象窄，范围小	对象广，范围大

【例题1·单选题】长期借款筹资与长期债券筹资相比，其特点是（　　）。

A. 利息能节税

B. 筹资弹性大

C. 筹资费用大

D. 债务利息高

【答案】B

【解析】借款时公司与银行直接交涉，有关条件可谈判确定，用款期间发生变动，也可与银行再协商。而债券融资面对的是社会广大投资者，协商改善融资条件的可能性很小。

【例题2·单选题】相对于普通股筹资而言，属于债务筹资特点的是（　　）。

A. 资本成本高

B. 没有固定偿还期限

C. 形成企业固定的利息负担

D. 会分散投资者对企业的控制权

【答案】C

【解析】债务筹资是与普通股筹资性质不同的筹资方式。与后者相比，债务筹资的特点表现为：筹集的资金具有使用上的时间性，需到期偿还；不论企业经营好坏，需固定支付债务利息，从而形成企业固定的负担；其

资本成本一般比普通股筹资成本低，且不会分散投资者对企业的控制权。

考点二：长期借款筹资（★★）

定义：长期借款是指企业向银行或其他非银行金融机构借入的使用期限超过1年的借款，主要用于购建固定资产和满足长期流动资金占用的需要。

种类：（1）按照用途：固定资产投资借款、更新改造借款、科技开发和新产品试制借款。

（2）按照提供贷款的结构：政策性银行贷款、商业银行贷款、信托投资贷款、财务公司各种中长期贷款。

（3）按照有无担保：信用贷款和抵押贷款。

条件：（1）独立核算、自负盈亏、有法人资格。

（2）经营方向和业务范围符合国家产业政策，借款用途符合规定。

（3）借款企业具有一定的物资和财产保证，担保单位具有相应的经济实力。

（4）具有偿还贷款的能力。

（5）财务管理和经济制度健全，资金使用效益及企业经济效益良好。

（6）在银行设有账户，办理结算。

保护性条款：

1. 一般性保护条款

2. 特殊性保护条款：

（1）贷款专款专用；

（2）不准企业投资于短期内不能收回资金的项目；

（3）限制企业高级职员的薪金和奖金总额；

（4）要求企业主要领导人在合同有效期间担任领导职务；

（5）要求企业主要领导人购买人身保险。

成本：高于短期借款。

偿还方式：定期支付利息、到期一次性偿还本金的方式等。

与其他长期负债筹资相比，长期借款的优点：（1）筹资速度快；（2）借款弹性好。

缺点：（1）财务风险较大；（2）限制条款较多。

【例题3·多选题】公司的下列行为中，可能损害债权人利益的有（ ）。（2016年）

A. 提高股利支付率

B. 加大为其他企业提供的担保

C. 提高资产负债率

D. 加大高风险投资比例

【答案】ABCD

【解析】选项A，提高股利支付率，减少了可以用来归还借款和利息的现金流；选项B、C，增加了企业的财务风险，可能损害债权人的利益；选项D增加了亏损的可能性，导致借款企业还本付息的压力增大，损害债权人的利益。

【例题4·单选题】下列各项中，不属于长期借款特殊性保护条款的是（ ）。

A. 贷款专款专用

B. 不准企业投资于短期内不能收回资金的项目

C. 限制企业高级职员的薪金和奖金总额

D. 限制资本支出规模

【答案】D

【解析】长期借款的特殊性保护条款包括：①贷款专款专用；②不准企业投资于短期内不能收回资金的项目；③限制企业高级职员的薪金和奖金总额；④要求企业主要领导人在合同有效期内担任领导职务；⑤要求企业主要领导人购买人身保险。选项D属于长期借款的一般性保护条款。

【例题5·单选题】下列关于长期借款的有关说法中，错误的是（ ）。

A. 长期借款按有无担保可划分为信用贷款、抵押贷款

B. 企业申请长期借款，必须具有法人资格

C. 贷款专款专用属于长期借款的一般保护性条款

D. 目前国家处于提高利率时期，借款时应与银行签订固定利率合同

【答案】C

【解析】贷款专款专用属于长期借款的特殊性保护条款，因此选项C的说法不正确。

考点三：长期债券筹资（★★★）

一、债券发行价格

未来现金流量的现值

债券发行价格＝未来支付的利息现值＋到期本金的现值

二、债券发行价格的三种情况

溢价发行（发行价格 > 面值，票面利率 > 市场利率）

平价发行（发行价格 = 面值，票面利率 = 市场利率）

折价发行（发行价格 < 面值，票面利率 < 市场利率）

三、债券的偿还

1. 债券的偿还时间：到期偿还、提前偿还、滞后偿还

到期偿还	指债券到期后还清债券所载明的义务，有分批偿还和一次偿还两种
提前偿还	指债券尚未到期之前就予以偿还。只有在公司发行债券的契约中明确了有关允许提前偿还的条款，公司才可以进行此项操作。提前偿还所支付的价格通常高于债券的面值，并随到期日的临近而逐渐下降。具有提前偿还条款的债券可以使公司融资有较大的弹性，当公司资金有结余时，可提前赎回债券；当预测利率下降时，也可以提前赎回债券，而后以较低的利率来发行新债券
滞后偿还	指在到期日之后来偿还债券。有转期和转换两种形式。 （1）转期：一是直接以新债券兑换旧债券；二是用发行新债券得到的资金来赎回旧债券。 （2）转换：将债券转换为发行公司的股票

2. 以新债券换旧债券
3. 用普通股偿还债券
4. 债券筹资的优点和缺点

优点：筹资规模较大、具有长期性和稳定性、有利于资源优化配置。

缺点：发行成本高、信息披露成本高、限制条件多。

【例题6·计算题】南华公司发行面值为1 000元，票面利率为10%，期限为10年，每年年末付息的债券。在公司决定发行债券时，认为10%的利率是合理的。如果到债券正式发行时，市场上的利率发生变化，那么就要调整债券的发行价格。现按以下三种情况分别讨论：（1）资金市场上的利率保持不变，南华公司的债券利率为10%仍然合理，则可采用平价发行。债券的发行价格 = 1 000 ×（P/F，10%，10）+ 1 000 × 10% ×（P/A，10%，10）= 1 000 × 0.3855 + 100 × 6.1446 = 1 000（元）

（2）资金市场上的利率有较大幅度的上升，达到12%，则采用折价发行。

债券的发行价格 = 1 000 ×（P/F，12%，10）+ 1 000 × 10% ×（P/A，12%，10）= 1 000 × 0.322 + 100 × 5.6502 = 877.02（元）

也就是说，只有按不高于877.02元的价格出售，投资者才会购买此债券。

（3）资金市场上的利率有较大幅度的下降，达到8%，则采用溢价发行。债券的发行价格 = 1 000 ×（P/F，8%，10）+ 1 000 × 10% ×（P/A，8%，10）= 1 000 × 0.4632 + 100 × 6.7101 = 1 134.21（元）

也就是说，只有按不高于1 134.21元的价格出售，投资者才会购买此债券。

考点四：普通股筹资的特点（★）

优点：

（1）没有固定利息负担；

（2）没有固定到期日；

（3）筹资风险小；

（4）能增加公司的信誉；

（5）筹资限制较少；

（6）在通货膨胀时普通股筹资容易吸收资金。

缺点：

（1）普通股的资本成本较高；

（2）会增加股东，可能会分散公司的控制权；

（3）信息披露成本大，也增加了公司保护商业秘密的难度；

（4）股票上市会增加公司被收购的风险。

【例题7·单选题】下列关于普通股融资优缺点的表述中，不正确的是（　　）。

A. 筹资风险大

B. 筹资限制少

C. 可能分散公司的控制权

D. 会增加公司被收购的风险

【答案】A

【解析】普通股筹资的优点：没有固定利息负担；没有固定到期日；筹资风险小（选项A不正确）；能增加公司的信誉；筹资限制

较少。普通股筹资的缺点：普通股的资本成本较高；以普通股筹资会增加新股东，这可能会分散公司的控制权，削弱原有股东对公司的控制；如果公司股票上市，需要履行严格的信息披露制度，接受公众股东的监督，会带来较大的信息披露成本，也增加了公司保护商业秘密的难度；股票上市会增加公司被收购的风险。

考点五：普通股的首次发行（★）

一、股票的发行方式

以发行对象为标准

分类	定义	特征
公开发行	又称公募，是指事先不确定特定的发行对象，而是向社会广大投资者公开推销股票	发行范围广，发行对象多，易于足额募集资本；股票变现性强，流通性好，有助于提高发行公司的知名度和影响力。不足在于手续繁杂，发行成本高
非公开发行	又称私募，是指发行公司只对特定的发行对象销售股票	非公开发行股票的特定对象应当符合下列规定：（一）特定对象符合股东大会决议规定的条件；（二）发行对象不超过35名。发行对象为境外战略投资者的，应当遵守国家的相关规定。这种发行方式灵活性较大，发行成本低，但发行范围小，股票变现性差

【提示】有下列情形之一的，为公开发行：（一）向不特定对象发行证券；（二）向特定对象发行证券累计超过200人，但依法实施员工持股计划的员工人数不计算在内；（三）法律、行政法规规定的其他发行行为。

二、普通股的发行条件

1. 公开发行普通股

对于公开发行证券，我国《上市公司证券发行管理办法》规定，“上市公司的盈利能力具有可持续性，符合下列规定：（一）最近3个会计年度连续盈利。扣除非经常性损益后的净利润与扣除前的净利润相比，以低者作为计算依据；（二）业务和盈利来源相对稳定，不存在严重依赖于控股股东、实际控制人的情形；（三）现有主营业务或投资方向能够可持续发展，经营模式和投资计划稳健，主要产品或服务的市场前景良好，行业经营环境和市场需求不存在现实或可预见的重大不利变化；（四）高级管理人员和核心技术人员稳定，最近12个月内未发生重大不利变化；（五）公司重要资产、核心技术或其他重大权益的取得合法，能够持续使用，不存在现实或可预见的重大不利变化；（六）不存在可能严重影响公司持续经营的担保、诉讼、仲裁或其他重大事项；（七）最近24个月内曾公开发行证券的，不存在发行当年营业利润比上年下降50%以上的情形。”；“上市公司的财务状况良好，符合下列规定：（一）会计基础工作规范，严格遵循国家统一会计制度的规定；（二）最近3年及一期财务报表未被注册会计师出具保留意见、否定意见或无法表示意见的审计报告；被注册会计师出具带强调事项段的无保留意见审计报告的，所涉及的事项对发行人无重大不利影响或者在发行前重大不利影响已经消除；（三）资产质量良好。不良资产不足以对公司财务状况造成重大不利影响；（四）经营成果真实，现金流量正常。营业收入和成本费用的确认严格遵循国家有关企业会计准则的规定，最近3年资产减值准备计提充分合理，不存在操纵经营业绩的情形；（五）最近3年以现金方式累计分配的利润不少于最近3年实现的年均可分配利润的30%。”

2. 非公开发行普通股

对于非公开发行股票，我国《上市公司证券发行管理办法》规定，“非公开发行股票的特定对象应当符合下列规定：（一）特定对象符合股东大会决议规定的条件；（二）发行对象不超过35名。发行对象为境外战略投资者的，应当遵守国家的相关规定。”；“上市公司非公开发行股票，应当符合下列规定：（一）发行价格不低于定价基准日前20个交易日公司股票均价的80%；（二）本次发行的股份自发行结束之日起，6个月内不得转让；控股股东、实际控制人及其控制的企业认购的股份，18个月内不得转让；（三）募集资金使用符合本办法的相关规定；（四）本次发行将导致上市公司控制权发生变化的，还应当符合中国证监会的其他规定。”

【例题8·多选题】下列情形中不符合公开发行普通股的发行条件的有（　　）

A. 上一年财务报表被注册会计师出具保留意见

B. 最近3年现金方式累计分配的利润为最近3年实现的年均可分配利润的20%

C. 目前正面临一场诉讼，但不影响企业持续经营。

D. 最近24个月内未公开发行证券。上一次公开发行证券存在发行当年营业利润比上年下降50%以上的情形。

【答案】AB

【解析】对于公开发行证券，我国《上市公司证券发行管理办法》规定上市公司的财务状况良好，最近3年及一期财务报表未被注册会计师出具保留意见、否定意见或无法表示意见的审计报告；最近3年以现金方式累计分配的利润不少于最近3年实现的年均可分配利润的30%。所以AB两项错误。

以发行中是否有中介机构（证券承销商）协助为标准

分类	定义	特征
直接发行	发行公司自己承担股票发行的一切事务和发行风险，直接向认购者推销出售股票的方式	节省发行费用，但筹资时间长，发行公司要承担全部发行风险，公司需要拥有较高的知名度、信誉和实力
间接发行	又叫委托发行，是指发行公司将股票销售业务委托给证券经营机构代理	分为包销和代销。包销的方式可及时筹足资本，免于承担发行风险，但股票以较低的价格出售给承销商会损失部分溢价。而代销方式下，承销商不承担股款未募足的风险

以发行股票能否带来现款为标准

分类	定义	特征
有偿增资发行	是指认购者必须按股票的某种发行价格支付现款，方能获得股票的一种发行方式	一般公开发行的股票和私募中的内部配股、私人配股都采用有偿增资的方式。可以直接从外界募集股本，增加公司的资本金
无偿增资发行	是指认购者不必向公司缴纳现金就可获得股票的发行方式，发行对象只限于原股东，采用这种方式发行的股票，不直接从外界募集股本，而是依靠减少公司的公积金或盈余结存来增加资本金	一般只在分配股票股利、股票分割和法定公积金或盈余转增资本时采用。优点在于为股东分益，以增强股东信心和公司信誉或为了调整资本结构，但受资金来源的限制，不能经常采用这种方式
搭配增资发行	是指发行公司向原股东分摊新股时，仅让股东支付发行价格的一部分就可获得一定数额股票的发行方式	是对原有股东的一种优惠，是上述两种方式的混合

【例题9·单选题】以下关于公开发行的陈述中错误的是（　　）

A. 发行范围广，发行对象多，易于足额募集资本

B. 发行范围小，股票变现性差

C. 手续繁杂，发行成本高

D. 有助于提高发行公司的知名度和影响力

【答案】B

【解析】选项B是非公开发行的特征。

三、普通股发行定价

我国《公司法》规定公司发行股票不准折现发行，即不准以低于股票面额的价格发行。

根据我国《证券法》的规定，股票发行采取溢价发行的，其发行价格由发行人与承销的证券公司协商确定。发行人通常会参考公司经营业绩、净资产、发展潜力、发行数

量、行业特点、股市状态等，确定发行价格。

我国《上市公司证券发行管理办法》规定，公开增发股票的发行价格，应不低于公告招股意向书前20个交易日公司股票均价或前1个交易日的均价；非公开发行股票的发行价格不低于定价基准日前20个交易日公司股票均价的80%。

【例题10·单选题】(2013年)与不公开直接发行股票方式相比，公开间接发行股票方式（ ）。

A. 发行范围小

B. 发行成本高

C. 股票变现性差

D. 发行条件低

【答案】B

【解析】公开间接方式发行股票的发行范围广，发行对象多，易于足额募集资本；股票的变现性强，流通性好。但这种发行方式也有不足，主要是手续繁杂，发行成本高。

【例题11·多选题】(2017年)与公开间接发行股票方式相比，下列关于不公开直接发行股票方式的说法中，正确的有（ ）。

A. 发行范围小

B. 发行成本低

C. 股票变现性差

D. 发行方式灵活性小

【答案】ABC

【解析】不公开直接发行股票的方式弹性较大，发行成本低，但发行范围小，股票变现性差。

四、普通股的发行程序

我国《上市公司证券发行管理办法》规定：

(1) 上市公司申请发行证券，董事会应当依法就下列事项作出决议，并提请股东大会批准：(一) 本次证券发行的方案；(二) 本次募集资金使用的可行性报告；(三) 前次募集资金使用的报告；(四) 其他必须明确的事项。

(2) 股东大会就发行股票作出的决定，至少应当包括下列事项：(一) 本次发行证券的种类和数量；(二) 发行方式、发行对象及向原股东配售的安排；(三) 定价方式或价格区间；(四) 募集资金用途；(五) 决议的有效期；(六) 对董事会办理本次发行具体事宜的授权；(七) 其他必须明确的事项。

(3) 股东大会就发行证券事项作出决议，必须经出席会议的股东所持表决权的2/3以上通过。

(4) 上市公司申请公开发行证券或者非公开发行新股，应当由保荐人保荐，并向中国证监会申报。

(5) 中国证监会依照下列程序审核发行证券的申请：(一) 收到申请文件后，5个工作日内决定是否受理；(二) 中国证监会受理后，对申请文件进行初审；(三) 发行审核委员会审核申请文件；(四) 中国证监会作出核准或者不予核准的决定。

(6) 自中国证监会核准发行之日起，上市公司应在12个月内发行证券；超过12个月未发行的，核准文件失效，须重新经中国证监会核准后方可发行。

(7) 上市公司发行证券前发生重大事项的，应暂缓发行，并及时报告中国证监会。该事项对本次发行条件构成重大影响的，发行证券的申请应重新经过中国证监会核准。

五、普通股的首次公开发行

普通股的首次公开发行，即IPO (Initial Public Offering)，是指一家公司第一次将其普通股向公众出售。

1. 发行条件

对于普通股首次公开发行，除符合前述公开发行的基本条件外，我国2018年6月6日修订的《首次公开发行股票并上市管理办法》还规定，“发行人应当是依法设立且合法存续的股份有限公司。经国务院批准，有限责任公司在依法变更为股份有限公司时，可以采取募集设立方式公开发行股票。发行人自股份有限公司成立后，持续经营时间应当在3年以上，但经国务院批准的除外。有限责任公司按原账面净资产值折股整体变更为股份有限公司的，持续经营时间可以从有限责任公司成立之日起计算。”；“发行人应当符合下列条件：(一) 最近3个会计年度净利润均为正数且累计超过人民币3 000万元，净利润以扣除非经常性损益前后较低者为计算依据；(二) 最近3个会计年度经营活动产生的现金流量净额累计超过人民币5 000万元；或者最近3个会计年度营业收入累计超过人民币3亿元；（三）发行前股本总额不少于人民币3 000万元；（四）最近一期末无形资产（扣除土地使用权、水面养殖权和采矿权等后）占净资产的比例不高于20%；（五）最近一期末不存在未弥补亏损。”

2. 发行定价

我国2017年9月7日修订的《证券发行与承销管理办法》（以下简称，我国《证券发行与承销管理办法》）规定，“首次公开发行股票，可以通过向网下投资者询价的方式确定股票发行价格，也可以通过发行人与主承销商自主协商直接定价等其他合法可行的方式确定发行价格。公开发行股票数量在2 000万股（含）以下且无老股转让计划的，应当通过直接定价的方式确定发行价格。”

【例题12·单选题】下列关于首次公开发行的条件陈述错误的是（　　）。

A. 最近一期末不存在未弥补亏损

B. 发行前股本总额不少于人民币3 000万元

C. 最近3个会计年度经营活动产生的现金流量净额累计超过人民币3 000万元或者最近3个会计年度营业收入累计超过人民币3亿元

D. 最近一期末无形资产（扣除土地使用权、水面养殖权和采矿权等后）占净资产的比例不高于20%

【答案】C

【解析】我国2018年6月6日修订的《首次公开发行股票并上市管理办法》还规定发行人应当符合最近3个会计年度经营活动产生的现金流量净额累计超过人民币5 000万元或者最近3个会计年度营业收入累计超过人民币3亿元，C选项错误。

考点六：股权再融资（★★★）

股权再融资的方式包括向现有股东配股和增发新股融资。

一、配股

1. 含义

配股是指向原普通股股东按其持股比例、以低于市价的某一特定价格配售一定数量新发行股票的融资行为。配股权是普通股股东的优惠权，实际上是一种短期的看涨期权。

2. 目的

（1）不改变老股东对公司的控制权和享有的各种权利；

（2）因发行新股将导致短期内每股收益稀释，通过折价配售的方式可以给老股东一定的补偿；

（3）鼓励老股东认购新股，以增加发行量。

3. 配股价格

配股一般采取网上定价的方式。配股价格由主承销商和发行人协商确定。

4. 配股条件

上市公司向原股东配股的，除了要符合公开发行股票的一般规定外，还应当符合下列规定：

（1）拟配售股份数量不超过本次配售股份前股份总数的30%；

（2）控股股东应当在股东大会召开前公开承诺认配股份的数量；

（3）采用证券法规定的代销方式发行。

控股股东不履行认配股份的承诺，或者代销期限届满，原股东认购股票的数量未达到拟配售数量70%的，发行人应当按照发行价并加算银行同期存款利息返还已经认购的股东。

5. 除权价格

配股除权参考价 =（配股前股票市值 + 配股价格 × 配股数量）/（配股前股数 + 配股数量）=（配股前每股价格 + 配股价格 × 股份变动比例）/（1 + 股份变动比例）

如果除权后股票交易市价高于该除权基准价格，这种情形使得参与配股的股东财富较配股前有所增加，一般称之为“填权”；反之股价低于除权基准价格则会减少参与配股股东的财富，一般称之为“贴权”。

6. 配股权价值

一般来说，老股东可以以低于配股前股票市价的价格购买所配发的股票，即配股权的执行价格低于当前股票价格，此时配股权是实值期权，因此配股权具有价值，此处计算的配股权价值相当于看涨期权的内在价值。

每股股票配股权价值 =（配股除权参考价 − 配股价格）/购买1股新股所需的股数

【例题13·单选题】（2019年）甲公司股票每股市价20元，以配股价格每股16元向全体股东每10股配售10股。拥有甲公司95%股权的投资者行使了配股权。乙持有甲公司股票1 000股，未行使配股权，配股除权使乙的财富（ ）。

A. 减少1 950元

B. 增加100元

C. 减少2 000元

D. 不发生变化

【答案】A

【解析】配股除权参考价 =（20 + 16 × 10/10 × 95%）/（1 + 95%）= 18.05（元）

乙的财富的变动额 = 1 000 × 18.05 − 1 000 × 20 = −1 950（元）。

【例题14·多选题】在我国，配股的目的主要体现在（ ）。

A. 不改变老股东对公司的控制权

B. 由于每股收益的稀释，通过折价配售对老股东进行补偿

C. 增加发行量

D. 鼓励老股东认购新股

【答案】ABCD

【解析】在我国，配股权是指当股份公司需再筹集资金而向现有股东发行新股时，股东可以按原有的持股比例以较低的价格购买一定数量的新发行股票。这样做的目的有：①不改变老股东对公司的控制权和享有的各种权利；②因发行新股将导致短期内每股收益稀释，通过折价配售的方式可以给老股东一定的补偿；③鼓励老股东认购新股，以增加发行量。所以本题的选项ABCD均是答案。

二、增发新股

增发新股指上市公司为了筹集权益资本而再次发行股票的融资行为，包括面向不特定对象的公开增发和面向特定对象的非公开增发。

1. 增发对象

公开增发：没有特定的发行对象，股票市场上的投资者均可以认购。

非公开增发：（1）机构投资者：大体可以划分为财务投资者和战略投资者。

①财务投资者：通常以获利为目的，通过短期持有上市公司股票适时套现，实现获利的法人，他们一般不参与公司的重大的战略决策。

②战略投资者：他们与发行公司业务联系紧密且欲长期持有发行公司股票。上市公司通过非公开增发引入战略投资者不仅获得战略投资者的资金，还有助于引入其管理理念与经验，改善公司治理。

（2）大股东及关联方：指上市公司的控股股东或关联方。

2. 有关规定

公开增发：

（1）最近3个会计年度连续盈利（扣除非经营性损益后的净利润与扣除前的净利润相比，以低者作为计算依据）

（2）最近3个会计年度加权平均净资产收益率平均不低于6%（扣除非经营性损益后的净利润与扣除前的净利润相比，以低者作为加权平均净资产收益率的计算依据）。

（3）发行价格应不低于公告招股意向书前20个交易日公司股票均价或前1个交易日的均价。

（4）近24个月内曾公开发行证券的，不存在发行当年营业利润比上年下降50%以上的情形。

（5）最近3年以现金方式累计分配利润不少于最近3年实现的年均可分配利润的30%。

（6）除金融公司外，最近1期期末不存在持有金额较大的交易性金融资产和可供出售的金融资产、借予他人款项、委托理财等财务性投资的情形。

非公开增发：非公开增发没有过多发行条件上的限制，一般只要发行对象符合要求，并且不存在一些严重损害投资者合法权益和社会公共利益的情形均可申请非公开发行股票。

3. 增发新股的定价及认购方式

公开增发：没有特定发行对象，股票市场上的投资者均可认购。定价通常按照“发行价格应不低于公告招股意向书前20个交易日公司股票均价或前1个交易日的均价”的原则确定增发价格，通常为现金认购。

非公开增发：主要针对机构投资者与大股东及关联方。发行价格应不低于定价基准日前20个交易日公司股票均价的80%，认购方式不限于现金，还包括股权、债权、无形资产、固定资产等非现金资产。

此处，定价基准日前20个交易日股票交易均价的计算公式为：

$$定价基准日前20个交易日股票交易均价=\frac{定价基准日前20个交易日股票交易总额}{定价基准日前20个交易日股票交易总量}$$

请注意，并非每天收盘价加起来除以20。

【例题15·单选题】下列有关增发和配股的说法中，不正确的是（　　）。

A. 配股一般采取网上定价发行的方式

B. 拟配售股份数量不能超过本次配售股份前股数总量的30%

C. 如果是公开增发新股，则最近3个会计年度加权平均净资产收益率平均不低于6%（扣除非经常性损益后的净利润与扣除前的净利润相比，以高者作为加权平均净资产收益率的计算标准）

D. 非公开发行股票的发行价格不能低于定价基准日前20个交易日公司股票均价的80%

【答案】C

【解析】选项C中，应该把“以高者作为加权平均净资产收益率的计算标准”改为“以低者作为加权平均净资产收益率的计算标准”。

【例题16·单选题】假设ABC公司总股本的股数为200 000股，现采用公开方式发行20 000股，增发前一交易日股票市价为10元/股。老股东和新股东各认购了10 000股，假设不考虑新募集资金投资的净现值引起的企业价值的变化，在增发价格为8.02元/股的情况下，老股东和新股东的财富变化是（　　）。

A. 老股东财富增加18 000元，新股东财富也增加18 000元

B. 老股东财富增加18 000元，新股东财富减少18 000元

C. 老股东财富减少18 000元，新股东财富也减少18 000元

D. 老股东财富减少18 000元，新股东财富增加18 000元

【答案】D

【解析】增发后每股价格 = (200 000 × 10 + 20 000 × 8.02)/(200 000 + 20 000) = 9.82（元/股）

老股东财富变化：9.82 ×（200 000 + 10 000）− 200 000 × 10 − 10 000 × 8.02 = −18 000（元）

新股东财富变化：9.82 × 10 000 − 10 000 × 8.02 = 18 000（元）

三、股权再融资对公司的影响

对公司资本结构的影响：

会降低资产负债率，并可能会使资本成本增大；但如果股权再融资有助于企业目标资本结构的实现，增强企业稳健性，降低债务违约风险，在一定程度降低企业的加权平均资本成本，增加企业整体价值。

对企业财务状况的影响：会降低企业的财务杠杆水平，并降低净资产报酬率。但企业如果能将股权再融资筹集的资金投资于具有良好发展前景的项目，获得正的投资活动净现值，或者能够改善企业的资本结构，降低资本成本，就有利于增加企业价值。

对控制权的影响：公开增发会引入新的股东，股东的控制权受到增发认购数量的影响，而非公开增发相对复杂。

【例题17·单选题】（2010年）下列关于普通股筹资定价的说法中，正确的是（　　）。

A. 首次公开发行股票时，发行价格应由发行人与承销的证券公司协商确定

B. 上市公司向原有股东配股时，发行价格可由发行人自行确定

C. 上市公司公开增发新股时，发行价格不能低于公告招股意向书前20个交易日公司股票均价的80%

D. 上市公司非公开增发新股时，发行价格不能低于定价基准日前20个交易日公司股票的均价

【答案】A

【解析】配股一般采取网上定价发行的方式。配股价格由主承销商和发行人协商确定，选项B错误；上市公司公开增发新股的定价通常按照“发行价格应不低于公开招股意向书前20个交易日公司股票均价或前1个交易日的均价”的原则确定增发价格，选项C错误；上市公司非公开增发新股时，发行价格应不低于定价基准日前20个交易日公司股票均价的80%，选项D错误。

【例题18·单选题】关于股权再融资对企业的影响，下列说法中不正确的是（　　）。

A. 如果股权再融资有助于企业目标资本结构的实现，增强企业的财务稳健性，降低

债务的违约风险，就会在一定程度上降低企业的加权平均资本成本，增加企业的整体价值

B. 若对财务投资者和战略投资者增发，则会降低控股股东的控股比例，一般会对控股股东的控制权形成威胁

C. 企业如果能将股权再融资筹集的资金投资于具有良好发展前景的项目，获得正的投资活动净现值，或者能够改善企业的资本结构，降低资本成本，就有利于增加企业的价值

D. 就配股而言，由于全体股东具有相同的认购权利，控股股东只要不放弃认购的权利，就不会削弱控制权。公开增发会引入新的股东，股东的控制权受到增发认购数量的影响

【答案】B

【解析】若对财务投资者和战略投资者增发，则会降低控股股东的控股比例，但财务投资者和战略投资者大多与控股股东有良好的合作关系，一般不会对控股股东的控制权形成威胁。

考点七：优先股筹资（★★）

一、相关规定

1. 上市公司发行优先股的一般条件

（1）最近3个会计年度实现的年均可分配利润应当不少于优先股1年的股息。

（2）最近3年现金分红情况应当符合公司章程及中国证监会的有关监管规定。

（3）报告期不存在重大会计违规事项。

（4）已发行的优先股不得超过公司普通股股份总数的50%，且筹资金额不得超过发行前净资产的50%，已回购、转换的优先股不纳入计算。

2. 上市公司公开发行优先股的特别规定

（1）上市公司公开发行优先股，应当符合以下情形之一：

①其普通股为上证50指数成分股；②以公开发行优先股作为支付手段收购或吸收合并其他上市公司；③以减少注册资本为目的回购普通股的，可以公开发行优先股作为支付手段，或者在回购方案实施完毕后，可公开发行不超过回购减资总额的优先股。

（2）最近3个会计年度应当连续盈利。扣除非经常性损益后的净利润与扣除前净利润相比，以孰低者作为计算依据。

（3）上市公司公开发行优先股应当在公司章程中规定以下事项：

①采取固定股息率；②在有可分配税后利润的情况下必须向优先股股东分配股息；③未向优先股股东足额派发股息的差额部分应当累积到下一个会计年度；④优先股股东按照约定的股息率分配股息后，不再同普通股股东一起参加剩余利润分配。商业银行发行优先股补充资本的，可就第②项和第③项事项另行约定。

（4）上市公司公开发行优先股的，可以向原股东优先配售。

（5）最近36个月内因违反工商、税收、土地、环保、海关法律、行政法规或规章，受到行政处罚且情节严重的，不得公开发行优先股。

（6）公司及其控股股东或实际控制人最近12个月内应当不存在违反向投资者作出的公开承诺的行为。

【例题19·单选题】下列关于优先股的说法中，不正确的是（　　）。

A. 优先股每股票面金额为100元

B. 优先股的股利支付受法律约束

C. 优先股股利不可以税前扣除

D. 支付优先股股利会增加公司的财务风险并进而增加普通股的成本

【答案】B

【解析】优先股的股利支付虽然没有法律约束，但是经济上的约束使公司倾向于按时支付其股利，所以选项B的说法不正确。

二、优先股的筹资成本

同一公司的优先股股东要求的必要报酬率比债权人的高，同一公司的优先股股东要求的必要报酬率比普通股股东的低。

三、优先股筹资的优缺点

优点：（1）与债券相比，不支付股利不会导致公司破产；没有到期期限，不需要偿还本金。

（2）与普通股相比，发行优先股一般不会稀释股东权益。

缺点：（1）优先股股利不可以税前扣除，是优先股筹资的税收劣势。

（2）优先股的股利通常被视为固定成本，与负债筹资的利息没有什么差别，会增加公司的财务风险并进而增加普通股的成本。

【例题20·多选题】（2019年）优先股股东比普通股股东的优先权体现在（　　）。

A. 优先取得剩余财产

B. 优先获得股息

C. 优先出席股东大会

D. 公司重大决策的优先表决权

【答案】AB

【解析】优先股股东比普通股股东的优先权体现优先分配利润、优先分配剩余财产。

考点八：附认股权证债券筹资（★★★）

一、认股权证的特征

认股权证的含义：认股权证是公司向股东发放的一种凭证，授权其持有者在一个特定期间以特定价格购买特定数量的公司股票。

认股权证与股票看涨期权的异同：

相同点：（1）都以股票为标的资产，其价值随股票价格变动。

（2）到期前都具有选择权。

（3）都有固定的执行价格。

不同点：（1）股票看涨期权执行的股票来自二级市场，不存在稀释问题，认股权证执行时，股票是新增股票，存在稀释问题。

（2）股票看涨期权时间短，认股权证时间长。

（3）布莱克—斯科尔斯模型假设没有股利支付，股票看涨期权可以适用。而认股权证不能假设有效期内不分红，5~10年不分红很不现实，因而不能用布莱克—斯科尔斯模型定价认股权证发行的用途：

①在公司发行新股时，为避免原有股东每股收益和股价被稀释，给原有股东配发一定数量的认股权证，使其可以按优惠价格认购新股，或直接出售认股权证，以弥补新股发行的稀释损失。这是认股权证最初的功能。

②作为奖励发放给本公司的管理人员。

③作为筹资工具，以吸引投资者购买票面利率低于市场要求的长期债券。

【例题21·单选题】下列关于认股权证用途的说法中，错误的是（　　）。

A. 发行认股权证可以弥补新股发行的稀释损失

B. 认股权证可以作为奖励发给本公司的管理人员

C. 认股权证与公司债券同时发行，用来吸引投资者购买票面利率高于市场要求的长期债券

D. 有时，认股权证还作为奖励发给投资银行机构

【答案】C

【解析】作为筹资工具，认股权证与债券同时发行，用来吸引投资者购买票面利率低于市场要求的长期债券。所以选项C的说法不正确。

二、附带认股权证债券的筹资成本

附带认股权债券的资本成本，可以用投资人的内含报酬率来估计。

由于认股权证代表未来在一定时期认购一定数量股票的权利，这种权利的行使受到较多因素的影响，因此存在较大的不确定性，也就导致了较大的风险。附认股权证的债券可以看作债权融资与股权融资的结合，因此计算出的内含报酬率必须处在债务的市场利率和税前普通股成本之间，才可以被发行人和投资人同时接受。如果它的税后成本高于权益成本，则不如直接增发普通股；如果它的税前成本低于普通债券的利率则对投资人没有吸引力。

【例题22·多选题】（2019年）为确保债券平价发行，假设其他条件不变，下列各项可导致票面利率降低的有（　　）。

A. 附转换条款

B. 附认股权证

C. 附赎回条款

D. 附回售条款

【答案】AB

【解析】可转换债券（附转换条款）和附认股权证债券（附认股权证）在平价发行时，均会导致票面利率降低。

【例题23·单选题】（2015年）下列关于认股权证与股票看涨期权共同点的说法中，正确的是（　　）。

A. 两者行权后均会稀释每股价格

B. 两者均有固定的行权价格

C. 两者行权后均会稀释每股收益

D. 两者行权时买入的股票均来自二级市场

【答案】B

【解析】看涨期权执行时，其股票来自二级市场，而当认股权证执行时，股票是新发股票，选项D错误；认股权证的执行会引起股份数的增加，从而稀释每股收益的股价。看涨期权不存在稀释问题，选项A、C错误。

考点九：可转换债券筹资（★★★）

一、含义与特征

1. 含义

可转换债券是一种特殊的债券，它在一定期间内依据约定的条款可以转换成普通股。

2. 特点

（1）这种转换，在资产负债表上只是负债转换为普通股，并不增加额外的资本。认股权证与之不同，认股权证会带来新的资本。

（2）这种转换是一种期权，证券持有人可以选择转换，也可以选择不转换而继续持有债券。

二、可转换债券的主要条款

1. 转换价格

即转换发生时投资者为取得普通股每股所支付的实际价格。转换价格通常比发行时的股价高出20%～30%。

2. 转换比率：转换比率是债权人将一份债券转换成普通股可获得的普通股股数。

转换比率＝债券面值/转换价格

3. 转换期：可转换债券的转换期可以与债券的期限相同，也可以短于债券的期限。

4. 赎回条款

设置赎回条款的目的：

（1）可以促使债券持有人转换股份；

（2）可以使发行公司避免市场利率下降后，继续向债券持有人支付较高的债权票面利率所蒙受的损失。

5. 回售条款

回售条款指在达到某一条件时，债券投资者可以强制将债券销售给发行债券的公司，设置回售条款可以保护债券投资人的利益；可以使投资者具有安全感，因为有利于吸引投资者。

6. 强制性转换条款

设置强制性转换条款，是为了保证可转换债券顺利地转换为股票，实现发行公司扩大权益筹资的目的。

【例题24·单选题】下列各项中，不属于发行可转换债券公司设置赎回条款目的的是（　　）。

A. 促使债券持有人转换股份

B. 能使发行公司避免市场利率下降后，继续向债券持有人按照较高的债券票面利率支付利息所蒙受的损失

C. 保护发行公司的利益

D. 保护债券投资人的利益

【答案】D

【解析】设置赎回条款是为了促使债券持有人转换股份，因此又被称为加速条款；同时也能使发行公司避免市场利率下降后，继续向债券持有人按照较高的债券票面利率支付利息所蒙受的损失。由此可知，设置赎回条款保护的是发行公司的利益，所以应该选D。

三、可转换债券的成本

1. 可转换债券的估价

债券的价值	纯债券的价值是不含看涨期权的普通债券价值。 债券的价值＝利息的现值＋本金的现值
债券的转换价值	债券转换价值是债券必须立即转换时的债券售价。 转换价值＝股价×转换比例
可转换债券的底线价值	是纯债券价值和转换价值两者中较高者

2. 可转换债券的税后成本

（1）计算方法（求投资人内含报酬率的过程）。

买价＝利息现值＋可转换债券的底线价值（通常是转换价值）现值

上式中求出的折现率，就是可转换债券的税前成本，再乘以（$1-T$）就是税后成本。

（2）决策原则

计算出的内含报酬率必须处在债务的市场利率与税前普通股成本之间，才可以被发行人和投资人同时接受。

【例题25·单选题】王某欲投资A公司拟发行的可转换债券，该债券期限为5年，面值为1 000元，票面利率为8%，发行价格为1 100元，市场上相应的可转换债券利率为10%，转换比率为40，目前A公司的股价为

第十章

20元，以后每年增长率为5%，预计该债券到期后，王某将予以转换，则投资该可转换债券的报酬率为（　　）。

A. 3.52%　　B. 6%

C. 8%　　D. 8.37%

【答案】B

【解析】假设报酬率为K，则有：$1\ 100 = 1\ 000 \times 8\% \times (P/A,\ K,\ 5) + 20 \times (1+5\%)^5 \times 40 \times (P/F,\ K,\ 5)$，利用内插法，求得：$K=6\%$。

四、可转换债券筹资的优缺点

优点：（1）与普通债券相比，可转换债券使得公司能够以较低的利率取得资金，降低了公司前期的筹资成本。

（2）与普通股相比，可转换债券使得公司取得了以高于当前股价出售普通股的可能性，有利于稳定公司股票价格。

缺点：（1）股价上涨风险。公司只能以较低的固定转换价格换出股票，会降低公司的股权筹资额。

（2）股价低迷风险。发行可转换债券后，如果股价没有达到转股所需要的水平，可转换债券持有者没有如期转换普通股，则公司只能继续承担债务。在订有回售条款的情况下，公司短期内集中偿还债务的压力会更明显。

（3）筹资成本高于纯债券。尽管可转换债券的票面利率比纯债券低，但是加入转股成本之后的总筹资成本比纯债券更高。

【例题26·多选题】可转换债券筹资的优点包括（　　）。

A. 筹资成本低于纯债券

B. 票面利率低于普通债券

C. 有利于稳定股票价格

D. 当现行股价过低时，能避免直接发行新股的损失

【答案】BCD

【解析】尽管可转换债券的票面利率比纯债券低，但是加入转股成本之后的总筹资成本比纯债券要高，所以选项A的说法不正确；与普通债券相比，可转换债券使得公司能够以较低的利率取得资金，所以选项B的说法正确；在发行新股时机不理想时，可以先发行可转换债券，然后通过转换实现较高价格的股权筹资，不至于因为直接发行新股而进一步降低公司股票市价，并且因为转换期长，将来在转换为股票时，对公司股价的影响也比较温和，从而有利于稳定公司股价，所以选项C的说法正确；可转换债券的发行，避免因股价过低时，公司直接发行新股而遭受损失，所以选项D的说法正确。

五、可转换债券和认股权证的区别

（1）行权对资本的影响不同。认股权证在认购股份时给公司带来新的权益资本，而可转换债券在转换时只是报表项目之间的变化，没有增加新的资本。

（2）灵活性不同。可转换债券的类型繁多，千姿百态。它允许发行者规定可赎回条款、强制转换条款等，而认股权证的灵活性较少。

（3）适用情况不同。发行附带认股权证债券的公司，比发行可转换债券的公司规模小、风险更高，往往是新的公司启动新的产品。附带认股权证的债券发行者，主要目的是发行债券而不是股票，是为了发债而附带期权，只是因为当前利率要求高，希望通过捆绑期权吸引投资者以降低利率。可转换债券的发行者，主要目的是发行股票而不是债券，只是因为当前股价偏低，希望通过将来转股以实现较高的股票发行价。

（4）两者的发行费用不同。可转换债券的承销费用与纯债券类似，而附带认股权证债券的承销费用介于债务融资和普通股之间。

【例题27·综合题】A公司拟发行可转换债券筹资5 000万元，有关资料如下表所示。

每张可转换债券售价	1 000
期限（年）	20
票面利率	10%
转换利率	20
转换价格（可转换债券价值/转换比率＝1 000/20）	50

续表

年增长率	6%
当前期望股利（元/股）	2.8
当前股票市场价格（元/股）	35
等风险普通债券的市场利率（折现率）	12%
公司的股权成本（期望股利/股价+增长率=2.8/35+6%）	14%
不可赎回期（年）	10
赎回价格（10年后1 050元，此后每年递减5元）	1 050

时间 t	每年利息	债券价值	股价	转换价值	到期价值	市场价值	底线价值
0		850.61	35.00	700.00	1 000	1 000	850.61
1	100	852.68	37.10	742.00	1 000		852.68
2	100	855.01	39.33	786.52	1 000		855.01
3	100	857.61	41.69	833.71	1 000		857.61
4	100	860.52	44.19	883.73	1 000		883.73
5	100	863.78	46.84	936.76	1 000		936.76
6	100	867.44	49.65	992.96	1 000		992.96
7	100	871.53	52.63	1 052.54	1 000		1 052.54
8	100	876.11	55.78	1 115.69	1 000		1 115.69
9	100	881.25	59.13	1 182.64	1 000		1 182.64
10	100	887.00	62.68	1 253.59	1 000	1 253.59	1 253.59
11	100	893.44	66.44	1 328.81	1 000	1 328.81	1 328.81
20	100	1 000.00	112.25	2 244.99	1 000	2 244.99	2 244.99

（1）分析纯债券部分的价值：

$$发行日纯债券价值=\sum_{t=1}^{20}\frac{每年利息}{(1+i)^t}+\frac{到期值}{(1+i)^{20}}=\sum_{t=1}^{20}\frac{100}{(1+12\%)^t}+\frac{1\ 000}{(1+12)^{20}}$$

$$=850.61（元）$$

此后债券价值逐年递增，至到期时为其面值1 000元。具体数字列在上表的“债券价值”的栏目中。

（2）计算发行日和各年末的股价。

（3）分析期权部分的转换价值。

转换价值=股价×转换比例

（4）分析底线价值。

可转换债券的底线价值，应当是债券价值和转换价值两者中较高者。

（5）分析市场价值。

我们不知道具体的可转换债券的市场价值变化情况。但是，我们知道它不会低于底线价值。

（6）赎回价值。

可转换债券设置有赎回保护期，在此以前发行者不可以赎回。本债券的保护期为10年。在10年后，赎回价格是1 050元。如果10年后的债券价值同预期值一样为887元，转换价值为1 253.59元。可转换债券的底线价值为两者较高者即1 253.59元。公司要用1 050元将其赎回，这时正确的选择是转换为普通股。

（7）分析筹资成本。

假设可转换债券的持有人在10年后转换，它的现金流量分布为：零时点购买可转换债券支出1 000元；第1至10年持有债券并每年取得利息100元；第10年年底进行转换，取得转换价值1 253.56元。

转换价值 = 股价 × 转换比例 = $35\times(1+6\%)^{10}\times20=35\times1.7908\times20=1\ 253.56$（元）

根据上述现金流量计算内含报酬率为11.48%。

$$1\ 000=\sum_{t=i}^{10}\frac{100}{(1+i)^{t}}\div\frac{1\ 253.56}{(1+i)^{10}}$$

$i=11.48\%$

这个投资人的报酬率，就是筹资人的税前成本。如果它的税后成本高于权益成本（14%），则不如直接增发普通股。如果它的税前成本低于普通债券利率（12%）则对投资人没有吸引力。目前方案，对于投资人缺乏吸引力，需要修改。

（8）筹资方案的修改。

修改的途径包括：提高每年支付的利息，提高转换比例或延长赎回保护期间。如果公司的所得税税率为25%，股权的税前成本是14%/(1－25%)＝18.67%，修改目标是使得筹资成本处于18.67%和12%之间。

考点十：租赁筹资（★★★）

一、租赁的原因及概念

1. 租赁存在的原因

原因	说明
节税	如果承租方的有效税率低于出租方，在租赁费可以抵税的情况下，通过租赁可以节税。比如，承租人税率较低，如果购买设备并计提折旧，折旧抵税较少。因为出租方税率较高，可以获得较多的抵税利益，出租方就会因为存在较多的抵税利益而收取较低的租赁费。节税是长期租赁存在的主要原因
降低交易成本	交易成本的差别是短期租赁存在的主要原因
通过租赁合同减少不确定性	短期租赁的承租人，不承担租赁资产的主要风险，比自购风险小；长期租赁的出租人，在收回租金前保留资产的所有权，比直接放贷风险小

【例题28·单选题】下列关于租赁的说法中，错误的是（　　）。

A. 杠杆租赁是有贷款者参与的一种租赁形式

B. 节税是短期租赁存在的重要原因

C. 如果没有所得税制度，长期租赁可能无法存在

D. 所得税制度对于融资租赁的促进，主要表现在允许一部分融资租赁的租赁费税前扣除

【答案】B

【解析】节税是长期租赁存在的重要原因。如果没有所得税制度，长期租赁可能无法存在。所以选项B的说法不正确。

2. 租赁的概念

租赁是指在约定的期间内，出租人将资产使用权让与承租人以获取租金的合同。

【例题29·单选题】甲公司2017年3月5日向乙公司购买了一处位于郊区的厂房，随后出租给丙公司。甲公司以自有资金向乙公司支付总价款的30%，同时甲公司以该厂房作为抵押向丁银行借入余下的70%价款。这种租赁方式是（　　）。

A. 经营租赁

B. 售后回租租赁

C. 杠杆租赁

D. 直接租赁

【答案】C

【解析】杠杆租赁是有贷款者参与的一种租赁形式。甲公司以自有资金支付总价款的30%，同时甲公司以该厂房作为抵押向丁银行借入余下的70%价款，所以属于杠杆租赁。

二、租赁的分类

按不同的分类标准，可将租赁分为以下几类：

分类标准	租赁类型	特点
按照当事人之间的关系	直接租赁	指出租方（租赁公司或生产厂商）直接向承租人提供租赁资产的租赁形式。直接租赁只涉及出租人和承租人两方
	杠杆租赁	是有贷款者参与的一种租赁形式。在这种租赁形式下出租人既是资产的出租者，又是款项的借入者。杠杆租赁涉及三方当事人：承租人、出租人、贷款者
	售后回租	该种租赁是指承租人先将某资产卖给出租人，再将该资产租回的一种租赁形式。在这种形式下，承租人一方面通过出售资产获得了现金；另一方面又通过租赁满足了对资产的需要，而租金却可以分期支付
按租赁期的长短	短期租赁	租赁的时间明显少于租赁资产的经济寿命
	长期租赁	租赁的时间接近租赁资产的经济寿命
按租赁是否可以随时解除	可以撤销租赁	指合同中注明承租人可以随时解除租赁。通常，提前终止合同，承租人需要支付一笔赔偿款
	不可撤销租赁	指在合同到期前不可以单方面解除的租赁。如果经出租人同意或者承租人支付一笔足够大的额外款项，也可以提前终止
按出租人是否负责资产的维护	毛租赁	指由出租人负责资产维护的租赁
	净租赁	指由承租人负责维护的租赁
全部租金是否超过资产的成本	不完全补偿租赁	是指租赁费不足以补偿租赁资产的全部成本的租赁
	完全补偿租赁	是指租赁费超过资产的全部成本的租赁

三、租赁费用

租赁费用的经济内容包括出租人的全部出租成本和利润。出租成本包括租赁资产的购置成本、营业成本以及相关的利息。租赁费用的报价形式有以下几种类型：

（1）合同分别约定租金、利息和手续费；

（2）合同分别约定租金和手续费；

（3）合同只约定一项综合租金，没有分项的价格。

四、经营租赁和融资租赁

1. 经营租赁和融资租赁的区别

经营租赁：典型的经营租赁是指短期的、可撤销的、不完全补偿的毛租赁；最主要的外部特征是租赁期短；

融资租赁：典型的融资租赁是指长期的、不可撤销的、完全补偿的净租赁；最主要的外部特征是租赁期长。

2. 租赁的税务处理

税收法规规定了租赁资产的计税基础和扣除时间，并且与会计准则不一致时，应遵循税收法规。

（1）以经营租赁方式租入固定资产发生的租赁费支出，按照租赁期均匀扣除。

（2）以融资租赁方式租入固定资产发生的租赁费支出，按照规定构成融资租入固定资产价值的部分应当提取折旧费用，分期扣除。

（3）融资租入的固定资产，以租赁合同约定的付款总额和承租人在签订租赁合同过程中发生的相关费用为计税基础，租赁合同未约定付款总额的，以该资产的公允价值和承租人在签订租赁合同过程中发生的相关费用为计税基础。

【提示1】融资租赁的租赁费不能作为费用扣除，只能够作为取得成本构成租入固定资产的计税基础。也就是说，税法只承认经营租赁是真正的租赁，所有融资租赁都是名义租赁并认定为分期付款购买。

【提示2】按照我国的会计准则，满足以下一项或者数项标准的租赁属于融资租赁：

（1）在租赁期届满时，租赁资产的所有权转移给承租人；

（2）承租人有购买租赁资产的选择权，所订立的购买价格预计将远低于行使选择权时租赁资产的公允价值，因而在租赁开始日就可以合理确定承租人将会行使这种选择权；

（3）租赁期占租赁资产可使用年限的大部分（通常解释为等于或大于75%）；

（4）租赁开始日最低租赁付款额的现值几乎相当于（通常解释为等于或大于90%）租赁开始日租赁资产的公允价值；

（5）租赁资产性质特殊，如果不做重新改制，只有承租人才能使用。

五、租赁的决策分析

租赁分析的主要程序如下：

（1）分析是否应该取得一项资产。这是租赁分析的前置程序。承租人在决定是否租赁一项资产之前，先要判断该项资产是否值得投资。这一决策通过常规的资本预算程序完成。通常，确信投资于该资产有正的净现值之后才会考虑如何筹资问题。

（2）分析公司是否有足够的现金用于该项资产投资。通常，运行良好的公司没有足够的多余资金用于固定资产投资，需要为新的项目筹资。

（3）分析可供选择的筹资途径。筹资的途径包括借款和发行新股等。租赁是可供选择的筹资途径之一。如果公司拟通过借款筹资，就应分析借款和租赁哪个更有利。

（4）利用租赁分析模型计算租赁净现值。根据财务的基本原理，为获得同一资产的两个方案，现金流出的现值较小的方案是好方案。如果租赁方式取得资产的现金流出的总现值小于借款筹资，则租赁有利于增加股东财富。因此，租赁分析的基本模型如下：租赁净现值＝租赁的现金流量总现值－借款购买的现金流量总现值。

（5）根据租赁净现值以及其他非计量因素，决定是否租赁。

【提示】我们从经营租赁和融资租赁的角度来分析一下两者的现金流量：

一、经营租赁

从租赁方来看：现金流量＝－租金×（1－所得税税率）

假设自行购置：

（1）初始现金流量＝－购置设备支出；

（2）营业现金流量＝折旧×所得税税率；

（3）回收期现金流量＝期末资产变现价值＋变现损失抵税（－变现收益纳税）。

注意：运营期的资产维护费用应该记入自行购置的现金流量吗？

如果出租合同约定，维护费用应该由承租方来承担，那么自行购置和承租方都应该承担这笔维护费用，这属于非相关成本，无需考虑。

如果出租合同约定，维护费用是由出租方来承担，这时，自行购置的维护费用需要自己来承担，相当于自行购置多承担了一笔费用，那这时就需要考虑维护费用。那么，我们进行差额分析法来看看，即租赁相对于自己购买的优势：

（1）避免购置支出，这相当于现金流入：避免购置支出的流入。

（2）运营期流量：

①丧失了折旧抵税：－折旧×所得税税率

②税后租金支出：－租金×（1－所得税税率）

（3）回收期现金流量：

租赁相比自己购买，丧失了回收期现金流量：－（回收期现金流量）＝－［期末资产变现价值＋变现损失抵税（－变现收益纳税）］

二、融资租赁

在税法中，融资租赁不是真正的租赁，而是借款购买资产，因此租赁费不得税前扣除，因此融资租赁的租金收入不能计算税后，同时折旧可以抵税。

（一）从租赁方来看：

1. 租赁期现金流量

（1）租金＝－租金（注意不能抵税）

（2）折旧抵税＝折旧×税率

2. 回收期现金流量

（1）假设所有权不转移，即是丧失的期末资产变现抵税，即残余价值×税率。

（2）假设期末所有权转移，现金流量有几个：

①支付购买价款＝－买价

②回收残值变现收益＝期末资产变现价值＋变现损失抵税（－变现收益纳税）。

【例题30·单选题】根据承租人的目的，租赁可以分为经营租赁和融资租赁。其中融资租赁最主要的外部特征是（　　）。

A. 不可撤销

B. 租赁期长

C. 租赁费超过资产全部成本

D. 由承租人负责资产的维修

【答案】B

【解析】融资租赁最主要的外部特征是租赁期长。

【例题31·多选题】下列关于经营租赁和融资租赁的表述中，正确的有（　　）。

A. 典型的经营租赁是指短期的、不完全补偿的、可撤销的毛租赁

B. 典型的经营租赁是指短期的、不完全补偿的、不可撤销的毛租赁

C. 典型的融资租赁是指长期的、完全补偿的、不可撤销的净租赁

D. 典型的融资租赁是指长期的、完全补偿的、可撤销的净租赁

【答案】AC

【解析】典型的经营租赁是指短期的、可撤销的、不完全补偿的毛租赁；典型的融资租赁是指长期的、不可撤销的、完全补偿的净租赁。

六、售后回租

1. 含义

售后回租是指卖主将一项自制或外购的资产出售后，又将该项资产从买主租回。在售后租回方式下，卖主同时是承租人，买主同时是出租人。

2. 会计处理

出租人：同其他租赁业务没有区别。

承租人：售后回租交易所产生的任何损益均应在以后各受益期间采用合理的方法进行分摊，而不是确认为当期损益。

3. 税务处理

承租人：承租人出售资产的行为，不确认为销售收入，对融资性租赁的资产，仍按承租人出售原账面价值作为计税基础计提折旧。租赁期间，承租人支付的属于融资利息的行为，作为企业财务费用在税前扣除。

出租人：对于出租人的租金收入，企业所得税法并未做出专门规定，可按照财务、会计处理办法的规定确认收入或支出。

【例题32·多选题】下列有关租赁的表述中，正确的有（　　）。

A. 按照税法规定以融资租赁方式租入固定资产发生的租赁费支出，应按照租赁期限均匀扣除

B. 租赁费用的经济内容包括出租人的租赁资产的购置成本、营业成本以及相关的利息

C. 按照我国会计准则的规定，租赁期为租赁资产使用年限的大部分（75%或以上）的租赁，被视为融资租赁

D. 在我国会计上的费用化租赁即为税法上的可直接抵扣租赁

【答案】CD

【解析】按照税法规定以经营租赁方式租入固定资产发生的租赁费支出，应按照租赁期限均匀扣除，选项A错误；租赁费用的经济内容包括出租人的全部出租成本和利润。出租成本包括租赁资产的购置成本、营业成本以及相关的利息，选项B错误。

【例题33·单选题】下列关于租赁的税务处理的说法中，不正确的是（　　）。

A. 以融资租赁方式租入固定资产发生的租赁费支出，按照规定构成融资租入固定资产价值的部分应当提取折旧费用，分期扣除

B. 以经营租赁方式租入固定资产发生的租赁费支出，应按照租赁期均匀扣除

C. 融资租赁的租赁费不能作为费用扣除

D. 税法上只承认融资租赁是真正租赁

【答案】D

【解析】税法只承认经营租赁是真正租赁，所有融资租赁都是名义租赁并认定为分期付款购买。

通关演练

一、单项选择题

1. 下列各项中，关于可转换债券的内含报酬率的说法中错误的是（　　）。

A. 可转换债券的票面利率越高，其内含报酬率越高

B. 可转换债券的转换比率越高，其内含报酬率越高

C. 可转换债券的转换价格越低，其内含

报酬率越高

D. 可转换债券的期限越长，其内含报酬率越高

2. 关于普通股筹资，下列说法错误的是（　　）。

A. 公司股票上市，一般会带来较大的信息披露成本

B. 外部股权融资一般只体现为股本的增加

C. 股权筹资包括内部股权融资和外部股权融资

D. 普通股发行费用一般高于其他证券

3. 下列各项中，关于可转换债券与附认股权证债券的说法中错误的是（　　）。

A. 可转换债券在转换时给公司带来新的资本

B. 相比于附认股权证债券，可转换债券的灵活性较好

C. 可转换债券主要是为了发行股票，而附认股权证债券主要是为了发行债券

D. 可转换债券的承销费用比附认股权证债券的承销费用低

4. 在投资项目决策分析时，根据各项指标得出的结论出现了差异，下列说法中正确的是（　　）。

A. 以内含报酬率法得出的结论为准

B. 以净现值法得出的结论为准

C. 以会计报酬率法得出的结论为准

D. 以现值指数法得出的结论为准

5. 某公司于 2019 年 1 月 1 日发行票面年利率为 5%，面值为 1 000 元，期限为 3 年的长期债券，每年年末支付一次利息，当时市场年利率为 3%。已知 3 年期年利率为 3% 和 5% 的普通复利现值系数分别为 0.915 和 0.864；3 年期年利率为 3% 和 5% 的年金现值系数分别为 2.829 和 2.723。该公司所发行债券的发行价格为（　　）元。

A. 1 056.45　　B. 1 051.15

C. 1 005.45　　D. 1 000

6. 甲公司因资金不充足，需增加长期借款，由于市场经济状况好，预计未来市场利率上升，所以，其他条件相同的情况下，借入长期借款最佳的为（　　）。

A. 年利率固定的借款

B. 年利率不确定的借款

C. 存在承诺费的借款

D. 存在补偿性余额的借款

7. 某公司拟发行附带认股权证的债券筹集资金，已知目前等风险公司债券的市场利率为 8%，该公司税后普通股成本为 12%，所得税税率为 25%。要使得本次发行附带认股权证债券的筹资方案可行，则其税前筹资成本的范围为（　　）。

A. 大于 8%，小于 12%

B. 大于 8%，小于 16%

C. 大于 6%，小于 16%

D. 大于 6%，小于 12%

8. 下列关于股权再融资的说法中，不正确的是（　　）。

A. 股权再融资的方式包括向现有股东配股和增发新股融资

B. 增发新股指上市公司为了筹集权益资本而再次发行股票的融资行为

C. 配股是指向原普通股股东按其持股比例、以低于市价的某一特定价格配售一定数量新发行股票的融资行为

D. 由于配股的对象特定，所以属于非公开发行

9. 相对于发行债券和利用银行借款购买设备而言，通过融资租赁方式取得设备的主要缺点是（　　）。

A. 限制条款多　　B. 筹资速度慢

C. 财务风险大　　D. 资本成本高

10. 筹资公司的所得税税率 25%，投资公司的所得税税率 33%，债务筹资设定税前利息率 6%，优先股设定税前股利率 8%，税法规定，对于企业源于境内的税后利润免于重复征收所得税。则下列计算结果正确的是（　　）。

A. 债务投资税后报酬率为 4.5%

B. 债务筹资成本为 4.5%

C. 优先股投资税后报酬率为 8%

D. 优先股税后筹资成本为 8%

11. 甲公司有普通股 20 000 股，拟采用配股的方式进行融资。每 10 股配 2 股，配股价为 15 元/股，股权登记日收盘市价 21 元/股，假设所有股东都参与配股，则每股股票配股权价值是（　　）元。

A. 1　　B. 1.5

C. 2　　D. 1.8

12. (2018 年) 甲公司有普通股 20 000 股，拟采用配股的方式进行融资。每 10 股配 3 股，配股价为 16 元/股，股权登记日收盘市价 20 元/股，假设共有 1 000 股普通股的原股东放弃配股权，其他股东全部参与配股，配股后除权参考价是（　　）元。

A. 19.11　　B. 18

C. 20　　D. 19.2

二、多项选择题

1. 下列有关非公开增发股票的表述中正确的有（　　）。

A. 非公开增发没有过多发行条件上的限制，一般只要发行对象符合要求，并且不存在一些严重损害投资者合法权益和社会公共利益的情形均可申请非公开发行股票

B. 相比较公开发行方式，利用非公开发行方式不利于引入战略投资者和机构投资者

C. 增发新股的认购方式不限于现金，还包括权益、债权、无形资产、固定资产等非现金资产

D. 没有特定的发行对象，股票市场上的投资者均可以认购

2. 下列各项中，属于企业长期借款合同特殊性保护条款的有（　　）。

A. 限制租赁固定资产的规模

B. 不准企业投资于短期内不能收回资金的项目

C. 限制企业高级职员的薪金和奖金总额

D. 贷款专款专用

3. 关于售后回租的租赁业务，下列说法正确有（　　）。

A. 资产的出售和租回实质上是同一笔业务

B. 租赁期间，承租人支付的属于融资利息的部分，作为企业财务费用在税前扣除

C. 买主同时是承租人，卖主同时是出租人

D. 对于出租人来讲，售后回租交易同其他租赁业务的会计处理没有什么区别

4. 下列各项中，属于企业长期借款合同一般性保护条款的有（　　）。

A. 对借款企业流动资金保持量的规定

B. 对支付现金股利和再购入股票的限制

C. 要求企业主要领导人在合同有效期间担任领导职务

D. 要求企业主要领导人购买人身保险

5. 租赁存在的主要原因包括（　　）。

A. 降低交易成本

B. 提高权益净利率

C. 优化资本结构

D. 减少不确定性

6. 配股是指向原普通股股东按其持股比例、以低于市价的某一特定价格配售一定数量新发行股票的融资行为，下列有关配股的相关表述中，正确的有（　　）。

A. 配股后股票交易市价高于该除权基准价格，一般称之为填权

B. 配股后股票交易市价高于配股前股票价格，一般称之为填权

C. 配股权的执行价格低于除权基准价格，此时配股权是实值期权

D. 配股权的执行价格高于配股前股票价格，此时配股权是虚值期权

7. 按照我国《优先股试点管理办法》的有关规定，下列表述错误的有（　　）。

A. 上市公司可以发行可转换为普通股的优先股

B. 在有可分配税后利润的情况下必须向优先股股东分配股息

C. 对于累积优先股，未向优先股股东足额派发股息的差额部分应累积到下一个会计年度，对于非累积优先股则无需累积

D. 优先股股东按照约定的股息率分配股息后，不可再同普通股股东一起参加剩余利润分配

8. 配股是企业筹集资金的一种方法，下列关于配股筹资相关计算公式正确的有（　　）。

A. 配股权价值 =（配股后股票价格 − 配股价格）/购买一股新股所需的认股权数

B. 配股除权价格 =（配股前股权市值 + 配股价格 × 配股数量）/（配股前股数 + 配股数量）

C. 配股除权价格 =（配股前每股价格 + 配股价格 × 股份变动比例）/（1 + 股份变动比例）

D. 配股权价值 = 配股前股票价格 − 配股除权价格

9. 优先股筹资的优点有（　　）。

A. 与债券相比，不支付股利不会导致公

司破产

B. 与债券相比，优先股的筹资成本较低

C. 与普通股相比，发行优先股一般不会稀释股东权益

D. 与债券相比，没有到期期限，不需要偿还本金

10. 债券的到期偿还方式不包括（　　）。

A. 债券的调换　　B. 提前偿还

C. 滞后偿还　　D. 分批偿还

11. 增发新股方式分为公开增发和非公开增发，下列属于非公开增发内容的有（　　）。

A. 发行价格不低于公告招股意向书前20个交易日公司股票均价

B. 认购方式通常为现金认购

C. 发行价格应不低于定价基准日前20个交易日公司股票均价的80%

D. 认购方式可以是现金，也可以是非现金资产

12. 下列有关非公开增发股票的表述中正确的有（　　）。

A. 相比较公开发行方式，利用非公开发行方式不利于引入战略投资者和机构投资者

B. 非公开增发没有过多发行条件上的限制，一般只要发行对象符合要求，并且不存在一些严重损害投资者合法权益和社会公共利益的情形均可申请非公开发行股票

C. 增发新股的认购方式不限于现金，还包括权益、债权、无形资产、固定资产等非现金资产

D. 没有特定的发行对象，股票市场上的投资者均可以认购

13. 下列关于不公开直接发行股票方式的说法中正确的有（　　）。

A. 不公开对外发行

B. 不需经过中介机构承销

C. 向社会公众发行

D. 发行范围小，股票变现性差

三、计算分析题

1. A公司采用配股的方式进行融资。2016年3月25日为配股除权登记日，以公司2017年12月31日总股本1 000 000股为基数，拟每10股配1股。配股价格为配股说明书公布前20个交易日公司股票收盘价平均值的10元/股的85%，即配股价格为8.5元/股。

要求：

（1）所有股东均参与配股的情况下，配股的除权价格；

（2）假定在分析中不考虑新募集投资的净现值引起的企业价值的变化，计算每一份配股权的价值；

（3）假设某股东拥有10 000股A公司股票，若配股后的股票市价为9.95元，计算该股东参与配股相比较配股前的股东财富的变化；

（4）假设某股东拥有10 000股A公司股票，若配股后的股票市价为9.95元，计算该股东没有参与配股相比较配股前的股东财富的变化；

（5）若配股后的股票市价为9.95元，阐述股东参与配股相比较未参与配股的股东财富的变化，并说明理由。

2. A公司拟添置一台设备，有关资料如下：

（1）如果自行购置该设备，预计购置成本400万元。

（2）为了保证设备的正常运转，每年需支付维护费用10万元。

（3）该设备也可以通过租赁方式取得。每年租金120万元，在每年末支付；租赁期4年，租赁期内不得撤租。租赁期届满时租赁设备所有权不转让。租赁公司负责租赁期内设备的维护。

（4）该项设备的税法折旧年限为5年，法定残值率为5%，预计该设备4年后变现价值80万元。

（5）已知A公司适用的所得税税率为25%，税前借款（有担保）利息率为8%。

要求：计算租赁净现值，分析A公司应通过自行购置还是租赁取得该设备。

四、综合题

甲公司是一家制造业上市公司，目前公司股票每股38元，预计股价未来增长率7%；长期借款合同中保护性条款约定甲公司长期资本负债率不可高于50%、利息保障倍数不可低于5倍。为占领市场并优化资本结构，公司拟于2019年末发行可转换债券筹资20 000万元。为确定筹资方案是否可行，收集资料如下：

资料一：甲公司2019年预计财务报表主要数据。

单位：万元

资产负债表项目	2019年末
资产总计	85 000
流动负债	5 000
长期借款	20 000
股东权益	60 000
负债和股东权益总计	85 000
利润表项目	2019年度
营业收入	187 500
财务费用	1 000
利润总额	10 000
所得税费用	2 500
净利润	7 500

甲公司2019年财务费用均为利息费用，资本化利息250万元。

资料二：筹资方案。

甲公司拟平价发行可转换债券，面值1 000元，票面利率6%，期限10年，每年末付息一次，到期还本。每份债券可转换20股普通股，不可赎回期5年，5年后赎回价1 030元，此后每年递减6元。不考虑发行成本等其他费用。

资料三：甲公司尚无上市债券，也找不到合适的可比公司，评级机构评定甲公司的信用级别为AA级。目前上市交易的AA级公司债券与之到期日相近的政府债券如下：

	公司债券		政府债券	
发行公司	到期日	到期收益率	到期日	到期收益率
乙	2022年11月30日	5.69%	2022年11月30日	4.42%
丙	2025年1月1日	6.64%	2025年1月1日	5.15%
丁	2029年11月30日	7.84%	2029年11月30日	5.95%

甲公司股票目前β系数1.25，市场风险溢价5%，企业所得税税率25%。假设公司所筹资金全部用于购置资产，资本结构以长期资本账面价值计算权重。

资料四：如果甲公司按筹资方案发债，预计2020年营业收入比2019年增长25%，财务费用在2019年财务费用基础上增加新发债券利息，资本化利息保持不变，企业应纳税所得额为利润总额，营业净利率保持2019年水平不变，不分配现金股利。

要求：（1）根据资料一，计算筹资前长期资本负债率、利息保障倍数。

（2）根据资料二，计算发行可转换债券的资本成本。

（3）为判断筹资方案是否可行，根据资料三，利用风险调整法，计算甲公司税前债务资本成本；假设无风险利率参考10年期政府债券到期收益率，计算筹资后股权资本成本。

（4）为判断是否符合借款合同中保护性条款的要求，根据资料四，计算筹资方案执行后2020年末长期资本负债率、利息保障倍数。

（5）基于上述结果，判断筹资方案是否可行，并简要说明理由。

答案及解析

一、单项选择题

1.【答案】D

【解析】提高每年支付的利息、提高转换比率以及降低转换价格可以提高可转换债券的内含报酬率，但是对于期限，则取决于可转换债券的发行方式，对于平价发行的债券，期限无影响。

2.【答案】B

【解析】股权融资包括内部股权融资和外部股权融资，反映在资产负债表上，前者是指留存收益的增加，后者则体现为股本或实收资本的增加（通常伴随资本公积的增加）。选项B不正确。

【该题针对“股权再融资”知识点进行考核】

3.【答案】A

【解析】可转换债券在转换时不增加新的资本，附认股权证债券在认购时给公司带来新的权益资本。

4.【答案】B

【解析】净现值法具有广泛的适用性，在理论上比其他方法更完善。净现值反映一个项目按现金流量计算的净收益现值。

5.【答案】A

【解析】债券发行价格 = 1 000 × 0.915 + 1 000 × 5% × 2.829 = 1 056.45（元）。

6.【答案】A

【解析】对于借款企业来讲，若预测市场利率将上升，应与银行签订固定利率合同；反之，则应签订浮动利率合同。而实行周转信贷协定所收取承诺费、要求借款企业在本银行中保持补偿余额等，会加大长期借款的成本，所以最佳为年利率固定的借款。

【该题针对“长期借款”知识点进行考核】

7.【答案】D

【解析】融资租赁的筹资特点：①无须大量资金就能迅速获得资产；②财务风险小，财务优势明显；③筹资的限制条件较少；④融资租赁能延长资金融通的期限；⑤资本成本负担较高。

8.【答案】B

【解析】附带认股权证的债券的税前成本必须处于等风险债务的市场利率和税前普通股成本 12%/(1 − 25%) = 16% 之间。

9.【答案】D

【解析】股权再融资的方式包括向现有股东配股和增发新股融资；增发新股指上市公司为了筹集权益资本而再次发行股票的融资行为；配股是指向原普通股股东按其持股比例、以低于市价的某一特定价格配售一定数量新发行股票的融资行为；选项 D 说法错误，配股和公开增发属于公开发行，非公开增发属于非公开发行。综上，本题应选 D。

10.【答案】B

【解析】债务投资税后报酬率 = 6% × (1 − 33%) = 4.02%；债务筹资成本 = 6% × (1 − 25%) = 4.5%；优先股投资税后报酬率 = 8% × (1 − 25%) × (1 − 0) = 6%；优先股税后筹资成本 = 8% × (1 − 25%) = 6%。

【该题针对“债务筹资”“优先股”知识点进行考核】

11.【答案】A

【解析】配股除权参考价 =（配股前每股价格 + 配股价格 × 股份变动比例）/(1 + 股份变动比例) = (21 + 15 × 20%)/(1 + 20%) = 20(元)，每股股票配股权价值 =（配股除权参考价 − 配股价格）/购买一股新股所需的股数 = (20 − 15)/5 = 1(元)，选项 A 正确。

12.【答案】A

【解析】配股数量 = (20 000 − 1 000) × 30% = 5 700股，配股除权参考价 =（配股前股票市值 + 配股价格 × 配股数量）/(配股前股数 + 配股数量) = (20 000 × 20 + 16 × 5 700)/(20 000 + 5 700) = 19.11(元)。选项 A 正确。

二、多项选择题

1.【答案】AC

【解析】非公开发行方式主要针对三种机构投资者：第一类是财务投资者；第二类是战略投资者；第三类是上市公司的控股股东或关联方，因此 B 错误。公开增发没有特定的发行对象，股票市场上的投资者均可以认购，D 错误。

2.【答案】BCD

【解析】限制租赁固定资产的规模，其目的在于防止企业负担巨额租金以致削弱其偿债能力，还在于防止企业以租赁固定资产的办法摆脱对其净经营性长期资产总投资和负债的约束，属于一般性保护条款。选项 A 错误。

3.【答案】ABD

【解析】在售后回租方式下，卖主同时是承租人，买主同时是出租人，选项 C 不正确。

4.【答案】AB

【解析】要求企业主要领导人在合同有效期间担任领导职务和要求企业主要领导人购买人身保险都是特殊性保护条款，是针对某些特殊情况而出现在部分借款合同中的，选项 C 和 D 错误。

5.【答案】AD

【解析】租赁存在的主要原因有：(1) 节税；(2) 降低交易成本；(3) 减少不确定性。

6.【答案】AD

【解析】配股除权价格 =（配股前股票价格 + 配股价格 × 配股数量）/(配股前股数 + 配

股数量）

配股权价值＝（配股后的股票价格－配股价格）/（购买一股新股所需的认股权数）

所涉及各股价名称，①配股前股票价格；②配股价格；③配股除权价格；④配股后的股票价格；⑤配股权价值。

除权后股票交易市价④＞③除权基准价格，称为填权；

除权后股票交易市价④＜③除权基准价格，称为贴权；

配股权的执行价格②＜①配股前股票市价，称为实值期权；

配股权的执行价格②＞①配股前股票市价，称为虚值期权。

【该题针对“配股”知识点进行考核】

7.【答案】AC

【解析】按照我国《优先股试点管理办法》的有关规定：上市公司不可以发行可转换为普通股的优先股，选项A错误；未向优先股股东足额派发股息的差额部分应当累积到下一个会计年度，选项C错误。

8.【答案】ABCD

【解析】以上的公式均正确，当所有股东都参与配股时，此时股份变动比例（也即实际配售比例）等于拟配售比例。

提示：配股权价值＝（配股后股票价格－配股价格）/购买一股新股所需的认股权数

＝配股前股票价格－配股除权价格

推算过程：

根据，配股除权价格＝（配股前每股价格＋配股价格×股份变动比例）/（1＋股份变动比例）

配股前每股价格＋配股价格×股份变动比例＝配股除权价格×（1＋股份变动比例）

配股前每股价格＝配股除权价格×（1＋股份变动比例）－配股价格×股份变动比例

等式两边同时减去配股除权价格：

配股前每股价格－配股除权价格＝配股除权价格×（1＋股份变动比例）－配股价格×股份变动比例－配股除权价格

＝（配股除权价格－配股价格）×股份变动比例

＝（配股除权价格－配股价格）/购买一股新股所需的配股权数

＝配股权价值

（购买一股新股所需的认股权数＝1/股份变动比例）

这个推导是基于配股后股票价格和配股除权价格相等。

【该题针对“配股”知识点进行考核】

9.【答案】ACD

【解析】优先股的筹资成本低于普通股，高于债券，选项D错误。

10.【答案】ABC

【解析】债券的到期偿还包括分批偿还和一次偿还。

11.【答案】CD

【解析】公开增发新股的认购方式通常为现金认购。非公开增发新股的认购方式不限于现金，还包括股权、债权、无形资产、固定资产等非现金资产。上市公司公开增发新股的定价通常按照“发行价格应不低于公告招股意向书前20个交易日公司股票均价或前1个交易日的均价”的原则确定增发价格；非公开发行股票的发行价格应不低于定价基准日前20个交易日公司股票均价的80%。因此选项AB不正确。

12.【答案】BC

【解析】非公开发行方式主要针对三种机构投资者：第一类是财务投资者；第二类是战略投资者；第三类是上市公司的控股股东或关联方，因此选项A错误。公开增发没有特定的发行对象，股票市场上的投资者均可以认购，选项D错误。

13.【答案】ABD

【解析】不公开直接发行是指不公开对外发行股票，不需要通过中介机构进行承销，只向少数特定的对象直接发行。

三、计算分析题

1.【答案】

（1）配股的除权价格＝（10×1 000 000＋1 000 000×10%×8.5）/（1 000 000＋1 000 000×10%）＝9.86（元/股）

（2）配股权的价值＝（9.86－8.5）/10＝0.14（元）

（3）配股前该股东拥有股票总价值＝10×10 000＝100 000（元）

股东配股后拥有股票总价值＝9.95×11 000＝109 450（元）

配股需投资资本 = 8.5 × 1 000 = 8 500（元）

股东财富变化 = 109 450 - 8 500 - 100 000 = 950（元）

（4）股票价值 = 9.95 × 10 000 = 99 500（元）

股东财富变化 = 99 500 - 100 000 = -500（元）

（5）股东参与配股比未参与配股股东财富增加了 1 450（109 450 - 99 500 - 8 500）元。由于配股后的股票市价高出配股除权价格，所以股东财富增加了。

【该题针对“配股”知识点进行考核】

2.【答案】

①租赁方案：

租赁期/可使用年限 = 4/5 = 80%，大于75%，属于融资租赁，所以租赁费不可在税前扣除。

租赁资产的计税基础 = 120 × 4 = 480（万元）

租赁资产的年折旧额 = 480 ×（1 - 5%）/5 = 91.2（万元）

②自购方案：

自行购置方案年折旧额 = 400 ×（1 - 5%）/5 = 76（万元）

第 4 年末设备账面价值 = 400 - 76 × 4 = 96（万元）

第 4 年末回收余值相关流量 = 80 +（96 - 80）× 25% = 84（万元）

税后有担保利息率 = 8% ×（1 - 25%）= 6%

租赁净现值 单位：万元

时间（年末）	0	1	2	3	4
租赁方案：					
租金支付		-120	-120	-120	-120
计税基础	480				
折旧		91.2	91.2	91.2	91.2
折旧抵税		91.2 × 25% = 22.8	22.8	22.8	22.8
未提折旧					115.2
注销损失抵税					28.8
各年现金流量		-77.2	-77.2	-77.2	-48.4
折现系数 6%	1	0.9434	0.89	0.8396	0.7921
现金流量现值		-72.83	-68.71	-64.82	-38.34
租赁方案现金流量总现值：	-244.7				
购买方案：					
税后借款支付		-24	-24	-24	-424
税后维护费		-2.5	-2.5	-2.5	-2.5
折旧抵税		76 × 25% = 19	19	19	19
资产余值变现流量					84
购买方案现金流量		-7.5	-7.5	-7.5	-7.5
折现系数 6%	1	0.9434	0.89	0.8396	0.7921
现金流量现值					
租赁方案现金流量总现值	-276.3	-7.08	-6.68	-6.3	-256.24
租赁净现值	31.6				

由于租赁净现值大于 0，所以应当选择租赁方案。

【该题针对“租赁决策分析”“租赁税务处理”知识点进行考核】

四、综合题

【答案】

(1) 长期资本负债率 = 20 000/ (20 000 + 60 000) = 25%

利息保障倍数 = (10 000 + 1 000)/(1 000 + 250) = 8.8

(2) 转换价值 = 20 × 38 × $(1 + 7\%)^5$ = 1 065.94 (元)

拟平价发行可转换债券，所以票面利率低于等风险普通债券市场利率，所以纯债券价值小于 1 000 元，因此底线价值 = 转换价值 = 1 065.94 (元)。

在 5 年年末，底线价值大于赎回价格，所以应选择进行转股。

1 000 = 1 000 × 6% × (P/h, rs, 5) + 1 065.94 × (P/F, Rd, 5)

当 Rd = 7% 时，1 000 × 6% × (P/A, 7%, 5) + 1 065.94 × (P/F, 7%, 5) = 1 006.03 (元)

当 Rd = 8% 时，1 000 × 6% × (P/A, 8%, 5) + 1 065.94 × (P/F, 8%, 5) = 965.04 (元)

(Rd − 7%)/(8% − 7%) = (1 000 − 1 006.03)/(965.04 − 1 006.03)

解得：Rd = 7.15%

(3) 甲公司税前债务资本成本 = [(5.69% − 4.42%) + (6.64% − 5.15%) + (7.84% − 5.95%)]/3 + 5.95% = 7.5%

筹资后股权资本成本 = 1.25 × 5% + 5.95% = 12.2%

(4) 股东权益增加 = 7 500 × (1 + 25%) = 9 375 (万元)

长期资本负债率 = (20 000 + 20 000)/(20 000 + 20 000 + 60 000 + 9 375) = 36.57%

利息保障倍数 = [7 500 × (1 + 25%)/(1 − 25%) + 1 000 + 20 000 × 6%]/(1 000 + 20 000 × 6% + 250) = 6

长期资本负债率低于 50%，利息保障倍数高于 5 倍，符合借款合同中保护性条款的要求。

(5) 可转换债券税前资本成本 7.15% 小于税前债务资本成本 7.5%，筹资方案不可行。

第十一章　股利分配、股票分割与股票回购

本章考情分析

本章是财务管理中的一般章节，从近几年考试来看本章的分数不多，题型主要是客观题。

本章教材变化

本章固定股利政策部分发生了变动，增加了稳定增长股利政策的内容。

基本内容框架

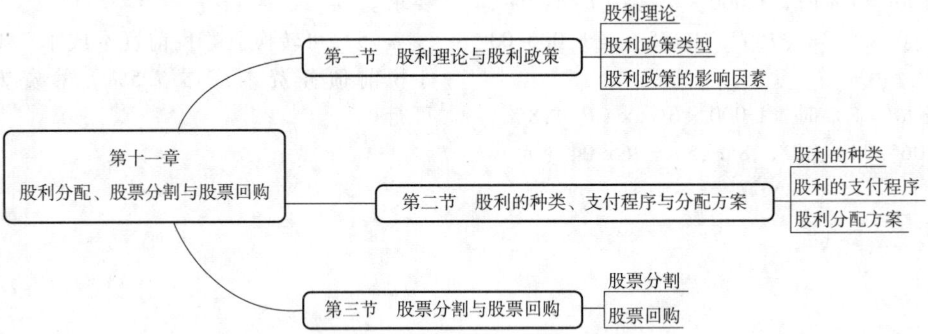

通关重难点例题解析

考点一：股利理论（★）

（一）股利无关论（完全市场理论）

这一理论是米勒与莫迪格利安尼于 1961 年提出。

主要观点	（1）投资者并不关心公司股利的分配； （2）股利的支付比率不影响公司的价值。
理论假设	（1）公司的投资政策已确定并且已经为投资者所理解； （2）不存在股票的发行和交易费用（即不存在股票筹资费用）； （3）不存在个人或公司所得税； （4）不存在信息不对称； （5）经理与外部投资者之间不存在代理成本。

（二）股利相关论

1. 税差理论
2. 客户效应理论
3. “一鸟在手”理论
4. 代理理论
5. 信号理论

1. 税差理论

税差：现金股利税和资本利得税有差异。

税差：
- 一般出于保护和鼓励资本市场投资的目的，会采用股利收益税率高于资本利得税率的差异税率制度。
- 股东在支付税金时间上有差异（继续持有股票可以延迟资本利得的纳税时间，可以体现递延纳税的时间价值）。

基本观点：
- 如果不考虑股票交易成本，分配股利的比率越高，股东的股利收益纳税负担会明显高于资本利得纳税负担，企业应采取低现金股利比率的分配政策。
- 如果存在股票的交易成本，甚至当资本利得税与交易成本之和大于股利收益税时，偏好取得定期现金股利收益的股东自然会倾向于企业采用高现金股利支付率政策。

【提示】税差理论说明了当股利收益税率与资本利得税率存在差异时，将使股东在继续持有股票以期取得预期资本利得与立即实现股利收益之间进行权衡。

2. 客户效应理论

基本观点：
- 边际税率较高的投资者（高收入阶层和风险偏好投资人，税负高，偏好资本利得）偏好低现金股利支付率的股票，偏好少分现金股利、多留存。
- 边际税率较低的投资者（低收入阶层和风险厌恶投资人，税负低，偏好现金股利）偏好高现金股利支付率的股票。

【提示】客户效应理论是对税差效应理论的进一步扩展，研究处于不同税收等级的投资者对待股利分配态度的差异。

3. “一鸟在手”理论

在手之鸟：当期现金股利

在林之鸟：未来的资本利得

基本观点：
- 一鸟在手，强于二鸟在林——股东更偏好于现金股利而非资本利得，倾向于选择股利支付率越高的股票。
- 为实现股东价值最大化目标，企业应实行高股利分配率的股利政策。
- 【依据】企业权益价值 = 分红总额/权益资本成本，当股利支付率提高时，股东承担的收益风险会降低，权益资本成本也降低，则企业权益价值提高。

4. 代理理论

基于代理理论对股利分配政策选择的分析将是多种因素权衡的复杂过程。

基本观点：
- 股东与债权人之间的代理冲突。债权人为保护自身利益，希望企业采取低股利支付率。
- 经理人员与股东之间的代理冲突。高股利支付率政策，有利于抑制经理人员随意支配自由现金流的代理成本，也有利于满足股东取得股利收益的愿望。
- 控股股东与中小股东之间的代理冲突。对处于外部投资者保护程度较弱环境的中小股东希望企业采用高股利支付率政策，多分配少留存，以防控股股东的利益侵害。

5. 信号理论

基本观点：在信息不对称的情况下，公司可以通过股利政策向市场传递有关公司未来盈利能力的信息。股利政策所产生的信息效应会影响股票的价格。

【提示】鉴于投资者对股利信号信息的理解不同，所做出的对企业价值的判断也不同。

可能的信号	好信号	差信号
高股利支付率	未来业绩大幅度增长	企业没有前景好的投资项目
低股利支付率	企业有前景看好的投资项目	企业未来出现衰退

【例题1·单选题】下列关于股利分配理论的说法中，错误的是（　　）。

A. 税差理论认为，当股票资本利得税与股票交易成本之和大于股利收益税时，应采用高现金股利支付率政策

B. 客户效应理论认为，对于高收入阶层和风险偏好投资者，应采用高现金股利支付率政策

C. “一鸟在手”理论认为，由于股东偏好当期股利收益胜过未来预期资本利得，应采用高现金股利支付率政策

D. 代理理论认为，为解决控股股东和中小股东之间的代理冲突，应采用高现金股利

支付率政策

【答案】B

【解析】客户效应理论认为，对于低收入阶层和风险厌恶投资者，由于其税负低，并且偏好现金股利，他们希望公司多发放现金股利，所以公司应该实施高现金分红比例的股利政策。对于高收入阶层和风险偏好投资者，由于其税负高，并且偏好资本增长，他们希望公司少发放现金股利，并且通过获得资本利得适当避税，因此，公司应实施低现金分红比例，甚至不分红的股利政策。

考点二：股利政策的类型（★★）

- 剩余股利政策
- 固定股利或稳定增长股利政策
- 固定股利支付率政策
- 低正常股利加额外股利政策

1. 剩余股利政策

（1）含义。

剩余股利政策是指在公司有着良好的投资机会时，根据一定的目标资本结构最佳资本结构，测算出投资所需的权益资本，先从盈余当中留用，然后将剩余的盈余作为股利予以分配。

（2）特点。

采用剩余股利政策的根本理由是为了保持理想的资本结构，使加权平均资本成本最低。

（3）分析这类问题要注意以下几点：

第一，关于法律限制。法律的这条规定，实际上只是对本年利润“留存”数额的限制，而不是对股利分配的限制。

第二，关于财务限制。资本结构是长期有息负债和股东权益的比率，不是资产负债率不变。

分配股利的现金问题，是营运资金管理问题，如果现金存量不足，可以通过短期借款解决，与筹集长期资本无直接关系。

第三，关于经济限制。出于经济上有利的原则，筹集资金要在确定目标结构的前提下，首先使用留存利润补充资金，其次的来源是长期借款，最后的选择是增发股份。

限制动用以前年度未分配利润分配股利的真正原因，来自财务限制和采用的股利分配政策。只有在资金有剩余的情况下，才会超本年盈余进行分配。超量分配，然后再去借款或向股东要钱，不符合经济原则。因此，该公司不会动用以前年度未分配利润，只能分配本年利润的剩余部分给股东。

2. 固定股利或稳定增长股利政策

（1）含义。

固定股利或稳定增长股利政策是企业将每年派发的股利固定在某一特定水平或是在此基础上维持某一固定增长率从而逐年稳定增长。

固定股利或稳定增长股利政策是将每年发放的股利固定在某一相对稳定的水平上并在较长的时期内不变，只有当公司认为未来盈余会显著地、不可逆转地增长时，才提高年度股利发放额。稳定增长股利政策是每年发放的股利在上一年股利的基础上按固定增长率稳定增长。

（2）特点。

固定股利或稳定增长股利政策适用于成熟的、盈利成分且获利能力比较稳定的、扩张需求减少的公司。从公司发展的生命周期考虑，稳定增长期的企业可采用稳定增长股利政策，成熟期的企业可采用固定股利政策。

优点：

固定或稳定增长的股利可以消除投资者内心的不确定性。等于向市场传递公司经营业绩正常或稳定增长的信息，有利于树立公司良好形象，增强投资者对公司的信心，从而使公司股票价格保持稳定或上升。

固定或稳定增长的股利有利于投资者安排股利收入和支出，特别是对那些对股利有着高依赖性的股东更是如此。

缺点：

固定股利或稳定增长股利政策的缺点在于股利的支付与盈余脱节。当盈余较低时仍要支付固定或稳定增长的股利，这可能导致资金短缺，财务状况恶化；同时不能像剩余股利政策那样保持较低的资本成本。

3. 固定股利支付率政策

（1）含义。

该政策是公司确定一个股利占盈余的比率，长期按此比率支付股利的政策。

（2）特点。

优点：能使股利与公司盈余紧密的配合，以体现“多盈多分，少盈少分，无盈不分”的原则。

缺点：各年的股利变动较大，极易造成公司不稳定的感觉，对稳定股票价格不利。

4. 低正常股利加额外股利政策

（1）含义：该股利政策是公司一般情况下每年只支付固定的、数额较低的股利；在盈余较多的年份，再根据实际情况向股东发放额外股利。但额外股利并不固定化，不意味着公司永久地提高了规定的股利支付率。

（2）采用该政策的理由：具有较大灵活性；使一些依靠股利度日的股东每年至少可以得到虽然较低但比较稳定的股利收入，从而吸引住这部分股东。

【例题2·单选题】下列关于股利分配政策的说法中，错误的是（　　）。

A. 采用剩余股利分配政策，可以保持理想的资本结构，使加权平均资本成本最低

B. 采用固定股利支付率分配政策，可以使股利和公司盈余紧密配合，但不利于稳定股票价格

C. 采用固定股利分配政策，当盈余较低时，容易导致公司资金短缺，增加公司风险

D. 采用低正常股利加额外股利政策，股利和盈余不匹配，不利于增强股东对公司的信心

【答案】D

【解析】采用低正常股利加额外股利政策，使得一些依靠股利度日的股东每年至少可以得到虽然较低但比较稳定的股利收入，从而吸引住这部分股东。

【例题3·单选题】甲公司2013年实现税后利润1 000万元，2013年年初未分配利润为200万元。公司按10%提取法定盈余公积。预计2014年需要新增投资资本500万元。目标资本结构（债务/权益）为4/6。公司执行剩余股利分配政策，2013年可分配现金股利（　　）万元。

A. 600　　B. 700

C. 800　　D. 900

【答案】B

【解析】2013年利润留存 = 500 × 60% = 300（万元），股利分配 = 1 000 − 300 = 700（万元）。

【例题4·计算题】（2019年）甲公司是一家能源类上市公司，当年取得的利润在下年分配。2018年公司净利润10 000万元。2019年分配现金股利3 000万元，预计2019年净利润12 000万元。2020年只投资一个新项目，总投资额8 000万元。

要求：

（1）如果甲公司采用固定股利政策，计算2019年净利润的股利支付率。

（2）如果甲公司采用固定股利支付率政策，计算2019年净利润的股利支付率。

（3）如果甲公司采用剩余股利政策，目标资本结构是负债/权益等于2/3，计算2019年净利润的股利支付率。

（4）如果甲公司采用低正常股利加额外股利政策，低正常股利为2 000万元，额外股利为2019年净利润扣除低正常股利后余额的16%，计算2019年净利润的股利支付率。

（5）比较上述各种股利政策的优点和缺点。

【答案】

（1）2019年净利润的股利支付率 = 3 000/12 000 = 25%。

（2）2019年净利润的股利支付率 = 3 000/10 000 = 30%。

（3）2019年净利润的股利支付率 = (12 000 − 8 000 × 3/5)/12000 = 60%

（4）2019年股利 = 2 000 + (12 000 − 2 000) × 16% = 3 600（万元）

2019年净利润的股利支付率 = 3 600/12 000 = 30%。

（5）①固定股利政策有利于树立公司良好形象，增强投资者对公司的信心，稳定股票的价格；稳定的股利额有利于投资者安排股利收入和支出；稳定的股利可能要比降低股利或降低股利增长率对稳定股价更为有利。缺点在于股利的支付与盈余相脱节。当盈余较低时仍要支付固定的股利，这可能导致资金短缺；同时不能像剩余股利政策那样保持较低的资本成本。

②固定股利支付率政策能使股利与公司盈余紧密的配合，以体现“多盈多分、少盈少分、无盈不分”的原则，才算真正公平地对待了每一位股东。但是在这种政策下各年的股利变动较大，极易造成公司不稳定的感觉，对于稳定股票价格不利。

③剩余股利政策可以保持理想的资本结构，使加权平均资本成本最低。

④低正常股利加额外股利政策使公司具有较大的灵活性；这种股利政策可使那些依靠股利度日的股东每年至少可以得到虽然低但比较稳定的股利收入，从而吸引住这部分股东。

考点三：股利政策的影响因素（★★★）

（一）法律限制

限制因素	说明
1. 资本保全的限制	公司不能用资本（包括股本和资本公积）发放股利
2. 企业积累的限制	按照法律规定，公司税后利润必须先提取法定公积金。此外还鼓励公司提取任意公积金，只有当提取的法定公积金达到注册资本的50%时，才可以不再提取
3. 净利润的限制	规定公司年度累计净利润必须为正数时才可发放股利，以前年度亏损必须足额弥补
4. 超额累积利润的限制	许多国家规定公司不得超额累积利润，一旦公司的保留盈余超过法律认可的水平，将被加征额外税额
5. 无力偿付的限制	基于对债权人的利益保护，如果一个公司已经无力偿付负债，或股利支付会导致公司失去偿债能力，则不能支付股利

（二）股东因素

限制因素	说明
稳定的收入和避税考虑	依靠股利维持生活的股东要求支付稳定的股利
	高股利收入的股东出于避税考虑，往往反对发放较多的股利
防止控制权稀释考虑	为防止控制权的稀释，持有控股权的股东希望少募集权益资金，少分股利

（三）公司因素

限制因素	说明
盈余的稳定性	盈余相对稳定的公司有可能支付较高的股利，盈余不稳定的公司一般采取低股利政策
公司的流动性	公司的流动性较低时往往支付较低的股利
举债能力	具有较强的举债能力的公司往往采取较宽松的股利政策，而举债能力弱的公司往往采取较紧的股利政策

续表

限制因素	说明
投资机会	有良好投资机会的公司往往少发现金股利，缺乏良好投资机会的公司，倾向于支付较高的现金股利
资本成本	保留盈余（不存在筹资费用）的资本成本低于发行新股。从资本成本考虑，如果公司有扩大资金的需要，也应当采取低现金股利政策
债务需要	具有较高债务偿还需要的公司一般采取低现金股利政策

（四）其他因素

限制因素	说明
债务合同约束	如果债务合同限制现金股利支付，公司只能采取低股利政策
通货膨胀	通货膨胀时期，公司计提的折旧不能满足重置固定资产的需要，需要动用盈余补足重置固定资产的需要，通货膨胀时期股利政策往往偏紧

【例题5·单选题】我国上市公司不得用于支付股利的权益资金是（　　）。

A. 资本公积　　B. 任意公积金

C. 法定公积金　　D. 上年未分配利润

【答案】A

【解析】按照资本保全原则不能用股本和资本公积金发放股利。

【例题6·多选题】股东往往希望公司提高股利支付率的考虑因素有（　　）。

A. 规避风险

B. 稳定股利收入

C. 防止公司控制权旁落

D. 避税

【答案】AB

【解析】股东为防止控制权稀释，为了避税往往希望公司降低股利支付率。公司提高股利支付率，那么股东就要支付更多的所得税，起不到避税的作用。

考点四：股利的种类（★）

股利支付形式	特点
现金股利	现金股利是以现金支付的股利，它是股利支付的主要方式。公司支付现金股利除了要有累计盈余外，还要有足够的现金

续表

股利支付形式	特点
股票股利	股票股利是公司以增发的股票作为股利的支付方式
财产股利	是以现金以外的资产支付的股利，主要是以公司所拥有的其他企业的有价证券，如债券、股票，作为股利支付给股东
负债股利	是公司以负债支付的股利，通常以公司的应付票据支付给股东，不得已情况下也有发行公司债券抵付股利的

【提示】财产股利和负债股利实际上是现金股利的替代，这两种股利方式目前在我国公司实务中很少使用，但并非法律所禁止。

【例题7·单选题】甲公司以持有的乙公司股票作为股利支付给股东，这种股利属于（　　）。

A. 现金股利　　B. 负债股利

C. 股票股利　　D. 财产股利

【答案】D

【解析】财产股利是指以现金以外的资产支付的股利，主要是以公司所拥有的其他企业的有价证券，如债券、股票等，作为股利支付给股东。

考点五：股利支付程序（★★）

股利支付过程中的重要日期：

内容		说明
1	股利宣告日	公司董事会将股东大会通过本年度利润分配方案的情况以及股利支付情况予以公告的日期
2	股权登记日	有权领取本期股利的股东其资格登记截止日期。 只有在股权登记日这一天登记在册的股东才有资格领取本期股利，而在这一天以后登记在册的股东，即使是在股利支付日之前买入的股票，也无权领取本期分配的股利
3	除息日	也称除权日，是指股利所有权与股票本身分离的日期，将股票中含有的股利分配权予以解除，即在除息日当日及以后买入的股票不再享有本次股利分配的权利。 我国上市公司的除息日通常是在登记日的下一个交易日
4	股利支付日	向股东正式发放股利的日期

【例题8·多选题】下列有关表述中正确的有（　　）。

A. 在除息日之前，股利权从属于股票

B. 从除息日开始，新购入股票的人不能享有本次已宣告发放的股利

C. 在股权登记日当天买入股票的股东没有资格领取本期股利

D. 自除息日起的股票价格中不包含本次派发的股利

【答案】ABD

【解析】凡是在股权登记日这一天登记在册的股东（即在此日及之前持有或买入股票的股东）才有资格领取本期股利。

【例题9·单选题】甲上市公司2013年度的利润分配方案是每10股派发现金股利12元，预计公司股利可以10%的速度稳定增长，股东要求的收益率为12%。于股权登记日的甲公司股票的预期价格为（　　）元。

A. 60　　B. 61.2

C. 66　　D. 67.2

【答案】D

【解析】股权登记日的在册股东有权分取股利。其股票价格包含着股利，会高于除息日的股票价格，股权登记日的股票价格＝除息日的股票价格＋股利＝[1.2×(1＋10%)/(12%－10%)]＋1.2＝67.2（元）。

考点六：股利的分配方案（★★）

（一）分配方案的内容

1. 股利支付形式	决定是以现金股利、股票股利还是其他某种形式支付股利
2. 股利支付率	决定股利支付率的政策
3. 股利政策的类型	决定采取固定股利政策，还是稳定增长股利政策，或是剩余股利政策等
4. 股利支付程序	确定股利宣告日、股权登记日、除息日和股利支付率等具体事宜

【提示】按年度计算的股利支付率非常不可靠。由于累计的以前年度盈余也可以用于股利分配，有时股利支付率甚至会大于100%。作为一种财务政策，股利支付率应当是若干年度的平均值。

（二）股票股利

1. 股票股利的影响

有影响的项目	无影响的项目
(1) 股东权益的内部结构; (2) 股数(增加); (3) 每股收益(下降); (4) 每股市价(下降)	(1) 资本结构(资产总额、负债总额、股东权益总额均不变); (2) 股东持股比例; (3) 若盈利总额和市盈率不变,股票股利发放不会改变股东持股的市场价值总额; (4) 每股面值

【提示】发放股票股利对股东权益的内部结构的影响我国做法:股票股利按面值确定:

未分配利润按面值减少(增加的股数×每股面值);

股本按面值增加(增加的股数×每股面值);

资本公积不变。

2. 股票股利与资本公积转增股本的比较

相同点	(1) 会使股东具有相同的股份增持效果,但并未增加股东持有股份的价值; (2) 由于股票股利与转增都会增加股本数量,但每个股东持有股份的比例并未改变,结果导致每股价值被稀释,从而使股票交易价格下降
区别点	对股东权益内部具体项目的影响不同

3. 除权参考价的计算

通常,发放现金股利、股票股利和资本公积转增资本都会使股票价格下降。

在除权(除息)日:

股票的除权参考价

$$=\frac{\text{股权登记日收盘价}-\text{每股现金股利}}{1+\text{送股率}+\text{转增率}}$$

【例题10·单选题】甲公司是一家上市公司,2011年的利润分配方案如下:每10股送2股并派发现金红利10元(含税),资本公积每10股转增3股。如果股权登记日的股票收盘价为每股25元,除权(息)日的股票参考价格为(　　)元。

A. 10　　B. 15

C. 16　　D. 16.67

【答案】C

【解析】除权(除息)日的参考价=(25－1)/(1+0.2+0.3)=16(元)。

【例题11·多选题】下列有关股利支付率表述正确的有(　　)。

A. 按年度计算的股利支付率非常不可靠

B. 股利支付率有可能会大于100%

C. 作为一种财务政策,股利支付率应当是若干年度的平均值

D. 股利支付率是指股利与净利润的比率

【答案】ABCD

【例题12·单选题】某股份公司目前的每股收益和每股市价分别为1.2元和21.6元,现拟实施10送2的送股方案,如果盈利总额和市盈率不变,则送股后的每股收益和每股市价分别为(　　)元。

A. 1.2和20　　B. 1.2和26

C. 1和18　　D. 1和21.6

【答案】C

【解析】送股比例=2/10=20%,因为盈利总额不变,所以,送股后的每股收益=目前的每股收益/(1+送股比例)=1.2/(1+20%)=1(元);因为市盈率不变,所以,送股后的市盈率=送股前的市盈率=21.6/1.2=18,因此,送股后的每股市价=18×1=18(元)。

考点七:股票分割(★★)

(一)股票分割的含义与目的

含义	目的
股票分割是指将面额较高的股票交换成面额较低的股票的行为	(1) 主要目的在于通过增加股票股数降低每股市价,从而吸引更多的投资者。 (2) 此外,股票分割往往是成长中公司的行为,所以宣布股票分割后容易给人一种"公司正处于发展之中"的印象,这种利好信息会在短时间内提高股价

(二)股票分割与股票股利的比较

内容	股票股利	股票分割
不同点	(1) 面值不变; (2) 股东权益内部结构变化; (3) 属于股利支付方式; (4) 在公司股价上涨幅度不大时,往往通过发放股票股利将股价维持在理想的范围之内。	(1) 面值变小; (2) 股东权益内部结构不变; (3) 不属于股利支付方式; (4) 在公司股价暴涨且预期难以下降时,才采用股票分割的办法降低股价。

续表

内容	股票股利	股票分割
相同点	(1) 普通股股数增加； (2) 每股收益和每股市价下降； (3) 资本结构不变（资产总额、负债总额、股东权益总额不变）； (4) 往往给人们传递一种“公司正处于发展中”的信息，从纯粹经济的角度看，二者没有区别。	

【例题 13·单选题】实施股票分割与发放股票股利产生的效果相似，它们都会(　　)

A. 增加股东权益总额

B. 降低股票每股价格

C. 降低股票每股面值

D. 改变股东权益结构

【答案】B

【解析】股票分割与发放股票股利不会影响股东权益总额，选项 A 错误；股票分割会降低股票每股面值，但股票股利的发放不影响股票面值，选项 C 错误；股票股利发发会改变股东权益结构，但股票分割不影响股东权益的结构。

【提示】股票反分割：可以使股价上升。

股票分割的相反行为，即将数股面额较低的股票合并为一股面额较高的股票。

【例题 14·单选题】在净利润和市盈率不变的情况下，公司实行股票反分割导致的结果是(　　)。

A. 每股收益上升

B. 每股面额下降

C. 每股市价下降

D. 每股净资产不变

【答案】A

【解析】股票反分割也称股票合并，是股票分割的相反行为，即将数股面额较低的股票合并为一股面额较高的股票，将会导致每股面额上升，每股市价上升、每股收益上升，股东权益总额不变，由于股数减少，所以每股净资产上升，所以选项 A 正确。

考点八：股票回购（★★）

(一) 股票回购的含义

股票回购是指公司在有多余现金时，向股东回购自己的股票，以此来代替现金股利。

(二) 股票回购的意义

对股东的意义	在资本利得税率低于股利收益税率的情况下，股东将得到纳税上的好处。 股票回购相比现金股利对股东利益具有不确定的影响。
对公司的意义	对公司而言，股票回购有利于增加公司的价值： (1) 向市场传递了股价被低估的信号。 (2) 用自由现金流进行股票回购，有助于提高每股收益。 (3) 避免股利波动带来的负面影响。 (4) 发挥财务杠杆的作用。 (5) 在一定程度上降低了公司被收购的风险。 (6) 调节所有权结构。

【理解】

1. 股票回购与现金股利的比较

内容	股票回购	现金股利
不同点	(1) 股东得到的资本利得，需缴纳资本利得税，税负低； (2) 股票回购对股东利益具有不稳定的影响； (3) 不属于股利支付方式； (4) 可配合公司资本运作需要。	(1) 发放现金股利后股东则需缴纳股息税，税负高； (2) 稳定到手的收益； (3) 属于股利支付方式。
相同点	(1) 股东权益减少； (2) 现金减少。	

2. 股票回购与股票分割及股票股利的比较

内容	股票回购	股票分割及股票股利
股数	减少	增加
每股市价	提高	降低
每股收益	提高	降低
资本结构	改变，提高财务杠杆水平	不影响
控制权	巩固既定控制权或转移公司控制权	不影响

(三) 股票回购的方式

分类标准	分类
按照股票回购的地点不同	场内公开收购
	场外协议收购

续表

分类标准	分类
按照股票回购面向的对象不同	资本市场上进行随机回购
	向全体股东招标回购
	向个别股东协商回购
按照筹资方式不同	举债回购
	现金回购
	混合回购（既动用剩余资金，又向银行等金融机构举债来回购本公司股票）
按照回购价格的确定方式不同	固定价格要约回购（赋予所有股东向公司出售其所有持股票的均等机会，而且通常情况下公司享有在回购数量不足时取消回购计划或延长要约有效期的权力）； 可以在短时间内回购大量的股票
	荷兰式拍卖回购（在回购价格确定方面给予了公司更大的灵活性）； 指定回购价格的范围（通常较宽）及回购数量范围

【例题15·单选题】在回购价格确定方面给予了公司更大的灵活性的回购方式为（　　）。

A. 举债回购

B. 现金回购

C. 固定价格要约回购

D. 荷兰式拍卖回购

【答案】D

【解析】荷兰式拍卖回购在回购价格确定方面给予了公司更大的灵活性。

【例题16·多选题】甲公司盈利稳定，有多余现金，拟进行股票回购用于将来奖励本公司职工，在其他条件不变的情况下，股票回购产生的影响有（　　）。

A. 每股收益提高

B. 每股面额下降

C. 资本结构变化

D. 自由现金流减少

【答案】ACD

【解析】股票回购会使股数减少，每股收益提高，选项A正确；股票回购不会改变每股面额，选项B不正确；股票回购会使股东权益减少，选项C正确；因部分现金流用于股票回购，所以自由现金流量减少，选项D正确。

通关演练

一、单项选择题

1. 在净利润和市盈率不变的情况下，公司实行股票分割导致的结果是（　　）。

A. 每股收益上升

B. 每股面额上升

C. 每股市价下降

D. 每股净资产不变

2. 甲公司是一家上市公司，2017年的利润分配方案如下：每10股送2股并派发现金红利20元（含税），资本公积每10股转增3股。如果股权登记日的股票收盘价为每股26元，除权（息）日的股票参考价格为（　　）元。

A. 10　　B. 14.38

C. 16　　D. 16.67

3. 如果不考虑股票的交易成本，分配股利的比率越高，股东的股利收益纳税负担会明显高于资本利得纳税负担，企业的股利支付率应（　　）。

A. 较高　　B. 偏低

C. 不变　　D. 不确定

4. 强调“为了实现股东价值最大化目标，企业应实行高股利支付率政策”的股利理论是（　　）。

A. 一鸟在手

B. 税差理论

C. MM理论

D. 客户效应理论

5. 某公司按照剩余股利政策分配股利。已知年初未分配利润为100万元，资本结构目标为产权比率为2/5（不存在短期借款和无息负债），今年预计有一新项目需筹资700万元，则今年需要筹集的权益资金为（　　）万元。

A. 500　　B. 280

C. 360　　D. 240

6. 甲公司2017年利润分配方案如下：每10股派发现金红利8元，预计公司股利可以5%的速度稳定增长，股东要求的收益率为

10%，那么除权（息）日每股股票的参考价为（ ）元。

A. 14　　B. 14.8

C. 16　　D. 16.8

7. 假定某公司的税后利润为 100 000 元，按法律规定，至少要提取 10 000 元的公积金。公司的目标资本结构为长期有息负债：股东权益 =1:1，该公司第二年投资计划所需资金 60 000 元，当年流通在外普通股为 50 000 股，若采用剩余股利政策，该年度股东可获每股股利为（ ）元。

A. 3　　B. 1.4

C. 2　　D. 1.5

8. 甲公司 2016 年初未分配利润 -500 万元，2016 年实现净利润 1 500 万元。公司计划 2017 年新增资本支出 1 000 万元，目标资本结构（债务：权益）为 4:6。法律规定，公司须按净利润 10% 提取公积金。若该公司采取剩余股利政策。应发放现金股利（ ）万元。

A. 600　　B. 400

C. 380　　D. 500

9. 下列关于股票股利、股票分割和股票回购的表述中，正确的是（ ）。

A. 发放股票股利会导致股价下降，因此股票股利会使股票总市场价值下降

B. 如果发放股票股利后股票的市盈率增加，盈利总额不变，则原股东所持股票的市场价值增加

C. 发放股票股利和进行股票分割对企业的股东权益各项目的影响是相同的

D. 股票回购本质上是现金股利的一种替代选择，两者带给股东的净财富效应相同

10. 在净利润和市盈率不变的情况下，公司实行股票反分割导致的结果是（ ）。

A. 每股收益下降

B. 每股面额下降

C. 每股市价上升

D. 每股净资产不变

11. 下列各项中，有可能导致企业采取低股利政策的是（ ）。

A. 股东出于稳定收入考虑

B. 处于成长中的公司

C. 处于经营收缩的公司

D. 企业的投资机会较少

12. 下列关于股票股利的表述中，不正确的是（ ）。

A. 股票股利不会直接增加股东的财富

B. 股票股利不会导致公司资产的流出或负债的增加

C. 股票股利不会改变股票价格

D. 股票股利会引起所有者权益各项目的结构发生变化

二、多项选择题

1. 甲公司上年净利润 1 000 万元，今年年初公司讨论决定股利分配的数额。预计今年需要增加长期资本 800 万元。公司的目标资本结构是权益资本占 60%，债务资本占 40%，今年继续保持。按法律规定，至少要提取 10% 的公积金，甲公司采用剩余股利政策，关于甲公司应分配的股利，下列各项中错误的有（ ）万元。

A. 380　　B. 400

C. 520　　D. 580

2. 甲公司上年净利润 600 万元，今年年初公司讨论决定股利分配的数额。预计今年需要增加长期资本 100 万元。公司的目标资本结构是权益资本占 40%，债务资本占 60%，今年继续保持。按法律规定，至少要提取 10% 的公积金，甲公司采用剩余股利政策，关于甲公司应分配的股利，下列各项中错误的有（ ）万元。

A. 20　　B. 400

C. 520　　D. 540

3. 下列关于股利支付过程中的重要日期的说法中，正确的有（ ）。

A. 在股权登记日及之前购入股票的投资者可以享有本期股利

B. 在股权登记日之后购入股票法人投资者不可以享有本期股利

C. 在除息日当天及以后购入股票不再享有本次股利分配的权利

D. 除息日是指股利所有权与股票本身分离的日期

4. 下列关于股利无关论的表述中，正确的有（ ）。

A. 投资者并不关心公司股利的分配

B. 股利的支付比率不影响公司的价值

C. 该理论是建立在完美资本市场之上的

D. 该理论又被称为完全市场理论

5. 下列关于股票分割的说法中，错误的有（　　）。

A. 股票分割属于股利支付的形式

B. 股东权益各项目的结构不变

C. 普通股股数增加

D. 股价上涨幅度不大时采用

6. 公司基于不同的考虑会采用不同的股利分配政策，利用剩余股利政策的公司更多地关注（　　）。

A. 投资机会

B. 公司支付能力

C. 盈余的稳定性

D. 资本成本

7. 下列关于股票回购和现金股利的比较中，正确的有（　　）。

A. 两者都会使所有者权益总额减少

B. 两者都会使现金减少

C. 两者都属于股利支付方式

D. 股票回购方式和现金股利都需要缴纳股利收益税

8. 下列关于股利分配政策的表述中，正确的有（　　）。

A. 剩余股利政策可以使加权资本成本最低

B. 固定股利或稳定增长股利政策可以稳定股票价格

C. 固定股利支付率政策公平对待每一位股东，因此可以稳定股票价格

D. 低正常股利加额外股利政策使公司具有较大灵活性

9. 确定企业股利分配政策时需要考虑的公司因素包括（　　）。

A. 盈余的稳定性　　B. 公司的流动性

C. 投资机会　　D. 资本成本

10. （2018 年）甲公司拟按 1 股换 2 股的比例进行股票分割，分割前后其下列项目中保持不变的有（　　）。

A. 每股收益　　B. 净资产

C. 资本结构　　D. 股权结构

三、计算分析题

1. 甲公司今年年底的股东权益总额为 8 000 万元，普通股 5 000 万股。目前的资本结构为长期负债占 60%，股东权益占 40%，没有需要付息的流动负债。甲公司使用的所得税税率为 25%，预计继续增加长期债务不会改变目前 10% 的平均利率水平。董事会在讨论明年资金安排时提出：

（1）计划年度分配现金股利 0.04 元/股；

（2）为新的投资项目筹资 4 000 万元的资金；

（3）计划年度维持目前的资本结构，并且不增发新股，不举借短期借款。

要求：测算实现董事会上述要求所需要的息税前利润。

2. 甲公司是一家高科技上市公司，流通在外普通股加权平均股数 2 000 万股，2018 年净利润 5 000 万元。为回馈投资者，甲公司董事会正在讨论相关分配方案，资料如下：

方案一：每 10 股发放现金股利 6 元。

方案二：每 10 股发放股票股利 10 股。

预计股权登记日：2019 年 10 月 20 日；

除权（除息）日：2019 年 10 月 21 日；

现金红利到账日：2019 年 10 月 21 日；

新增无限售条件流通股份上市日：2019 年 10 月 22 日。

假设甲公司股票 2019 年 10 月 20 日收盘价 30 元。

要求：

（1）如果采用方案一，计算甲公司每股收益、每股股利。如果通过股票回购等额现金支付给股东，回购价格每股 50 元。设计股票回购方案，并简述现金股利与股票回购的异同。

（2）如果采用方案二，计算发放股票股利后甲公司每股收益、每股除权参考价。如果通过股票分割达到同样的每股收益稀释效果，设计股票分割方案，并简述股票股利与股票分割的异同。

答案及解析

一、单项选择题

1. 【答案】C

【解析】股票分割是指将面额较高的股票交换成面额较低的股票的行为，将会导致每股面额下降、每股市价下降、每股收益下降，

股东权益总额不变，每股净资产降低，所以选项 B 正确。

2. 【答案】C

【解析】除权（息）参考价 =（股权登记日收盘价 - 每股现金股利）/（1 + 送股率 + 转增率）=（26 - 2）/（1 + 0.2 + 0.3）= 16（元）。

3. 【答案】B

【解析】根据税差理论，股利收益纳税负担高于资本利得纳税时，应降低股利支付率。

4. 【答案】A

【解析】“一鸟在手”理论认为投资者更偏向于选择股利支付比率较高公司的股票。随着公司股利支付率的下降，股票价格因此而下跌，不利于股东价值最大化。

5. 【答案】A

【解析】产权比率（不存在短期借款和无息负债）= 长期有息负债/所有者权益，根据产权比率 = 2/5 可知，所有者权益占的比重为 5/7，所以，需要筹集的权益资金 = 700 × 5/7 = 500（万元）。

6. 【答案】D

【解析】除权（息）参考价 = 8/10 ×（1 + 5%）/（10% - 5%）= 16.8（元）。

7. 【答案】B

【解析】剩余股利政策下的股利发放额 = 100 000 - 60 000 × 1/2 = 70 000（元），每股股利 = 70 000/50 000 = 1.4（元）。

8. 【答案】D

【解析】利润留存 = 1500 × 6/10 = 900（万元），应发放现金股利 = 1 500 - 900 = 600（万元）。

9. 【答案】B

【解析】发放股票股利可以导致普通股股数增加，股票总市场价值不变，所以，选项 A 的说法不正确；发放股票股利后的原股东所持股票的市场价值 = 发放股票股利后原股东的持股比例 × 发放股票股利后的盈利总额 × 发放股票股利后的市盈率，由于发放股票股利不影响股东的持股比例并且盈利总额不变，所以，选项 B 的说法正确；发放股票股利会影响未分配利润和股本，而进行股票分割并不影响这些项目，所以选项 C 的说法不正确；对股东来讲，股票回购后股东得到的资本利得需缴纳资本利得税，发放现金股利后股东则需缴纳股息税，所以，选项 D 的说法不正确。

10. 【答案】C

【解析】股票反分割也称股票合并，是股票分割的相反行为，即将数股面额较低的股票合并为一股面额较高的股票，将会导致每股面额上升、每股市价上升、每股收益上升，股东权益总额不变，由于股数减少，所以每股净资产上升，所以选项 C 正确。

11. 【答案】B

【解析】成长中的企业一般留有更多资金用于企业发展。

12. 【答案】C

【解析】股票股利增加了股数，因而影响了每股收益和股价。

二、多项选择题

1. 【答案】ABD

【解析】利润留存 = 800 × 60% = 480（万元），1 000 - 480 = 520（万元），480 > 1 000 × 10%。

2. 【答案】ABC

【解析】利润留存 = 100 × 40% = 40（万元），40 < 600 × 10%。因此，甲公司应留存 600 × 10% = 60（万元），发放股利 = 600 - 60 = 540（万元）。

3. 【答案】ABCD

【解析】在股票登记日及之前购入股票的投资者可以享有本次股利，在股票登记日之后购入股票的投资者不可以享有；除息日在股权登记日之后，所以在除息日当天及以后购入股票均不得享有本次股利。

【该题针对“股利支付过程”知识点进行考核】

4. 【答案】ABCD

【解析】选项 A、B、C、D 均是股利无关论的观点。

【该题针对“股利无关论”知识点进行考核】

5. 【答案】AD

【解析】股票分割不属于股利支付，A 选项错误；股票分割使股数翻倍，对股价下降的作用较强，因而用于股价暴涨的情形，D 选项错误。

6. 【答案】AD

【解析】剩余股利政策就是在公司有着良

好投资机会时，根据一定的目标资本结构（最佳资本结构），测算出投资所需的权益资本，先从盈余当中留用，然后将剩余的盈余作为股利予以分配。由此可见，利用剩余股利政策的公司更多地关注的是投资机会和资本成本。

7.【答案】AB

【解析】现金股利属于股利支付方式，股票回购不属于股利支付方式。因此，选项C错误。

股票回购方式中股东得到的资本利得，需缴纳资本利得税，税负低，而发放现金股利后股东需要缴纳股利收益税，税负高。因此，选项D错误。

8.【答案】ABD

【解析】固定股利支付率政策，使分红与盈余挂钩，多盈多分，少盈少分，不利于稳定股票价格，C选项错误。

9.【答案】ABCD

【解析】制定股利分配政策应考虑的公司因素：①盈余的稳定性；②公司的流动性；③举债能力；④投资机会；⑤资本成本；⑥债务需要。

【该题针对“股利分配政策”知识点进行考核】

10.【答案】BCD

【解析】股票分割会导致股数增加，所以每股收益会下降，选项A错误；股票分割会导致每股面值下降，但是股本总额不变，所以资产不变，资本结构和股权结构也是不变的，选项B、C、D正确。

三、计算分析题

1.【答案】发放现金股利所需税后利润＝0.04×5 000＝200（万元）

投资项目所需税后利润＝4 000×40%＝1 600（万元）

计划年度税后利润＝200＋1 600＝1 800（万元）

计划年度税前利润＝1 800÷（1－25%）＝2 400（万元）

计划年度借款利息＝（原长期借款＋新增借款）×利率＝（8 000/40%×60%＋4 000×60%）×10%＝1 440（万元）

息税前利润＝2 400＋1 440＝3 840（万元）

【该题针对“息税前利润”知识点进行考核】

2.【答案】

（1）每股收益＝5 000/2 000＝2.5（元）

每股股利＝6/10＝0.6（元）

股利总额＝0.6×2 000＝1 200（万元）

股票回购股数＝1 200/50＝24（万股）

股票回购方案：按照回购价格每股50元回购24万股股票。

相同点：股东都会得到现金收入1 200万元，公司所有者权益都会减少1 200万元。

不同点：股票回购却有着与发放现金股利不同的意义。

①对股东而言，股票回购后股东得到的资本利得需要缴纳资本利得税，发放现金股利后股东则需缴纳股利收益税。

②对公司而言，股票回购有利于增加公司价值。

第一，公司进行股票回购的目的之一是向市场传递了股价被低估的信号。

第二，当公司可支配的现金流明显超过投资项目所需的现金流时，可以用自由现金流进行股票回购，有助于提高每股收益。

第三，避免股利波动带来的负面影响。

第四，发挥财务杠杆的作用。

第五，通过股票回购，可以减少外部流通股的数量，提高股票价格，在一定程度上降低公司被收购的风险。

第六，调节所有权结构。

（2）每股收益＝5 000/（2 000＋2 000/10×10）＝1.25（元）

每股除权参考价＝30/（1＋1）＝15（元）

股票分割方案：按1股换成2股的比例进行股票分割。

相同点：普通股股数增加；每股收益和每股市价下降；资本结构不变。

不同点：股票分割会降低每股面值，股票股利不会降低每股面值；股票分割不会导致股东权益内部结构变化，股票股利会导致股东权益内部结构变化；股票分割不属于股利支付方式，股票股利属于股利支付方式。

第十二章　营运资本管理

本章考情分析

本章是财务管理中比较重要的章节，除了会考查客观题外，可能会在综合题中插入1~2道小题。主要考点在营运资本筹资策略，最佳现金持有量分析及信用政策分析。

本章教材变化

本章内容没有实质性变动。

基本内容框架

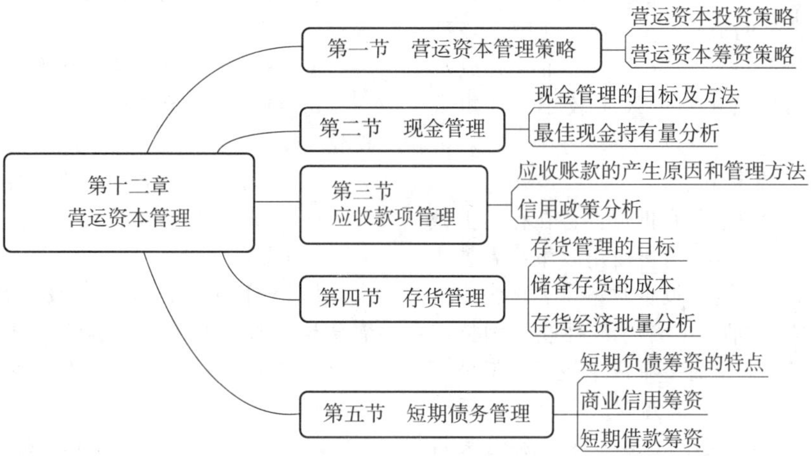

通关重难点例题解析

考点一：营运资本管理策略（★）

一、营运资本的概念

营运资本是指流动资产（短期资产）减去流动负债（短期负债）后的差额。

与流动资产投资有关的成本分为短缺成本和持有成本两种。

（1）短缺成本，指随着流动资产投资水平降低而增加的成本。

（2）持有成本，指随着流动资产投资上升而增加的成本。持有成本主要是与流动资产相关的机会成本。

二、营运资本投资策略

1. 适中型投资策略

适中型投资策略下成本特点使得持有成本和短缺成本之和的最小化，这种投资策略要求短缺成本和持有成本大体相等，称为适中型投资策略，见下图。

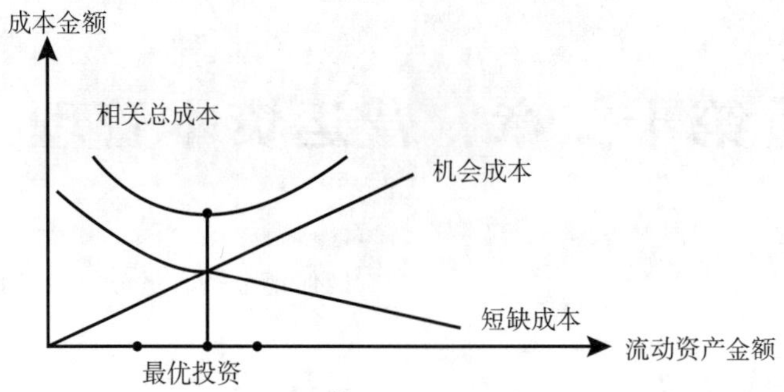

最优投资规模

适中型投资策略下流动资产投资状况是按照预期的流动资产周转天数、销售额及其增长，成本水平和通货膨胀等因素确定的最优投资规模，安排流动资产投资。

2. 保守型投资策略

持有较多的现金和有价证券，充足的存货，提供给客户宽松的付款条件并保持较高的应收账款水平。宽松的流动资产投资政策，表现为安排较高的流动资产/收入比率。该种政策因持有较高的流动资产，因而持有成本较高，但公司经营中断的风险较小，其短缺成本较小。

3. 激进型投资策略

持有较低的现金和有价证券，在存货上做少量投资，采用严格的销售信用政策或者禁止赊销。紧缩的流动资产投资政策，表现为安排较低的流动资产/收入比率。该种政策因持有较低的流动资产，因而持有成本较低，但公司经营中断的风险较大，其短缺成本较高。

【例题1·单选题】（2013年）公司采用保守型流动资产投资策略时，流动资产的（　　）。

A. 短缺成本较高

B. 管理成本较低

C. 机会成本较低

D. 持有成本较高

【答案】D

【解析】保守型流动资产投资策略，表现为安排较高的流动资产/收入比率，承担较大的持有成本，但短缺成本较小。

【例题2·单选题】（2017年）与激进型营运成本投资策略相比，适中型营运资本投资策略的（　　）。

A. 持有成本和短缺成本较低

B. 持有成本和短缺成本较高

C. 持有成本较高，短缺成本较低

D. 持有成本较低，短缺成本较高

【答案】C

【解析】相比于激进型营运资本投资策略，适中型营运资本投资策略流动资产/收入比率较高，所以持有成本较高，而短缺成本较低。

【例题3·单选题】流动资产投资管理的核心问题是（　　）。

A. 确定使用何种流动资产投资政策

B. 确定最优的投资规模、安排流动资产投资

C. 如何应对投资需求的不确定性

D. 中断企业的经营风险

【答案】C

【解析】面对流动资产投资的不确定性，需要权衡与之相关的收益和成本。流动资产投资管理的核心问题就是如何应对投资需求的不确定性。

考点二：营运资本筹资策略（★★★）

一、营运资本筹资策略概述

1. 含义

营运资本筹资策略，是指在总体上确定如何为流动资产筹资，采用短期资金来源还是长期资金来源，或者兼而有之。营运资本的筹资策略，就是确定流动资产所需资金中短期资金和长期资金的比例。

2. 流动资产的资金来源

流动资产的资金来源，一部分是短期来源，另一部分是长期来源，后者是长期资金来源购买长期资产后的剩余部分，我们可以用易变现率来衡量。

3. 易变现率

（1）含义：流动资产的筹资结构，可以

用经营流动资产中长期筹资来源的比重来衡量，该比率称为易变现率。

（2）易变现率 =［（股东权益 + 长期债务 + 经营性流动负债）- 长期资产］/经营流动资产

二、营运资本筹资策略的种类

筹资政策分为三类：适中型筹资政策、保守型筹资政策和激进型筹资政策。

流动资产按照投资需求的时间长短可以分为两部分：稳定性流动资产和波动性流动资产。

稳定性流动资产是指那些即使公司处于经营淡季也仍然需要保留的资产。

波动性流动资产是那些受季节性、周期性影响的流动资产需要的资金。

1. 适中型的筹资政策

特点：对于波动性流动资产，用临时性负债筹集资金，也就是利用短期银行借款等短期金融负债工具取得资金；对于稳定性流动资产需求和长期资产，用长期负债和权益资本筹集。

（1）波动性流动资产 = 短期金融负债。

（2）长期资产 + 稳定性流动资产 = 股东权益 + 长期债务 + 自发性流动负债。

（3）经营低谷时，易变现率 = 1；经营高峰时，易变现率 < 1。

匹配关系：

<table>
<tr><th colspan="5">资产 = 负债 + 股东权益</th></tr>
<tr><td rowspan="4">流动资产</td><td>波动性流动资产</td><td>=</td><td>临时性（金融）流动负债</td><td rowspan="2">流动负债</td></tr>
<tr><td>稳定性流动资产</td><td rowspan="3">=</td><td>自发性流动负债</td></tr>
<tr><td rowspan="2">长期资产</td><td>长期负债</td><td></td></tr>
<tr><td>股东权益</td><td></td></tr>
</table>

说明：此种策略风险收益适中。

2. 激进型筹资策略

特点：短期金融负债不但融通临时性流动资产的资金需要，还解决部分长期性资产的资金需要。

（1）波动性流动资产 < 临时性流动负债。

（2）长期资产 + 稳定性流动资产 > 股东权益 + 长期负债 + 自发性流动负债。

（3）经营低谷时，易变现率 < 1；经营高峰时，易变现率 < 1。

匹配关系：

<table>
<tr><th>资产</th><th>关系</th><th>负债和股东权益</th></tr>
<tr><td>波动性流动资产</td><td><</td><td>临时性（金融）流动负债</td></tr>
<tr><td>稳定性流动资产</td><td rowspan="3">></td><td>自发性流动负债</td></tr>
<tr><td rowspan="2">长期资产</td><td>长期负债</td></tr>
<tr><td>股东权益</td></tr>
</table>

说明：资本成本低，风险收益均高。

3. 保守型筹资策略

特点：短期金融负债只融通部分波动性流动资产的资金需要，另一部分波动性流动资产和全部稳定性流动资产，则由长期资金来源支持。

（1）波动性流动资产 > 临时性流动负债。

（2）长期资产 + 稳定性流动资产 < 股东权益 + 长期负债 + 自发性流动负债。

（3）经营低谷时，易变现率 > 1；经营高峰时，易变现率 < 1。

匹配关系：

<table>
<tr><th>资产</th><th>关系</th><th>负债和股东权益</th></tr>
<tr><td>波动性流动资产</td><td>></td><td>临时性（金融）流动负债</td></tr>
<tr><td>稳定性流动资产</td><td rowspan="3"><</td><td>自发性流动负债</td></tr>
<tr><td rowspan="2">长期资产</td><td>长期负债</td></tr>
<tr><td>股东权益</td></tr>
</table>

说明：资本成本低，风险收益均高。

【总结】判断筹资政策类型的方法

	方法一：通过比较短期来源与短期资产	方法二：营业低谷易变现率
适中型策略	临时性流动资产 = 短期性金融负债	易变现率 = 1
保守型策略	临时性流动资产 > 短期性金融负债	易变现率 > 1
激进型策略	临时性流动资产 < 短期性金融负债	易变现率 < 1

【例题 4 · 单选题】（2019 年）甲公司在生产经营淡季占用 200 万元货币资金、300 万元应收账款、500 万元存货、900 万元固定资产以及 100 万元无形资产（除此以外无其他资产），在生产经营高峰期会额外增加 400 万

元季节性存货。经营性流动负债、长期负债和股东权益总额始终保持在2 000万元，其余靠短期借款提供资金。甲公司的营运资本筹资策略是（　　）。

A. 适中型策略

B. 保守型策略

C. 激进型策略

D. 无法确定

【答案】A

【解析】长期性资产 = 200 + 300 + 500 + 900 + 100 = 2 000（万元），等于长期资金来源2 000万元，所以甲公司的营运资本筹资策略是适中型策略。

【例题5·计算题】C企业在生产经营淡季，需占用1 250万元的流动资产和1 875万元的固定资产；在生产经营高峰期，会额外增加650万元的季节性存货需求。企业目前有两种营运资本筹资方案。

方案1：权益资本、长期债务和自发性负债始终保持在3 600万元，其余靠短期借款提供资金来源。

方案2：权益资本、长期债务和自发性负债始终保持在3 000万元，其余靠短期借款提供资金来源。

要求：

（1）如采用方案1，计算C企业在营业高峰期和营业低谷时的易变现率，分析其采取的是哪种营运资本筹资策略。

（2）如采用方案2，计算C企业在营业高峰期和营业低谷时的易变现率，分析其采取的是哪种营运资本筹资策略。

（3）比较分析方案1与方案2的优缺点。

【答案】

（1）营业低谷期的易变现率 = (3 600 − 1 875)/1 250 = 138%

营业高峰期的易变现率 = (3 600 − 1 875)/(1 250 + 650) = 95.83%

公司采取的是保守型的营运资本筹资策略。

（2）营业低谷时的易变现率 = (3 000 − 1 875)/1 250 = 90%

营业高峰期的易变现率 = (3 000 − 1 875)/(1 250 + 650) = 59.21%

公司采取的是激进型的营运资本筹资策略。

（3）方案1，筹资风险小，但资本成本高，收益低；方案2，筹资风险大，但资本成本低，收益高。

考点三：现金管理（★★★）

一、现金管理的目标及方法

（一）现金管理的目标

公司置存现金的原因，主要是满足交易性需要、预防性需要和投机性需要。

（1）交易性需要，置存现金以用于日常业务的支付。

（2）预防性需要，置存现金以防发生意外支付。现金流量的不确定性越大，预防性现金数额应越大；公司的临时借款能力越强，则可以减少预防性现金数额；反之同理。

（3）投机性需要，置存现金用于不寻常的购买机会。

（二）现金管理的方法

（1）力争现金流量同步。如果公司能尽量使它的现金流入与现金流出发生的时间趋于一致，就可以使其所持有的交易性现金余额降到最低水平。这就是所谓现金流量同步。

（2）使用现金浮游量。从公司开出支票，收票人收到支票并存入银行，至银行将款项划出公司账户，中间需要一段时间。现金在这段时间的占用称为现金浮游量。

（3）加速收款。主要指缩短应收账款的时间。

（4）推迟应付账款的支付。指公司在不影响自己信誉的前提下，尽可能地推迟应付款的支付期，充分运用供货方所提供的信用优惠。

【例题6·单选题】企业现金管理的目标应为（　　）。

A. 尽量减少现金开支

B. 将每项开支都纳入现金计划，使其受到严格控制

C. 在现金的流动性与收益能力之间做出抉择，以取得最大的长期利润

D. 追求现金的最大获利能力

【答案】C

【解析】企业现金管理的目标是在现金的流动性与收益能力之间取得权衡，既要满足生产经营的需要，又要使闲置资金的收益能力达到最大

【例题7·多选题】企业在确定为以防发

生意外的支付而持有现金的数额时，需考虑的因素有（　　）。

A. 现金流量的可预测性强弱

B. 借款能力的大小

C. 金融市场投资机会的多少

D. 现金流量不确定性的大小

【答案】ABD

【解析】预防性需要是指置存现金以防发生意外的支付。企业为应付紧急情况所持有的现金余额主要取决于三个方面：一是现金流量不确定性的大小；二是现金流量的可预测性强弱；三是借款能力大小。

二、最佳现金持有量的分析

（一）成本分析模式

公司持有现金，将会有三种成本：

（1）机会成本：跟现金持有量呈正比例变动；

（2）管理成本：是一种固定成本，与现金持有量之间无明显的比例关系；

（3）短缺成本：跟现金持有量呈现反比例变动。

上述三项成本之和最小的现金持有量，就是最佳现金持有量。

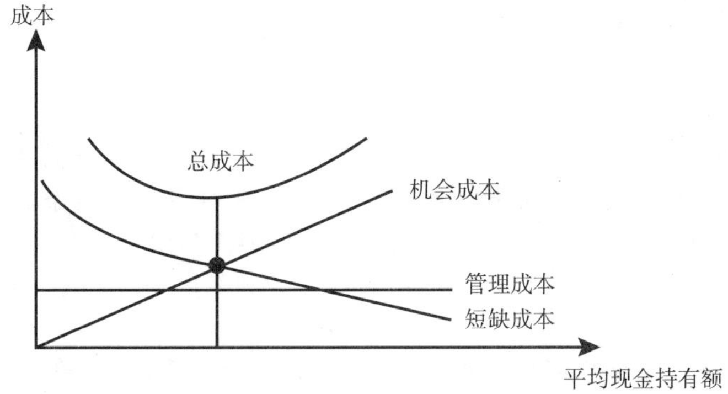

（二）存货模式

将存货经济订货批量模型用于确定目标现金持有量。这种模式下，公司可以通过现金与有价证券之间的转换来补充现金，因此这种模式下不存在短缺成本而存在一定的交易成本。持有现金量较高则可以较少进行有价证券与现金的转换从而具有较高的机会成本以及较低的交易成本，持有现金量较低则可能要经常进行有价证券与现金之间的转换，因此具有较低的机会成本以及较高的交易成本。

假设前提	（1）现金的支出过程比较稳定，波动较小，而且每当现金余额降至零时，均通过变现部分证券得以补足 （2）公司预算期内现金需要总量可以预测 （3）证券的利率或报酬率以及每次固定性交易费用可以获悉
计算公式	我们用 T 表示一定期间的现金需求量，F 表示每次出售有价证券以补充现金所需的交易成本，K 表示持有现金的机会成本率。 机会成本 = $(C/2)\times K$——与现金持有量呈正比例变化 交易成本 = $(T/C)\times F$——与现金持有量呈反比例变化 总成本 = 机会成本 + 交易成本 = $(C/2)\times K+(T/C)\times F$ 最佳现金持有量 C 是机会成本线与交易成本线交叉点所对应的现金持有量，即满足“机会成本 = 交易成本”的现金持有量，可推导出公式（推导过程略）： 最佳现金持有量 = $\sqrt{\frac{(2TF)}{K}}$，最小相关总成本 = $\sqrt{2TFK}$ 注：C 代表各循环期之初的现金持有量；T 代表一定期间内的现金需求量；F 代表每次出售有价证券以补充现金所需的交易成本；K 表示持有现金的机会成本率。
优缺点	优点：现金持有量的存货模式是一种简单、直观的确定最佳现金持有量的方法 缺点：（1）该模型假设现金需要量恒定； （2）该模型假定现金的流出量稳定不变，实际上这种情况很少出现

【例题8·单选题】（2014年）使用成本分析模式确定现金持有规模时，在最佳现金持有量下，现金的（　　）。

A. 机会成本与管理成本相等

B. 机会成本与短缺成本相等

C. 机会成本等于管理成本与短缺成本之和

D. 短缺成本等于机会成本与管理成本之和

【答案】B

【解析】成本分析模式下，管理成本是固定成本，和现金持有量之间无明显的比例关系。所以机会成本和短缺成本相等时的现金持有量即为最佳现金持有量。

【例题9·多选题】（2019年）甲公司采用成本分析模式确定最佳现金持有量。下列说法中，正确的有（　　）。

A. 现金机会成本和短缺成本相等时的现金持有量是最佳现金持有量

B. 现金机会成本和管理成本相等时的现金持有量是最佳现金持有量

C. 现金机会成本最小时的现金持有量是最佳现金持有量

D. 现金机会成本、管理成本和短缺成本之和最小时的现金持有量是最佳现金持有量

【答案】AD

【解析】成本分析模式下，管理成本是固定成本，和现金持有量之间无明显的比例关系，因此机会成本和短缺成本相等时的现金持有量即为最佳现金持有量，此时现金机会成本、管理成本和短缺成本之和最小。

（三）随机模式

随机模式是在现金需求量难以预知的情况下进行现金持有量控制的方法。

1. 基本原理

公司根据历史经验和现实需要，测算出一个现金持有量的控制范围，即制定出现金持有量的上限和下限，将现金量控制在上下限之内。当现金量达到控制上限时，用现金购入有价证券，使现金持有量下降；当现金量降到控制下限时，则抛售有价证券换回现金，使现金持有量回升。若现金量在控制的上下限之内，便不必进行现金与有价证券的转换，保持他们各自的现有存量。

2. 计算公式

（1）现金返回线 $R=\sqrt[3]{\dfrac{3b\delta^2}{4i}}+L$

b——每次有价证券的固定转换成本；i——有价证券的日利息率；δ——预期每日现金余额波动的标准差；L——现金存量的下限。

（2）现金存量的上限（H）的计算：$H=3R-2L$

公式下限的确定受到公司每日的最低现金需要量、管理人员的风险承受倾向等因素的影响。

3. 特点

计算出来的现金持有量比较保守。

【例题10·多选题】（2011年）某公司采用随机模式控制现金的持有量。下列事项中，能够使最优现金返回线上升的有（　　）。

A. 有价证券的收益率提高

B. 管理人员对风险的偏好程度提高

C. 公司每日的最低现金需要量提高

D. 公司每日现金余额变化的标准差增加

【答案】CD

【解析】有价证券的收益率提高会使现金返回线下降，选项A错误；管理人员对风险的偏好程度提高，L会下降，则最优现金返回线会下降，选项B错误。

【例题11·多选题】（2014年）甲公司采用随机模式确定最佳现金持有量，最优现金返回线水平为7 000元，现金存量下限为2 000元。公司财务人员的下列做法中，正确的有（　　）。

A. 当持有的现金余额为1 500元时，转让5 500元的有价证券

B. 当持有的现金余额为5 000元时，转让2 000元的有价证券

C. 当持有的现金余额为12 000元时，购买5 000元的有价证券

D. 当持有的现金余额为20 000元时，购买13 000元的有价证券

【答案】AD

【解析】$H=3R-2L=3\times7\ 000-2\times2\ 000=17\ 000$（元），现金余额为5 000元和12 000元时，均介于17 000元和2 000元之间，不必采取任何措施，所以选项B、C不正确；当现金余额为1 500元时，低于现金持有量下限，应转让有价证券 $7\ 000-1\ 500=5\ 500$（元），使现金0持有量回升为7 000元，选项A正确；当现金余额为20 000元时，

超过现金持有上限，应购买有价证券 20 000 - 7 000 = 13 000（元），使现金持有量回落为 7 000元，所以选项 D 正确。

考点四：应收款项管理（★★★）

一、应收账款管理的目标

功能：扩大销售规模和盈利。

成本：机会成本、坏账成本、折扣成本、收账费用。

只有当应收账款所增加的盈利超过所增加的成本时，才应当实施应收账款赊销。

二、应收账款信用政策的制定

信用政策的构成：信用标准、信用期间和现金折扣政策。

（一）信用标准

信用标准，是指顾客获得公司的交易信用所应具备的条件。通过“5C”系统来评估顾客信用品质的五个方面，即品质（character）、能力（capacity）、资本（capital）、抵押（collateral）和条件（conditions）。

【例题 12 · 单选题】根据“5C”系统原理，在确定信用标准时，应掌握客户能力方面的信息。下列各项中最能反映客户“能力”的是（　　）。

A. 流动资产的数量、质量及流动负债的比例

B. 获取现金流量的能力

C. 财务状况

D. 获利能力

【答案】A

【解析】“5C”系统主要包括五个方面，即品质、能力、资本、抵押、条件。其中：“品质”是指顾客的信誉，即客户履行偿债资金义务的可能性；“能力”是指顾客的偿债能力，即其流动资产的数量和质量以及与流动负债的比例；“资本”是指顾客的财务实力和财务状况；“抵押”是指顾客拒付款项或无力支付款项时能被用作抵押的资产；“条件”是指可能影响顾客付款能力的经济环境。

（二）信用期间和现金折扣政策

1. 信用期间

信用期间是公司允许顾客从购货到付款之间的时间。

信用期的确定，主要是分析改变现行信用期对收入和成本的影响。延长信用期，会使销售额增加，产生有利影响；与此同时，应收账款增加导致的利息费用增加、收账费用和坏账损失增加，均会产生不利影响。当前者大于后者时，可以延长信用期，否则不适宜延长。

2. 现金折扣政策

现金折扣是企业对顾客在商品价格上所做的扣减。向顾客提供这种价格上的优惠，主要目的在于吸引顾客为享受优惠而提前付款，缩短企业的平均收款期。那么改变现金折扣政策，也会影响到企业的信用政策的决策。

折扣的表示常采用如 5/10、3/20、n/30 这样一些符号形式。这三种符号的含义为：5/10 表示 10 天内付款，可以享受 5% 的价格优惠，3/20 表示 20 天内付款，可以享受 3% 的价格优惠，n/30 表示付款的最后期限为 30 天，此时付款无优惠。

【例题 13 · 单选题】A 公司年赊销收入为 720 万元，信用条件为“1/10，n/30”时，预计有 40% 的客户选择现金折扣优惠，其余客户在信用期付款，变动成本率为 50%，资金成本率为 10%，假设一年为 360 天，则应收账款应计利息为（　　）元。

A. 20 800　　B. 22 000

C. 22 480　　D. 25 600

【答案】B

【解析】应收账款平均收账期 = 10 × 40% + 30 × 60% = 22（天）

应收账款应计利息 = 7 200 000/360 × 22 × 50% × 10% = 22 000（元）

3. 改变信用政策会引起的变化

（1）改变信用政策会引起销售的变化。

增加的收益 = 增加的销售收入 - 增加的变动成本 - 增加的固定成本（注意：一般会假设固定成本不发生改变）

（2）改变信用政策会引起成本费用的变化。

①应收账款占用资金的应计利息增加

应收账款占用资金的应计利息 = 应收账款占用资金 × 资本成本

应收账款占用资金 = 应收账款平均余额 × 变动成本率 = 日赊销额 × 平均收现期 × 变动成本率

注意：

a. 为什么是变动成本率？因为固定成本

是固有存在的，只有变动成本是随着应收账款的增加而变动的；

b. 什么是平均收现期？就是回收账款时间的加权平均。比如10天收回的占30%，20天收回的占70%，那平均收现期就是“10×30%+20×70%=17（天）”

②改变信用政策导致存货占用资金的应计利息增加

存货占用资金的应计利息=存货占用资金×资本成本=存货平均余额×资本成本

③应付账款占用资金抵减的应计利息（销量的增加也会导致应付账款增加）

应付账款占用资金应计利息=应付账款平均余额×资本成本

④计算收账费用和坏账损失的增加

⑤改变折扣政策引起的折扣成本的增加

折扣成本=赊销额×折扣率×享受折扣的客户比率

（3）计算各方案的损益。

损益=收益的增加－应收账款、存货和应付账款引起的应计利息增加－收账费用和坏账损失增加－折扣成本增加

总结：

决策思路	相关计算公式
增加的收入	
减：增加的相关成本费用：	
①增加的变动销售成本	固定销售成本属于决策无关成本
增加的边际贡献	增加的边际贡献=增加的销售量×单位边际贡献；或：增加的边际贡献=增加的销售额×边际贡献率
减：②增加的收账费用	
③增加的坏账损失	
④增加的现金折扣成本	
⑤增加的应收账款占用资金应计利息	其中：应计利息=销售额/360×平均收账期×变动成本率×资本成本
⑥增加的存货占用资金应计利息	如果是自制存货：其中：应计利息=存货变动成本×资本成本；如果是外购存货：其中：应计利息=存货进价成本×资本成本
⑦增加的应付账款节约的资金利息应作为增加成本的抵减项	其中：应计利息=应付账款平均余额×资本成本
决策依据	如果增加的税前收益大于增加的成本，则应改变信用条件；反之，则不应改变信用条件

【例题14·单选题】甲公司全年销售额为30 000元（一年按300天计算），信用政策是1/20、n/30，平均有40%的顾客（按销售额计算）享受现金折扣优惠，没有顾客逾期付款。甲公司应收账款的年平均余额是（　　）元。

A. 2 000　　B. 2 400

C. 2 600　　D. 3 000

【答案】C

【解析】平均收现期=20×40%+30×60%=26（天），应收账款年平均余额=日销售额×平均收现期=30 000/300×26=2 600（元）。

【例题15·单选题】应用5C系统评估顾客信用标准时，客户能力是指（　　）。(2017年)

A. 偿债能力　　B. 营运能力

C. 盈利能力　　D. 发展能力

【答案】A

【解析】5C系统中，能力指的是企业的偿债能力，即其流动资产的数量和质量以及与流动负债的比例。

考点五：订货决策中储备存货的成本分类（★★）

取得成本	购置成本	指存货本身的价值，经常用年需要量与单价的乘积来确定，常用 DU 表示
	订货成本	指取得订单的成本，包括订货固定成本和订货变动成本
储存成本	储存固定成本	指为保持存货而发生的成本，主要包括存货占用资金的应计利息、仓库费用、保险费用、存货破损以及损失等费用
	储存变动成本	
缺货成本		指由于存货供应中断而造成的损失

考点六：订货决策基本模型以及其扩展（★★★）

模型	相关成本	相关公式	要点
基本模型	变动储存成本和变动订货成本	（1）$Q^* = \sqrt{\frac{2KD}{K_c}}$ （2）$TC(Q^*) = \sqrt{2KDK_c}$ （3）$N^* = \frac{D}{Q^*}$ （4）$I^* = \frac{Q^*}{2} \times U$	购置成本、固定储存成本和固定订货成本均属于决策无关成本
订货提前期模式	变动储存成本和变动订货成本	（1）$Q^* = \sqrt{\frac{2KD}{K_c}}$ （2）$TC(Q^*) = \sqrt{2KDK_c}$ （3）$N^* = \frac{D}{Q^*}$ （4）$I^* = \frac{Q^*}{2} \times U$ （5）$R = L \times d =$ 平均交货时间 × 每日平均需求量	订货间隔时间、每次订货批量、订货次数不变，故订货提前期对经济订货量并无影响
存货陆续供应和使用模式	变动储存成本和变动订货成本	（1）$Q^* = \sqrt{\frac{2KD}{K_c} \times \frac{P}{P-d}}$ （2）$TC(Q^*) = \sqrt{2KDK_c \times \left(1 - \frac{d}{P}\right)}$ （3）最高存量 $= (P-d) \times \frac{Q^*}{P}$ （4）平均存量 $= \frac{1}{2} \times (P-d) \times \frac{Q^*}{P}$ （5）$I^* = \frac{1}{2} \times (P-d) \times \frac{Q^*}{P} \times U$	
保险储备模式	保险储存的变动储存成本和缺货成本	（1）$Q^* = \sqrt{\frac{2KD}{K_c}}$ （2）$TC(S、B) = K_U \cdot S \cdot N + B \cdot K_C$ （3）$R = L \times d + B$	教材举例说明了有需求量变化引起的缺货问题。至于由于延迟交货引起的缺货，也可以用通货建立保险储备量方法来解决
存货陆续供应和使用模式与基本模式的关系		基本模式下的 Q^* 陆续供货下的 Q^*（调高） 基本模式下的相关总成本和陆续供货下的相关总成本（调低）	

注：Q^*——经济订货量；K——每次订货的单位变动成本；D——存货年需要量；K_c——单位储存变动成本；$TC(Q^*)$——存货总成本；N^*——最佳订货次数；I^*——经济订货量占用资金；P——每日产量；d——每日耗用量；B——保险储备量；K_U——单位缺货成本；S——一次订货的缺货量；R——再订货点；L——平均交货时间；U——存货单价。

【例题16·单选题】（2015年）甲公司生产产品所需某种原料的需求量不稳定，为保障产品生产的原料供应，需要设置保险储备。确定合理保险储备量的判断依据是（　　）。

A. 缺货成本与保险储备成本之差最大

B. 缺货成本与保险储备成本之和最小

C. 边际保险储备成本大于边际缺货成本

D. 边际保险储备成本小于边际缺货成本

【答案】B

【解析】研究保险储备的目的，就是要找出合理的保险储备量，使缺货或供应中断损失和储备成本之和最小。所以选项B是答案。

考点七：短期债务管理（★★）

一、短期债务筹资的特点

（1）筹资速度快，容易取得；

（2）筹资富有弹性；

（3）筹资成本较低；

（4）筹资风险高。

二、商业信用筹资

<table>
<tr><td colspan="2">概念</td><td>商品交易中由于延期付款或预收货款所形成的公司间的借贷关系</td></tr>
<tr><td rowspan="3">形式</td><td>应付账款</td><td>1. 放弃现金折扣成本的计算
2. 放弃现金折扣成本 = $\frac{折扣百分比}{1-折扣百分比}\times\frac{360}{信用期-折扣期}$
如果放弃现金折扣的成本按复利计算，公式为：
放弃现金折扣的成本 = $\left(1+\frac{折扣百分比}{1-折扣百分比}\right)^{\frac{360}{信用期-折扣期}}-1$
例题17中如果采用此公式，计算结果为：
$\left(1+\frac{2\%}{1-2\%}\right)^{\frac{360}{30-10}}-1=44.6\%$
决策原则：（1）若放弃现金折扣成本率 > 短期贷款率或短期投资收益率，则选择折扣期内付款。
（2）若放弃现金折扣成本率 < 短期贷款率或短期投资收益率，则选择信用期内付款。
（3）若展延付款所降低的折扣成本 > 展延付款的信用损失，则选择展期信用</td></tr>
<tr><td>应付票据</td><td>略</td></tr>
<tr><td>预收账款</td><td>略</td></tr>
<tr><td>优缺点</td><td>优点：容易取得；不存在现金折扣或使用不带息票据时，不负担成本</td><td>缺点：放弃现金折扣时所付出的成本较高</td></tr>
</table>

三、短期借款筹资

1. 短期借款的信用条件

信贷限额	银行规定无担保的贷款最高限额，无法律效应，银行并不承担必须提供信贷限额的义务
周转信贷协定	周转信贷协定是银行具有法律义务地承诺提供不超过某一最高限额的贷款协定。在协定的有效期内，只要公司的借款总额未超过最高限额，银行必须满足公司任何时候提出的借款请求。公司享用周转信贷协定，通常需要对贷款限额的未使用部分付给银行一笔承诺费
补偿性余额	补偿性余额是银行要求借款公司保持按贷款限额或实际借款额一定百分比计算的最低存款额，会提高借款的有效年利率 有效年利率 = 实际支付的年利息/实际可用的借款余额
抵押借款	抵押借款的成本通常高于非抵押借款的成本，这是因为银行主要向信誉好的客户提供非抵押贷款
偿还条件	贷款的偿还有到期一次偿还和贷款期内定期等额偿还两种方式。贷款期内定期等额偿还会提高借款的有效年利率

2. 短期借款利率及其支付方法

（1）借款利率分为三种：优惠利率、浮动优惠利率、非优惠利率。

（2）借款利息的支付方法。

收款法	收款法是在借款到期时向银行支付利息的方法，此时实际利率等于名义利率
贴现法	贴现法是银行向公司发放贷款时，先从本金中扣除利息部分，而到期时借款公司则要偿还贷款全部本金的一种计息方法，这种情况下有效年利率高于报价利率
加息法	加息法是银行发放分期等额偿还贷款时采用的利息收取方法。在分期等额偿还贷款的情况下，银行要将根据名义利率计算的利息加到贷款本金上，计算出贷款的本息和，要求公司在贷款期内分期偿还本息之和的金额。由于贷款分期均衡偿还，借款公司实际上只平均使用了贷款本金的半数，却支付全额利息。这样，公司所负担的实际利率便高于名义利率大约1倍

【例题17·计算题】某公司拟采购一批零件，供应商规定的付款条件：10天之内付款付98万元，20天之内付款付99万元，30天之内付款付全额100万元。

要求：（1）假设银行短期贷款利率为15%，计算放弃现金折扣的成本率，并确定对该公司最有利的付款日期和价格。

（2）假设目前有一短期投资报酬率为40%，确定对该公司最有利的付款日期和价格。

【答案】（1）放弃（第10天）折扣的资金成本 =［2%/(1 - 2%)］ ×［360/(30 - 10)］=36.7%，放弃（第20天）折扣的资金成本 =［1%/(1 - 1%)］×［360/(30 - 20)］=36.4%

放弃折扣的资金成本大于短期贷款利率，所以应享受折扣，且选择折扣成本（享有收益）较大的一个，应选择在第10天付款，付98万元。

（2）短期投资报酬率大于放弃折扣成本，应放弃折扣，选择第30天付款，付100万元。

【例题18·计算题】公司与银行签订了为期1年的周转信贷协定，周转信贷额为1 000万元，年承诺费率为1%，借款公司年度内使用了400万元（使用期为半年），借款年利率为8%，则该公司当年应向银行支付利息和承诺费共计多少万元？

【答案】利息 =400 ×8% ×1/2 =16（万元），承诺费 =600万元全年未使用的承诺费 + 400万半年未使用的承诺费 =600 ×1% +400 × 1% ×1/2 =8（万元），则该公司当年应向银行支付利息和承诺费共计24万元。

【例题19·单选题】甲公司向银行借款900万元，年利率为8%，期限1年，到期还本付息，银行要求按借款金额的15%保持补偿性余额（银行按2%付息）。该借款的有效年利率为（　　）。

A. 7.70%　　B. 9.06%

C. 9.41%　　D. 10.10%

【答案】B

【解析】利息 =900 ×8% －900 ×15% × 2% =72 －2.7 =69.3（万元），实际借款额 = 900 ×（1 －15%）=765（万元），所以有效年利率 =69.3/765 =9.06%。

【例题20·单选题】（2009年）甲公司与乙银行签订了一份周转信贷协定，周转信贷限额为1 000万元，借款利率为6%，承诺费率为0.5%，甲公司需按照实际借款额维持10%的补偿性余额。甲公司年度内使用借款600万元，则该笔借款的实际税前资本成本是（　　）。

A. 6%　　B. 6.33%

C. 6.67%　　D. 7.04%

【答案】D

【解析】该笔借款的实际税前资本成本 =［6% ×600 +（1 000 －600）×0.5］/600 － 600 ×10% =7.04%

通关演练

一、单项选择题

1. 某公司信用条件为“3/10，1/20，n/50”，预计有30%的客户选择3%的现金折扣优惠，40%的客户选择1%的现金折扣优惠，其余在信用期付款，则该公司的平均收现期为（　　）天。

A. 20　　B. 22

C. 24　　D. 26

2. 各种持有现金的原因中，属于应付未来现金流入和流出随机波动的需要是（　　）。

A. 交易性需要

B. 预防性需要

C. 投机性需要

D. 长期投资需要

3. 下列说法中，不正确的是（　　）。

A. 保险储备对经济订货量的计算无影响

B. 保险储备对再订货点的确定无影响

C. 保险储备占用的资金 = 保险储备量 × 单位储存变动成本

D. 保险储备在正常情况下不动用，只有当存货过量使用或送货延迟时才动用

4. 甲公司是一家零售企业，存货陆续供应和使用。如果 K 表示每次订货的单位变动成本，D 表示存货年需要量，K_c 表示单位变动存储成本，Q 表示经济订货量，U 表示单位购置成本，d 表示日消耗量，p 表示日供应量。下列公式中不正确的是（　　）。

A. 经济订货批量 $Q=\sqrt{\dfrac{2KD}{K_c(1-p/d)}}$

B. 最佳订货次数 $=\dfrac{D}{Q}$

C. 经济订货量占用资金 $=\dfrac{Q}{2}\left(1-\dfrac{d}{p}\right)\times U$

D. 最佳订货周期 $=\dfrac{Q}{D}$

5. 关于激进型、适中型和保守型营运资本筹资策略，下列说法不正确的是（　　）。

A. 低谷时，三种筹资策略下均有：临时性负债 = 0

B. 低谷时，三种筹资策略下均有：经营性流动资产 = 稳定性流动资产

C. 如果高峰时使用了临时性负债资金，则三种筹资策略在经营高峰时易变现率都小于 1

D. 高峰时，三种筹资策略下均有：经营性流动资产 = 稳定性流动资产 + 波动性流动资产

6. 下列各项中，关于保守型筹资策略的说法中不正确的是（　　）。

A. 资金成本较高

B. 在营业低谷时易变现率大于 1

C. 收益比较低

D. 波动性流动资产与短期金融负债相等

7. 某企业向银行取得一年期贷款 4 000 万元，按 8% 计算全年利息，银行要求贷款本息分 12 个月等额偿还，则该项借款的有效年利率大约为（　　）。

A. 6%　　B. 10%

C. 12%　　D. 16%

8. 甲公司与乙公司签订了一份周转信贷协定，周转信贷限额为 1 000 万元，借款利率为 6%，承诺费率为 0.5%，甲公司需按照实际借款额维持 10% 的补偿性余额。甲公司年度内使用借款 800 万元，则该笔借款实际税前资本成本是（　　）

A. 6%　　B. 6.33%

C. 7.05%　　D. 6.81%

9. 甲公司是一家生产和销售冷饮的企业，冬季是其生产经营淡季，应收账款、存货和应付账款处于正常状态。甲公司资产负债表显示，2014 年 12 月 31 日时，资产总计为 500 万元，其中货币资金（全部是经营资产）为 20 万元，应收账款为 80 万元，存货为 100 万元，固定资产为 300 万元。短期借款为 50 万元，应付账款为 100 万元，长期借款为 150 万元，股东权益为 200 万元。该企业的营运资本筹资策略是（　　）。

A. 适中型筹资策略

B. 保守型筹资策略

C. 激进型筹资策略

D. 无法判断

10. 关于激进型、适中型和保守型营运资本筹资策略，下列说法不正确的是（　　）。

A. 高峰时，三种筹资策略下均有：经营性流动资产 = 稳定性流动资产 + 波动性流动资产

B. 低谷时，三种筹资策略下均有：经营性流动资产 = 稳定性流动资产

C. 如果高峰时使用了临时性负债资金，则三种筹资策略在经营高峰时易变现率都小于 1

D. 低谷时，三种筹资策略下均有：临时性负债 = 0

11. 某公司根据存货模式确定的最佳现金持有量为 50 000 元，有价证券的年利率为 12%。在最佳现金持有量下，该公司与现金持有量相关的总成本为（　　）元。

A. 2 000　　B. 6 000

C. 10 000　　D. 12 000

12. “5C”系统评估顾客信用标准中“资本”是指（　　）。

A. 顾客的财务实力与财务状况

B. 顾客的信誉

C. 顾客的抵押物

D. 偿债能力

13. 应用“5C”系统评估顾客信用标准时，对能力的考查应分析的财务指标是（　　）。

A. 流动比率

B. 市盈率

C. 销售净利率

D. 总资产周转率

14. 甲公司与银行签订周转信贷协议：银行承诺一年内随时满足甲公司最高 8 000 万元的贷款，承诺费按承诺贷款额度的 0.5% 于签订协议时支付；公司取得贷款部分已支付的承诺费在一年后返还。甲公司在签订协议同时申请一年期贷款 5 000 万元，年利率 8%，按年单利计息，到期一次还本付息，在此期间未使用承诺贷款额度的其他贷款。该笔贷款的实际成本最接近于（　　）。

A. 8.06%　　B. 8.80%

C. 8.37%　　D. 8.3%

15. 某企业使用的零件需要外购，全年需要量是 40 000 件，单位变动订货成本是 150 元，单位变动储存成本是 12 元，那么该企业订货的经济批量是（　　）件。

A. 700　　B. 800

C. 1 000　　D. 1 200

16. 某公司生产所需的零件全部通过外购取得，公司根据扩展的经济订货量模型确定进货批量。下列情形中，能够导致零件经济订货量增加的是（　　）。

A. 供货单位需要的订货提前期延长

B. 每次订货的变动成本减少

C. 供货单位每天的送货量减少

D. 供货单位延迟交货的概率增加

二、多项选择题

1. 根据现金持有量的存货模式，下列情形中导致最佳证券交易次数降低的有（　　）。

A. 年现金需求量减少

B. 年现金需求量增加

C. 每次交易成本增加

D. 持有现金的机会成本率降低

2. 下列各项中，会使得放弃现金折扣成本增加的有（　　）。

A. 降低折扣百分比的大小

B. 延长信用期

C. 缩短信用期

D. 延长折扣期

3. 下列关于易变现率的表述中，正确的有（　　）。

A. 易变现率表示的是经营流动资产中长期筹资来源的比重

B. 营业高峰期的易变现率，可以反映随营业额增加而不断增长的流动性风险，数值越小风险越大

C. 易变现率的高低可以识别流动资金筹资策略的稳健程度

D. 如果营业低谷期的易变现率为 1，是适中型筹资策略

4. ABC 公司根据存货模式确定的最佳现金持有量为 100 000 元，有价证券的年利率为 8%。在最佳现金持有量下，该公司机会成本和与现金持有量相关的现金使用总成本分别为（　　）元。

A. 4 000　　B. 8 000

C. 3 500　　D. 7 000

5. 下列关于使用随机模式确定最佳现金持有量的说法中正确的有（　　）。

A. 随机模式是在现金需求量难以预知的情况下进行现金持有量控制的方法

B. 现金流量达到控制上限时，应该购入有价证券

C. 现金流量达到控制下限时，应该抛售有价证券

D. 随机模式确定的现金持有量比较激进

6. 企业采用成本分析模式管理现金，在最佳现金持有量下，下列各项中正确的有（　　）。

A. 机会成本等于短缺成本

B. 机会成本与管理成本之和最小

C. 成本与短缺成本之和最小

D. 机会成本等于管理成本机会

7. 下列关于应收账款的信用政策的说法

中正确的有（　　）。

A. 企业在设定某一顾客的信用标准时，往往先要评估他赖账的可能性

B. 信用标准是指顾客获得企业的交易信用所应具备的条件，如果顾客达不到信用标准，便不能享受企业的信用或只能享受较低的信用优惠

C. 现金折扣策略是为了吸引顾客提前付款，企业对顾客在商品价格上所做的扣减

D. 信用期间指企业允许顾客从购货到付款之间的时间，或者说是企业给予顾客的付款期间

8. 下列关于激进型营运资本筹资政策的表述中，不正确的有（　　）。

A. 激进型筹资政策的营运资本小于0

B. 激进型筹资政策是一种风险和收益均较低的营运资本筹资政策

C. 在营业低谷时，激进型筹资政策的易变现率小于1

D. 在营业低谷时，企业不需要短期金融负债

三、计算分析题

1. 甲企业是一家玩具制造类企业。生产过程中需使用A零部件，该零部件可以自制，也可以外购。如果外购，单价是6元。一次订货成本为20元。如果自制，单位成本为4元，每次生产准备成本为600元，每日产量45件。零件的全年需求量为5 200件，储存变动成本为零件自制成本的20%，每日平均需求量为20件。

要求：

（1）计算甲企业自制零部件的成本。（结果保留两位小数）

（2）计算甲企业外购零部件的成本。（结果保留两位小数）

（3）说明甲企业应该选择自制还是外购？在自制与外购决策中，除了相关成本因素外，还需要考虑哪些因素？

2. 甲公司采购了一批材料，需要支付的货款为1 000万元。财务经理想要利用客户提供的商业信用，信用条件是“1/10，n/30”，一年按360天计算。财务经理调查发现有三个借款方案，具体还款方式如下：

方案一：采取定期支付利息，到期一次性偿还本金的还款方式，每半年末支付一次利息，每次支付利息50万元。

方案二：采取贴现法支付利息，银行借款年利率为12%；

方案三：采取定期支付利息，到期一次性偿还本金的还款方式，每年年末支付一次利息，每次支付利息80万元。此外，银行要求甲公司按照借款本金的15%保持补偿性余额，对该部分补偿性余额，银行按照2%的银行存款利率每年年末支付企业存款利息。

要求：计算三种借款方案的有效年利率，如果仅从资本成本的角度分析，甲公司是否应享受现金折扣？如果享受现金折扣，财务经理应当选择哪个借款方案？

答案及解析

一、单项选择题

1.【答案】D

【解析】平均收现期 = 10 × 30% + 20 × 40% + 50 × 30% = 26（天）。

2.【答案】B

【解析】预防性需要是指置存现金以防发生意外支付。

3.【答案】B

【解析】考虑保险储备量下的再订货点 = 平均交货时间 × 平均日需求 + 保险储备。

4.【答案】A

【解析】经济订货批量Q

$$= \sqrt{\frac{2KD}{K_c} \times \frac{p}{p-d}} = \sqrt{\frac{2KD}{K_c(1-d/p)}}$$

5.【答案】A

【解析】在经营高峰时，不管采用哪种筹资策略，都有：长期性资金 + 临时性负债 = 长期资产 + 经营流动资产，由于临时性负债大于0，因此（长期性资金 - 长期资产）小于经营流动资产，易变现率小于1。激进型筹资策略下，经营低谷时临时性负债是大于0的，因此选项A不正确。

6.【答案】D

【解析】保守型筹资政策在营业低谷时易变现率大于1，易变现率 =［（股东权益 + 长

期债务 + 经营性流动负债) - 长期资产]/经营性流动资产，则股东权益 + 长期债务 + 经营性流动负债 > 长期资产 + 经营性流动资产。波动性流动资产 < 短期金融负债。选项 D 错误。

7.【答案】D

【解析】在加息法付息的条件下，有效年利率大约相当于报价利率的 2 倍。

8.【答案】D

【解析】(800 × 6% + 200 × 0.5%)/[800 × (1 - 10%)] = 6.81%

9.【答案】C

【解析】在三种营运资本筹资策略中，在生产经营的淡季，只有激进型筹资策略的临时性负债大于 0。本题中，在生产经营的淡季，甲公司临时性负债大于 0（短期借款为 50 万元），由此可知，该企业的营运资本筹资策略是激进型筹资策略。

10.【答案】D

【解析】在经营高峰时，不管采用哪种筹资策略，都有：长期性资金 + 临时性负债 = 长期资产 + 经营流动资产，由于临时性负债大于 0，因此（长期性资金 - 长期资产）小于经营流动资产，易变现率小于 1，选项 C 正确。激进型筹资策略下，经营低谷时临时性负债是大于 0 的，因此选项 D 不正确。

11.【答案】B

【解析】在存货模式下，与现金持有量相关的总成本 = 交易成本 + 机会成本，达到最佳现金持有量时，机会成本 = 交易成本，即在最佳现金持有量下，与现金持有量相关的总成本 = 2 × 机会成本，所以，本题与现金持有量相关的总成本 = 2 × (50 000/2) × 12% = 6 000（元）。

12.【答案】A

【解析】资本指的是顾客的财务实力和财务状况，表明顾客可能偿还债务的背景。

13.【答案】A

【解析】能力指顾客的偿债能力，即其流动资产的数量和质量以及与流动负债的比例。以上属于偿债能力的为流动比率。

14.【答案】C

【解析】支付的利息 = 5 000 × 8% = 400（万元），支付的承诺费 = (8 000 - 5 000) × 0.5% = 15（万元），实际资本成本 = (400 + 15)/(5 000 - 8 000 × 0.5%) × 100% = 8.37%。

15.【答案】C

【解析】经济订货量

$= \sqrt{2 \times 40\ 000 \times 150/12} = 1\ 000$（件）。

16.【答案】C

【解析】供货单位需要的订货提前期延长不会影响经济订货批量；供货单位每天的送货量减少会使经济订货批量增加；供货单位延迟交货的概率增加会增加保险储备，但并不会影响经济订货批量。

二、多项选择题

1.【答案】ACD

【解析】最佳证券交易次数 = T/C^{*} = $(TK/2F)1/2$，所以最佳证券交易次数与 T、K 呈同方向变动，与 F 呈反方向变动。所以选项 ACD 正确。

2.【答案】CD

【解析】放弃现金折扣成本 = $\frac{\text{折扣百分比}}{1-\text{折扣百分比}} \times \frac{360}{\text{信用期}-\text{折扣期}}$。放弃现金折扣的成本与折扣百分比的大小、折扣期的长短同方向变化，与信用期的长短反方向变化。

3.【答案】ABD

【解析】流动资产的筹资结构，可以用经营流动资产中长期筹资来源的比重来衡量，该比率称为易变现率。流动资金筹资策略的稳健程度，可以用易变现率的高低识别。在营业低谷期的易变现率为 1，是适中的流动资金筹资策略，大于 1 时比较稳健，小于 1 则比较激进。营业高峰期的易变现率，可以反映随营业额增加而不断增长的流动性风险，数值越小风险越大。

4.【答案】CD

【解析】本题的主要考核点是最佳现金持有量确定的存货模式。在存货模式下，达到最佳现金持有量时，机会成本等于交易成本，即与现金持有量相关的现金使用总成本应为机会成本的 2 倍，机会成本 = $C/2 \times K$ = 100 000/2 × 7% = 3 500（元），所以，与现金持有量相关的现金使用总成本 = 2 × 3 500 = 7 000（元）。

5.【答案】ABC

【解析】随机模式建立在企业的现金未来需求总量和收支不可预测的前提下，因此确定的现金持有量比较保守，D选项错误。

6.【答案】AC

【解析】本题是考核利用图形把握成本分析模式下最佳现金持有量的特点。管理成本是固定成本，选项B、D不正确。

7.【答案】ABCD

【解析】根据应收账款的信用政策的内容可以判断选项A、B、C、D都是正确的。

【该题针对"应收账款的信用政策"知识点进行考核】

8.【答案】ABD

【解析】营运资本=流动资产-流动负债=(波动性流动资产+稳定性流动资产)-(经营性流动负债+短期金融负债)，在激进型筹资政策下，只能知道，营业高峰期，波动性流动资产小于短期金融负债，无法得出营运资本小于0的结论，因此，选项A的说法不正确；激进型筹资政策是一种收益性和风险性均较高的营运资本筹资政策，所以选项B的说法不正确；由于短期金融负债不仅满足临时性流动资产的资金需求，还需要解决部分稳定性流动资产的资金需要，所以即使在营业低谷，企业也需要短期金融负债来满足稳定性流动资产的资金需求，选项D的说法不正确。

三、计算分析题

1.【答案】

甲企业是一家玩具制造类企业。生产过程中需使用A零部件，该零部件可以自制，也可以外购。如果外购，单价是6元。一次订货成本为20元。如果自制，单位成本为4元，每次生产准备成本为600元，每日产量45件。零件的全年需求量为5 200件，储存变动成本为零件自制成本的20%，每日平均需求量为20件。

(1) 自制零部件：

$$TC(Q)=\sqrt{2KDK_C\times\left(1-\frac{d}{p}\right)}$$

$$=\sqrt{2\times600\times5\ 200\times0.8\times\left(1-\frac{20}{45}\right)}$$

=1 665.33（元）

$TC=TC(Q)+DU=1\ 665.33+5\ 200\times4=22\ 465.33$（元）

其中：K：一次订货成本（生产准备成本）；D：年需要量；K_C：单位储存变动成本；d：每日耗用量；p：每日生产量；U：单价。

(2) 外购零部件：

$$TC(Q)=\sqrt{2KDK_C}$$

$$=\sqrt{2\times20\times5\ 200\times0.8}=407.92$$（元）

$TC=TC(Q)+DU=407.92+5\ 200\times6=31\ 607.92$（元）

(3) 自制的总成本为22 465.33元，外购的总成本为31 607.92元，自制的总成本低于外购的总成本，因此，甲公司应选择自制该零部件。

在进行自制还是外购的决策中，除了要考虑相关成本因素，还要考虑外购产品的质量、送货的及时性、长期供货能力、供货商的新产品研发能力以及与本企业有关职工的抱怨程度等，应在综合考虑之后做出决策。

2.【答案】

放弃现金折扣成本=1%/(1-1%)×360/(30-10)=18.18%

方案一：

半年的利率=50/1 000=5%，有效年利率=$(1+5\%)^2-1=10.25\%$

方案二：

有效年利率=12%/(1-12%)=13.64%

方案三：

补偿性余额=1 000×15%=150（万元）

实际借款本金=1 000-150=850（万元）

每年净利息支出=80-150×2%=77（万元）

有效年利率=77/850=9.06%

由于平价支付，所以到期收益率等于票面利率。

有效年利率i=9.06%

因为放弃现金折扣成本高于银行借款的有效年利率，所以应享受现金折扣，而由于方案三的有效年利率最低，所以甲公司财务经理应当选择方案三。

【该题针对"现金折扣""补偿性余额""有效年利率""贴现法"知识点进行考核】

第十三章　产品成本计算

本章考情分析

从近几年试题来看，本章属于比较重要的章节，除了客观题外，可能出计算分析题，关注品种法下产品成本计算和分批法下产品成本计算。

本章教材变化

本章对辅助生产费用的直接分配法的公式进行了修订，其次对联产品加工成本分配的分离点售价法和可变现净值法公式进行了补充，最后对平行结转分步法的基本特点进行了补充。

基本内容框架

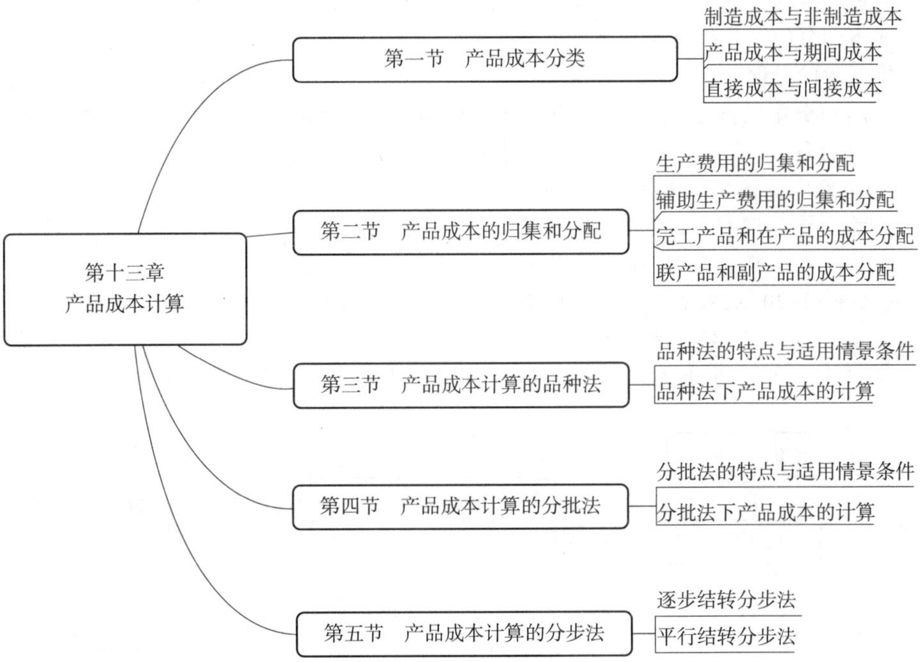

通关重难点例题解析

考点一：产品成本分类（★）

产品成本分类	内容
制造成本与非制造成本	制造成本包括直接材料、直接人工和制造费用；非制造成本包括销售费用、管理费用和财务费用

续表

产品成本分类	内容
产品成本与期间成本	产品成本是与产品的生产直接相关的成本，包括直接材料成本、直接人工成本和制造费用；期间成本是企业经营活动中所发生的与该会计期间的销售、经营和管理等活动相关的成本
直接成本与间接成本	直接成本是与成本对象直接相关的，可以用经济合理方式追溯到成本对象的那一部分的成本；间接成本是指与成本对象相关联的成本中不能用一种经济合理方式追溯到成本对象，不适宜直接计入

概念	区别
制造成本与产品成本	制造成本与非制造成本是从成本归集范围是否是制造环节，还是非制造环节而言的，制造成本基本上只归集制造车间发生的成本。 产品成本则是指计入产品成本中的成本，当产品成本计算方法采用制造成本法时，产品成本与制造成本内容一致，但当采用变动成本法等其他方法时，产品成本内容与制造成本内容不一样

考点二：基本生产费用的归集和分配（★★）

生产费用是指基本生产车间为生产产品所消耗的直接材料、直接人工、制造费用等，为了计算产品成本，需要将生产过程中耗用的各种直接费用和间接费用归集起来，然后按照一定标准将其分配至各个产品。其中：成本的归集，是指通过一定的方式进行成本数据的收集或汇总；成本的分配，是指将归集的间接成本分配给成本对象的过程。计算公式为：

分配率 = 待分配的间接费用/各个分配对象的分配标准合计

某分配对象应分配的间接费用 = 间接成本费用分配率 × 该分配对象的分配标准

【例题 1 · 单选题】某车间领用原材料 2 400千克，单价 20 元，原材料费用合计 48 000元，投产甲产品 400 件，乙产品 300 件。甲产品消耗定额 1.5 千克，乙产品消耗定额 2 千克。则甲、乙两种产品应分配的材料费用分别为（　　）元。

A. 16 000，32 000　B. 20 000，28 000

C. 24 000，24 000　D. 28 000，20 000

【答案】C

【解析】分配率 = 48 000/(400 × 1.5 + 300 × 2) = 48 000/(600 + 600) = 40（元/千克），则甲产品应分配的材料费用 = 40 × 600 = 24 000（元），乙产品应分配的材料费用 = 40 × 600 = 24 000（元），选项 C 正确。

考点三：辅助生产费用的归集和分配（★★★）

一、直接分配法

直接分配法就是辅助生产车间之间不互相分配，直接将所有的成本分配给辅助生产车间以外的单位，图示如下：

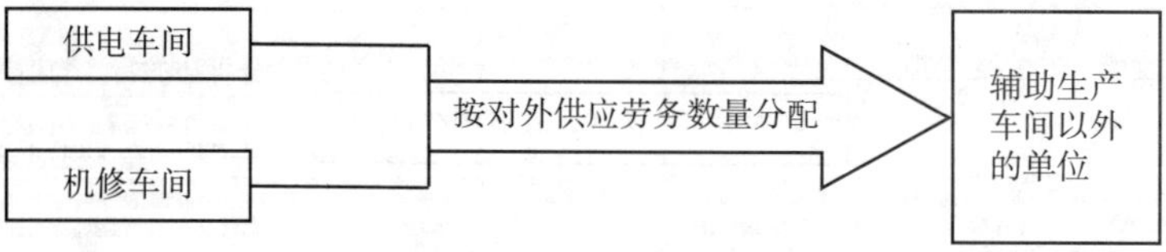

$$\text{计算公式：辅助生产的单位成本} = \frac{\text{辅助生产费用总额}}{\text{辅助生产的产品（或劳务）总量} - \text{对其他辅助部门提供的产品（或劳务）量}}$$

公式中辅助生产的产品（或劳务总量）不包括辅助生产各车间相互提供的产品（或劳务）量，各受益车间、产品或各部门应分配的费用 = 辅助生产的单位成本 × 该车间、产品或部门的耗用量。

优缺点：计算工作简便，但当辅助生产车间相互提供产品或劳务量差异较大时，分配结果往往与实际不符。

适用范围：适宜在辅助生产内部相互提供产品或劳务不多，不进行费用的交互分配，对辅助生产成本和产品制造成本影响不大的情况下采用。

二、交互分配法

交互分配法就是辅助生产车间之间相互提供的服务要先进行一次成本的分配，然后再分配到各辅助生产车间以外的单位，图示如下：

计算公式：对内交互分配率 = 辅助生产费用总额/辅助生产提供的总产品或劳务总量；对外分配率 =（交互分配前的成本费用 + 交互分配转入的成本费用 - 交互分配转出的成本费用）/对辅助生产车间以外的其他部门提供的产品或劳务总量

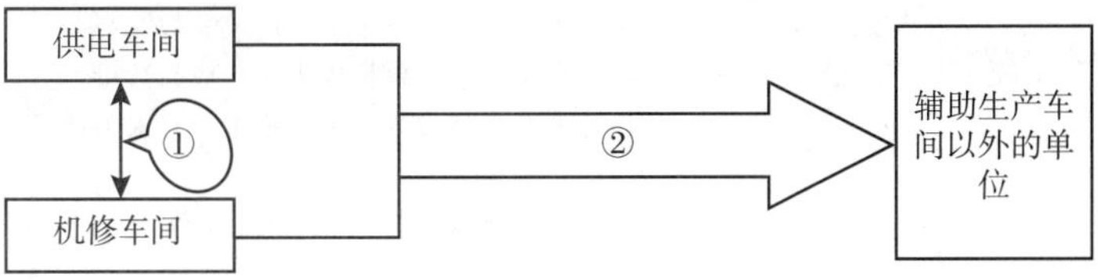

①按供应劳务总量交互分配
②按对外供应劳务数量分配

优缺点：采用交互分配法，辅助生产内部相互提供产品或劳务全都进行了交互分配，从而提高了分配结果的正确性，但增加了工作量。

适用范围：适宜在辅助生产内部相互提供产品或劳务较多的情况下采用。

【例题 2 · 多选题】（2012 年）甲公司有供电、燃气两个辅助生产车间，公司采用交互分配法分配辅助生产成本。本月供电车间供电 20 万度，成本费用为 10 万元，其中燃气车间耗用 1 万度电；燃气车间供气 10 万吨，成本费用为 20 万元，其中供电车间耗用 0.5 万吨燃气。下列计算中，正确的有（　　）。

A. 供电车间分配给燃气车间的成本费用为 0.5 万元

B. 燃气车间分配给供电车间的成本费用为 1 万元

C. 供电车间对外分配的成本费用为 9.5 万元

D. 燃气车间对外分配的成本费用为 19.5 万元

【答案】ABD

【解析】供电车间分配给燃气车间的成本费用 = 10/20 × 1 = 0.5（万元），选项 A 正确；燃气车间分配给供电车间的成本费用 = 20/10 × 0.5 = 1（万元），选项 B 正确；供电车间对外分配的成本 = 10 - 0.5 + 1 = 10.5（万元），选项 C 不正确；燃气车间对外分配的成本费用 = 20 - 1 + 0.5 = 19.5（万元），选项 D 正确。

考点四：完工产品和在产品的成本分配（★★★）

一、基本公式

月初在产品成本 + 本月发生生产费用 = 本月完工产品成本 + 月末在产品成本

二、分配方法

具体的分配方法有 6 种，如下表所示：

<table>
<tr><th></th><th>方法</th><th>适用范围</th><th>计算公式</th></tr>
<tr><td rowspan="6">倒挤法（即先确定月末在产品成本，再用待分配费用减月末在产品成本得到完工产品的成本）</td><td rowspan="2">①不计算在产品成本</td><td rowspan="2">适用于月末在产品数量很小的情况</td><td>月末在产品成本 = 0</td></tr>
<tr><td>本月完工产品成本 = 本月发生的生产费用</td></tr>
<tr><td rowspan="2">②在产品成本按年初数固定计算</td><td rowspan="2">适用于月末在产品数量很小，或在产品数量虽大但各月之间在产品数量变动不大，月初、月末在产品成本的差额对完工产品成本影响不大的情况</td><td>月末在产品成本 = 年初固定数
（年终时，根据实地盘点的在产品数量，重新调整计算在产品成本，以避免在产品成本与实际出入过大，影响成本计算的正确性）</td></tr>
<tr><td>本月完工产品成本 = 本月发生的生产费用</td></tr>
<tr><td rowspan="2">③在产品成本按定额成本计算</td><td rowspan="2">适用于在产品数量稳定或者数量较少，并且制定了比较准确的定额成本的情况</td><td>月末在产品成本 = 月末在产品数量在产品 × 定额单位成本</td></tr>
<tr><td>本月完工产品成本 =（月初在产品成本 + 本月生产费用）- 月末在产品成本</td></tr>
</table>

续表

	方法	适用范围	计算公式
分配法（即将待分配费用按一定比例在完工产品与月末在产品之间进行分配）	①约当产量法	适用于各月末在产品数量变化较大，产品成本中原材料费用和工资等其他费用比重相差不多的产品	1. 加权平均法 在产品约当产量 = 在产品数量 × 在产品完工程度 单位成本 =（月初在产品成本 + 本月发生的生产费用）/（月末在产品约当产量 + 本月产成品数量） 产成品成本 = 单位成本 × 产成品数量 月末在产品成本 = 单位成本 × 月末在产品约当产量 2. 先进先出法 月初在产品约当产量（直接材料）= 月初在产品数量 ×（1 − 已投料比例） 月初在产品约当产量（直接人工 + 制造费用，即转换成本）= 月初在产品数量 ×（1 − 月初在产品完工程度） 本月投入本月完工产品数量 = 本月全部完工产品数量 − 月初在产品数量 月末在产品约当产量（直接材料）= 月末在产品数量 × 本月投料比例 月末在产品约当产量（转换成本）= 月末在产品数量 × 月末在产品完工程度 $\text{单位成本（分配率）}=\dfrac{\text{本月发生的生产费用}}{\text{月初在产品约当产量}+\text{本月投入本月完工产品数量}+\text{月末在产品约当产量}}$ 完工产品成本 = 月初在产品成本 + 月初在产品本月加工成本 + 本月投入本月完工产品数量 × 分配率 = 月初在产品成本 + 月初在产品约当产量 × 分配率 + 本月投入本月完工产品数量 × 分配率 月末在产品成本 = 月末在产品约当产量 × 分配率
	②定额比例法	适用于各月末在产品数量变化较大，有较为准确的消耗定额资料的情况	分配率 =（月初在产品成本 + 本月生产费用）/（完工产品定额 + 月末在产品定额） 完工产品应分配的成本 = 完工产品定额 × 分配率 月末在产品成本 = 月末在产品定额 × 分配率
	③在产品成本按其所耗用的原材料费用计算	适用于原材料费用在产品成本中所占比重较大，而且原材料在生产开始时一次全部投入的情况	月末在产品成本 = 0 本月完工产品成本 = 本月发生的生产费用

三、约当产量法中在产品完工程度的计算

（一）加权平均法

1. 分配工资、福利费和制造费用的完工程度（累计工时法）

某道工序的完工程度 =（前面各工序工时定额之和 + 本工序工时定额 × 本道工序平均完工程度）/ 产品工时总定额 × 100%

2. 分配原材料完工程度

（1）原材料在生产开始时一次投入。

不需要计算在产品的约当产量，和完工产品负担同样的材料费用，直接计算在产品全部材料成本，即产品完工程度为 100%。

（2）原材料随着加工进度陆续投入。

①分工序投入，但每道工序是在开始时一次投入。

某工序在产品完工程度 = 本工序累计材料消耗定额 / 产品材料消耗定额 × 100%

②分工序投入，每道工序也随加工进度陆续投入。

某工序在产品完工程度 =（前面各工序累计材料消耗定额 + 本工序工时定额 × 50%）/ 产品材料消耗定额 × 100%

【例题 3 · 单选题】（2014 年）甲公司生产某种产品，需要两道工序加工完成，公司

不分步计算产品成本。该产品的定额工时为100小时，其中第1道工序的定额工时为20小时，第2道工序的定额工时为80小时。月末盘点时，第1道工序的在产品数量为100件，第2道工序的在产品数量为200件。如果各工序在产品的完工程度均按50%计算，月末在产品的按加权平均法计算约当产量为(　　)件。

A. 90　　B. 120

C. 130　　D. 150

【答案】C

【解析】月末在产品约当产量 = 100 × (20 × 50%/100) + 200 × [(20 + 80 × 50%)/100] = 130（件），选项C正确。

（二）先进先出法

【例题4·单选题】乙产品月初在产品数量100件，月初在产品完工程度70%，本月完工产品500件，本月开始投入生产600件，月末在产品200件，月末在产品完工程度30%，本月发生直接人工和制造费用4 900元，假设采用先进先出约当产量法计算直接人工和制造费用的分配率为(　　)。

A. 13　　B. 12

C. 10　　D. 9

【答案】C

【解析】分配率 =

$$\frac{4\,900}{100 \times (1-70\%) + 400 + 200 \times 30\%} = 10$$

考点五：联产品和副产品的成本分配(★★)

一、联产品加工成本的分配

联产品是指使用同种原料，经过同一生产过程同时生产出来的两种或两种以上的主要产品。在分离点以前发生的成本，称为联合成本。联产品加工成本的分配就是要将联合成本分到不同的产品之上，分配的统一公式如下：

联合成本的分配率 = 待分配联合成本/各联产品分配标准合计

某联产品应分配联合成本 = 联合成本分配率 × 该产品分配标准

对此，有三种具体的分配方法：

	含义	计算公式
分离点售价法	按照联产品分离点上每种产品的销售价格为比例进行分配的，这要求每种产品在分离点时的销售价格能够可靠计量	联合成本的分配率 = 待分配联合成本/(A产品分离点总售价 + B产品分离点总售价) A联产品应分配联合成本 = 联合成本分配率 × A产品分离点售价 B联产品应分配联合成本 = 联合成本分配率 × B产品分离点售价
可变现净值法	按照联产品分离点上每种产品的可变现净值分配	联合成本的分配率 = 待分配联合成本/(A产品可变现净值 + B产品可变现净值) A联产品应分配联合成本 = 联合成本分配率 × A产品可变现净值 B联产品应分配联合成本 = 联合成本分配率 × B产品可变现净值 其中：某产品的可变现净值 = 分离点产量 × 该产品的单位售价 - 分离后的该产品的后续加工成本
实物数量法	按照联产品分离点上产品的实物数量为基础分配，该法通常适用于所生产的产品的价格很不稳定或无法直接确定的情形	联合成本的分配率 = 待分配联合成本/(A产品实物数量 + B产品实物数量) A联产品应分配联合成本 = 联合成本分配率 × A产品实物数量 B联产品应分配联合成本 = 联合成本分配率 × B产品实物数量

【例题5·单选题】某公司采用售价法分配联合成本，生产联产品A和B。1月份发生加工成本600万元。A和B在分离点上的销售价格总额为4 000万元，其中A产品的销售价格为2 400万元，B产品的销售价格总额为1 600万元。则A、B产品的成本分别为(　　)元。

A. 300，300　　B. 360，240

C. 320，280　　D. 260，340

【答案】B

【解析】A产品成本 = 2 400/4 000 × 600 = 360（万元），B产品成本 = 240万元，选项B正确。

二、副产品加工成本的分配

副产品是指在同一生产过程中，使用同种原料，在生产主要产品的同时附带生产出来的非主要产品。副产品的价值通常相对较低，在全部产品生产中所占比重较小，因而可以采用简化的方法确定其成本，然后从总成本中扣除，得到的余额就是主产品的成本，计算公式为：

主产品成本 = 总成本 − 副产品成本

考点六：品种法（★）

适用范围	大量大批的单步骤生产的公司以及管理上不要求按照生产步骤计算产品成本的多步骤生产
成本计算对象	产品品种
成本计算期	一般定期计算产品成本，成本计算期与会计核算报告期一致
完工、在产划分	如果月末有在产品，要将生产费用在完工产品和在产品之间进行分配

考点七：分批法（★）

适用范围	主要适用于单件小批类型的生产，也可适用于一般企业中的新产品试制或试验的生产，在建工程以及设备的维护修理作业等
成本计算对象	产品的批别
成本计算期	成本计算期与产品生产周期基本一致，而与核算报告期不一致
完工、在产划分	一般不存在完工产品与在产品之间分配费用的问题

考点八：分步法（★★★）

适用范围	适用大量大批、管理上要求按照生产步骤计算产品成本的多步骤生产
成本计算对象	各种产品的生产步骤
成本计算期	一般定期计算产品成本，成本计算期与会计核算报告期一致
完工、在产划分	月末需将生产费用在完工产品和在产品之间进行费用分配，除了按品种计算和结转产品成本外，还需要计算和结转产品的各步骤成本

根据成本管理对各生产步骤成本资料的不同要求（是否要求计算半成品成本）和简化核算的要求，分步法可以分为两种：逐步结转分步法和平行结转分步法，逐步结转分步法又可进一步划分为综合结转分步法和分项结转分步法，其中，综合结转分步法需要进行成本还原，分项结转分步法和平行结转分步法不需要进行成本还原。

一、逐步结转分步法

逐步结转分步法是按照产品加工的顺序，逐步计算并结转半成品成本，直到最后加工步骤才能计算产成品成本的一种方法，也称为计算半成品成本分步法。

该方法图示如下：

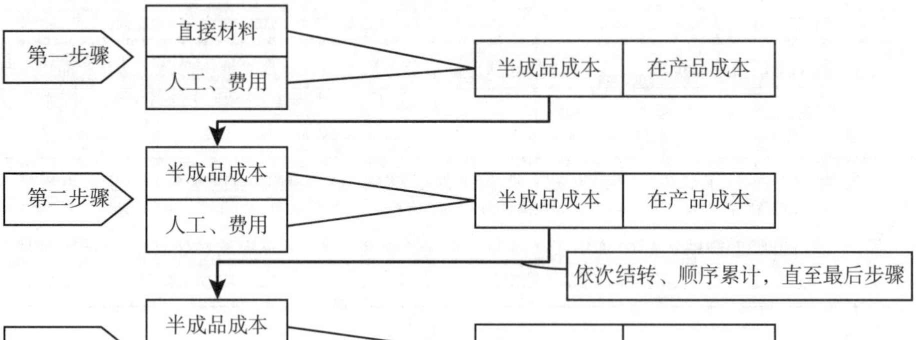

二、平行结转分步法

平行结转分步法，是指在计算各步骤成本时，不计算各步骤所产半成品成本，也不计算各步骤所耗上一步骤的半成品成本，而只计算本步骤发生的各项其他费用，以及这些费用中应计入产成品成本的份额，将相同产品的各步骤成本明细账中的这些份额平行结转、汇总，计算出产成品成本。

平行结转分步法的各步骤成本分配强调

生产费用在最终完工产成品与广义在产品之间进行分配。广义在产品是包括本步骤在产品和本步骤已完工但未最终完工的所有后续仍需继续加工的在产品、半产品。

该方法图示如下：

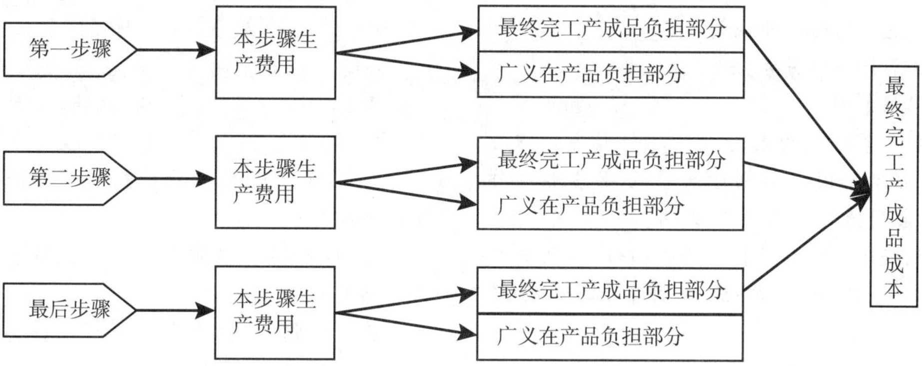

三、逐步结转分步法与平行结转分步法的比较

区别点	逐步结转分步法	平行结转分步法
是否计算半成品成本	计算	不计算
生产费用与半成品实物转移是否同步	同步	不同步
完工产品的含义	各步骤的完工产品	最终完工的产成品
在产品的含义	狭义在产品（仅指本步骤尚未加工完成的半成品）	广义在产品（既包括本步骤尚未加工完成的半成品，也包括本步骤加工完毕、但尚未最终完工的产品）
是否需要进行成本还原	综合结转分步法需要，分项结转分步法不需要	不需要
各步骤能否同时计算产品成本	不能，顺序转移逐步累计，直到最后一个步骤才能计算出产成品成本	各步骤可以同时计算产品成本，平行汇总计算产品成本

四、逐步综合结转分步法成本的还原

一般是按本月所产半成品的成本结构进行还原，从最后一个步骤起，把各步骤所耗上一步骤半成品的综合成本按照上一步骤所产半成品成本的结构，逐步分解，还原出按原始成本项目反映的产成品成本。成本还原的次数较正常生产步骤少一步。

【例题6·单选题】（2011年）某企业只生产一种产品，生产分两个步骤在两个车间进行，第一车间为第二车间提供半成品，第二车间将半成品加工成产成品。月初两车间均没有在产品。本月第一车间投产100件，有80件完工并转入第二车间，月末第一车间尚未加工完成的在产品相对于本步骤的完工程度为60%；第二车间完工50件，月末第二车间尚未加工完成的在产品相对于本步骤的完工程度为50%。该企业按照平行结转分步法计算产品成本，各生产车间按约当产量法在完工产品和在产品之间分配生产费用。月末第一车间的在产品约当产量为（　　）件。

A. 12　　B. 27

C. 42　　D. 50

【答案】C

【解析】月末第一车间的广义在产品包括本步骤在产品20件，完工程度60%，本步骤完工但后续在产30件，相对于第一车间的完工程度为100%，则约当产量 $=20\times60\%+30\times100\%=42$（件），选项C正确。

【例题7·单选题】（2012年）下列成本

核算方法中，不利于考察企业各类存货资金占用情况的是（　　）。

A. 品种法

B. 分批法

C. 逐步结转分步法

D. 平行结转分步法

【答案】D

【解析】平行结转分步法不计算各步骤在产品的成本，因而不利于考察企业各类存货资金的占用情况，选项 D 正确。

【例题 8·单选题】（2019 年）下列关于平行结转分步法的说法中，正确的是（　　）。

A. 平行结转分步法适用于经常对外销售半成品的企业

B. 平行结转分步法有利于考察在产品存货资金占用情况

C. 平行结转分步法有利于各步骤在产品的实务管理和成本管理

D. 平行结转分步法在产品是尚未最终完成的产品

【答案】D

【解析】平行结转分步法不计算半成品成本和各步骤在产品成本，所以选项 A、B、C 错误。

通关演练

一、单项选择题

1. 甲公司生产某种产品，需三道工序加工完成。甲公司不分步计算产品成本，该产品的定额工时为 100 小时，其中第一道工序的定额工时为 20 小时，第二道工序的定额工时为 30 小时，第三道工序的定额工时为 50 小时。如果各工序在产品的完工程度均按 60% 计算，第三道工序的完工程度为（　　）。

A. 30%　　B. 50%

C. 60%　　D. 80%

2. 甲公司生产某种产品，需三道工序加工完成。甲公司不分步计算产品成本，该产品的定额工时为 100 小时，其中第一道工序的定额工时为 20 小时，第二道工序的定额工时为 30 小时，第三道工序的定额工时为 50 个小时。如果第一道工序在产品的完工程度按 40% 计算，第二道工序在产品的完工程度按 60% 计算，第三道工序在产品的完工程度按 80% 计算，第三道工序的完工程度为（　　）。

A. 30%　　B. 50%

C. 90%　　D. 85%

3. 关于平行结转分步法，下列说法中不正确的是（　　）。

A. 计算各步骤成本时，不计算各步骤所产半成品成本

B. 计算各步骤成本时，不计算各步骤所耗上一步骤的半成品成本

C. 各步骤的产品生产费用不随半成品实物的转移而结转

D. 某一步骤的生产费用在其完工产品与月末在产品之间进行分配时，在产品指的是该步骤尚未加工完成的在产品

4. 领用某种原材料 3 526 千克，单价 10 元，原材料费用合计 35 260 元，生产甲产品 300 件，乙产品 200 件。甲产品消耗定额 1.5 千克，乙产品消耗定额 1.276 千克。那么甲产品应分配的材料费用是（　　）元。

A. 12 760　　B. 22 500

C. 15 000　　D. 18 000

5. 在制造成本法下，以下各项支出中，可以计入产品成本的是（　　）。

A. 生产车间管理人员的工资

B. 行政管理部门使用的固定资产计提的折旧

C. 存货跌价损失

D. 因操作不当造成的废品净损失

6. 甲产品在生产过程中，需经过两道工序，第一道工序定额工时 2 小时，第二道工序定额工时 3 小时。期末，甲产品在第一道工序的在产品 40 件，在第二道工序的在产品 20 件。作为分配计算在产品加工成本（不含原材料成本）的依据，其期末在产品约当产量为（　　）件。

A. 18　　B. 22

C. 28　　D. 36

7. 甲公司 A 产品本月完工 35 件，月初无在产品，月末在产品 10 件，平均完工程度 50%，本月发生生产费用共 4 000 元，甲公司

采用加权平均约当产量法分配产品成本，则在产品成本为（　　）元。

A. 400　　B. 450

C. 500　　D. 550

二、多项选择题

1. 下列关于平行结转分步法的说法中，正确的有（　　）。

A. 平行结转分步法不适用于经常对外销售半成品的企业

B. 平行结转分步法的完工产品是指企业最后完工的产成品

C. 平行结转分步法有利于各步骤在产品的实务管理和成本管理

D. 平行结转分步法有利于考察在产品存货资金占用情况

2. 某公司按照生产步骤的顺序，设置了加工、装配和包装三个生产车间，采用平行结转分步法进行产品成本计算，装配车间成本计算单"月末在产品成本"项目中的"月末在产品"范围应包括（　　）。

A. 加工车间正在加工的在产品

B. 装配车间正在加工的在产品

C. 装配车间已经完工的半成品

D. 包装车间正在加工的在产品

3. 某产品需经过两道工序加工完成，原材料随加工进度陆续投入，原材料消耗定额为900千克，其中第一道工序的原材料消耗定额为360千克，第二道工序原材料消耗定额为540千克。月末在产品数量500件，其中：第一道工序在产品200件，第二道工序在产品300件。则下列说法中正确的有（　　）。

A. 第一道工序在产品原材料完工率20%

B. 第一道工序在产品投料程度约当产量为40件

C. 第二道工序在产品原材料完工率50%

D. 第二道工序在产品投料程度约当产量为150件

4. 下列关于产品成本计算的分批法的说法中，不正确的有（　　）。

A. 成本计算期与核算报告期一致

B. 成本计算期与产品生产周期不一致

C. 月末必须在完工产品和在产品之间分配费用

D. 以产品的批别为成本计算对象

5. 为了正确计算产品成本，需要分清的费用界限有（　　）。

A. 正确划分完工产品和在产品成本的界限

B. 正确划分不同成本对象的费用界限

C. 正确划分各会计期成本的费用界限

D. 正确划分应计入产品成本和不应计入产品成本的费用界限

三、计算分析题

1. 甲企业生产猪肉加工品用于供应餐馆和超市，1月份发生的联产品成本是16 000元，包括14 000千克的猪肉原料以及将整头猪进行宰、剁加工的直接人工和相应间接费用。

要求：

（1）若本月生产加工出猪排2 000千克，鲜火腿8 000千克，其余为损耗废料，其中猪排的价格为每千克4.4元，鲜火腿的价格为每千克3.3元，要求分别用实物数量法和分离点售价法分配联产品成本，并确定猪排和鲜火腿的单位成本。

（2）若本月生产加工出猪排2 000千克，鲜火腿8 000千克，腌制生猪肉2 000千克，其余为损耗废料，其中猪排的价格为每千克4.4元，鲜火腿的价格为每千克3.3元，腌制生猪肉需要进一步加工才能以每千克5元的价格卖到餐馆和超市，其额外加工总成本为1 200元，用可变现净值法进行分配，并确定猪排、鲜火腿和腌制生猪肉的单位成本。

2. 甲公司设有机修和供电两个辅助生产车间，机修车间的成本按照修理工时比例分配，供电车间的成本按照供电度数比例分配。该公司2014年6月有关辅助生产费用资料如下：

（1）机修车间本月共发生成本240 000元，提供修理服务640小时。供电车间本月共发生成本22 500元，提供电力服务5 000度。

（2）供电车间耗用机修车间劳务40小时，机修车间耗用供电车间劳务500度。

（3）基本生产车间生产甲产品，耗用供电车间劳务2 550度，耗用机修车间劳务320小时。

（4）行政管理部门耗用供电车间劳务1 950度，耗用机修车间劳务280小时。

要求：

（1）采用直接分配法，编制甲公司的辅助生产费用分配表，并编制甲公司辅助生产费用分配的会计分录。

辅助生产费用分配表（直接分配法） 单位：元

辅助生产车间		机修车间	供电车间	合计
待分配成本				
对外提供劳务数量				
单位成本				
基本生产车间	耗用数量			
	分配金额			
行政管理部门	耗用数量			
	分配金额			
合计				

（2）采用交互分配法（对外分配的分配率保留4位小数，分配金额保留整数），编制甲公司的辅助生产费用分配表，并编制甲公司辅助生产费用分配的会计分录。

辅助生产费用分配表（交互分配法） 单位：元

项目		机修车间			供电车间		
		耗用量（小时）	单位成本	分配金额	耗用量（度）	单位成本	分配金额
待分配项目							
交互分配	机修车间						
	供电车间						
对外分配辅助生产费用							
对外分配	基本生产车间						
	行政管理部门						
	合计						

3. 甲公司是一家医药制造企业，只生产销售一种产品，生产过程分为两个步骤在两个基本生产车间进行，第一车间为第二车间提供半成品，第二车间将半成品加工成产成品，每件产成品耗用1件半成品。原材料在第一步骤生产开工时一次投入，各个步骤加工成本费用陆续发生，第一步骤和第二步骤月末在产品完工程度分别为本步骤的60%和50%。

产品成本计算采用逐步综合结转分步法，月末完工产品和在产品之间采用约当产量法分配生产成本。

2019年6月的成本核算资料如下：

（1）月初在产品成本（单位：元）

	直接材料	直接人工	制造费用	合计
第一步骤	13 200	5 845	8 900	27 945
第二步骤		4 650	9 250	13 900

（2）本月生产量（单位：件）

	月初在产品数量	本月投产数量	本月完工数量	月末在产品数量
第一步骤	130	2 700	2 750	80
第二步骤	160	2 750	2 800	110

（3）本月发生的生产费用（单位：元）

	直接材料	直接人工	制造费用	合计
第一步骤	98 690	44 000	67 410	210 100
第二步骤		60 650	77 350	138 000

要求：

（1）编制第一、第二步骤成本计算单（结果填入下方表格中，不用列出计算过程）。

第一步骤成本计算单

2019 年 6 月　　单位：元

	直接材料	直接人工	制造费用	合计
月初在产品成本				
本月生产费用				
合计				
分配率				
产成品中本步骤份额				
月末在产品				

第二步骤成本计算单

2019 年 6 月　　单位：元

	直接材料	直接人工	制造费用	合计
月初在产品成本				
本月生产费用				
合计				
分配率				
产成品中本步骤份额				
月末在产品				

（2）编制产成品成本汇总计算表（结果填入下方表格中，不用列出计算过程）。

产成品成本汇总计算表

2019 年 6 月　　单位：元

	直接材料	直接人工	制造费用	合计
第一步骤				
第二步骤				
合计				
单位成本				

4. 某企业生产甲、乙两种产品，运用品种法计算产品成本。直接材料、直接人工、制造费用均为甲、乙产品共同耗用，直接材料分产品领用。直接材料在生产开工时一次投入。有关资料如下：

（1）甲产品期初在产品成本为 3 350 元，其中，直接材料 1 600 元，直接人工 700 元，制造费用 1 050 元。

（2）本期费用资料：本期发出材料 12 000元，其中，产品生产领用 8 400 元，企业行政管理部门领用 3 000 元，生产部门设备维修领用 600 元。

本期应付工资及福利费 8 960 元，其中，生产人员工资及福利费 4 960 元，行政管理部门人员工资及福利费 2 400 元，生产部门管理人员工资及福利费 1 600 元。

本期生产部门使用的固定资产应计提折旧费 500 元，企业行政管理部门使用的固定资产折旧费 300 元。生产管理部门用现金支付的其他支出 400 元。

（3）消耗记录：甲产品消耗工时 700 小时，乙产品消耗工时 540 小时。甲产品消耗材料 2 400 千克，乙产品消耗材料 1 800 千克。

（4）产量资料：甲产品生产由三道工序完成，本期产成品 600 件，期末在产品 200 件。期末在产品在第一、第二、第三工序的数量分别为 60 件、40 件和 100 件，平均完工程度均为 50%。三道工序的单位产品定额工时分别为 3 小时、2 小时和 5 小时。

要求：

（1）按消耗量比例在甲、乙产品之间分配费用。

（2）按加权平均约当产量法计算甲产品完工成本。

5. 某公司甲产品的生产成本核算采用平行结转分步法。甲产品的生产在两个车间进行，公司不设半成品库，第一车间为第二车间提供半成品，第二车间将其加工为产成品，每件产成品消耗一件半成品，本月发生的生产费用数据已计入成本计算单。

甲产品成本计算单（第一车间）　　单位：元

项目	产量（件）	直接材料费用	直接人工费用	制造费用	合计
月初在产品		5 500	200	600	6 300
本月生产费用		19 580	4 778	7 391	31 749
合计		25 080	4 978	7 991	38 049
分配率					
产成品中本步骤份额					
月末在产品					

甲产品成本计算单（第二车间）

单位：元

项目	产量（件）	直接材料费用	直接人工费用	制造费用	合计
月初在产品			140	120	260
本月生产费用			4 228	6 488	10 716
合计			4 368	6 608	10 976
分配率					
产成品中本步骤份额					
月末在产品					

甲产品成本汇总计算表　　单位：元

项目	产量（件）	直接材料费用	直接人工费用	制造费用	合计
第一车间					
第二车间					
合计					
单位成本					

该企业产成品和月末在产品之间分配费用的方法采用加权平均约当产量法，材料在生产开始时一次投入，其他成本费用陆续发生，各步骤在产品的资料如下表所示：

生产车间	月初本步骤在产品（完工率 50%）	本月投入	本步骤完工	月末本步骤在产品（完工率 50%）
第一车间	100 件	200 件	250 件	50 件
第二车间	30 件	250 件	200 件	80 件

要求：计算填列"第一车间甲产品成本计算单"，"第二车间甲产品成本计算单"和"甲产品成本汇总计算表"（误差倒挤入月末在产品成本）。

6. 甲公司是一家机械制造企业，只生产销售一种产品。生产过程分为两个步骤，第一步骤产出的半成品直接转入第二步骤继续加工，每件半成品加工成一件产成品。产品成本计算采用逐步综合结转分步法，月末完工产品和在产品之间采用加权平均约当产量法分配生产成本。

第一步骤耗用的原材料在生产开工时一次投入，其他成本费用陆续发生；第二步骤除耗用第一步骤半成品外，还需要追加其他材料，追加材料及其他成本费用陆续发生；第一步骤和第二步骤月末在产品完工程度均为本步骤的 50%。

2015 年 6 月的成本核算资料如下：

（1）月初在产品成本（单位：元）

	半成品	直接材料	直接人工	制造费用	合计
第一步骤		3 750	2 800	4 550	11 100
第二步骤	6 000	1 800	780	2 300	10 880

（2）本月生产量（单位：件）

	月初在产品数量	本月投产数量	本月完工数量	月末在产品数量
第一步骤	60	270	280	50
第二步骤	20	280	270	30

（3）本月发生的生产费用（单位：元）

	直接材料	直接人工	制造费用	合计
第一步骤	16 050	24 650	41 200	81 900
第二步骤	40 950	20 595	61 825	123 370

要求：（1）编制第一、第二步骤成本计算单（结果填入下列表格，不用列出计算过程）。

第一步骤成本计算单

2015 年 6 月　　　　单位：元

	直接材料	直接人工	制造费用	合计
月初在产品成本				
本月生产费用				
合计				
分配率				
完工半成品转出				
月末在产品				

第二步骤成本计算单

2015 年 6 月　　　　单位：元

	直接材料	直接人工	制造费用	合计
月初在产品成本				
本月生产费用				
合计				
分配率				
完工半成品转出				
月末在产品				

（2）编制产成品成本还原计算表（结果填入下列表格，不用列出计算过程）。

产成品成本还原计算表

2015 年 6 月　　　　单位：元

	半成品	直接材料	直接人工	制造费用	合计
还原前产成品成本					
本月所产半成品成本					
成本还原					
还原后产成品成本					
还原后产成品单位成本					

（3）假设还原后产成品成本的制造费用总额中，固定制造费用为 13 500 元；单位变动销售和管理费用为 100 元。变动成本加成率为 50%，采用变动成本加成法计算产品的售价为多少？并且计算如果按照完全成本加成法定价，要想使得售价等于按照变动成本加成法计算的售价，完全成本法下的加成率应该为多少？

7. E企业是一家制造业企业，按照客户要求分批生产001型和002型两种设备。E企业采用分批法计算产品成本。相关资料如下：

（1）5月份投产001型设备10台，当月发生直接材料费用350 000元、直接人工费用30 000元、制造费用50 000元。001型设备全部于6月份完工。

（2）6月份投产002型设备30台，当月完工20台，单位产成品实际工时200小时。在产品10台，平均完工程度为80%。

（3）原材料在001型和002型设备生产开始时一次投入。直接人工费用和制造费用在生产过程中陆续发生，按实际加工工时在各产品之间进行分配，同时按加权平均约当产量法在完工产品和月末在产品之间分配。

（4）2018年6月份有关成本核算资料如下表：

项目	直接材料费用(元)	实际工时(小时)	直接人工费用(元)	制造费用(元)
001型设备		1 400		
002型设备	900 000	5 600		
合计		7 000	105 000	140 000

要求：

（1）计算6月份的直接人工费用分配率，并将直接人工费用在不同产品之间以及完工产品与在产品之间进行分配。

（2）计算6月份的制造费用分配率，并将制造费用在不同产品之间以及完工产品与在产品之间进行分配。

（3）计算6月份002型设备单位产品原材料费用，并将原材料费用在完工产品与在产品之间进行分配。

（4）计算6月份001型设备的完工产品总成本和单位产品成本。

（5）计算6月份002型设备的在产品总成本、完工产品总成本和单位产品成本。

答案及解析

一、单项选择题

1. 【答案】D

【解析】第三道工序的完工程度 =（20 + 30 + 50 × 60%）/100 = 80%。

2. 【答案】C

【解析】第三道工序的完工程度 =（20 + 30 + 50 × 80%）/100 = 90%。

3. 【答案】D

【解析】某一步骤的生产费用在其完工产品与月末在产品之间进行分配时，在产品指的是广义在产品，包括该步骤尚未加工完成的在产品和该步骤已经完工但尚未最终完成的产品。

4. 【答案】B

【解析】分配率 = 35 260/(300 × 1.5 + 200 × 1.276) = 50

甲产品分配的材料费用 = 300 × 1.5 × 50 = 22 500（元）

乙产品分配的材料费用 = 200 × 1.276 × 50 = 12 760（元）

5. 【答案】A

【解析】在制造成本法下，生产车间管理人员的工资和因操作不当造成的废品净损失不可以计入产品成本，存货跌价损失计入资产减值损失；行政管理部门使用的固定资产计提的折旧应计入管理费用。

6. 【答案】B

【解析】第一道工序的完工程度为：(2 × 50%)/(2 + 3) × 100% = 20%，第二道工序的完工程度为：(2 + 3 × 50%)/(2 + 3) × 100% = 70%，期末在产品约当产量 = 40 × 20% + 20 × 70% = 22（件）。

7. 【答案】C

【解析】单位成本 = 4 000/(35 + 10 × 50%) = 100（元/件）。在产品成本 = 10 × 50% × 100 = 500（元）。选项C正确。

二、多项选择题

1. 【答案】AB

【解析】平行结转分步法不计算半成品成本和各步骤在产品成本，所以选项C、D错误。

2. 【答案】BCD

【解析】采用平行结转分步法，每一生产步骤的生产费用要在完工产品和月末在产品之间进行分配，这里的完工产品是指企业最后完工的产成品，在产品是指各步骤尚未加工完成的在产品和各步骤已经完工但后续步骤尚未最终完成的产品，故选项 BCD 正确，加工车间在装配车间之前，选项 A 不正确。

【该题针对“分步法”知识点进行考核】

3.【答案】AB

【解析】第一道工序在产品原材料完工率 = 360 × 50% /900 × 100% = 20%，第一道工序在产品投料程度约当产量 = 200 × 20% = 40（件）；

第二道工序在产品原材料完工率 =（360 + 540 × 50%）/900 × 100% = 70%，第二道工序在产品投料程度约当产量 = 300 × 70% = 210（件）。

4.【答案】ABC

【解析】分批法的成本计算对象是产品的批别，选项 D 表述正确；成本计算期与产品生产周期基本一致，而与核算报告期不一致，选项 AB 表述错误；计算月末产品成本时，一般不存在完工产品与在产品之间分配费用的问题，选项 C 表述错误。故本题答案应为选项 ABC。

【该题针对“分批法”知识点进行考核】

5.【答案】ABCD

【解析】计算产品成本时，需要正确划分应计入产品成本和不应计入产品成本的费用界限、各会计期成本的费用界限、正确划分不同成本对象的费用界限、正确划分完工产品和在产品成本的界限，本题答案应为选项 ABCD。

【该题针对“生产费用的归集和分配”知识点进行考核】

三、计算分析题

1.【答案】

（1）

实物数量法

产品	实际重量(千克)	实际重量比重	联合成本的分配(元)	单位成本(元/千克)
猪排	2 000	20%	16 000 × 20% = 3 200	1.6
鲜火腿	8 000	80%	16 000 × 80% = 12 800	1.6
总计	10 000	100%	16 000	

分离点售价法

产品	实际重量(千克)	单价(元/千克)	销售价格总额（元）	销售价格比重	联合成本的分配(元)	单位成本(元/千克)
猪排	2 000	4.4	8 800	25%	16 000 × 25% = 4 000	2
鲜火腿	8 000	3.3	26 400	75%	16 000 × 75% = 12 000	1.5
总计	10 000		35 200	100%	16 000	

（2）

可变现净值法

产品	实际重量（千克）	单价（元/千克）	销售价格总额（元）	额外加工成本（元）	可变现净值（元）	权重	联合成本的分配（元）	总成本（元）	单位成本（元/千克）
猪排	2 000	4.4	8 800	0	8 800	20%	3 200	3 200	1.6
鲜火腿	8 000	3.3	26 400	0	26 400	60%	9 600	9 600	1.2
腌制生猪肉	2 000	5	10 000	1 200	8 800	20%	3200	4 400	2.2
总计	12 000		45 200	1 200	44 000	100%	16 000	17 200	

2. 【答案】

(1)

辅助生产费用分配表（直接分配法）

单位：元

辅助生产车间		机修车间	供电车间	合计
待分配成本		240 000	22 500	262 500
对外提供劳务数量		600	4 500	
单位成本		400	5	
基本生产车间	耗用数量	320	2 550	
	分配金额	128 000	12 750	140 750
行政管理部门	耗用数量	280	1 950	
	分配金额	112 000	9 750	121 750
合计		240 000	22 500	262 500

会计分录如下：

借：生产成本——基本生产成本——甲产品　　140 750

　　管理费用　　121 750

　　贷：生产成本——辅助生产成本——机修车间　　22 500

　　　　　　　　　　　　　　　——供电车间　　240 000

(2)

辅助生产费用分配表（交互分配法）

单位：元

项目		机修车间			供电车间		
		耗用量(小时)	单位成本	分配金额	耗用量（度）	单位成本	分配金额
待分配项目		640	375	240 000	5 000	4.5	22 500
交互分配	机修车间			2 250	-500		-2 250
	供电车间	-40		-15 000			15 000
对外分配辅助生产费用		600	378.75	227 250	4 500	7.8333	35 250
对外分配	基本生产车间	320		121 200	2 550		19 975
	行政管理部门	280		106 050	1 950		15 275
	合计			227 250			35 250

会计分录如下：

(1) 交互分配

借：生产成本——辅助生产成本——机修车间　　2 250

　　　　　　——供电车间　　15 000

　　贷：生产成本——辅助生产成本——供电车间　　2 250

　　　　　　——机修车间　　15 000

(2) 对外分配

借：生产成本——基本生产成本——甲产品　　141 175

　　管理费用　　121 325

　　贷：生产成本——辅助生产成本——机修车间　　227 250

　　　　　　——供电车间　　35 250

3.【答案】

(1)

第一步骤成本计算单

2019 年 6 月　　单位：元

	直接材料	直接人工	制造费用	合计
月初在产品成本	13 200	5 845	8 900	27 945
本月生产费用	98 690	44 000	67 410	210 100
合计	111 890	49 895	76 310	238 095
分配率	111 890/(2 750 + 80) = 39.54	49 895/(2 750 + 80 × 60%) = 17.83	76 310/(2 750 + 48) = 27.27	
产成品中本步骤份额	108 735	49 032.5	74 992.5	232 760
月末在产品	3 165	862.5	1 317.5	5 345

原材料在第一步骤生产开工时一次投入，各个步骤加工成本费用陆续发生：

第一步骤直接材料月末在产品约当产量 = 80（件）

第一步骤直接人工月末在产品约当产量 = 80 × 60% = 48（件）

第一步骤制造费用月末在产品约当产量 = 80 × 60% = 48（件）

第二步骤成本计算单

2019 年 6 月　　单位：元

项目	半成品	直接材料	直接人工	制造费用	合计
月初在产品成本			4 650	9 250	13 900
本月生产费用	232 760		60 650	77 350	370 760
合计	232 760		65 300	86 600	384 660
分配率	232 760/(2 800 + 110) = 79.99		65 300/(2 800 + 55) = 22.87	86 600/(2 800 + 55) = 30.33	
产成品中本步骤份额	223 972		64 036	84 924	372 932
月末在产品	8 788		1 264	1 676	11 728

第二步骤直接人工月末在产品约当产量 = 110 × 50% = 55（件）

第二步骤制造费用月末在产品约当产量 = 110 × 50% = 55（件）

(2)

产成品成本汇总计算表

2019 年 6 月　　单位：元

	直接材料	直接人工	制造费用	合计
第一步骤	223 972 × 108 735/232 760 = 104 629.64	223 972 × 49 032.5/232 760 = 47 181.25	223 972 × 74 992.5/232 760 = 72 161.11	223 972
第二步骤		64 036	84 924	148 960
合计	104 629.64	111 217.25	157 085.11	372 932
单位成本	37.37	39.72	56.10	133.19

4.【答案】

（1）分配本期费用。

①直接材料费分配：

分配率 = 8 400 ÷ (2 400 + 1 800) = 2（元/千克）

甲产品应分配材料费 = 2 400 × 2 = 4 800（元）

乙产品应分配材料费 = 1 800 × 2 = 3 600（元）

②直接人工分配：

分配率 = 4 960 ÷ (700 + 540) = 4（元/小时）

甲产品应分配直接人工 = 700 × 4 = 2 800（元）

乙产品应分配直接人工 = 540 × 4 = 2 160（元）

③制造费用汇集分配：

本期发生额 = 600 + 1 600 + 500 + 400 = 3 100（元）

分配率 = 3 100 ÷ (700 + 540) = 2.5（元/小时）

甲产品分配制造费用 = 700 × 2.5 = 1 750（元）

乙产品分配制造费用 = 540 × 2.5 = 1 350（元）

【提示】企业行政管理部门使用的固定资产折旧费 300 元应该计入"管理费用"科目，而不属于制造费用。

（2）计算甲产品成本。

甲产品在产品的约当产量计算：

①完工程度计算：

第一工序 = 3 × 50% /10 = 15%

第二工序 = (3 + 2 × 50%) /10 = 40%

第三工序 = (3 + 2 + 5 × 50%) /10 = 75%

②在产品约当产量 = 60 × 15% + 40 × 40% + 100 × 75% = 100（件）

a. 直接材料费：

单位成本 = (1 600 + 4 800) ÷ (600 + 200) = 8（元/件）

产成品负担直接材料费 = 600 × 8 = 4 800（元）

在产品负担直接材料费 = 200 × 8 = 1 600（元）

b. 直接人工费：

单位成本 = (700 + 2 800) ÷ (600 + 100) = 5（元/件）

产成品负担直接人工费 = 600 × 5 = 3 000（元）

在产品负担直接人工费 = 100 × 5 = 500（元）

c. 制造费用：

单位成本 = (1 050 + 1 750)/(600 + 100) = 4（元/件）

产成品负担制造费用 = 600 × 4 = 2 400（元）

在产品负担制造费用 = 100 × 4 = 400（元）

甲产品完工成本：

完工总成本 = 4 800 + 3 000 + 2 400 = 10 200（元）

单位成本 = 8 + 5 + 4 = 17（元）

期末在产品成本 = 1 600 + 500 + 400 = 2 500（元）。

5.【答案】

甲产品成本计算单（第一车间）　　单位：元

项目	产量（件）	直接材料费用	直接人工费用	制造费用	合计
月初在产品		5 500	200	600	6 300
本月生产费用		19 580	4 778	7 391	31 749
合计		25 080	4 978	7 991	38 049
分配率		25 080/(200 + 130) = 76	4 978/(200 + 105) = 16.32	7 991/(200 + 105) = 26.2	
产成品中本步骤份额	200	15 200	3 264	5 240	23 704
月末在产品	130（约当 105 件）	9 880	1 714	2 751	14 345

广义在产品 = 50 + 80 = 130（件）

广义在产品约当产量 = 50 × 50% + 80 = 105（件）

甲产品成本计算单（第二车间）

单位：元

项目	产量（件）	直接材料费用	直接人工费用	制造费用	合计
月初在产品			140	120	260
本月生产费用			4 228	6 488	10 716
合计			4 368	6 608	10 976
分配率			4 368/(200 + 40) =18.2	6 608/(200 + 40) =27.53	
产成品中本步骤份额	200		3 640	5 506	9 146
月末在产品	80（约当40）		728	1 102	1 830

甲产品成本汇总计算表

单位：元

项目	产量（件）	直接材料费用	直接人工费用	制造费用	合计
第一车间		15 200	3 264	5 240	23 704
第二车间			3 640	5 506	9 146
合计	200	15 200	6 904	10 746	32 850
单位成本		76	34.52	53.73	164.25

6.【答案】（结果填入下方表格中，不用列出计算过程）。

（1）编制第一、第二步骤成本计算单

第一步骤成本计算单

2015年6月

单位：元

	直接材料	直接人工	制造费用	合计
月初在产品成本	3 750	2 800	4 550	11 100
本月生产费用	16 050	24 650	41 200	81 900
合计	19 800	27 450	45 750	93 000
分配率	60	90	150	
完工半成品转出	16 800	25 200	42 000	84 000
月末在产品	3 000	2 250	3 750	9 000

直接材料约当产量 = 280 + 50 = 330（件）

直接材料分配率 = 19 800 ÷ 330 = 60（元/件）

完工半成品转出直接材料 = 280 × 60 = 16 800（元）

直接人工约当产量 = 280 + 50 × 0.5 = 305（件）

直接人工分配率 = 27 450 ÷ 305 = 90（元/件）

完工半成品转出直接人工 = 280 × 90 = 25 200（元）

制造费用约当产量 = 280 + 50 × 0.5 = 305（件）

制造费用分配率 = 45 750 ÷ 305 = 150（元/件）

完工半成品转出制造费用 = 280 × 150 = 42 000（元）

第二步骤成本计算单

2015 年 6 月　　单位：元

	半成品	直接材料	直接人工	制造费用	合计
月初在产品成本	6 000	1 800	780	2 300	10 880
本月投入成本	84 000	40 950	20 595	61 825	207 370
合计	90 000	42 750	21 375	64 125	218 250
分配率	300	150	75	225	
完工产成品转出	81 000	40 500	20 250	60 750	202 500
月末在产品	9 000	2 250	1 125	3 375	15 750

由于第二步骤耗用的第一步骤半成品是在月初一次投入的，即第二步骤每件在产品和每件完工产品耗用的半成品数量相同，所以，计算半成品的约当产量时，对于月末的30件在产品不用乘以完工程度，或者说按照完工程度为100%计算。

半成品约当产量＝270＋30＝300（件）

半成品分配率＝90 000÷300＝300（元/件）

完工产成品转出半成品＝270×300＝81 000（元）

直接材料约当产量＝270＋30×0.5＝285（件）

直接材料分配率＝42750÷285＝150（元/件）

完工产成品转出直接材料＝270×150＝40 500（元）

直接人工约当产量＝270＋30×0.5＝285（件）

直接人工分配率＝21 375÷285＝75（元/件）

完工产成品转出直接人工＝270×75＝20 250（元）

制造费用分配率＝64 125÷285＝225（元/件）

完工产成品转出制造费用＝270×225＝60 750（元）

（2）编制产成品成本还原计算表（结果填入下列表格，不用列出计算过程）。

产成品成本还原计算表

2015 年 6 月　　单位：元

	半成品	直接材料	直接人工	制造费用	合计
还原前产成品成本	81 000	40 500	20 250	60 750	202 500
本月所产半成品成本		16 800	25 200	42 000	84 000
成本还原	－81 000	16 200	24 300	40 500	0
还原后产成品成本		56 700	44 550	101 250	202 500
还原后产成品单位成本		210	165	375	750

成本还原直接材料＝81 000÷84 000×16 800＝16 200（元）

成本还原直接人工＝81 000÷84 000×25 200＝24 300（元）

成本还原制造费用＝81 000÷84 000×42 000＝40 500（元）

还原后产成品单位成本＝202 500÷270＝750（元/件）

（3）单位变动制造费用＝（101 250－13 500）/270＝325（元/件）

单位变动成本＝210＋165＋325＋100＝800（元/件）

产品的售价＝800×（1＋50%）＝1 200（元/件）

由于单位产品制造成本为750元，所以，如果按照完全成本加成法定价，要想使得售价等于1 200元，加成率应该为（1 200/750－1）×100%＝60%。

7.【答案】（1）6月份的直接人工费用分配率＝105 000/7 000＝15（元/小时）

001 型设备分配直接人工费用 = 1 400 × 15 = 21 000（元）

002 型设备分配直接人工费用 = 5 600 × 15 = 84 000（元）

其中：002 型设备完工产品分配直接人工费用 = 84 000/(20 × 200 + 10 × 80% × 200) × 20 × 200 = 60 000（元）

002 型设备在产品分配直接人工费用 = 84 000/(20 × 200 + 10 × 80% × 200) × 10 × 80% × 200 = 24 000（元）。

（2）6 月份的制造费用分配率 = 140 000/7 000 = 20（元/小时）

001 型设备分配制造费用 = 1 400 × 20 = 28 000（元）

002 型设备分配制造费用 = 5 600 × 20 = 112 000（元）

其中：002 型设备完工产品分配制造费用 = 112 000/(20 × 200 + 10 × 80% × 200) × 20 × 200 = 80 000（元）

002 型设备在产品分配制造费用 = 112 000/(20 × 200 + 10 × 80% × 200) × 10 × 80% × 200 = 32 000（元）。

（3）6 月份 002 型设备单位产品原材料费用 = 900 000/30 = 30 000（元）

002 型设备完工产品分配原材料费用 = 30 000 × 20 = 600 000（元）

002 型设备在产品分配原材料费用 = 30 000 × 10 = 300 000（元）

（4）6 月份 001 型设备的完工产品总成本 = 350 000 + (30 000 + 21 000) + (50 000 + 28 000) = 479 000（元）

6 月份 001 型设备单位完工产品成本 = 479 000/10 = 47 900（元）

（5）6 月份 002 型设备在产品总成本 = 300 000 + 24 000 + 32 000 = 356 000（元）

6 月份 002 型设备完工产品总成本 = 600 000 + 60 000 + 80 000 = 740 000（元）

6 月份 002 型设备单位完工产品成本 = 740 000/20 = 37 000（元）。

第十四章　标准成本法

本章考情分析

从近几年的考试来看，题型包括客观题和计算分析题，计算分析题的出题点在标准成本的差异分析上。

本章教材变化

本章中将变动制造费用数量标准统一修改为用量标准。另外，对三因素分析法进行了补充说明。

基本内容框架

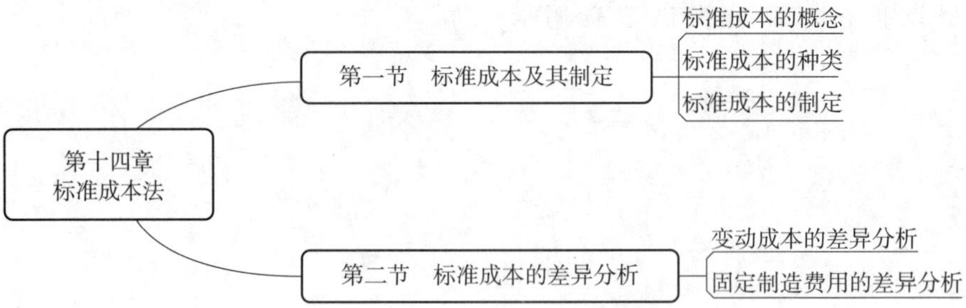

通关重难点例题解析

考点一：标准成本的概念（★）

标准成本是通过精确的调查、分析与技术测定而制定的，用来评价实际成本、衡量工作效率的一种目标成本。它有两种含义，一种是“成本标准”；另一种是“标准成本”。

成本标准 = 单位产品标准消耗量 × 标准单价

标准成本 = 实际产量 × 单位产品标准成本

在讨论标准成本制定时，“标准成本”是指单位产品标准成本；在讨论成本差异计算时，“标准成本”是指实际产量下的标准成本。

考点二：标准成本的种类（★）

	种类	特点及用途
按其制定所根据的生产技术和经营管理水平	理想标准成本，是最优条件下，利用现有的规模和设备能够达到的最低成本	1. 理论上的业绩标准 2. 生产要素的理想价格 3. 是可能实现的最高生产经营能力利用水平 4. 它的主要用途是提供一个完美无缺的目标，揭示实际成本下降的潜力，不能作为考核依据

续表

	种类	特点及用途
按其制定所根据的生产技术和经营管理水平	正常标准成本，是指在效率良好的条件下，根据下期一般应该发生的生产要素消耗量、预计价格和预计生产经营能力利用程度制定出来的标准成本	1. 考虑了生产经营过程中难以避免的损耗和低效率，是实际工作中广泛使用正常标准成本。 2. 用科学方法根据客观实验和过去实践，具有客观性和科学性。 3. 既排除了各种偶然性，又保留了目前条件下难以避免的损失，代表正常消耗水平，具有现实性。 4. 它是应发生的成本，可作为评价业绩的尺度，成为督促职工的目标，具有激励性。 5. 不需要经常修订，具有稳定性
按试用期	现行标准成本，是指根据其适用期间应该发生的价格、效率和生产经营能力利用程度等预计的标准成本	1. 可以作为评价实际成本的依据。 2. 也可以用来对存货和销货成本进行计价
	基本标准成本，是只要生产的基本条件无重大变化，就不予变动的一种标准成本	1. 基本标准成本与各期实际成本进行对比，可以反映成本变动的趋势。 2. 不宜用来直接评价工作效率和成本控制有效性

【例题1·多选题】（2014年）甲公司制定产品标准成本时采用基本标准成本。下列情况中，需要修订基本标准成本的有（　　）。

A. 季节原因导致材料价格上升

B. 订单增加导致设备利用率提高

C. 采用新工艺导致生产效率提高

D. 工资调整导致人工成本上升

【答案】CD

【解析】需要修订基本标准成本的条件有产品的物理结构变化、重要原材料和劳动力价格的重要变化、生产技术和工艺的根本变化。选项A属于由于市场供求变化导致的价格变化，选项B属于由于生产能力利用程度的变化，不属于生产的基本条件变化，对此不需要修订基本标准成本。

【例题2·多选题】（2016年）下列各项中，需要修订产品基本标准成本的情况有（　　）

A. 产品生产能量利用程度显著提升

B. 生产工人技术操作水平明显改进

C. 产品物理结构设计出现重大改变

D. 产品主要材料价格发生重要变化

【答案】CD

【解析】基本标准成本，是只要生产的基本条件无重大变化，就不予变动的一种标准成本。所谓生产的基本条件重大变化是指产品的物理结构的变化、重要原材料和劳动力价格的重要变化、生产技术和工艺的根本变化等，选项CD正确。选项A和B不属于生产基本条件的变化。

考点三：标准成本的制定（★★）

制定标准成本，通常先确定直接材料和直接人工的标准成本，其次制定制造费用的标准成本，最后制定单位产品的标准成本。在制定时，无论是哪一个成本项目，都需要分别确定其用量标准和价格标准，两者相乘后得出单位产品的标准成本，即

单位产品标准成本 = 用量标准 × 价格标准

常见的标准成本：

成本项目	用量标准	价格标准
直接材料	单位产品材料消耗量	原材料单价
直接人工	单位产品直接人工工时	小时工资率
制造费用	单位产品直接人工工时（或台时）	小时制造费用分配率

一、直接材料标准成本

直接材料的标准消耗量，是现有技术条件生产单位产品所需的材料数量，包括必不可少的消耗以及各种难以避免的损失；

直接材料的价格标准，是预计下一年度实际需要支付的进料单位成本，包括发票价格、运费、检验和正常损耗等成本，是取得

材料的完全成本。

二、直接人工标准成本

直接人工的标准工时是指现有生产技术条件下，生产单位产品所需要的时间，包括直接加工操作必不可少的时间，以及必要的间歇和停工，如工间休息、调整设备时间、不可避免的废品耗用工时等；

直接人工的价格标准是指标准工资率，可能是预定工资率，也可能是正常的工资率。

三、制造费用标准成本

（一）变动制造费用标准成本

变动制造费用的用量标准通常采用单位产品直接人工工时标准；

变动制造费用的价格标准是每一工时变动制造费用的标准分配率，它根据变动制造费用预算和直接人工总工时的计算求得。

（二）固定制造费用标准成本

固定制造费用的用量标准与变动制造费用的用量标准相同，包括直接人工工时、机器工时，其他用量标准等，并且两者要保持一致，以便进行差异分析；

固定制造费用的价格标准是其每小时的标准分配率，它根据固定制造费用预算和直接人工标准总工时来计算求得。

【例题3·单选题】（2014年）甲公司是一家化工生产企业，生产单一产品，按正常标准成本进行成本控制。公司预计下一年度的原材料采购价格为13元/千克，运输费为2元/千克，运输过程中的正常损耗为5%，原材料入库后的储蓄成本为1元/千克。该产品的直接材料价格标准为（　　）元。

A. 15　　B. 15.75

C. 15.79　　D. 16.79

【答案】C

【解析】直接材料的价格标准，是预计下一年度实际需要支付的进料单位成本，包括发票价格、运费、检验和正常损耗等成本。该产品的直接材料价格标准=(13+2)/(1-5%)=15.79（元），选项C正确。

【例题4·单选题】（2015年）甲公司是一家制造业企业，生产W产品，生产工人每月工作22天，每天工作8小时，平均月薪13 200元，该产品的直接加工必要时间每件3小时，正常工间休息和设备调整等非生产时间每件0.2小时，正常废品率8%，单位产品直接人工标准成本为（　　）元。

A. 244.57　　B. 240

C. 259.2　　D. 260.87

【答案】D

【解析】单位产品直接人工标准成本=用量标准×价格标准=[13 200/(22×8)]×[(3+0.2)/(1-8%)]=260.87元，选项D正确。

【例题5·单选题】（2019年）甲企业生产能量1 100件，每件产品标准工时1.1小时，固定制造费用标准分配率8元/小时。本月实际产量1 200件，实际工时1 000小时，固定制造费用12 000元。固定制造费用标准成本是（　　）元。

A. 9 680　　B. 8 000

C. 10 560　　D. 14 520

【答案】C

【解析】固定制造费用标准成本=实际产量标准工时×固定制造费用标准分配率=1 200×1.1×8=10 560（元）。

考点四：变动成本的差异分析（★★）

一、变动成本差异计算的公式

（一）通用公式

价格差异=实际数量×(实际价格-标准价格)

数量差异=(实际数量-标准数量)×标准价格

（二）不同变动成本项目成本差异计算的具体公式

	价格差异	数量差异
直接材料成本差异	直接材料价格差异=实际数量×(实际价格-标准价格)	直接材料数量差异=(实际数量-标准数量)×标准价格
直接人工成本差异	工资率差异=实际工时×(实际工资率-标准工资率)	人工效率差异=(实际工时-标准工时)×标准工资率

续表

	价格差异	数量差异
变动制造费用差异	变动制造费用耗费差异 = 实际工时 ×（变动制造费用实际分配率 - 变动制造费用标准分配率）	变动制造费用效率差异 =（实际工时 - 标准工时）× 变动制造费用标准分配率

【例题 6 · 单选题】（2014 年）甲公司采用正常标准成本进行成本控制。某种产品的变动制造费用标准分配率为 3 元/小时，每件产品的标准工时为 2 小时。2014 年 9 月，该产品的实际产量为 100 件，实际工时为 250 小时，实际发生的变动制造费用 1 000 元，变动制造费用耗费差异为（ ）元。

A. 150　　B. 200

C. 250　　D. 400

【答案】C

【解析】变动制造费用耗费差异 = 250 ×（1 000/250 - 3）= 250（元），选项 C 正确。

二、变动成本差异的责任归属

	用量差异			价格差异		
	材料数量差异	人工效率差异	变动制造费用效率差异	材料价格差异	人工工资差异	变动制造费用耗费差异
主要责任部门	主要是生产部门的责任			由采购部负责	人事劳动部门管理	部门经理负责

【例题 7 · 多选题】（2014 年）下列各项原因中，属于材料价格差异形成的原因有（ ）。

A. 材料运输保险费的提高

B. 运输过程中的损耗增加

C. 加工过程中的损耗增加

D. 储存过程中的损耗增加

【答案】AB

【解析】材料价格差异是在采购过程中形成的，采购部门未能按标准价格进货的原因有许多，如供应厂家价格变动、未按经济采购批量进货、未能及时订货造成的紧急订货、采购时舍近求远使运费和途耗增加、不必要的快速运输方式、违反合同被罚款、承接紧急订货造成额外采购等选项 CD 均不属于。

【例题 8 · 多选题】（2015 年）甲部门是一个标准成本中心，下列成本差异中，属于甲部门责任的有（ ）。

A. 作业计划不当造成的人工效率差异

B. 操作失误造成的材料数量差异

C. 生产设备闲置造成的固定制造费用闲置能量差异

D. 由于采购材料质量缺陷导致工人多用工时造成的变动制造费用效率差异

【答案】AB

【解析】标准成本中心不对生产能力的利用程度负责，只对既定产量的投入量承担责任，选项 C 不正确；由于采购材料质量缺陷导致工人多用工时造成的变动制造费用效率差异，并非生产部门的责任，选项 D 不正确。

考点五：固定制造费用的差异分析（★★）

一、二因素分析法

二因素分析法是将固定制造费用差异分为耗费差异和能量差异，有关计算公式如下：

（1）固定制造费用耗费差异 = 固定制造费用实际数 - 固定制造费用预算数

（2）固定制造费用能量差异 = 固定制造费用预算数 - 固定制造费用标准成本 =（生产能量 - 实际产量下的标准工时）× 固定制造费用标准分配率

二、三因素分析法

三因素分析法是将二因素分析法中的能量差异分为两部分：一部分是实际工时未达到生产能量而产生的闲置能量差异；另一部分是实际工时脱离标准工时而形成的效率差异。

闲置能量差异：因为固定制造费用一般与形成企业生产能力的机械设备和厂房相联系。比如一台机器，它每月设计可运行1 000小时，这是它的能力或能量，但实际运转了800小时。那它就闲置了200小时/月，这就会产生闲置能量差异。

效率差异：实际产量标准工时是根据实际生产量和每件产品在这些机器上加工的单位标准工时计算的公式。但实际加工有实际工时，这两者之间的差体现了效率，所以称为效率差异。

有关计算公式如下：

（1）耗费差异 = 固定制造费用实际数 - 固定制造费用预算数 = 固定制造费用实际数 - 固定制造费用标准分配率 × 生产能量

（2）闲置能量差异 = 固定制造费用预算 - 实际工时 × 固定制造费用标准分配率 =（生产能量 - 实际工时）× 固定制造费用标准分配率

（3）效率差异 =（实际工时 - 实际产量标准工时）× 固定制造费用标准分配率

【例题9·单选题】（2015年）甲公司本月发生固定制造费用35 800元，实际产量2 000件，实际工时2 400小时。企业生产能量3 000小时，每件产品标准工时1小时，固定制造费用标准分配率10元/小时，固定制造费用的耗费差异是（　　）。

A. 不利差异5 800元

B. 不利差异4 000元

C. 不利差异6 000元

D. 不利差异10 000元

【答案】A

【解析】固定制造费用耗费差异 = 固定制造费用实际数 - 固定制造费用预算数 = 35 800 - 3 000 × 10 = 5 800（元），选项A正确。

通关演练

一、单项选择题

1. 标准成本是通过精确的调查、分析与技术测定而制定的，用来评价实际成本、衡量工作效率的一种（　　）。

A. 理想标准成本

B. 目标成本

C. 基本标准成本

D. 正常标准成本

2. 甲公司是一家汽车制造企业。生产一辆汽车需要的必不可少的加工操作时间为100小时，设备调整时间为2小时，可以避免的废品耗用工时为3小时，必要的工间休息为5小时。正常的废品率为5%。该汽车的直接人工标准工时是（　　）小时。

A. 93.6　　B. 96

C. 99.84　　D. 112.63

3. 关于变动制造费用标准成本，下列说法中不正确是（　　）。

A. 变动制造费用的数量标准通常采用单位产品直接人工工时标准

B. 变动制造费用的价格标准是单位工时变动制造费用的标准分配率

C. 变动制造费用的标准分配率根据实际的变动制造费用和直接人工总工时计算求得

D. 用变动制造费用的数量标准和价格标准相乘，即可得出变动制造费用标准成本

4. 甲公司采用标准成本法进行成本控制。某种产品的固定制造费用标准成本为6元/件，每件产品的标准工时为2小时。2019年6月，该产品的实际产量为100件，实际工时为250小时，实际发生固定制造费用1 000元，固定制造费用效率差异为（　　）元。

A. 150　　B. 200

C. 250　　D. 400

5. 直接材料的价格标准中不包括（　　）。

A. 发票价格

B. 运费

C. 检验

D. 入库后的储存成本

6. 可以成为评价实际成本的依据，也可以用来对存货和销货成本计价的标准成本是（　　）。

A. 现行标准成本

B. 正常标准成本

C. 理想标准成本

D. 基本标准成本

7. 甲公司是一家化工生产企业，生产单一产品，按正常标准成本进行成本控制。公司预计下一年度的原材料采购价格为10元/千克，运输费为2元/千克，运输过程中的正

常损耗为4%，原材料入库后的储存成本为1元/千克。该产品的直接材料价格标准为（ ）元。

A. 12　　B. 12.5

C. 13.5　　D. 12.48

8. 甲公司本月发生固定制造费用15 800元，实际产量1 000件，实际工时1 200小时。企业生产能量1 500小时，每件产品标准工时1小时，固定制造费用标准分配率10元/小时，固定制造费用效率差异是（ ）。

A. 不利差异800元

B. 不利差异2 000元

C. 不利差异3 000元

D. 不利差异5 000元

9. 下列关于变动制造费用的差异分析的说法中，不正确的是（ ）。

A. 耗费差异是变动制造费用的实际小时分配率脱离标准产生的

B. 价差是按照标准的小时分配率计算确定的金额

C. 效率差异反映工作效率变化引起的费用节约或超支

D. 耗费差异反映耗费水平的高低

10. 关于固定制造费用各成本差异的计算式子，下列各项中不正确的是（ ）。

A. 固定制造费用耗费差异 = 实际工时 × 固定制造费用实际分配率 - 生产能量 × 固定制造费用标准分配率

B. 固定制造费用能量差异 =（生产能量 - 实际工时）× 固定制造费用标准分配率

C. 固定制造费用效率差异 =（实际工时 - 实际产量标准工时）× 固定制造费用标准分配率

D. 固定制造费用总差异 = 固定制造费用实际数 - 实际产量 × 单位标准工时 × 固定制造费用标准分配率

11. 变动制造费用耗费差异是（ ）。

A. 实际变动制造费用 - 标准变动制造费用

B.（实际工时 - 标准工时）× 变动费用标准分配率

C.（实际工时 - 标准工时）× 变动费用实际分配率

D. 实际工时 ×（变动制造费用实际分配率 - 变动制造费用标准分配率）

12. 甲公司本月实际产量450件，发生固定制造成本1 500元，实际工时为900小时。企业生产能量为500件，每件产品固定制造费用标准成本为3元/件，每件产品标准工时为2小时，标准分配率为1.50元/小时。则甲公司的固定制造费用闲置能量差异为（ ）。

A. 不利差异135元

B. 不利差异150元

C. 不利差异224元

D. 不利差异300元

二、多项选择题

1. 下列各项原因中，属于直接材料价格差异形成原因的有（ ）。

A. 材料运输保险费率提高

B. 运输过程中的损耗增加

C. 加工过程中的损耗增加

D. 储存过程中的损耗增加

2. 某生产车间是一个标准成本中心。下列各项标准成本差异中，通常不应由该生产车间负责的有（ ）。

A. 直接材料数量差异

B. 直接材料价格差异

C. 直接人工工资率差异

D. 固定制造费用闲置能量差异

3. 下列关于固定制造费用差异的表述中，正确的有（ ）。

A. 在考核固定制造费用的耗费水平时以预算数为标准，不管业务量增加或减少，只要实际数额超过预算即视为耗费过多

B. 二因素分析法，将固定制造费用差异分为耗费差异和闲置能量差异

C. 固定制造费用能量差异的高低取决于两个因素：生产能量是否被充分利用、已利用生产能量的工作效率

D. 固定制造费用的能量差异等于固定制造费用预算数与固定制造费用标准成本之差

4. 下列各项中，不属于"直接人工标准工时"组成内容的有（ ）。

A. 必要的间歇和停工工时

B. 由于更换产品产生的设备调整工时

C. 由于生产作业计划安排不当产生的停工工时

D. 由于外部供电系统故障产生的停工

工时

5. 下列关于固定制造费用差异的表述中，正确的有（　）。

A. 在考核固定制造费用的耗费水平时以预算数为标准，不管业务量增加或减少，只要实际数额超过预算即视为耗费过多

B. 固定制造费用闲置能量差异是生产能量与实际产量的标准工时之差与固定制造费用标准分配率的乘积

C. 固定制造费用能量差异的高低取决于两因素：生产能量是否被充分利用、已利用生产能量的工作效率

D. 三因素分析法中的闲置能量差异与二因素分析法中的能量差异相同

6. 下列情况中，不需要对基本标准成本进行修订的有（　）。

A. 产品的物理结构变化

B. 工作方法改变引起的效率变化

C. 生产经营能力利用程度的变化

D. 市场供求变化导致的售价变化

7. 下列有关正常标准成本的说法，正确的有（　）。

A. 从具体数量上看，它大于理想标准成本

B. 制定正常标准成本需要考虑难以避免的损耗和低效率

C. 需要经常修订，不具有稳定性

D. 符合实际情况，可以作为可行的标准

8. 下列各项中，易造成材料价格差异的情况有（　）。

A. 承接紧急订货造成额外采购

B. 材料运输保险费提高

C. 操作技术改进而节省材料

D. 企业未批量进货

9. 下列各项中，属于直接人工工资率差异形成原因的有（　）。

A. 工人经验不足

B. 奖励制度未产生实效

C. 工作环境不良

D. 加班或使用临时工

三、计算分析题

1. 某公司生产A产品的6月份的成本资料如下：

（1）

单位产品标准成本

	用量标准	价格标准	标准成本
直接材料	50	10	500
直接人工	A	5	B
变动制造费用	C	D	160
固定制造费用	E	F	100
合计	—	—	960

A产品的预算产量的工时标准为900小时，制造费用按工时分配。

（2）6月份实际产量18件，实际耗用材料800千克，实际工时820小时，实际成本如下：

直接材料	8 800元
直接人工	3 362元
变动制造费用	2 624元
固定制造费用	3 000元
合计	17 786元

要求：

（1）将产品标准成本表格中用字母表示的数据填写完整；

（2）计算本月产品成本差异总额；

（3）计算直接材料价格差异和用量差异；

（4）计算直接人工效率差异和工资率差异；

（5）计算变动制造费用耗费差异和效率差异；

（6）采用三因素分析法计算固定制造费用差异。

2.（2019年）甲公司下属乙部门生产A产品，全年生产能量1 200 000机器工时，单位产品标准机器工时120小时，2018年实际产量11 000件，实际耗用机器工时1 331 000小时。

2018年标准成本资料如下：

（1）直接材料标准消耗10千克/件，标准价格22元/千克；

（2）变动制造费用预算3 600 000元；

（3）固定制造费用预算2 160 000元。

2018年完全成本法下的实际成本资料

如下：

（1）直接材料实际耗用 121 000 千克，实际价格 24 元/千克；

（2）变动制造费用实际 4 126 100 元；

（3）固定制造费用实际 2 528 900 元。

该部门作为成本中心，一直采用标准成本法控制成本和考核业绩。最近，新任部门经理提出按完全成本法下的标准成本考核业绩不合理，建议公司调整组织结构，将销售部门和生产部门合并为事业部，采用部门可控边际贡献考核经理业绩。目前，该产品年销售 10 000 件，每件售价 1 000 元。经分析，40% 的固定制造费用为部门可控成本，60% 的固定制造费用为部门不可控成本。

要求：

（1）计算 A 产品的单位标准成本和单位实际成本。

（2）分别计算 A 产品总成本的直接材料的价格差异和数量差异、变动制造费用的价格差异和数量差异，用三因素分析法计算固定制造费用的耗费差异，闲置能量差异和效率差异，并指出各项差异是有利差异和不利差异。

（3）计算乙部门实际的部门可控边际贡献。

答案及解析

一、单项选择题

1.【答案】B

【解析】标准成本是通过精确的调查、分析与技术测定而制定的，用来评价实际成本、衡量工作效率的一种目标成本，所以选项 B 是答案。

2.【答案】D

【解析】标准工时是指在现有生产技术条件下，生产单位产品所需要的时间，包括直接加工操作必不可少的时间，以及必要的间歇和停工，如工间休息、调整设备时间、不可避免的废品耗用工时等。所以，该模具的直接人工标准工时 =（100 + 2 + 5）/（1 - 5%）=112.63（小时）。

3.【答案】C

【解析】变动制造费用的标准分配率是根据变动制造费用预算总数和直接人工标准总工时计算求得。所以选项 C 的说法不正确。

4.【答案】A

【解析】固定制造费用的效率差异 =（实际工时 - 实际产量下标准工时）× 固定制造费用标准分配率 =（250 - 100 × 2）×（6/2）= 150（元）。

5.【答案】D

【解析】直接材料的价格标准是预计下一年度实际需要支付的进料单位成本，包括发票价格、运费、检验和正常损耗等成本，是取得材料的完全成本，不包含入库后的储存成本。

6.【答案】A

【解析】现行标准成本指根据其适用期间应该发生的价格、效率和生产经营能力利用程度等预计的标准成本。在这些决定因素变化时，需要按照改变了的情况加以修订，因此，可以成为评价实际成本的依据，也可以用来对存货和销货成本计价。所以选项 A 为本题答案。

7.【答案】B

【解析】直接材料的价格标准，是预计下一年度实际需要支付的进料单位成本，包括发票价格、运费、检验和正常损耗等成本，因此该产品的直接材料价格标准 =（10 + 2）/（1 - 4%）= 12.5（元），所以本题答案为 B。

8.【答案】B

【解析】三因素分析法是将固定制造费用成本差异分为耗费差异、效率差异和闲置能量差异三部分。固定制造费用效率差异 =（实际工时 - 实际产量标准工时）× 固定制造费用标准分配率 =（1 200 - 1 000 × 1）× 10 = 2 000（元）。

9.【答案】B

【解析】变动制造费用的耗费差异是指变动制造费用的实际小时分配率脱离标准，按实际工时计算的金额，反映耗费水平的高低；变动制造费用的效率差异是实际工时脱离标准工时，按标准的小时费用率计算确定的金额，反映工作效率变化引起的费用节约或超支。因此，选项 B 的说法不正确。

10.【答案】B

【解析】固定制造费用总差异 = 固定制造费用实际数 - 固定制造费用标准成本 = 固定制造费用实际数 - 实际产量 × 单位标准工时 × 固定制造费用标准分配率；固定制造费

用耗费差异 = 固定制造费用实际数 - 固定制造费用预算数 = 实际工时 × 固定制造费用实际分配率 - 生产能量 × 固定制造费用标准分配率；固定制造费用能量差异 =（生产能量 - 实际产量标准工时）× 固定制造费用标准分配率；固定制造费用闲置能量差异 =（生产能量 - 实际工时）× 固定制造费用标准分配率；固定制造费用效率差异 =（实际工时 - 实际产量标准工时）× 固定制造费用标准分配率。

11. 【答案】D

【解析】选项 A 属于变动制造费用成本差异。选项 B 属于效率差异，选项 C 公式错误。

12. 【答案】B

【解析】固定制造费用闲置能量差异 =（生产能量 - 实际工时）× 固定制造费用标准分配 =（500 × 2 - 900）× 1.5 = 150（元）。

二、多项选择题

1. 【答案】AB

【解析】直接材料价格差异是在采购过程中形成的，采购部门未能按标准价格进货的原因有许多，如供应厂家调整售价、本企业未批量进货、未能及时订货造成的紧急订货、采购时舍近求远使运费和途耗增加、不必要的快速运输方式、违反合同被罚款、承接紧急订货造成额外采购等。

2. 【答案】BCD

【解析】直接材料数量差异是在材料耗用过程中形成的，因此通常应由该生产车间负责。直接材料价格差异是在采购过程中形成的，应由采购部门对其作出说明。直接人工工资率差异一般来说应归属于人事劳动部门管理。固定制造费用的闲置能量差异 =（生产能量 - 实际工时）× 固定制造费用标准分配率 =（生产能量 - 实际产量 × 实际单位工时）× 固定制造费用标准分配率，由于标准成本中心不对生产能力的利用程度负责（即不对实际产量负责），只对既定产量的投入量承担责任，所以标准成本中心不对固定制造费用闲置能量差异负责。

3. 【答案】ACD

【解析】二因素分析法，将固定制造费用差异分为耗费差异和能量差异，所以选项 B 的表述不正确。

4. 【答案】CD

【解析】标准工时指在现有生产条件下，生产产品所需的时间，包括直接加工操作必不可少的时间，以及必要的间歇和停工（如工间休息、调整设备时间）。选项 CD 为意外或管理不当所占用的时间，不属于标准工时的组成内容。

5. 【答案】AC

【解析】固定制造费用耗费差异 = 固定制造费用实际数 - 固定制造费用预算数，由此可知，选项 A 的说法正确。固定制造费用闲置能量差异 =（生产能力 - 实际工时）× 固定制造费用标准分配率，所以选项 B 的说法不正确。固定制造费用能量差异 = 固定制造费用闲置能量差异 + 固定制造费用效率差异 =（生产能量 - 实际工时）× 固定制造费用标准分配率 +（实际工时 - 实际产量标准工时）× 固定制造费用标准分配率，“生产能量是否被充分利用”指的是“实际工时是否达到了生产能量”，这决定的是固定制造费用闲置能量差异；“已利用生产能量的工作效率”指的是“实际工时的工作效率”，如果实际工时的工作效率高，则实际产量就会提高，（实际工时 - 实际产量标准工时）就会变小，固定制造费用效率差异就会变小，所以，“已利用生产能量的工作效率”决定的是固定制造费用效率差异；由此可知，选项 C 的说法正确。二因素分析法中的固定制造费用能量差异 =（生产能力 - 实际产量标准工时）× 固定制造费用标准分配率，所以选项 D 的说法不正确。

6. 【答案】BCD

【解析】基本标准成本是指一经制定，只要生产的基本条件无重大变化，就不予变动的一种标准成本。所谓生产的基本条件的重大变化是指产品的物理结构变化，重要原材料和劳动力价格的重要变化，生产技术和工艺的根本变化等。只有这些条件发生变化，基本标准成本才需要修订。由于市场供求变化导致的售价变化和生产经营能力利用程度的变化，由于工作方法改变而引起的效率变化等，不属于生产的基本条件变化，对此不需要修订基本标准成本。

7. 【答案】ABD

【解析】在制定正常标准成本时，把生产经营活动中一般难以避免的损耗和低效率等情况也计算在内，使之切合下期的实际情况，成为切实可行的控制标准。从具体数量上看，它应大于理想标准成本，但又小于历史平均水平。它可以在工艺技术水平和管理有效性水平变化不大时持续使用，不需要经常修订，具有稳定性。

8. 【答案】ABD

【解析】材料价格差异是在材料采购过程中形成的，操作技术改进而节省材料属于材料数量差异，选项 C 错误。

9. 【答案】BD

【解析】工人经验不足和工作环境不良影响工人工作的效率，属于直接人工效率差异的形成原因，因此，选项 A 和选项 C 错误。

三、计算分析题

1. 【答案】

（1）B = 960 − 500 − 160 − 100 = 200（元/件）

A = 200/5 = 40（千克）

C = E = A = 40（千克）

D = 160/40 = 40（元/千克）

F = 100/40 = 2.5（元/千克）

（2）本月产品差异总额 = 17 786 − 960 × 18 = 506（元）

（3）直接材料价格差异 =（8 800/800 − 10）× 800 = 800（元）

直接材料用量差异 =（800 − 50 × 18）× 10 = −1 000（元）

（4）直接人工工资率差异 =（3 362/820 − 5）× 820 = −738（元）

直接人工效率差异 =（820 − 40 × 18）× 5 = 500（元）

（5）变动制造费用耗费差异 =（2 624/820 − 4）× 820 = −656（元）

变动制造费用效率差异 =（820 − 40 × 18）× 4 = 400（元）

（6）固定制造费用耗费差异 = 3 000 − 2.5 × 900 = 750（元）

固定制造费用闲置能量差异 =（900 − 820）× 2.5 = 200（元）

固定制造费用效率差异 =（820 − 18 × 40）× 2.5 = 250（元）

【该题针对“变动成本差异的分析”“固定制造费用差异的分析”知识点进行考核】

2. 【答案】

（1）变动制造费用的标准分配率 = 3 600 000/1 200 000 = 3

固定制造费用的标准分配率 = 2 160 000/1 200 000 = 1.8

A 产品的单位标准成本 = 10 × 22 + 3 × 120 + 1.8 × 120 = 796（元）

A 产品的单位实际成本 = 121 000/11 000 × 24 + 4 126 100/11 000 + 2 528 900/11 000 = 869（元）

（2）直接材料的价格差异 =（24 − 22）× 121 000 = 242 000（元）（U）

直接材料的数量差异 =（121 000 − 11 000 × 10）× 22 = 242 000（元）（U）

变动制造费用的实际分配率 = 4 126 100/1 331 000 = 3.1

实际工时 = 1 331 000

实际产量下的标准工时 = 11 000 × 120 = 1 320 000

变动制造费用的价格差异 =（3.1 − 3）× 1 331 000 = 133 100（元）（U）

变动制造费用的数量差异 =（1 331 000 − 1 320 000）× 3 = 33 000（元）（U）

固定制造费用的耗费差异 = 2 528 900 − 2 160 000 = 368 900（元）（U）

固定制造费用的闲置能量差异 = 2 160 000 − 1 331 000 × 1.8 = 235 800（元）（F）

固定制造费用的效率差异 =（1 331 000 − 11 000 × 120）× 1.8 = 19 800（元）（U）

（3）单位变动成本 =（121 000 × 24 + 4 126 100）/11 000 = 639.1

部门可控边际贡献 =（1 000 − 639.1）× 10 000 − 2 528 900 × 40% = 2 597 440（元）

第十五章　作业成本法

本章考情分析

本章近几年考题分数不多，考试的题型主要是客观题，但本章主观题也有可能涉及，应重点关注作业成本法的主要特点、应用以及作业成本管理与传统成本管理的区别。

本章教材变化

本章内容没有实质性变动。

基本内容框架

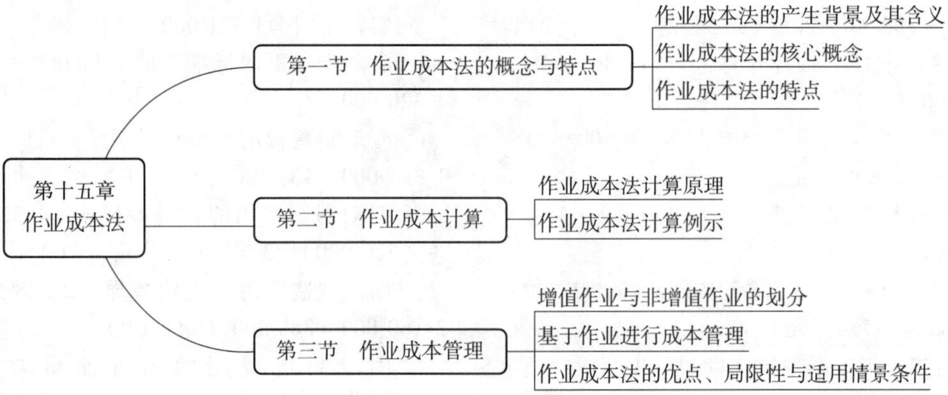

通关重难点例题解析

考点一：作业成本法的含义（★）

作业成本法是将间接成本和辅助费用更准确地分配到产品和服务的一种成本计算方法。该方法的基本思路是，首先按经营活动中发生的各项作业归集成本，计算出作业成本；然后再按各项作业成本与成本对象之间的因果关系，将作业成本分配到成本对象，最终完成成本计算过程。

在作业成本法下，直接成本可以直接计入有关产品，与传统的成本计算方法并无异，只是直接成本的范围比传统成本计算的要大，凡是易于追溯到产品的材料、人工和其他成本都可以直接归属于特定产品，尽量减少不准确的分配。不能追溯到产品的成本，则先追溯有关作业或分配到有关作业，计算作业成本，然后再将作业成本分配到有关产品。

考点二：作业成本法的核心概念（★）

相关概念	要点
作业	是指公司中特定组织（成本中心、部门或产品线）重复执行的任务或活动

续表

相关概念	要点	
成本动因	资源成本动因	是引起作业成本增加的驱动因素，用来衡量一项作业的资源消耗量，依据资源成本动因可以将资源成本分配给各有关作业
	作业成本动因	是引起产品成本增加的驱动因素，用来衡量各成本对象耗用作业的情况，依据作业成本动因可以将作业成本分配给各产品

考点三：作业成本法的主要特点（★★）

特点	内容	
成本计算分为两个阶段	在传统成本计算方法下，间接成本的分配路径是“资源→部门→产品”，而在作业成本法下间接成本的分配途径是“资源→作业→产品”。根据作业成本法“作业消耗资源，产品（服务或顾客）消耗作业”的基本指导思想，作业成本法把成本计算过程划分为两个阶段	第一阶段：将作业执行中消耗的资源分配（包括追溯和间接分配）到作业，计算作业的成本
		第二阶段：根据第一阶段计算的作业成本分配（包括追溯和动因分配）到各有关成本对象（产品或服务）
成本分配强调因果关系	作业成本法的成本分配主要使用成本追溯和动因分配，尽可能减少不准确的分摊，因此能够提供更加真实、准确的成本信息	成本追溯：是指把成本直接分配给相关的成本对象。一项成本能否追溯到产品，可以通过实地观察来判断。 使用直接追溯方式得到的产品成本是最准确的
		动因分配：是指根据成本动因将成本分配到各成本对象的过程。 动因分配虽然不像追溯那样准确，但只要因果关系建立恰当，成本分配的结果同样可以达到较高的准确程度
		有些成本既不能追溯，也不能合理、方便地找到成本动因，只好使用产量作为分配基础，将其强制分配给成本对象
成本分配使用众多不同层面的成本动因	作业成本法的独到之处，在于它把资源的消耗首先追溯或分配到作业，然后使用不同层面和数量众多的作业动因将作业成本分配到产品，这要比采用单一分配基础更加合理，更能保证产品成本计算的准确性	

【例题1·单选题】在下列将成本分配到成本对象的形式中，最能准确反映产品成本的是（　　）

A. 追溯　　B. 间接追溯

C. 动因分配　　D. 分摊

【答案】A

【解析】使用追溯方式得到的产品成本是最准确的。

一、作业的认定

运用作业成本法的前提是进行作业的认定，作业认定需要对每项消耗资源的作业进行定义，识别每项作业在生产活动中的作用、与其他作业的区别，以及每项作业与耗用资源的联系。

二、作业成本库

考点四：作业成本的计算原理（★）

种类	作业的含义	特点
单位级作业成本库	指每一单位产品至少要执行一次的作业。单位级作业成本是直接成本，可以追溯到每个单位产品上，即直接计入成本对象的成本计算单	作业成本与产量呈比例变动

续表

种类	作业的含义	特点
批次级作业成本库	指同时服务于每批产品或许多产品的作业。需要注意的是，成本取决于批次，而不是每批中单位产品的数量。批次级作业成本需要单独进行归集，计算每一批的成本，然后分配给不同批次，最后根据产品的数量在单个产品之间进行分配	作业成本与产品批次呈比例变动
品种级（产品级）作业成本库	指服务于某种型号或样式产品的作业。如，产品设计、产品生产工艺改造、产品更新等	作业成本与产品品种呈比例变动
生产维持级作业成本库	指服务于整个工厂的作业，是为了维护生产能力而进行的作业，如保安、维修、行政管理等	作业成本为全部生产品的共同作业成本

【例题2·单选题】（2017年）甲企业采用作业成本法计算产品成本，每批产品生产前需要进行及其调试，在对调试作业中心进行成本分配时，最适合采用的作业成本动因是（　　）。

A. 产品品种　　B. 产品批次

C. 产品数量　　D. 每批产品数量

【答案】B

【解析】机器调试是每批产品生产前都要发生的，与批次相关，所以成本分配以产品批次为动因，选项B正确。

【例题3·多选题】（2017年）下列各项作业中，属于品种级作业的有（　　）。

A. 产品组装

B. 产品检验

C. 产品生产工艺改造

D. 产品推广方案制定

【答案】CD

【解析】品种级作业指服务于某种型号或样式产品的作业。如产品设计、产品生产工艺改造、产品更新等。选项A是单位级作业；选项B是批次级作业。

【例题4·多选题】（2019年）甲公司采用作业成本法，下列选项中，属于生产维持级作业库的有（　　）。

A. 工厂安保

B. 机器加工

C. 行政管理

D. 半成品检验

【答案】AC

【解析】生产维持级作业是指服务于整个工厂的作业，例如，工厂保安、维修、行政管理、保险、财产税等。

三、资源成本分配到作业

资源成本借助于资源成本动因分配到各项作业，这要求资源成本动因和作业成本之间一定要存在因果关系。

四、作业成本分配到成本对象

在确定了作业成本之后，根据作业成本动因计算单位作业成本，再根据作业量计算成本对象应负担的作业成本。

单位作业成本 = 本期作业成本库归集总成本/作业量

作业成本动因的种类如下表所示：

种类	内容	特点
业务动因	通常以执行的次数作为作业动因	精确度最差，执行成本最低
持续动因	通常以执行一项作业所需的时间作为作业动因	精确度和执行成本居中
强度动因	是在某些特殊情况下，将作业执行中实际耗用的全部资源单独归集，并将该项单独归集的作业成本直接计入某一特定的产品。强度动因一般适用于某一特殊订单或某种新产品试制等	精确度最高，执行成本最高

【例题5·单选题】（2016年）下列各项中，应使用强度动因作为作业量计量单位的是（　　）。

A. 产品的生产准备

B. 产品的研究开发

C. 产品的机器加工

D. 产品的分批质检

【答案】C

【解析】强度动因是在某些特殊情况下，将作业执行中实际耗用的全部资源单独归集，并将该项单独归集的作业成本直接计入某一特定的产品，一般适用于某一特殊订单或某种新产品试制。选项ABD均不能直接计入某一特定的产品，只有选项C产品的机器加工能够直接计入某一特定的产品。

考点五：作业成本的计算方法（★★）

1. 计算作业成本分配率

实际作业成本分配率 = 当期实际发生的作业成本/当期实际作业产出

2. 计算产品作业成本

某产品耗用的作业成本 = ∑（该产品耗用的作业量×实际作业成本分配率）

3. 计算产品当期发生总成本

某产品当期发生总成本 = 当期投入该产品的直接成本 + 该产品当期耗用的各项作业成本

【例题6·计算分析题】甲公司只生产和销售A、B两种产品，假设这两种产品的财务和成本数据如下：

	A产品	B产品
产量（台）	5 000	10 000
售价（元）	5 500	3 500
单位直接材料和人工成本（元）	2 000	1 000
直接人工（小时）	25 000	80 000

公司管理会计师将该公司的作业、间接成本合集及成本作业动因划分如下：

单位：元

作业	间接成本合集	成本作业动因
调整	2 000 000	调整次数
机工	30 000 000	机器工时
包装	750 000	包装单数量
合计	32 750 000	

两种产品的实际作业量如下：

成本作业动因	A产品作业消耗	B产品作业消耗	合计
调整次数（次）	150	100	250
机器工时（小时）	40 000	110 000	150 000
包装单数量（个）	6 000	9 000	15 000

要求：采用作业成本法，确定两种产品的单位盈利能力。

【答案】

首先，计算每一成本动因的分配率，见下表：

成本作业动因	成本	作业消耗	分配率
调整次数	2 000 000元	250次	8 000元/次
机器工时	30 000 000元	150 000小时	200元/小时
包装单数量	750 000元	15 000个	50元/个

A 产品（5 000 台）

成本作业动因	分配率	作业量	间接成本（元）	单位间接成本（元）
调整次数	8 000 元/次	150	1 200 000	240
机器工时	200 元/小时	40 000	8 000 000	1 600
包装单数量	50 元/个	6 000	300 000	60
合计	—	—	9 500 000	1 900

B 产品（10 000 台）

成本作业动因	分配率	作业量	间接成本（元）	单位间接成本（元）
调整次数	8 000 元/次	100	800 000	80
机器工时	200 元/小时	110 000	22 000 000	2 200
包装单数量	50 元/个	9 000	450 000	45
合计	—	—	23 250 000	2 325

产品单位盈利能力分析

	A 产品	B 产品
单位售价	5 500	3 500
单位产品成本：		
直接材料和人工	2 000	1 000
间接成本	1 900	2 325
单位产品成本合计	3 900	3 325
单位产品利润	1 600	175

考点六：作业成本管理（★★）

作业成本法	
优点	1. 成本计算更准确，可以获得更准确的产品和产品线成本，采用多种成本动因作为间接成本的分配基础，扩大了追溯到个别产品的成本比例，从而减少传统成本信息对于决策的误导 2. 成本控制与成本管理更有效，有助于改进成本控制，作业成本法提供了了解产品作业过程的途径，使管理人员知道成本是如何发生的 3. 为战略管理提供信息支持，如价值链分析、公司竞争战略的选择等
局限性	1. 开发和维护费用较高 2. 作业成本法不符合对外财务报告的需要 3. 确定成本动因比较困难 4. 不利于通过组织控制进行的管理控制
适用条件	1. 从成本结构看，制造费用在产品成本中占有较大比重 2. 从产品品种看，产品多样性程度高，包括产品产量的多样性，规模的多样性，原材料的多样性和产品组装的多样性 3. 从外部环境看，所面临的竞争激烈 4. 从公司规模看，公司的规模比较大

【例题 7 · 单选题】作业成本法的主要优点是（　　）。

A. 减少了传统成本信息对于决策的误导

B. 有利于改进成本控制

C. 为战略提供信息支持

D. 有利于绩效衡量

【答案】A

【解析】作业成本法的主要优点是减少了传统成本信息对于决策的误导。

【例题8·多选题】(2011年)下列关于作业成本法与传统的成本计算方法(以产量为基础的完全成本计算方法)比较的说法中，正确的有(　　)。

A. 传统的成本计算方法对全部生产成本进行分配，作业成本法只对变动成本进行分配

B. 传统的成本计算方法按部门归集间接费用，作业成本法按作业归集间接费用

C. 作业成本法的直接成本计算范围要比传统的成本计算方法的计算范围小

D. 与传统的成本计算方法相比，作业成本法不便于实施责任会计和业绩评价

【答案】BD

【解析】作业成本法和完全成本法都是对全部生产成本进行分配，不区分固定成本和变动成本，从长远看，所有成本都是变动成本，都应当分配给产品，选项A错误；作业成本法强调扩大追溯到个别产品的成本比例，因而其直接成本计算范围通常要比传统的成本计算方法的计算范围要大，选项C错误。

通关演练

一、单项选择题

1. 作业动因与作业总成本相关程度越差，(　　)。

A. 作业成本分配误差越小

B. 作业成本分配误差越大

C. 作业成本分配误差不受影响

D. 作业动因与作业成本分配误差同向变动

2. 下列各项作业中，服务于整个工厂的作业是(　　)。

A. 单位级作业

B. 批次级作业

C. 品种级作业

D. 生产维持级作业

3. 下列有关作业成本动因的说法中，不正确的是(　　)。

A. 是衡量一个成本对象(产品、服务或顾客)需要的作业量

B. 是产品成本增加的驱动因素

C. 计量各成本对象耗用作业的情况

D. 是引起作业成本增加的驱动因素

4. 下列属于单位级作业的是(　　)。

A. 机器加工

B. 生产前机器调试

C. 产品生产工艺规程制定

D. 工厂保安

5. 相较于传统成本计算方法，属于作业成本计算方法的特点的是(　　)。

A. 将间接成本和辅助费用更准确地分配到产品和服务

B. 将直接成本直接计入有关产品

C. 直接成本的范围较小

D. 不考虑固定成本的分摊

二、多项选择题

1. 下列各项中属于单位级作业的有(　　)。

A. 直接材料

B. 直接人工工时

C. 生产前机器调试

D. 产品更新

2. 下列关于作业成本法的表述中，不正确的有(　　)。

A. 作业成本法的基本指导思想是“资源消耗作业、产品消耗资源”

B. 作业成本法下间接成本的分配路径是“作业→资源→产品”

C. 作业成本法下，将成本分配到成本对象有两种不同的形式，追溯和动因分配

D. 在作业成本法中，成本动因分为资源成本动因和作业成本动因两类

3. 下列各项中，适合作为顾客服务作业的资源成本动因有(　　)。

A. 雇员人数

B. 服务的时间

C. 工作时间

D. 服务产品品种数

4. 下列作业中属于品种级作业的有(　　)。

A. 产品设计

B. 生产前机器调试

C. 产品生产工艺规程制定

D. 工厂保安

5. 作业成本法的局限性有（　　）。

A. 开发和维护费用较高

B. 作业成本法不符合对外财务报告的需要

C. 成本分配基础与间接成本集合之间缺乏因果联系

D. 确定成本动因比较困难

6. 作业成本法的适用情景条件有（　　）。

A. 公司的人工费用在产品成本中占有较大比重

B. 公司的产品多样性程度高

C. 公司的规模比较小

D. 公司面临的竞争激烈

7. 作业成本法将成本分配到成本对象的形式有（　　）。

A. 追溯

B. 资源动因分配

C. 分摊

D. 作业动因分配

8. 下列关于间接成本分配的表述中，不正确的有（　　）。

A. 传统成本法下间接成本的分配路径是“资源→产品”

B. 传统成本法下间接成本的分配路径是“资源→部门→产品”

C. 作业成本法下间接成本的分配路径是“资源→作业→产品”

D. 作业成本法下间接成本的分配路径是“作业→资源→产品”

9. 相对于作业成本法，传统成本法的缺点有（　　）。

A. 传统成本计算全部按产量基础分配制造费用，会产生误导决策的成本信息

B. 传统成本计算法将固定成本分摊给不同产品

C. 传统成本计算法容易夸大高产量产品成本

D. 传统成本计算法下增加生产量可以使部分固定成本被存货吸收，减少当期销货成本，增加当期利润，从而刺激经理人员过度生产

三、计算分析题

（2019 年）甲公司是一家制造业企业，生产 A、B 两种产品。生产车间有两台设备，其中，一台属于高端智能制造设备，另一台属于手工加工设备。A、B 产品均需先后经过智能制造和手工加工两道作业工序方可完成。A 产品主要由智能制造设备完成，B 产品主要由手工加工设备完成。

原材料均在开工时一次性投入。公司现采用传统成本计算法计算成本，直接材料、直接人工直接计入产品成本，制造费用先按车间归集，再按直接人工工资比例分配进入产品成本，2019 年 9 月生产成本相关资料如下：

（1）本月生产量（单位：件）。

	月初在产品	本月投产	本月完工	月末在产品
A 产品	0	120	80	40
B 产品	0	100	50	50

（2）传统成本计算法下 A、B 产品成本计算单。

A 产品成本计算单

2019 年 9 月　　单位：元

项目	直接材料	直接人工	制造费用	合计
月初在产品成本	0	0	0	0
本月生产费用	15 000	12 500	62 500	90 000
合计	15 000	12 500	62 500	90 000
完工产品成本（80 件）	10 000	10 000	50 000	70 000
单位成本	125	125	625	875
月末在产品成本（40 件）	5 000	2 500	12 500	20 000

B 产品成本计算单

2019 年 9 月 单位：元

项目	直接材料	直接人工	制造费用	合计
月初在产品成本	0	0	0	0
本月生产费用	40 000	45 000	225 000	310 000
合计	40 000	45 000	225 000	310 000
完工产品成本（50 件）	20 000	30 000	150 000	200 000
单位成本	400	600	3 000	4 000
月末在产品成本（50 件）	20 000	15 000	75 000	110 000

（3）产品毛利。

单位：元

项目	单位成本	单位售价	单位毛利
A 产品	875	1 000	125
B 产品	4 000	3 600	-400

目前，A 产品供不应求，B 产品滞销。公司销售经理建议 A 提价，B 降价，以提高公司获利能力。生产经理认为制造费用大部分由智能制造设备引起，按直接人工工资比例分配导致 A、B 产品成本计算不准确，应采用作业成本法对制造费用分配进行优化，从而为调价提供可靠的成本数据。公司财务部和生产技术部门对生产过程进行了分析，识别出三项作业，分别是设备检修作业、智能制造作业和手工加工作业。设备检修作业负责对智能制造设备、手工加工设备进行检修，作业动因是检修次数；智能制造作业的作业动因是机器工时；手工加工作业的作业动因是人工工时。直接人工成本不再单列成本项目，被归入相应作业库。相关资料如下：

（1）月末 A 在产品 40 件，全部处于智能制造阶段，尚未进入手工加工阶段，平均完成智能制造作业的 50%；B 在产品 50 件，智能制造作业全部完成，手工加工作业平均完成 60%。

（2）作业成本。

作业成本库	作业成本（元）	作业动因	作业量		
			智能制造作业	手工加工作业	合计
机器检修作业	72 000	检修次数（次）	5	1	6
			A 产品	B 产品	
智能制造作业	53 000	机器工时（小时）	350	150	500
手工加工作业	220 000	人工工时（小时）	20	230	250
合计	345 000				

要求：

（1）编制作业成本分配表（结果填入下方表格中，不用列出计算过程）。

作业名称	分配率	作业量	
		智能制造作业	手工加工作业
设备检修作业			
—	—	A 产品	B 产品
智能制造作业			
手工加工作业			

（2）编制产品成本计算单（结果填入下方表格中，不用列出计算过程）。

A 产品成本计算单

2019 年 9 月　　　　单位：元

项目	直接材料	作业成本		合计
		智能制造作业	手工加工作业	
月初在产品成本				
本月生产费用				
合计				
完工产品成本（80 件）				
单位成本				
月末在产品成本（40 件）				

B 产品成本计算单

2019 年 9 月　　　　单位：元

项目	直接材料	作业成本		合计
		智能制造作业	手工加工作业	
月初在产品成本				
本月生产费用				
合计				
完工产品成本（50 件）				
单位成本				
月末在产品成本（50 件）				

（3）根据作业成本法计算的单位产品成本，判断 A、B 产品目前定价是否合理，并简要说明理由。

答案及解析

一、单项选择题

1. 【答案】B

【解析】作业动因与作业总成本相关程度越差，作业成本分配误差越大；反之，相关程度越高，作业成本分配误差越小。

2. 【答案】D

【解析】单位级作业是指每一单位产品至少要执行一次的作业。批次级作业是指同时服务于每批产品或许多产品的作业。品种级作业是指服务于某种型号或样式产品的作业。生产维持级作业是指服务于整个工厂的作业。

3. 【答案】D

【解析】作业成本动因是衡量一个成本对象（产品或服务）需要的作业量，是产品成本增加的驱动因素。作业成本动因计量各成本对象耗用作业的情况，并被用来作为作业成本的分配基础。所以选项 A、B、C 的说法正确。选项 D 是针对资源成本动因而言的，所以选项 D 的说法不正确。

4. 【答案】A

【解析】选项 A 属于单位级作业，选项 B 属于批次级作业，选项 C 属于品种级作业，选项 D 属于生产维持级作业。

5. 【答案】A

【解析】直接成本直接计入有关产品是传统成本计算方法和作业成本计算方法都有的特点，选项 B 错误；相较于传统成本计算方法，作业成本计算方法的直接成本范围较大，选项 C 错误；变动成本计算方法不考虑固定成本的分摊，而传统成本计算方法和作业成本计算方法均需考虑固定成本的分摊，选项 D 错误。

二、多项选择题

1. 【答案】AB

【解析】选项 C 属于批次级作业；选项 D

属于品种级作业。

2.【答案】ABC

【解析】作业成本法的基本指导思想是“作业消耗资源、产品消耗作业”，所以，选项 A 的说法不正确；作业成本法下间接成本的分配路径是“资源→作业→产品”，所以，选项 B 的说法不正确；作业成本法下，将成本分配到成本对象有三种不同的形式，追溯、动因分配和分摊，所以，选项 C 的说法不正确。

3.【答案】BD

【解析】适合作为人事管理作业的资源成本动因有雇员人数、工作时间；适合作为顾客服务作业的资源成本动因有服务电话次数、服务产品品种数、服务的时间。所以选项 B、D 为本题答案。

4.【答案】AC

【解析】选项 B 属于批次级作业；选项 D 属于生产维持级作业。

5.【答案】ABD

【解析】成本分配基础与间接成本集合之间缺乏因果联系是传统的成本计算方法的缺点，选项 C 错误。

6.【答案】BD

【解析】作业成本法适用于制造费用在产品成本中占有较大比重的公司。在这样的公司中，如果使用单一的分配率，成本信息的扭曲会比较严重。选项 A 错误。作业成本法适用于规模较大的公司，选项 C 错误。

7.【答案】ABCD

【解析】作业成本法认为，将成本分配到成本对象有三种不同的形式：追溯、动因（包括资源动因和作业动因）分配和分摊。所以选项 A、B、C、D 均为本题答案。

8.【答案】AD

【解析】传统成本法下间接成本的分配路径是“资源→部门→产品”；作业成本法下间接成本的分配路径是“资源→作业→产品”。所以选项 A、D 的表述不正确。

9.【答案】AC

【解析】选项 BD 是相对于变动成本法来说的传统成本计算法的缺点，正确答案应为选项 AC。

【该题针对“作业成本法的含义”知识点进行考核】

三、计算分析题

【答案】

（1）

作业名称	分配率	作业量	
		智能制造作业	手工加工作业
设备检修作业	72 000/6 = 12 000	12 000 × 5 = 60 000	12 000
—	—	A 产品	B 产品
智能制造作业	（53 000 + 60 000）/500 = 226	226 × 350 = 79 100	226 × 150 = 33 900
手工加工作业	（220 000 + 12 000）/250 = 928	928 × 20 = 18 560	928 × 230 = 213 440

（2）

A 产品成本计算单

2019 年 9 月　　单位：元

项目	直接材料	作业成本		合计
		智能制造作业	手工加工作业	
月初在产品成本	0	0	0	0
本月生产费用	15 000	79 100	18 560	112 660
合计	15 000	79 100	18 560	112 660
完工产品成本（80 件）	10 000	79 100/（80 + 40 × 50%）× 80 = 63 280	18 560	91 840

第十五章

续表

项目	直接材料	作业成本		合计
		智能制造作业	手工加工作业	
单位成本	15 000/(80 +40) = 125	791	232	1 148
月末在产品成本（40 件）	5 000	791 ×40 ×50% = 15 820	0	20 820

B 产品成本计算单

2019 年 9 月　　单位：元

项目	直接材料	作业成本		合计
		智能制造作业	手工加工作业	
月初在产品成本	0	0	0	
本月生产费用	40 000	33 900	213 440	287 340
合计	40 000	33 900	213 440	287 340
完工产品成本（50 件）	20 000	33 900/(50 +50 ×100%) ×50 = 16 950	213 440/(50 +50 ×60%) ×50 = 133 400	170 350
单位成本	40 000/(50 +50) =400	33 900/(50 +50 ×100%) = 339	213 440/(50 +50 ×60%) = 2 668	3 407
月末在产品成本（50 件）	20 000	50 ×339 = 16 950	2 668 ×50 ×60% = 80 040	116 990

（3）因为 A 产品单位成本 1 148 元大于目前的单位售价 1 000 元，所以 A 产品定价不合理。B 产品单位成本 3 407 元低于原来的单位售价 3 600 元，所以 B 产品定价合理。

第十六章　本量利分析

本章考情分析

本章是管理会计部分的重要章节，也是相关章节的基础，近几年考试题型既有客观题也有主观题，注意掌握成本、数量和利润的关系，保本分析和敏感性分析。

本章教材变化

本章对一些公式中涉及的专业名词进行了细节规范和修订，无实质性变动。

基本内容框架

- 第十六章　本量利分析
  - 第一节　本量利的一般关系
    - 成本性态分析
    - 变动成本法
    - 本量利分析基本模型的相关假设
    - 本量利基本模型
  - 第二节　保本分析
    - 保本量分析
    - 保本额分析
    - 与保本点有关的指标
    - 多品种情况下的保本分析
  - 第三节　保利分析
    - 保利量分析
    - 保利额分析
  - 第四节　利润敏感分析
    - 利润敏感分析的含义
    - 各参数的敏感系数计算

通关重难点例题解析

考点一：成本性态分析（★★）

1. 成本分类

成本按其性态分类，可分为固定成本、变动成本与混合成本三大类。

2. 固定成本的分类

固定成本：特定业务量范围内固定成本总额不变，单位固定成本随业务量增加而降低。

分类	含义及特点
约束性固定成本	属于提供和维持生产经营所需设施、机构而支出的成本。它属于企业“经营能力”成本，不能通过当前的管理决策行动加以改变。 要想降低约束性固定成本，只能通过合理利用经营能力、降低单位固定成本加以解决。 如固定资产折旧费、长期租赁费等
酌量性固定成本	属于企业根据经营方针可以加以改变的固定成本。 如广告费、研究与开发费、职工培训费等

3. 变动成本的分类

变动成本：特定产量范围内变动成本总额随产量增加而成正比例增加，单位变动成本不变。

分类	含义及特点
技术性变动成本	属于利用生产能力所必须发生的变动成本
酌量性变动成本	属于通过管理决策行动可以加以改变的变动成本

4. 混合成本的分类

混合成本：成本总额随产量变动而变动，但不成正比例关系。

分类	含义及特点
半变动成本	指在初始基数的基础上随产量正比例增长的成本
阶梯式成本	指成本总额随业务量呈阶梯式增长的成本，也称为步增成本或半固定成本
延期变动成本	指在一定业务量范围内总额保持稳定，超过特定业务量则开始随业务量比例增长的成本
非线性成本	包括变化率递减的成本和变化率递增的成本

5. 混合成本的分解

（1）回归直线法：回归直线法，是根据一系列历史成本资料，用数学上的最小平方法的原理，计算能代表平均成本水平的直线截距和斜率，以其作为固定成本和单位变动成本的一种成本估计方法。

（2）工业工程法：工业工程法指运用工业工程的研究方法，逐项研究决定成本高低的每个因素，在此基础上直接估算固定成本和单位变动成本的一种成本分解方法。这种方法可以在没有历史成本数据、历史成本数据不可靠或者需要对历史成本分析结论进行验证的情况下使用。

6. 变动成本法（也称直接成本法、边际成本法）：在变动成本法下，只是将变动生产成本在已售产成品、库存产成品和在产品之间分别负担，变动成本法下的在产品和产成品存货估价必然低于全部成本法下的存货估价。

完全成本法与变动成本法的不同	完全成本法下，产品成本包括直接材料、直接人工和变动制造费用、固定制造费用。而在变动成本法下产品成本中不包含固定制造费用，而是将其与期间费用一起一次计入当期损益。

【例题1·单选题】（2015年）下列各项成本费用中，属于酌量性固定成本的是（　）。

A. 生产部门管理人员工资

B. 运输车辆保险费

C. 广告费

D. 行政部门耗用的水电费

【答案】A

【解析】酌量性固定成本指的是可以通过管理决策行动而改变数额的固定成本，包括科研开发费、广告费、职工培训费等，所以选项C正确。

【例题2·单选题】（2019年）电信运营商推出“手机29元不限流量，可免费通话1 000分钟，超出部分主叫国内通话每分钟0.1元”套餐业务，选用该套餐的消费者每月手机费属于（　）。

A. 固定成本

B. 半变动成本

C. 阶梯式成本

D. 延期变动成本

【答案】D

【解析】延期变动成本，是指在一定业务量范围内总额保持稳定，超过特定业务量则开始随业务量比例增长的成本。

考点二：本量利分析基本模型的相关假设（★）

1. 相关假设

分类	具体阐述
相关范围假设	成本按性态划分的基本假设构成了本量利分析的基本假设，包括了期间假设和业务量假设
模型线性假设	企业的总成本按性态可以或者可以近似地描述为 $y = a + bx$。模型线性假设包括：固定成本不变假设、变动成本与业务量呈完全线性关系假设、销售收入与销售数量呈完全线性关系假设
产销平衡假设	本量利分析中的“量”指的是销售数量而非生产数量，在销售价格不变的条件下，这个量有时是指销售收入。站在销售数量的角度进行本量利分析时，就必须假设产销关系是平衡的

续表

分类	具体阐述
品种结构不变假设	本假设指在一个多品种生产和销售的企业中，各种产品的销售收入在总收入中所占的比重不会发生变化

2. 各类假设之间的关系

上述诸条假设都有一个共同假设，即企业的全部成本可以合理地分解为固定成本与变动成本。

【例题3·多选题】本量利分析的基本假设主要包括（　　）。

A. 相关范围假设

B. 模型线性假设

C. 产销平衡假设

D. 品种结构不变假设

【答案】ABCD

考点三：本量利分析基本模型（★★★）

1. 基本的损益方程式

（1）基本的损益方程式。

息税前利润 = 单价 × 销量 − 单位变动成本 × 销量 − 固定成本

=（单价 − 单位变动成本）× 销量 − 固定成本

$=(P-V)\times Q-F$

（2）包含期间成本的损益方程式。

税前利润 = 单价 × 销量 −（单位变动产品成本 + 单位变动销售和管理费）× 销量 −（固定产品成本 + 固定销售和管理费用）

（3）计算税后利润的损益方程式。

税后利润 =（单价 × 销量 − 单位变动成本 × 销量 − 固定成本）×（1 − 所得税税率）

2. 边际贡献方程式

（1）边际贡献。

边际贡献 = 销售收入 − 变动成本 =（单价 − 单位变动成本）× 销量
单位边际贡献 = 单价 − 单位变动成本
制造边际贡献 = 销售收入 − 变动生产成本
产品边际贡献 = 制造边际贡献 − 销售和管理变动成本

边际贡献：具体分为制造边际贡献（生产边际贡献）和产品边际贡献（总营业边际贡献）。通常，如果在“边际贡献”前未加任何定语，则是指“产品边际贡献”。

（2）边际贡献率。

边际贡献率 = 边际贡献/销售收入 × 100%
= 单位边际贡献/单价 × 100%
变动成本率 = 变动成本/销售收入 × 100%
= 单位变动成本/单价 × 100%
变动成本率 + 边际贡献率 = 1

（3）边际贡献方程式。

息税前利润

= 销售收入 − 变动成本 − 固定成本

= 边际贡献 − 固定成本

= 销量 × 单位边际贡献 − 固定成本

（4）边际贡献率方程式。

多种产品的边际贡献率要用加权平均数，其公式为：

$$\text{加权平均边际贡献率}=\frac{\sum \text{各产品边际贡献}}{\sum \text{各产品销售收入}}\times 100\%=\sum(\text{各产品边际贡献率}\times\text{各产品占总销售比重})$$

3. 本量利关系图

种类	横轴	销售收入线	变动成本线
基本的本量利图	销售量（实物量 Q）	斜率为单价 P	斜率为单位变动成本
		注：销售收入 $=P\times Q$	注：变动成本 $=V\times Q$
正方形本量利图	销售收入（金额 S）	斜率为1	斜率为变动成本率
		注：销售收入 $=1\times S$	注：变动成本 = 变动成本率 × S

【例题4·单选题】（2019年）甲公司销售收入50万元，边际贡献率30%。该公司仅设K和W两个部门，其中K部门的变动成本30万元，边际贡献率25%。下列说法中，错误的是（　　）。

A. K部门边际贡献为10万元

B. W部门边际贡献率为50%

C. W部门销售收入为10万元

D. K部门变动成本率为70%

【答案】B

【解析】K部门销售收入=30/(1-25%)=40(万元)，K部门边际贡献=40-30=10(万元)，选项A正确；K部门变动成本率=1-25%=75%，选项D错误；W部门销售收入=50-40=10(万元)，选项C正确；W部门边际贡献率=(50×30%-10)/10=50%，选项B正确。

【例题5·教材例题】某企业每月固定成本为1 000元，生产一种产品，单价为10元，单位变动成本为6元，本月计划销售500件，问预期利润是多少？

【答案】利润=单价×销量-单位变动成本×销量-固定成本 =10×500-6×500-1 000=1 000(元)

考点四：保本分析

保本分析是基于本量利基本关系原理进行的损益平衡分析或盈亏临界分析。它主要研究如何确定保本点，以及有关因素变动的影响。

保本点：亦称盈亏临界点，是指企业收入和成本相等的经营状态，即边际贡献等于固定成本时企业所处的既不盈利又不亏损的状态。

1. 保本量分析（★★★）

保本量=固定成本/单位边际贡献

2. 保本额分析（★★★）

保本额=固定成本/边际贡献率

3. 与保本点相关的指标（★★★）

- 盈亏临界点作业率=盈亏临界点销售量/实际或预计销售量×100%
- 安全边际额=实际或预计销售额-盈亏临界点销售额
- 安全边际量=实际或预计销售量-盈亏临界点销售量
- 安全边际率=$\dfrac{\text{安全边际额（量）}}{\text{实际或预计销售额（量）或实际订货额（量）}}$
- 安全边际率+盈亏临界点作业率=1
- 息税前利润=安全边际额×边际贡献率
- 销售息税前利润率=安全边际率×边际贡献率

4. 多种情况下的保本分析

$$\text{加权平均保本销售额}=\frac{\text{固定成本总额}}{\text{加权平均边际贡献率}}$$

【例题6·单选题】在边际贡献大于0的前提下，如果产品的单价与单位变动成本上升的金额相同，固定成本不变，则盈亏临界点销售额（　　）。

A. 不变

B. 上升

C. 下降

D. 不确定

【答案】B

【解析】由"盈亏临界点销售量=固定成本/（单价-单位变动成本）"可知，若产品的单价与单位变动成本上升的金额相同，则盈亏临界点销售量的分母（单位边际贡献）不变，即盈亏临界点销售量不变，但由于单价提高，导致盈亏临界点销售额提高，选项B正确。

考点五：保利分析

保利分析是在单价和成本水平一定的情况下，为确保预先制定的目标利润可以实现，而必须达到的销售量或销售额。

1. 保利量分析（★★★）

$$\text{保利量}=\frac{\text{固定成本}+\text{目标利润}}{\text{单价}-\text{单位变动成本}}=\frac{\text{固定成本}+\text{目标利润}}{\text{单位边际贡献}}$$

2. 保利额分析（★★★）

$$\text{保利额}=\frac{\text{固定成本}+\text{目标利润}}{\text{单价}-\text{单位变动成本}}\times\text{单价}=\frac{\text{固定成本}+\text{目标利润}}{\text{单位边际贡献率}}$$

【例题7·计算题】某企业仅产销一种产品，销售单价为2元，单位变动成本为1.2元，固定成本为1 600元/月，要求：

(1) 若目标利润为1 500元，不存在所得税，计算保利量和保利额；

(2) 若目标利润为1 500元，所得税税率为25%，计算保利量和保利额。

【答案】

(1) 保利量=(1 600+1 500)/(2-1.2)=3 875(件)

边际贡献率=(2-1.2)/2=40%

保利额=(1 600+1 500)/40%=7 750(元)

(2) 保利量=[1 600+1 500/(1-25%)]/(2-1.2)=4 500(件)

边际贡献率=(2-1.2)/2=40%

保利额=[1 600+1 500/(1-25%)]/40%=9 000(元)

考点六：利润敏感分析

1. 利润敏感分析的含义

基于本量利关系的敏感分析，主要研究分析有关参数发生多大变化会使盈利转为亏损，各参数变化对利润变化的影响程度，以及各因素变动时如何调整应对，以保证目标利润的实现。

2. 各参数的敏感系数计算

敏感系数 = 目标值变动百分比/参量值变动百分比

【例题8·单选题】甲公司只生产一种产品，每件产品的单价为5元，单价敏感系数为5。假定其他条件不变，甲公司盈亏平衡时的产品单价是（　　）元。(2014年)

A. 3　　B. 3.5

C. 4　　D. 4.5

【答案】C

【解析】甲公司盈亏平衡时，说明利润的变动率为 -100%，单价敏感系数 = 利润变动百分比/单价变动百分比 = [(0 - *EBIT*)/*EBIT*]/[(单价 -5)/5] = -100%/[(单价 - 5)/5] =5，单价 =4元，故选C。

【例题9·多选题】某企业只生产一种产品，当年的税前利润为20 000元。运用量本利关系对影响税前利润的各因素进行敏感分析后得出，单价的敏感系数为4，单位变动成本的敏感系数为 -2.5，销售量的敏感系数为1.5，固定成本的敏感系数为 -0.5。下列说法中，正确的有（　　）。(2011年)

A. 上述影响税前利润的因素中，单价是最敏感的，固定成本是最不敏感的

B. 当单价提高10%时，税前利润将增长8 000元

C. 当单位变动成本的上升幅度超过40%时，企业将转为亏损

D. 企业的安全边际率为66.67%

【答案】ABCD

【解析】某变量的敏感系数的绝对值越大，表明变量对利润的影响越敏感，选项A正确；由于单价敏感系数为4，因此当单价提高10%时，利润提高40%，因此税前利润增长额 =20 000 ×40% =8 000（元），选项B正确；单位变动成本的上升幅度超过40%，则利润降低率 = -2.5 ×40% = -100%，所以选项C正确；因为：经营杠杆系数 = 销售量的敏感系数 =1.5，而经营杠杆系数 = $(P-V)Q/[(P-V)Q-F] = Q/[Q-F/(P-V)] = Q/(Q-Q_0)$ = 1/安全边际率，所以安全边际率 =1/销量敏感系数 =1/1.5 =66.67%，所以选项D正确。

通关演练

一、单项选择题

1. 某公司生产甲产品，第一季度至第四季度的预计销售量分别为1 000件、800件、900件、850件，生产每件甲产品需要2千克A材料。公司的政策是每一季度末的产成品存货数量等于下一季度销售量的10%，每一季度末的材料存量等于下一季度生产需要量的20%。该公司第二季度的预计材料采购量为（　　）千克。

A. 1 600　　B. 1 620

C. 1 654　　D. 1 668

2. 甲消费者每月购买的某移动通信公司58元套餐，含主叫长市话450分钟，超出后主叫国内长市话每分钟0.15元。该通信费是（　　）。

A. 变动成本

B. 半变动成本

C. 阶梯式成本

D. 延期变动成本

3. 某企业正在编制第四季度的直接材料消耗与采购预算，预计直接材料的期初存量为1 000千克，本期生产消耗量为3 500千克，期末存量为800千克；材料采购单价为每千克25元，企业每个季度的材料采购货款有30%当季付清，其余在下季付清，第三季度末的应付账款额为5 000元，则第四季度材料采购现金支出为（　　）元。

A. 23 300　　B. 24 750

C. 27 750　　D. 29 750

4. 企业某部门本月销售收入10 000元，已销商品的变动成本6 000元，部门可控固定成本500元，部门不可控固定成本800元，分配给该部门的公司管理费用500元，最能反映该部门真实贡献的金额是（　　）元。

A. 2 200　　B. 2 700

C. 3 500　　D. 4 000

5. 某公司家电维修合同规定，当每年上门维修不超过3次时，维修费用为1万元，当超过3次时，则在此基础上按每次2万元付费，根据成本性态分析，该项维修费用属于（　　）。

A. 半变动成本

B. 延期变动成本

C. 半固定成本

D. 曲线变动成本

6. 下列各项成本中，属于与决策相关的成本是（　　）。

A. 边际成本

B. 沉没成本

C. 不可延缓成本

D. 共同成本

7. 下列关于本量利的关系式中，不正确的是（　　）。

A. 息税前利润 = 销售收入 × 单位边际贡献 - 固定成本

B. 息税前利润 = 销售量 × 单价 - 销售量 × 单位变动成本 - 固定成本

C. 息税前利润 = 销售收入 -（变动成本 + 固定成本）

D. 息税前利润 = 销售量 ×（单价 - 单位变动成本）- 固定成本

8. 甲公司设M和N两个部门，总销售收入60万元，边际贡献率为20%。其中，M部门的变动成本15万元，边际贡献率25%。下列说法中，错误的是（　　）。

A. M部门边际贡献为5万元

B. N部门边际贡献率为17.5%

C. N部门销售收入为10万元

D. M部门变动成本率为75%

9. 某产品实际销售量为8 000件，单价为30元，单位变动成本为12元，固定成本总额为36 000元，则该产品的安全边际率为（　　）。

A. 25%　　B. 60%

C. 40%　　D. 75%

10. 根据本量利分析原理，只能提高安全边际量而不会降低保本点销售量的措施是（　　）。

A. 提高单价

B. 增加产销量

C. 降低单位变动成本

D. 压缩固定成本

二、多项选择题

1. 下列各项中，关于安全边际的表述中，正确的有（　　）。

A. 安全边际是正常销售额超过盈亏临界点销售额的差额

B. 安全边际表明销售额下降多少企业仍不至亏损

C. 安全边际部门的销售额也就是企业的利润

D. 安全边际率大于1则表明企业经营安全

2. 下列公式中，正确的有（　　）。

A. 利润 = 边际贡献率 × 安全边际

B. 安全边际率 + 边际贡献率 = 1

C. 安全边际率 + 盈亏临界点作业率 = 1

D. 边际贡献率 =（固定成本 + 利润）/销售收入

3. 下列关于回归直线法和工业工程法的说法中，正确的有（　　）。

A. 回归直线法估计成本时，直线的截距表示的是固定成本

B. 回归直线法可以在历史成本数据不可靠的情况下使用

C. 工业工程法可以在历史成本数据不可靠的情况下使用

D. 工业工程法可以在没有历史成本数据的情况下使用

4. 下列计算公式中正确的有（　　）。

A. 单位边际贡献 = 单价 - 单位变动成本

B. 制造边际贡献 = 销售收入 - 产品变动成本

C. 边际贡献 = 销售收入 - 变动成本

D. 变动成本率 + 边际贡献率 = 1

5. 下列各项中，属于变动成本的有（　　）。

A. 按平均年限法计算的厂房折旧费

B. 直接材料成本

C. 生产工人计件工资

D. 企业财产保险费

6. 下列有关销售利润率的计算公式不正确的有（　　）。

A. 等于安全边际率乘变动成本率

B. 等于盈亏临界点作业率乘安全边际率

C. 等于安全边际率乘边际贡献率

D. 等于边际贡献率加安全边际率

7. 某企业只生产一种产品，当年的税前利润为40 000元。运用本量利关系对影响税前利润的各因素进行敏感分析后得出，单价的敏感系数为1.6，单位变动成本的敏感系数为-1.5，销售量的敏感系数为3，固定成本的敏感系数为-2.5。则下列说法中，正确的有（　　）。

A. 该企业的经营杠杆系数为3

B. 当单价下降幅度超过62.5%时，企业将转为亏损

C. 当固定成本的上升幅度超过40%时，企业将转为亏损

D. 上述影响税前利润的因素中，单价是最敏感的，固定成本是最不敏感的

8. 下列关于安全边际率的说法中，正确的有（　　）。

A. 安全边际提供的边际贡献就是企业的息税前利润

B. 安全边际率越大越好

C. 安全边际率是安全边际额与当年实际订货额的比值

D. 企业要提高销售利润率就必须提高安全边际率

9. 下列关于成本性态分析的表述中，正确的有（　　）。

A. 管理人员工资属于酌量性固定成本

B. 新产品研制费属于酌量性变动成本

C. 整车运输费用属于步增成本

D. 累进计件工资属于延期变动成本

10. 关于本量利分析基本模型的各假设之间的关系，下列描述正确的有（　　）。

A. 相关范围假设是最基本的假设，是本量利分析的出发点

B. 模型线性假设由相关范围假设派生而来，是相关范围假设的延伸和具体化

C. 产销平衡假设是对品种结构不变假设的进一步补充

D. 品种结构不变假设是多品种条件下产销平衡假设的前提条件

三．计算分析题

1. 甲公司是一家软件开发公司，研发出一种软件产品，该产品投资项目已进行可行性分析，厂房建造和设备购置安装工作也已完成，新产品将于2016年开始生产并销售，目前，公司正对该项目进行盈亏平衡分析，相关资料如下：

（1）软件研发支出资本化金额150万元，分10年摊销，预计无残值；生产厂房使用的土地的土地使用权，取得成本500万元，使用年限50年，预计无残值，两种资产均采用直线法计提摊销。厂房建造成本400万元，折旧年限30年，预计净残值率10%，设备购置成本200万元，折旧年限10年，预计净残值率5%，两种资产均采用直线法计提折旧。

（2）新产品销售价格每件80元，销售每年可达10万件，每件材料成本20元，变动制造费用7元，包装成本3元。

（3）公司管理人员实行固定工资制，生产工人和销售人员实行基本工资加提成制，预计新增管理人员2人，每人每年固定工资7.5万元，新增生产工人25人，人均月基本工资1 500元，生产计件工资每件2元；新增销售人员5人，人均月基本工资1 500元，销售提成是营业收入的10%。

（4）每年新增其他费用，财产保险费4万元，广告费50万元，职工培训费10万元，其他固定费用11万元。

（5）假设年生产量等于年销售量。

要求：

（1）计算新产品的单位边际贡献、盈亏临界点作业率和安全边际。

（2）计算甲公司税前利润对销售量和单价的敏感系数。

2.（2019年）甲公司乙部门只生产一种产品，投资额25 000万元，2019年销售500万件。该产品单价25元，单位变动成本资料如下：

项目	单位变动成本
直接材料	3
直接人工	4
变动制造费用	2
变动销售费用	1
合计	10

该产品目前盈亏临界点作业率20%，现有产能已满负荷运转。因产品供不应求，为提高销量，公司经可行性研究，2020年拟增

加50 000万元投资。新产能投入运营后，每年增加2 700万元固定成本。假设公司产销平衡，不考虑企业所得税。

要求：

（1）计算乙部门2019年税前投资报酬率；假设产能扩张不影响产品单位边际贡献，为达到2019年税前投资报酬率水平，计算2020年应实现的销量。

（2）计算乙部门2019年经营杠杆系数；假设产能扩张不影响产品单位边际贡献，为达到2019年经营杠杆水平，计算2020年应实现的销量。

3. 甲公司研发出两种新产品M和N，新产品投资项目已进行可行性分析，厂房建造和设备购置安装工作也已完成，产品将于2017年开始生产并销售，目前，公司正对该项目进行盈亏平衡分析，相关资料如下：

（1）专利研发支出资本化金额300万元，专利有效期10年，预计无残值；建造厂房使用土地的土地使用权，取得成本1 000万元，使用年限50年，预计无残值，两种资产均采用直线法计提摊销。厂房建造成本800万元，折旧年限30年，预计净残值率10%，设备购置成本400万元，折旧年限10年，预计净残值率5%，两种资产均采用直线法计提折旧。

（2）M产品销售价格每瓶160元，预计销售每年可达12万瓶，每瓶材料成本50元，变动制造费用30元，包装成本10元。N产品销售价格每瓶200元，预计销售每年可达11万瓶，每瓶材料成本80元，变动制造费用50元，包装成本10元。

（3）公司管理人员实行固定工资制，生产工人和销售人员实行基本工资加提成制，预计新增管理人员2人，每人每年固定工资15万元，新增生产工人25人，人均月基本工资3 000元，生产计件工资每瓶6元；新增销售人员5人，人均月基本工资3 000元，销售提成每瓶4元。

（4）每年新增其他费用，财产保险费108万元，广告费135万元，职工培训费20万元，其他固定费用122万元。

（5）假设年生产量等于年销售量，产品销售品种结构不变。

要求：

（1）计算新产品投产后新增的年固定成本总额、M和N产品的单位变动成本。

（2）计算各产品的保本点年销售量、安全边际率。

（3）计算该项目的息税前利润和经营杠杆系数。

4. 甲公司是一家传统制造业公司。2020年共生产销售A、B、C三种产品，销售单价分别为300元、380元、420元。预计销售量分别为14 000件、50 000件、60 000件。预计各产品的单位变动成本分别为220元、260元、320元。预计甲公司2020年的固定成本总额为1 800 000元。

要求：

（1）按加权平均法进行多种产品的保本分析，计算各产品的保本销售量及保本销售额。

（2）若甲公司的目标利润为1 300 000元，按加权平均法进行多种产品的保利分析，计算各产品的保利销售量和保利销售额。

四、综合题

1. 甲公司生产A、B、C三种产品，三种产品共用一条生产线，该生产线每年生产能力为12 800机器小时，目前已经满负荷运转。为使公司利润最大，公司正在研究如何调整三种产品的生产结构，相关资料如下：

（1）专利研发支出资本化金额150万元，专利有效期10年，预计无残值；建造厂房使用的土地使用权，取得成本500万元，使用年限50年，预计无残值，两种资产均采用直线法计提摊销。

厂房建造成本400万元，折旧年限30年，预计净残值率10%，设备购置成本200万元，折旧年限10年，预计净残值率5%，两种资产均采用直线法计提折旧。公司每年发生的其他固定费用为387 500元。

（2）三种产品当前的产销数据：

项目	产品A	产品B	产品C
每年产销量（件）	1 400	1 000	1 200
销售单价（元）	600	900	800
单位变动成本（元）	400	600	450
生产单位产品所需机器工时（小时）	2	4	5

（3）公司销售部门预测，产品A还有一

定的市场空间，按照目前的市场情况，每年销售量可以达到 2 000 件，产品 B 和产品 C 的销量不受限制；生产部门提出，产品 B 受技术工人数量的限制，每年最多可以生产 1 500件，产品 A 和产品 C 的产量不受限制。

要求：

（1）计算当前 A、B、C 三种产品的边际贡献总额、加权平均边际贡献率、保本点的销售额。

（2）计算调整生产结构后 A、B、C 三种产品的产量、边际贡献总额、甲公司每年的税前利润增加额。

2. 甲公司只生产一种 A 产品，为了更好地进行经营决策和目标控制，该公司财务经理正在使用 2017 年相关数据进行本量利分析，有关资料如下：

（1）2017 年产销量为 8 000 件，每件价格 1 000 元。

（2）生产 A 产品需要的专利技术需要从外部购买取得，甲公司每年除向技术转让方支付 50 万元的固定专利使用费外，还需按销售收入的 10% 支付变动专利使用费。

（3）2017 年直接材料费用 200 万元，均为变动成本。

（4）2017 年人工成本总额为 180 万元，其中：生产工人采取计件工资制度，全年人工成本支出 120 万元，管理人员采取固定工资制度，全年人工成本支出为 60 万元。

（5）2017 年折旧费用总额为 95 万元，其中管理部门计提折旧费用 15 万元，生产部门计提折旧费用 80 万元。

（6）2017 年发生其他成本及管理费用 87 万元，其中 40 万元为变动成本，47 万元为固定成本。

要求：

（1）计算 A 产品的单位边际贡献、保本量和安全边际率。

（2）计算甲公司税前利润对销售量和单价的敏感系数。

（3）如果 2018 年原材料价格上涨 20%，其他因素不变，A 产品的销售价格应上涨多大幅度才能保持 2017 年的利润水平？

答案及解析

一、单项选择题

1. 【答案】C

【解析】第二季度存货的生产需要量 = 800 + 900 × 10% − 800 × 10% = 810

第三季度存货的生产需要量 = 900 + 850 × 10% − 900 × 10% = 895

第二季度预计材料采购量 =（810 + 895 × 20%）× 2 − 810 × 20% × 2 = 1 654

2. 【答案】D

【解析】延期变动成本，是指在一定业务量范围内总额保持稳定，超过特定业务量则开始随业务量比例增长的成本。该通信费在 450 分钟内总额保持稳定，超过 450 分钟则开始随通话量正比例增长，所以选择选项 D。

3. 【答案】D

【解析】第四季度采购量 = 3 500 + 800 − 1 000 = 3 300（千克），货款总额 = 3 300 × 25 = 82 500（元），采购现金支出 = 82 500 × 30% + 5 000 = 29 750（元）。

4. 【答案】B

【解析】最能反映该部门真实贡献的指标是部门税前经营利润，本题中部门税前经营利润 = 10 000 − 6 000 − 500 − 800 = 2 700（元）。

5. 【答案】B

【解析】延期变动成本是指在一定的业务量范围内总额保持稳定，超出特定业务量则开始随业务量比例增长的成本，因此 B 选项正确。

6. 【答案】A

【解析】相关成本是指与决策相关的成本，包括边际成本、机会成本、重置成本、付现成本、可避免成本、可延缓成本、专属成本和差量成本等。

7. 【答案】A

【解析】利润 = 销售量 × 单位边际贡献 − 固定成本 = 销售收入 × 边际贡献率 − 固定成本，所以选项 A 不正确。

8. 【答案】C

【解析】M 部门销售收入 = 15/(1 − 25%) = 20（万元），M 部门边际贡献 = 20 −

15 = 5（万元），选项 A 正确；M 部门变动成本率 = 1 - 25% = 75%，选项 D 正确；N 部门边际贡献率 = (60 × 20% - 5)/40 = 17.5%，选项 B 正确。N 部门销售收入 = 60 - 20 = 40（万元），选项 C 错误。

9.【答案】D

【解析】盈亏临界点销售量 = 36 000/(30 - 12) = 2 000（件），安全边际量 = 8 000 - 2 000 = 6 000（件），所以安全边际率 = 6 000/8 000 = 75%。

【该题针对“与保本点相关的指标”进行考核】

10.【答案】B

【解析】保本量 = 固定成本/(单价 - 单位变动成本)，安全边际量 = 正常销售量 - 盈亏临界点销售量，由公式可以看出，只有选项 B 符合题意。

【该题针对“保本分析”进行考核】

二、多项选择题

1.【答案】AB

【解析】安全边际销售额减去其自身的变动成本后才是企业的利润，选项 C 错误。安全边际率不可能大于 1，选项 D 错误。

2.【答案】ACD

【解析】边际贡献率 + 变动成本率 = 1，选项 B 错误。

3.【答案】ACD

【解析】回归直线法是利用数学上的最小平方法将混合成本分解为固定成本和变动成本的方法，其中直线的截距指的是固定成本，斜率是单位变动成本，选项 A 正确；工业工程法，可以在没有历史成本数据、历史成本数据不可靠，或者需要对历史成本分析结论进行验证的情况下使用，选项 B 不正确。

【该题针对“成本性态分析”进行考核】

4.【答案】ABCD

【解析】根据边际贡献的基本概念可以知道选项 A、B、C、D 都是正确的。

【该题针对“本量利分析基本模型”进行考核】

5.【答案】BC

【解析】直接材料成本和生产工人计件工资属于变动成本。按平均年限法计算的厂房折旧费和企业财产保险费属于固定成本。

6.【答案】ABD

【解析】本题是考核本量利相关的基本公式。

【该题针对“保本分析”进行考核】

7.【答案】ABC

【解析】经营杠杆系数 = 销售量的敏感系数 = 3，所以选项 A 正确；由于单价的敏感系数为 1.6，企业转为亏损即利润下降幅度为 100%，所以单价的变动幅度 = -100%/1.6 = -62.5%，即单价下降幅度超过 62.5%，企业将转为亏损，所以选项 B 正确；同理固定成本变动幅度 = -100%/-2.5 = 40%，即固定成本上升 40% 会导致企业由盈利转为亏损，所以选项 C 正确；敏感系数的正负号只是说明变动的方向，应该根据绝对值来判断大小，因此就本题而言，销售量的敏感系数 > 固定成本 > 单价的敏感系数 > 单位变动成本的敏感系数，可见，最敏感的是销售量，最不敏感的是单位变动成本，所以选项 D 不正确。

8.【答案】ABC

【解析】销售息税前利润率 = 边际贡献率 × 安全边际率，提高销售息税前利润率除了可以提高安全边际率外，还可以提高边际贡献率。

9.【答案】BC

【解析】管理人员工资属于约束性固定成本；累进计件工资属于非线性成本，具体地说，属于变化率递增的非线性成本。

10.【答案】ABD

【解析】本量利分析基本模型的各假设之间的关系是：相关范围假设是最基本的假设，是本量利分析的出发点；模型线性假设由相关范围假设派生而来，是相关范围假设的延伸和具体化；产销平衡假设与品种结构不变假设是对模型线性假设的进一步补充；同时，品种结构不变假设又是多品种条件下产销平衡假设的前提条件。

三、计算分析题

1.【答案】

(1) ①新产品单价为 80 元/瓶，单位变动成本 = 20 + 7 + 3 + 2 + 80 × 10% = 40（元）

单位边际贡献 = 单价 - 单位变动成本 = 80 - 40 = 40（元）

②专利每年摊销金额 = 150/10 = 15（万元）

土地使用权每年摊销金额 = 500/50 = 10（万元）

厂房每年折旧金额 = 400 ×（1 - 10%）/30 = 12（万元）

设备每年折旧金额 = 200 ×（1 - 5%）/10 = 19（万元）

新增人员固定工资 = 7.5 × 2 + 1 500 × 12/10 000 ×（25 + 5）= 69（万元）

新产品的年固定成本总额 = 15 + 10 + 12 + 19 + 69 + 4 + 50 + 10 + 11 = 200（万元）

保本量 = 固定成本/单位边际贡献 = 200/40 = 5（万瓶）

盈亏临界点作业率 = 盈亏临界点销售量/实际或预计销售量 = 5/10 = 50%

③安全边际 = 单价 ×（实际销售量 - 盈亏临界点销售量）= 80 ×（10 - 5）= 400（万元）

（2）当前税前利润 = 10 × 40 - 200 = 200（万元）

当前销售量增加 10% 时：

税前利润 = 40 × 10 ×（1 + 10%）- 200 = 240（万元）

税前利润变动百分比 =（240 - 200）/200 = 20%

销售量的敏感系数 = 20%/10% = 2。

当单价增长 10% 时：

单位变动成本 = 20 + 7 + 3 + 2 + 80 ×（1 + 10%）× 10% = 40.8（万元）

税前利润 = [80 ×（1 + 10%）- 40.8] × 10 - 200 = 272（万元）

税前利润变动百分比 =（272 - 200）/200 = 36%

单价的敏感系数 = 36%/10% = 3.6

2.【答案】

（1）目前盈亏临界点销售量 = 500 × 20% = 100（万件）

乙部门 2019 年固定成本 = 100 ×（25 - 10）= 1 500（万元）

乙部门 2019 年税前经营利润 =（25 - 10）× 500 - 1 500 = 6 000（万元）

乙部门 2019 年税前投资报酬率 = 6 000/25 000 × 100% = 24%

乙部门 2020 年税前经营利润 =（25 000 + 50 000）× 24% = 18 000（万元）

2020 年应实现的销量 =（1 500 + 2 700 + 18 000）/（25 - 10）= 1 480（万件）

（2）2019 年经营杠杆系数 =（25 - 10）× 500/[（25 - 10）× 500 - 1 500] = 1.25

设 2020 年应实现的销量为 Q，

经营杠杆系数 =（25 - 10）× Q/[（25 - 10）× Q - 1 500 - 2 700] = 1.25

2020 年应实现的销量 Q = 1 400（万件）。

3.【答案】

（1）专利每年摊销金额 = 300/10 = 30（万元）

土地使用权每年摊销金额 = 1 000/50 = 20（万元）

厂房每年折旧金额 = 800 ×（1 - 10%）/30 = 24（万元）

设备每年折旧金额 = 400 ×（1 - 5%）/10 = 38（万元）

新增人员固定工资 = 15 × 2 + 3 000 × 12/10 000 ×（25 + 5）= 138（万元）

年固定成本总额 = 30 + 20 + 24 + 38 + 138 + 108 + 135 + 20 + 122 = 635（万元）

M 单位变动成本 = 50 + 30 + 10 + 6 + 4 = 100（元）

N 单位变动成本 = 80 + 50 + 10 + 6 + 4 = 150（元）

（2）加权平均边际贡献率 = [（160 - 100）× 12 +（200 - 150）× 11]/（160 × 12 + 200 × 11）= 30.83%

保本额 = 635/30.83% = 2 059.68（万元）

M 产品保本额 = 2 059.68 × 160 × 12/（160 × 12 + 200 × 11）= 959.85（万元）

M 产品保本量 = 959.85/160 = 6（万瓶）

M 产品的安全边际率 =（12 - 6）/12 = 50%

N 产品保本额 = 2 059.68 × 200 × 11/（160 × 12 + 200 × 11）= 1 099.83（万元）

N 产品保本量 = 1 099.83/200 = 5.5（万瓶）

N 产品的安全边际率 =（11 - 5.5）/11 = 50%

（3）年息税前利润 =（160 - 100）× 12 +（200 - 150）× 11 - 635 = 635（万元）

经营杠杆系数 = 边际贡献/息税前利润 = [（160 - 100）× 12 +（200 - 150）× 11]/

635 = 2

4.【答案】

(1) A 产品：A 产品销售收入 = 300 × 14 000 = 4 200 000（元）；A 产品边际贡献 = (300 - 220) × 14 000 = 1 120 000（元）

B 产品：B 产品销售收入 = 380 × 50 000 = 19 000 000（元）；B 产品边际贡献 = (380 - 260) × 50 000 = 6 000 000（元）

C 产品：C 产品销售收入 = 420 × 60 000 = 25 200 000（元）；C 产品边际贡献 = (420 - 320) × 60 000 = 6 000 000（元）

加权平均边际贡献率 = (1 120 000 + 6 000 000 + 6 000 000)/(4 200 000 + 19 000 000 + 25 200 000) = 27.11%

加权平均保本销售额 = 固定成本/加权平均边际贡献率 = 1 800 000/27.11% = 6 639 616.38（元）

销售收入合计 = 4 200 000 + 19 000 000 + 25 200 000 = 48 400 000（元）

A 产品保本销售额 = 6 639 616.38 × 4 200 000/48 400 000 = 576 165.06（元）

B 产品保本销售额 = 6 639 616.38 × 19 000 000/48 400 000 = 2 606 460.98（元）

C 产品保本销售额 = 6 639 616.38 × 25 200 000/48 400 000 = 3 456 990.35（元）

A 产品保本销售量 = 576 165.06/300 = 1 921（件）

B 产品保本销售量 = 2 606 460.98/380 = 6 859（件）

C 产品保本销售量 = 3 456 990.35/420 = 8 231（件）

(2) 加权平均保利销售额 = (固定成本 + 目标利润)/加权平均边际贡献率 = (1 800 000 + 1 300 000)/27.11% = 11 434 894.87（元）

A 产品保利销售额 = 11 434 894.87 × 4 200 000/48 400 000 = 992 284.27（元）

B 产品保利销售额 = 11 434 894.87 × 19 000 000/48 400 000 = 4 488 905.01（元）

C 产品保利销售额 = 11 434 894.87 × 25 200 000/48 400 000 = 5 953 705.59（元）

A 产品保利销售量 = 992 284.27/300 = 3 308（件）

B 产品保利销售量 = 4 488 905.01/380 = 11 813（件）

C 产品保利销售量 = 5 953 705.59/420 = 14 175（件）

四、综合题

1.【答案】

(1) 专利每年摊销金额 = 150/10 = 15（万元）

土地使用权每年摊销金额 = 500/50 = 10（万元）

厂房每年折旧金额 = 400 × (1 - 10%)/30 = 12（万元）

设备每年折旧金额 = 200 × (1 - 5%)/10 = 19（万元）

固定成本总额 = 150 000 + 100 000 + 120 000 + 190 000 + 387 500 = 947 500（元）

产品 A 的边际贡献 = 1 400 × (600 - 400) = 280 000（元）

产品 B 的边际贡献 = 1 000 × (900 - 600) = 300 000（元）

产品 C 的边际贡献 = 1 200 × (800 - 450) = 420 000（元）

边际贡献总额 = 280 000 + 300 000 + 420 000 = 1 000 000（元）

销售收入总额 = 1 400 × 600 + 1 000 × 900 + 1 200 × 800 = 2 700 000（元）

加权平均边际贡献率 = 1 000 000/2 700 000 = 37.04%

综合保本点的销售额 = 947 500/37.04% = 2 558 045.36（元）

A 产品保本点销售额 = 2 558 045.36 × (1 400 × 600/2 700 000) = 795 836.33（元）

B 产品保本点销售额 = 2 558 045.36 × (1 000 × 900/2 700 000) = 852 681.79（元）

C 产品保本点销售额 = 2 558 045.36 × (1 200 × 800/2 700 000) = 909 527.24（元）

(2) 产品 A 的单位工时边际贡献 = (600 - 400)/2 = 100（元）

产品 B 的单位工时边际贡献 = (900 - 600)/4 = 75（元）

产品 C 的单位工时边际贡献 = (800 - 450)/5 = 70（元）

按产品 A、B、C 的单位工时边际贡献大小顺序安排生产，产品 A 的产量为 2 000 件，产品 B 的产量为 1 500 件，剩余的生产能力安排产品 C 的生产。

产品 C 的产量 = (12 800 - 2 000 × 2 -

1 500 ×4)/5 = 560（件）

产品 A 的边际贡献 = (600 - 400) ×2 000 = 400 000（元）

产品 B 的边际贡献 = (900 - 600) ×1 500 = 450 000（元）

产品 C 的边际贡献 = (800 - 450) ×560 = 196 000（元）

边际贡献总额 = 400 000 + 450 000 + 196 000 = 1 046 000（元）

甲公司每年税前利润增加额 = 1 046 000 - 1 000 000 = 46 000（元）。

2.【答案】（1）固定成本 = 500 000 + 950 000 + 600 000 + 470 000 = 2 520 000（元）

单位变动成本 = 1 000 × 10% + (2 000 000 + 1 200 000 + 400 000) ÷ 8 000 = 100 + 450 = 550（元）

单位边际贡献 = 单价 - 单位变动成本 = 1 000 - 550 = 450（元）

保本量 = 2 520 000/450 = 5 600（件）

盈亏临界点作业率 = 5 600/8 000 ×100% = 70%

安全边际率 = 1 - 盈亏临界点作业率 = 1 - 70% = 30%

（2）当前税前利润 = 450 × 8 000 - 2 520 000 = 1 080 000（元）

当销售量增加 10% 时：

税前利润 = 450 × 8 000 × (1 + 10%) - 2 520 000 = 1 440 000（元）

税前利润变动百分比 = (1 440 000 - 1 080 000) /1 080 000 = 33.33%

销售量的敏感系数 = 33.33% /10% = 3.33

当单价增长 10% 时：

单位变动专利使用费增加 = 1 000 × 10% ×10% = 10（元）

单位变动成本 = 550 + 10 = 560（元）

税前利润 = [1 000 × (1 + 10%) - 560] × 8 000 - 2 520 000 = 1 800 000（元）

税前利润变动百分比 = (1 800 000 - 1 080 000)/1 080 000 = 66.67%

单价的敏感系数 = 66.67% /10% = 6.67

（3）设单价为 P，

则单位变动成本 = P ×10% + [2 000 000 × (1 + 20%) + 1 200 000 + 400 000] ÷ 8 000 = P ×10% + 500

因为利润不变，则：(P - P ×10% - 500) × 8 000 - 2 520 000 = 1 080 000（元）

P = [(1 080 000 + 2 520 000)/8 000 + 500]/(1 - 10%)

P = 1 055.56（元）

价格的上涨幅度 = (1 055.56 - 1 000)/1 000 = 5.56%

第十六章

第十七章　短期经营决策

本章考情分析

从历年考试卷来看本章的题型除客观题外，还会出主观题，注意掌握生产决策、订货决策等相关内容。

本章教材变化

本章修改了机会成本的概念，并补充了单位限制资源边际贡献的定义及公式。

基本内容框架

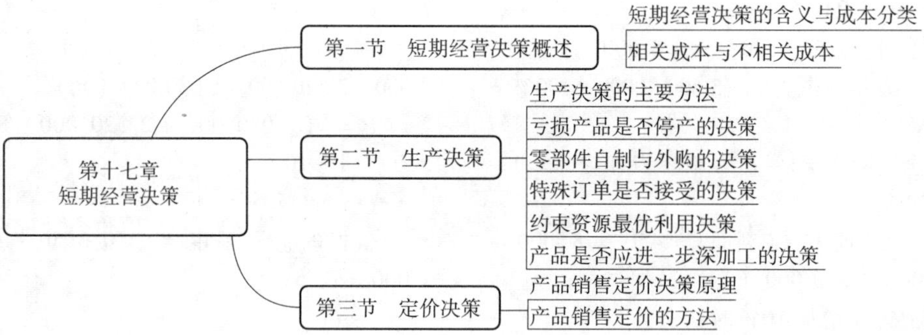

通关重难点例题解析

考点一：短期经营决策的含义与成本分类（★）

短期经营决策：短期经营决策是指对企业一年以内或者维持当前的经营规模的条件下所进行的决策。从与企业决策是否相关成本可分为两大类：即相关成本和不相关成本。

考点二：相关成本与不相关成本（★★）

（1）相关成本：与决策相关的成本，在分析评价时必须加以考虑，它随着决策的改变而改变。

表现形式	含义
边际成本	是指业务量变动一个单位时成本的变动部分

续表

表现形式	含义
机会成本	是指实行本方案的一种代价，失去所放弃方案的潜在收益
重置成本	指目前从市场上购置一项原有资产所需支付的成本，也可以称之为现时成本或现行成本，它带有现时估计的性质
付现成本	是指需要在将来或最近期间支付现金的成本，是一种未来成本
可避免成本	当方案或者决策改变时，这项成本可以避免或其数额发生变化
可延缓成本	是指同已经选定但可以延期实施而不会影响大局的某方案相关联的成本
专属成本	指可以明确归属于某种、某批或某个部门的固定成本
差量成本	通常指两个备选方案的预期成本之间的差异数，亦称差别成本或差额成本

（2）不相关成本：指与决策没有关联的成本。

表现形式	含义
沉没成本	是指由于过去已经发生的，现在和未来决策无法改变的成本
不可避免成本	是指通过管理决策行动而不能改变其数额的成本，如约束性固定成本
不可延缓成本	相对于可延缓成本而言，是指必须在企业计划期间发生，否则就会影响企业大局的已选定方案的成本
共同成本	是指需要由几种、几批或有关部门共同分担的固定成本。共同成本具有共享性、基础性和无差别性特征

【例题1·多选题】下列成本中属于相关成本的有（　　）。

A. 专属成本

B. 共同成本

C. 可延缓成本

D. 不可延缓成本

【答案】AC

【解析】沉没成本、不可避免成本、不可延缓成本、共同成本为非相关成本。

【例题2·多选题】下列有关不可避免成本的表述正确的有（　　）。

A. 约束性固定成本属于不可避免成本

B. 酌量性固定成本属于不可避免成本

C. 不可避免成本是指通过管理决策行为而不能改变其数额的成本

D. 不可避免成本是指可以明确归属于某种、某批或某个部门的固定成本

【答案】AC

【解析】酌量性固定成本属于可避免成本，选项B错误；明确归属于某种、某批或某个部门的固定成本是专属成本，不一定是不可避免成本。

考点三：主要生产决策方法的运用

决策内容	决策指标	决策方法
亏损产品是否停产的决策（★★★）	边际贡献	进行边际贡献分析，如果企业的亏损产品能够提供正的边际贡献，就不应该立即停产
零部件自制与外购的决策（★★★）	相关成本	进行差额成本分析，即比较两种方案的相关成本，选择成本低的方案即可
特殊订单是否接受的决策（★★★）	接受订单增加的相关损益 = 订单所提供的边际贡献 - 该订单所引起的相关成本	比较订单所提供的边际贡献是否大于该订单所引起的相关成本。增加的相关损益大于0，可接受订单。管理者应针对具体情况具体分析
约束资源最优利用决策（★★★）	单位限制资源边际贡献 = 单位产品边际贡献/该单位产品所需限制资源量	进行比较，优先安排“单位限制资源的边际贡献”最大的方案
产品是否应进一步深加工的决策（★★★）	差额利润 = 深加工的相关收入 - 深加工的相关成本	进行差额利润分析，差额利润大于0，才可以选择深加工

【提示】约束资源是指企业拥有的实际资源能力小于需要的资源能力的资源，即制约企业实现生产经营目标的瓶颈资源，也可称最紧缺资源，如流动资金、原材料、劳动力、生产设备、技术等要素及要素投入的时间安排等。

【例题3·单选题】（2019年）甲公司是一家汽车制造企业，每年需要M零部件20 000个，可以自制或外购。自制时直接材料400元/个，直接人工100元/个，变动制造费用200元/个，固定制造费用150元/个。甲公司有足够的生产能力，如不自制，设备出租可获得年租金400 000元。甲公司选择外购的条件是单价小于（　　）元。

A. 720　　B. 680

C. 830　　D. 870

【答案】A

【解析】自制的相关成本 =（400 + 100 + 200）×20 000 + 400 000 = 14 400 000（元）

如果选择外购，单价 < 14 400 000/20 000 = 720（元）。

考点四：定价决策中各类产品销售定价的方法（★★★）

方法		主要内容
成本加成定价法	完全成本加成法	成本基数是单位产品的制造成本，"加成"内容包括非制造成本及合理利润
	变动成本加成法	成本基数是单位产品的变动成本，"加成"内容包括全部固定成本和预期利润
市场定价法		对于有活跃市场的产品，可以根据市场价格或者市场上同类或者相似产品的价格来定价。有利于时刻保持对市场的敏感性，对同行的敏锐性
新产品的销售定价方法	撇脂性定价法	在新产品初期定出较高的价格，然后随着市场扩大降低价格的定价方法，是一种短期性的策略。往往使用于产品的生命周期较短的产品
	渗透性定价法	在新产品试销初期以较低的价格进入市场，迅速获得市场份额，等市场份额稳固后再逐步提高价格的定价方法，是一种长期的市场定价策略
有闲置能力条件下的定价方法		在企业具有闲置生产能力时，为了赢得市场竞争，以增量成本（即变动成本）作为定价基础，定一个较低的价格

【例题4·多选题】产品定价决策通常针对的市场有（　　）。

A. 完全竞争市场

B. 垄断竞争市场

C. 寡头垄断市场

D. 完全垄断市场

【答案】BCD

【解析】完全竞争市场下企业无法左右产品价格，是均衡价格的被动接受者，所以产品定价决策通常针对的是垄断竞争市场、寡头垄断市场和完全垄断市场。

【例题5·多选题】以下有关新产品定价的表述中正确的有（　　）。

A. 撇脂性定价法在新产品试销初期通常价格较高

B. 渗透性定价法在新产品试销初期通常价格较低

C. 撇脂性定价法适用于产品的生命周期较长的产品

D. 渗透性定价是一种短期的市场定价策略

【答案】AB

【解析】撇脂性定价法在新产品试销初期先定出较高的价格，以后随着市场的逐步扩大，再逐步把价格降低，是一种短期性的策略，往往适用于产品的生命周期较短的产品，所以选项A正确，选项C错误；渗透性定价是在新产品试销初期以较低的价格进入市场，等到市场地位已经较为稳固的时候，再逐步提高销售价格，这是一种长期的市场定价策略，所以选项B正确，选项D错误。

【例题6·计算题】（2014年）甲公司是一家设备制造企业，常年大量使用某种零部件。该零部件既可以外购，也可以自制。如果外购，零部件单价为100元/件，每次订货的变动成本为20元，订货的固定成本较小，可以忽略不计。如果自制，有关资料如下：

（1）需要购买一套价值为100 000元的加工设备，该设备可以使用5年，使用期满无残值。

（2）需要额外聘用4名操作设备的工人，工人采用固定年薪制，每个工人的年薪为25 000元。

（3）每次生产准备成本为400元，每日产量为15件。

（4）生产该零部件需要使用加工其他产品剩下的一种边角料，每个零部件耗用边角料0.1千克。公司每年产生该种边角料1 000千克，如果对外销售，单价为100元/千克。

（5）除上述成本外，自制零部件还需发生单位变动成本50元。

该零部件的全年需求量为3 600件，每年按360天计算。公司的资金成本为10%，除资金成本外，不考虑其他储存成本。

要求：

(1) 计算甲公司外购零部件的经济订货量、与批量有关的总成本、外购零部件的全年总成本。

(2) 计算甲公司自制零部件的经济生产批量、与批量有关的总成本、自制零部件的全年总成本。(提示：加工设备在设备使用期内按平均年成本法分摊设备成本)

(3) 判断甲公司应该选择外购方案还是自制方案，并说明原因。

【答案】

(1) 外购零部件的单位储存变动成本 $=100\times10\%=10$ (元)

外购零部件的经济订货批量 $=\sqrt{2\times3\ 600\times20/10}=120$ (件)

外购零部件与批量有关的总成本 $=\sqrt{2\times3\ 600\times20\times10}=1\ 200$ (元)

外购零部件的全年总成本 $=100\times3\ 600+1\ 200=361\ 200$ (元)

(2) 自制零部件的单位成本 $=50+100\times0.1=60$ (元)

自制零部件的单位储存变动成本 $=60\times10\%=6$ (元)

每日耗用量 $=3\ 600\div360=10$ (件)

自制零部件的经济生产批量 $=\sqrt{\dfrac{2\times3\ 600\times400}{6\times(1-10/15)}}=1\ 200$ (件)

自制零部件与批量有关的总成本 $=\sqrt{2\times3\ 600\times400\times6\times(1-10/15)}=2\ 400$ (元)

设备使用期内的平均年成本 $=100\ 000\div(P/A,\ 10\%,\ 5)=100\ 000\div3.7908=26\ 379.66$ (元)

自制零部件的全年总成本 $=60\times3\ 600+2\ 400+25\ 000\times4+26\ 379.66=344\ 779.66$ (元)

(3) 由于自制零部件的全年总成本比外购零部件的全年总成本低，甲公司应该选择自制方案。

通关演练

一、单项选择题

1. 企业同时生产甲、乙两种产品，其中甲产品是亏损产品，且甲产品的生产能力无法转移，那么以下表述正确的是（　　）。

A. 若乙产品的利润超过甲产品的亏损，甲就不应停产

B. 若甲产品能够提供边际贡献，甲就不应停产

C. 若甲产品能够提供边际贡献大于乙产品，甲就不应停产

D. 若甲产品能够提供销售收入，甲就不应停产

2. 甲企业生产多种产品，除了甲产品外，其余产品均为盈利产品，甲产品销量为1 000台，单价为100元，单位变动成本为60元，固定成本为50 000元，则下列各项中，说法正确的是（　　）。

A. 甲产品停产后会使企业利润增加40 000元，应停产

B. 甲产品停产后会使企业利润减少10 000元，不应停产

C. 甲产品停产后会使企业利润减少40 000元，不应停产

D. 甲产品停产后会使企业利润增加10 000元，应停产

3. 甲企业某经理准备采用变动成本加成法制定B产品的销售价格，下列各项中不属于成本基数需要考虑因素的是（　　）。

A. 单位产品的直接材料

B. 单位产品的变动制造费用

C. 单位产品的固定制造费用

D. 单位产品的变动销售费用

4. Y企业生产一种产品，该产品的单位变动成本为50元/件，销量为200万件，固定成本总额为6 000万元，该企业目标成本利润率为50%，如果采用完全成本加成定价法计算，该企业产品的销售单价应为（　　）元。

A. 75　　B. 80

C. 100　　D. 120

5. 在特殊订货的定价决策中，若企业有剩余生产能力来接受低于正常价格的特殊订货，而且剩余生产能力无法转移，其决策的原则是（　　）。

A. 订货数量多

B. 提供正的边际贡献

C. 定价大于单位成本

D. 不增加专属设备

6. 下列关于生产决策主要方法的表述中，正确的是（　　）。

A. 相关方案的损益 = 边际贡献 - 专属成本

B. 边际贡献 = 销售收入 - 专属成本

C. 边际贡献 = 销售收入 - 变动成本 - 固定成本

D. 差额利润 = 相关收入之差

7. 下列有关销售定价方法的表述，正确的是（　　）。

A. 新产品定价具有确定性

B. 撇脂性定价有利于排除其他企业竞争，稳定市场地位

C. 成本加成定价法包括完全成本加成法和变动成本加成法

D. 渗透定价法是在试销初期以较高价格进入市场的一种方法

8. 亏损产品是否停产，主要取决于生产能力转移有关的机会成本与亏损产品所要提供的边际贡献，若前者（　　）后者，则不应当停产。

A. 小于　　B. 大于

C. 等于　　D. 接近

二、多项选择题

1. 若企业采用无安全成本加成法为产品销售定价，下列选项中，属于加成项目的成本有（　　）。

A. 直接材料　　B. 制造费用

C. 销售费用　　D. 合理利润

2. 下列有关完全成本加成法和变动成本加成法的表述中，表述错误的有（　　）。

A. 两种方法均考虑了全部的成本和合理的利润

B. 完全成本加成法考虑了全部的成本和合理的利润，而变动成本加成法考虑了全部的变动成本和合理的利润

C. 两种方法下固定制造费用均在加成中考虑

D. 完全成本加成法在完全成本中考虑固定制造费用，变动成本加成法在加成中考虑固定制造费用

3. 如果追加的订单不影响正常销售且不需要追加专属成本，则下列说法中，错误的有（　　）。

A. 剩余生产能力可以转移，则边际贡献大于零时可以接受

B. 剩余生产能力可以转移，则边际贡献大于其机会成本时可以接受

C. 剩余生产能力不可以转移，则边际贡献大于零时可以接受

D. 剩余生产能力不可以转移，则边际贡献大于机会成本时可以接受

4. 以完全成本加成法定价时，下列表述不正确的有（　　）。

A. 以完全成本加成法定价时，其成本基础包括单位产品的直接材料、直接人工与变动制造费用

B. 以完全成本加成法定价时，其成本基础包括单位产品的直接材料、直接人工与制造费用

C. 以完全成本加成法定价时，其加成数为目标利润

D. 以完全成本加成法定价时，其加成数包括单位产品的销售费用、管理费用

三、计算分析题

1.（2019 年）甲公司生产 A、B 两种产品。A 产品是传统产品，造价高、定价低、多年亏损，但市场仍有少量需求，公司一直坚持生产。B 产品是最近几年新开发的产品，由于技术性能好，质量高，颇受用户欢迎，目前市场供不应求。2019 年末，公司计划、销售和财务部门一起编制下一年的生产计划，在该计划基础上，财务部门预测了收入、成本和利润。相关信息如下：

预计利润表

2020 年　　单位：万元

	A	B	合计
营业收入	1 220	560	1 780
营业成本	1 260	440	1 700
税前营业利润	-40	120	80

经财务部门测算，A、B 产品的变动成本率分别为 70% 和 40%。

公司领导根据财务部门预测，提出如下几个问题：

（1）2020 年公司税前营业利润能否达到 100 万元。

（2）A 产品亏损 40 万元，可否考虑停产？

（3）若能添置设备，扩大生产能力，增产能否增利？

根据公司领导提出的问题，财务部门和相关部门共同研究，提出如下三个方案：

方案一：停止生产 A 产品，按原计划生产 B 产品。

方案二：停止生产 A 产品，调整生产计划，平衡生产能力，使 B 产品增产 80%。

方案三：在 2020 年原生产计划基础上，投资 50 万元购置一台设备，用于生产 B 产品，B 产品增产 10%。预计该设备使用年限 5 年，按直线法计提折旧，无残值。

要求：

（1）分别计算 A、B 产品的变动成本和边际贡献。

（2）分别计算三个方案的税前营业利润，并据以选择最优方案。

（3）基于要求（2）的结果，依次回答公司领导提出的三个问题，并简要说明理由。

2. 甲公司是一家电子设备制造商，每年制造手机需要液晶屏幕 10 000 个，液晶屏幕外购成本为每件 76 元，企业已有的生产车间有能力制造这种屏幕，自制屏幕的单位相关成本资料如下表所示：

相关成本资料　　单位：元

直接材料	42
直接人工	12
变动制造费用	8
固定制造费用	10
变动成本	62
生产成本	72

要求：

（1）如果公司具有足够的剩余生产能力，且剩余生产能力无法转移。甲公司应该自制还是外购？

（2）如果公司具有足够的剩余生产能力，但剩余生产能力可以转移用于加工电脑屏幕，每年可以节省电脑屏幕的外购成本 30 000 元。甲公司应该自制还是外购？

（3）如果公司目前只有生产手机屏幕 6 000 件的生产能力，且无法转移，若自制 10 000 件，则需要租入设备一台，月租金 5 000 元，这样使液晶屏幕的生产能力达到 13 000 件，甲公司应该自制还是外购？

（4）如果公司目前只有生产液晶屏幕 6 000 件的能力，剩余 4 000 件部分可以采用租入设备一台，月租金 5 000 元，这样使液晶屏幕的生产能力达到 13 000 件来完成，也可以通过外购两种方式的结合，既可自制一部分，又可外购一部分。甲公司应该如何选择？

3. 甲企业正常生产 A 产品 16 000 件，单位产品直接材料费用 30 元，直接人工费用 20 元，变动性制造费用 8 元，固定性制造费用 12 元，固定性销售及管理费用 10 元，单位产品销售价格为 95 元，现有乙企业要求追加订货 4 000 件，其特殊定价为 64 元。

要求：分别就以下互不相关的几种情形进行甲企业是否接受订货的决策。

（1）甲企业最大生产能力为 22 000 件，剩余生产能力无法转移，不需追加专属成本。

（2）甲企业最大生产能力为 22 000 件，剩余生产能力无法转移，但需追加专属成本 30 000 元。

（3）甲企业最大生产能力为 22 000 件，剩余生产能力可对外出租，租金收入为 18 000元，且需追加专属成本 18 000 元。

（4）甲企业最大生产能力为 18 000 件，剩余生产能力无法转移，不需追加专属成本。

4. 某企业生产 D 产品，目前的产量为 50 000件，预计单位产品的变动制造成本为 800 元，变动销售管理费用为 200 元，计划期的固定制造费用总额为 500 万元，计划期的固定销售管理费用总额为 500 万元。假定本年度接到一额外订单，订购 10 000 件 D 产品，单价 1 200 元。

要求：

（1）企业若采用完全成本定价法，成本加成率为 30%，该产品的价格为多少？

（2）企业若采用变动成本定价法，成本加成率为 30%，该产品价格为多少？

（3）若企业有闲置生产能力 10 000 件，分析是否应接受额外订单。

四、综合题

甲公司生产 A、B、C 三种产品，三种产品共用一条生产线，该生产线每月生产能力为 12 800 机器小时，目前已经满负荷运转。

为使公司利润最大，公司正在研究如何调整三种产品的生产结构，相关资料如下：

（1）公司每月固定制造费用为400 000元，每月固定管理费用为247 500元，每月固定销售费用为300 000元。

（2）三种产品当前的数据：

项目	产品A	产品B	产品C
单价（元）	900	600	800
单位变动成本（元）	600	400	450
生产单位产品所需机器工时（小时）	4	2	5

（3）公司销售部门预测，各产品还有一定的市场空间，按照目前的市场情况，产品A每月销售量可以达到1 800件，产品B每月销售量可以达到2 000件，产品C的每月销售量可达到2 500件。生产部门提出，产品受技术工人数量的限制，产品A每月最多可以生产1 500件，产品B每月最多可以生产2 500件，产品C每月最多可以生产1 000件。

要求：

（1）计算为了使企业利润最大，A、B、C三种产品各应生产多少？

（2）根据要求（1）的结果，计算该企业的安全边际率以及A、B、C三种产品保本额。

（3）计算按拟定的生产结构，如果固定成本可以增加10%，其他因素不变，企业利润对固定成本的敏感系数。

答案及解析

一、单项选择题

1.【答案】B

【解析】如果企业的亏损产品能够提供正的边际贡献，就不应该立即停产。

2.【答案】C

【解析】甲产品的边际贡献 = 1 000 ×（100 - 60）= 40 000（元），甲产品不应停产，应继续生产，其边际贡献能够抵减固定成本40 000元。但是如果停止生产，则连40 000元的固定成本也无法抵减，因此会造成营业利润的下降。

3.【答案】C

【解析】企业采用变动成本加成，成本基数为单位产品的变动成本，加成的部分要求弥补全部的固定成本，并为企业提供满意的利润。

4.【答案】D

【解析】单位完全成本 = 50 + 6 000/200 = 80（元/件），单位成本加成 = 80 × 50% = 40（元/件），所以该产品销售单价 = 单位完全成本 + 单位成本加成 = 80 + 40 = 120（元）。

【该题针对“产品销售定价的方法”进行考核】

5.【答案】B

【解析】由于追加订单不影响正常订货的完成，且不要求追加专属成本，剩余生产能力无法转移，因此只要追加订货的边际贡献大于零即接受追加订货。

6.【答案】A

【解析】边际贡献分析法中，边际贡献 = 销售收入 - 变动成本，如果涉及追加的专属成本时，方案的相关损益 = 边际贡献 - 专属成本，选项B、C错误，选项A正确；差量分析法中，差额利润 = 差额收入 - 差额成本，选项D错误。

7.【答案】C

【解析】新产品定价具有不确定性，选项A错误；撇脂性定价先制定较高的价格，较高的利润会吸引大量竞争者，导致竞争激烈，所以不利于稳定市场地位，选项B错误；渗透定价法是在试销初期以较低价格进入市场，等市场地位稳固时，再逐步提高市场价格的一种方法，选项D错误。

8.【答案】A

【解析】亏损产品是否停产的决策方法为进行边际贡献分析，如果企业的亏损产品能够提供正的边际贡献，就不应该立即停产。

【该题针对“生产决策方法”进行考核】

二、多项选择题

1.【答案】CD

【解析】直接材料、制造费用属于完全成本，而销售费用及管理费用等制造成本以及合理利润属于加成项目。

2.【答案】BC

【解析】两种方法均考虑了全部的成本和合理的利润，选项 A 正确，选项 B 错误；完全成本加成法在完全成本中考虑固定制造费用，变动成本加成法在加成中考虑固定制造费用，选项 C 错误，选项 D 正确。

3. 【答案】AD

【解析】追加的订单不影响正常销售且不需要追加专属成本，剩余生产能力可以转移，则追加订单的边际贡献大于其机会成本时可以接受；剩余生产能力不可以转移时，则追加订单的边际贡献大于零时可以接受。选项 B、C 正确，AD 选项错误。

4. 【答案】ACD

【解析】以完全成本加成法定价时，其成本基础是单位产品的制造成本，加成数是非制造成本及目标利润。

【该题针对“产品销售定价的方法”进行考核】

三、计算分析题

1. 【答案】

(1) A 产品的变动成本 = 1 220 × 70% = 854（万元）

A 产品的边际贡献 = 1 220 − 854 = 366（万元）

B 产品的变动成本 = 560 × 40% = 224（万元）

B 产品的边际贡献 = 560 − 224 = 336（万元）

(2) 企业总固定成本 = (1 260 − 854) + (440 − 224) = 622（万元）

方案一的税前营业利润 = 336 − 622 = −286（万元）

方案二的税前营业利润 = 560 × (1 + 80%) × (1 − 40%) − 622 = −17.2（万元）

方案三的税前营业利润 = 80 + 560 × 10% × (1 − 40%) − 50/5 = 103.6（万元）

方案三的税前营业利润最大，应选择方案三。

(3) ①方案三的税前营业利润 103.6 万元，大于 100 万元，2020 年公司税前营业利润能达到 100 万元。

②A 产品能提供正的边际贡献，考虑停产 A 产品后的税前营业利润为负数，所以不能考虑停产 A 产品。

③添置设备，扩大生产能力，增加的边际贡献大于增加的固定成本，所以增产能增利。

2. 【答案】

(1) 由于有剩余生产能力可以利用，且无法转移，所以零件自制外购的相关成本仅包含自制的变动成本。

自制的单位变动成本 = 42 + 12 + 8 = 62（元/条）

外购的相关成本 = 76（元/条）

由于自制方案比外购方案每年节约成本 140 000 元[(76 − 62) × 10 000]，因此，应该选择自制方案。

(2) 若选择自制，则会放弃生产电脑屏幕所带来的成本节约 30 000 元，这可以看作是自制的机会成本。

自制的单位变动成本 = 42 + 12 + 8 = 62（元/条），外购的相关成本 = 76（元/条）

自制成本 = 62 × 10 000 + 30 000 = 650 000（元）

外购成本 = 76 × 10 000 = 760 000（元），因此，应该选择自制方案。

(3) 如果公司目前只有生产手机屏幕 6 000 件的生产能力，且无法转移，若自制 10 000 件，则需要租入设备一台，月租金 5 000 元，这样使生产能力达到 13 000 件，则年租金属于专属成本 = 5 000 × 12 = 60 000（元）

自制成本 = 620 000 + 60 000 = 680 000（元）

外购成本 = 760 000（元）。因此，选择自制方案。

(4) 公司应该先按现有生产能力自制 6 000 件，因为其自制成本低于外购成本。超过 6 000 件的部分，则应比较外购成本与自制成本的高低。对于超过 6 000 件的部分，如果自制，单位成本 = 62 + 60 000/4 000 = 77（元），超过了外购的单位成本。因此，企业应该自制 6 000 件，同时外购 4 000 件。

3. 【答案】

单位产品的变动成本 = 30 + 20 + 8 = 58（元）

(1) 剩余生产能力可以满足追加订货，同时无机会成本和专属成本：

则：接受订货的单位贡献边际 = 64 − 58 = 6（元）大于零，可以接受追加订货。

（2）剩余生产能力可以满足追加订货，但需追加专属成本：

则：差量损益 = 4 000 ×（64 − 58）− 30 000 = −6 000（元）小于零，不能接受追加订货。

（3）剩余生产能力可以满足追加订货，但需追加专属成本，同时产生机会成本：

则：相关损益 = 4 000 ×（64 − 58）− 18 000 − 18 000 = −12 000（元）小于零，不能接受追加订货。

（4）接受客户追加订货 4 000 件大于闲置生产能力 18 000 − 16 000 = 2 000（件），即减少正常销售 2 000 件，产生机会成本：

则：差量损益 = 4 000 ×（64 − 58）− 2 000 ×（95 − 58）= −50 000（元）小于零，不能接受追加订货。

【该题针对“生产决策方法”进行考核】

4.【答案】

（1）成本基数 = 单位制造成本 = 800 + 5 000 000/50 000 = 900（元）

成本加成 = 900 × 50% = 450

产品价格 = 900 + 450 = 1 350

（2）成本基数 = 单位变动成本 = 800 + 200 = 1 000（元）

成本加成 = 10 000 × 50% = 500

产品价格 = 10 000 + 500 = 1 500（元）

（3）由于不需要增加专属成本，因为额外订单单价高于其按变动成本，故应接受这一额外订单。

【该题针对“定价决策中各类产品销售定价的方法”进行考核】

四、综合题

【答案】

（1）产品 A 的单位工时边际贡献 =（900 − 600）/4 = 75（元）

产品 B 的单位工时边际贡献 =（600 − 400）/2 = 100（元）

产品 C 的单位工时边际贡献 =（800 − 450）/5 = 70（元）

按单位工时边际贡献大小顺序安排生产，产品 B 的产量为 2 000 件，产品 A 的产量为 1 500 件，剩余的生产能力安排产品 C 的生产。

产品 C 的产量 =（12 800 − 2 000 × 2 − 1 500 × 4）/5 = 560（件）

（2）产品 A 的边际贡献 =（900 − 600）× 1 500 = 450 000（元）

产品 B 的边际贡献 =（600 − 400）× 2 000 = 400 000（元）

产品 C 的边际贡献 =（800 − 450）× 560 = 196 000（元）

边际贡献总额 = 400 000 + 450 000 + 196 000 = 1 046 000（元）

产品 A 的销售收入 = 900 × 1 500 = 1 350 000（元）

产品 B 的销售收入 = 600 × 2 000 = 1 200 000（元）

产品 C 的销售收入 = 800 × 560 = 448 000（元）

销售收入总额 = 2 998 000（元）

加权平均边际贡献率 = 1 046 000/2 998 000 = 34.89%

固定成本 = 400 000 + 247 500 + 300 000 = 947 500（元）

综合保本额 = 947 500/34.89% = 2 715 677.85（元）

安全边际率 = 1 − 2 715 677.85/2 998 000 = 9.42%

A 产品的保本额 = 2 715 677.85 ×（1 350 000/2 998 000）= 1 222 870.28（元）

B 产品的保本额 = 2 715 677.85 ×（1 200 000/2 998 000）= 1 086 995.80（元）

C 产品的保本额 = 2 715 677.85 ×（448 000/2 998 000）= 405 811.77（元）

（3）目前利润 = 1 046 000 − 947 500 = 98 500（元）

设固定成本增加 10%

新的利润 = 1 046 000 − 947 500 ×（1 + 10%）= 3 750（元）

固定成本敏感系数 = [（3 750 − 98 500）/98 500]/10% = −9.62

第十八章　全面预算

本章考情分析

本章从近几年考试题型来看主要是客观题，有可能会考计算分析题，以往计算分析题的考点主要是现金预算的编制。

本章教材变化

本章对直接材料预算的计算公式进行了细节完善，无实质性变动。

基本内容框架

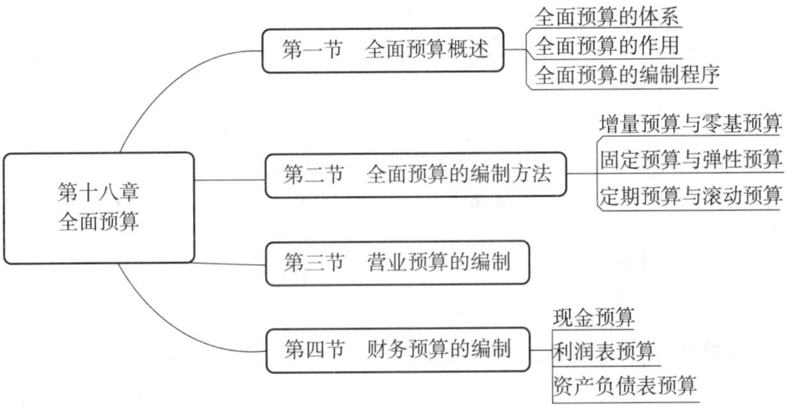

通关重难点例题解析

考点一：全面预算的体系（★）

全面预算是通过企业内外部环境的分析，在预测与决策的基础上，调配相应的资源，对企业未来一定时期的经营和财务做出一系列具体计划。预算以战略规划目标为导向，它既是决策的具体化，又是控制经营和财务活动的依据。预算是计划的数字化、表格化、明细化的表达。全面预算体现了预算的全员、全过程和全部门的特征。

一、全面预算按其涉及的预算期分为长期预算和短期预算

长期预算包括长期销售预算和资本预算，有时还包括长期资本筹措预算和研究与开发预算。短期预算是指年度预算，或者时间更短的季度或月度预算，如直接材料预算、现金预算等。通常，长期和短期的划分以1年为界限，有时把2~3年的预算称为中期预算。

二、全面预算按其涉及的内容分为专门预算和综合预算

专门预算是指反映企业某一方面经济活动的预算，如直接材料预算、制造费用预算。综合预算是指资产负债表预算和利润表预算，它反映企业的总体状况，是各种专门预算的综合。

三、全面预算按其涉及的业务活动领域分为投资预算（如资本预算）、营业预算和财务预算

营业预算或称经营预算，是关于采购、

生产、销售业务的预算，包括销售预算、生产预算、成本预算等。财务预算是关于利润、现金和财务状况的预算，包括利润表预算、现金预算和资产负债表预算等。

【例题1·多选题】下列预算中，属于财务预算的有（　　）。

A. 现金预算

B. 产品成本预算

C. 销售预算

D. 资产负债表预算

【答案】AD

【解析】财务预算是关于利润、现金和财务状况的预算，包括现金预算、利润表预算和资产负债表预算等。

【例题2·多选题】下列关于财务预算的表述中，正确的有（　　）。

A. 财务预算多为长期预算

B. 财务预算多为专门预算

C. 财务预算是企业的综合性预算

D. 财务预算主要包括现金预算和预计财务报表

【答案】CD

考点二：全面预算的编制方法（★★）

一、增量预算与零基预算

按出发点的特征不同，营业预算的编制方法可分为增量预算法与零基预算法两大类。

（一）增量预算法

增量预算法是指以历史期实际经济活动及其预算为基础，结合预算期经济活动及相关影响因素的变动情况，通过调整历史期经济活动项目及金额，形成预算的预算编制。增量预算法的缺点是当预算数额受到基期不合理因素的干扰，可能导致预算的不准确，不利于调动各部门达成预算目标的积极性。

（二）零基预算法

零基预算法是指企业不以历史期经济活动及其预算为基础，以零为起点，从实际需要出发分析预算期经济活动的合理性，经综合平衡，形成预算的预算编制。特别适用于不经常发生的预算或预算编制基础变化较大的预算项目。其缺点是编制工作量大。

二、固定预算与弹性预算

按业务量基础的数量特征的不同，营业预算的编制方法可分为固定预算法和弹性预算法两大类。

（一）固定预算法

固定预算法又称静态预算法，是指在预算编制时，只根据预算期内正常、可实现的某一固定的业务量水平作为唯一基础来编制预算的方法。固定预算方法存在适应性差和可比性差的缺点，一般适用于经营业务稳定，生产产品产销量稳定，能准确预测产品需求及产品成本的企业，也可以用于编制固定费用预算。

（二）弹性预算法

弹性预算法又称动态预算法，是在成本性态分析的基础上，依据业务量、成本和利润之间的联动关系，按照预算期内可能的一系列业务量水平及其相应预算项目所消耗资源的预算编制方法。

1. 理论上，弹性预算法适用于编制全面预算中所有与业务量有关的预算，但在实务中主要用于编制成本费用预算和利润预算。

2. 弹性预算法所采用的业务范围，一般可定在正常生产能力的70%～110%之间，或以历史上最高业务量和最低业务量为其上下限。弹性预算法编制预算的准确性，在很大程度上取决于成本性态分析的可靠性。

3. 与按特定业务量水平编制的固定预算相比，弹性预算有两个显著特点：①弹性预算是按一系列业务量水平编制的，从而扩大了预算的适用范围；②弹性预算是按成本性态分类列示的，在预算执行中可以计算一定的实际业务量的预算成本，以便于预算执行的评价和考核。

4. 弹性预算法可分为公式法和列表法两种具体方法：

（1）公式法。

根据成本性态，成本与业务量之间的数量关系可用公式表示为：

$y = a + bx$

公式法是运用总成本性态模型，测算预算期的成本费用数量，并编制成本费用预算的方法。

（2）列表法。

列表法是在预计的业务量范围内将业务量分为若干个水平，然后按不同的业务量水平编制预算。

列表法的优点是，不管实际业务量多少，不必经过计算即可找到相近的预算成本；预算编制时可按总成本性态模型计算填列，不必用数学方法修正为近似的直线成本。但是，运用列表法编制预算，在评价和考核实际成本时，往往需要使用插补法来计算“实际业务量的预算成本”。

三、定期预算与滚动预算

按预算期的时间特征不同，营业预算的编制方法可分为定期预算法和滚动预算法两类。

1. 定期预算法

定期预算法是以固定不变的会计期间作为预算期间编制预算的方法，采用定期预算法编制预算，保证预算期间与会计期间在时期上配比，便于依据会计报告的数据与预算的比较，考核和评价预算的执行结果。但不利于前后各个期间的预算衔接，不能适应连续不断的业务活动过程的预算管理。

2. 滚动预算法

滚动预算法是在上期预算完成情况的基础上，调整和编制下期预算，并将预算期间逐期连续向后滚动推移，使预算期间保持一定的时间跨度，按照滚动的时间单位不同可分为逐月滚动、逐季滚动和混合滚动。滚动预算法能够保持预算的持续性，有利于考虑未来业务活动，结合企业近期目标和长期目标；使预算随时间的推进不断加以调整和修订，能使预算与实际情况更相适应，有利于充分发挥预算的指导和控制作用。

【例题3·单选题】只根据预算期内正常的、可实现的某一业务量水平为唯一基础来编制预算的方法称为（　　）。

A. 动态预算　　B. 定期预算

C. 静态预算　　D. 滚动预算

【答案】C

【解析】固定预算，又称静态预算，是指在编制预算时，按照某一固定的业务量（如生产量、销售量等）编制预算的方法。

【例题4·单选题】不受前期费用项目和费用水平的制约，并能够克服增量预算方法缺点的预算方法是（　　）。

A. 弹性预算方法

B. 固定预算方法

C. 零基预算方法

D. 滚动预算方法

【答案】C

【解析】零基预算方法的优点是：（1）不受前期费用项目和费用水平的制约；（2）能够调动各部门降低费用的积极性。零基预算方法的优点正好是增量预算方法的缺点。

【例题5·多选题】（2014年）与增量预算编制方法相比，零基预算编制方法的优点有（　　）。

A. 编制工作量小

B. 可以重新审视现有业务的合理性

C. 可以避免前期不合理费用项目的干扰

D. 可以调动各部门降低费用的积极性

【答案】BCD

【解析】运用零基预算法编制费用预算的优点是不受前期费用项目和费用水平的制约，能够调动各部门降低费用的积极性，但其缺点是编制工作量大。

【例题6·单选题】（2014年）甲公司机床维修费为半变动成本，机床运行100小时的维修费为250元，运行150小时的维修费为300元，机床运行时间为80小时，维修费为（　　）元。

A. 220　　B. 230

C. 250　　D. 200

【答案】B

【解析】根据弹性预算的公式法，成本与业务量之间的数量关系可表示为 $y=a+bx$，则有 $250=a+b\times100$；$300=a+b\times150$，联立方程解得，$a=150$ 元，$b=1$ 元，则运行80小时的维修费 $=150+1\times80=230$（元）。

【例题7·多选题】（2001年）用列表法编制的弹性预算，主要特点有（　　）。

A. 不管实际业务量多少，不必经过计算即可找到与业务量相近的预算成本，控制成本比较方便

B. 混合成本中的阶梯成本和曲线成本可按总成本性态模型直接在预算中反映

C. 评价和考核实际成本时往往需要使用插补法计算实际业务量的预算成本

D. 不以成本性态分析为前提

【答案】ABC

【解析】弹性预算的编制应以成本性态分析为前提，无论是公式法还是列表法，都应

以成本性态分析为前提。

【例题8·单选题】在下列各项中，不属于滚动预算方法的滚动方式的是（ ）。

A. 逐月滚动方式 B. 逐季滚动方式

C. 逐年滚动方式 D. 混合滚动方式

【答案】C

【解析】采用滚动预算法编制预算，按照滚动的时间单位不同可分为逐月滚动、逐季滚动和混合滚动。

【例题9·多选题】（2013年）短期预算可采用定期预算法编制，该方法（ ）。

A. 有利于前后各个期间的预算衔接

B. 可以适应连续不断的业务活动过程的预算管理

C. 有利于按财务报告数据考核和评价预算的执行结果

D. 使预算期间与会计期间在时期上配比

【答案】CD

【解析】定期预算的优点在于保证预算期间与会计期间在时期上配比，便于依据会计报告的数据与预算的比较，考核和评价预算的执行结果。其缺点是不利于前后各个期间的预算衔接，不能适应连续不断的业务活动过程的预算管理。

考点三：主要预算的编制

预算项目	编制要点	计算公式和编制依据
销售预算（★★）	销售预算是编制全面预算的关键和起点	如果分两期收现： 1. 本期收到的现金 = 本期营业收入 × 本期收现率 + 前期营业收入 × 在本期收现率 2. 期末应收账款余额 = 本期营业收入 × 本期赊账比率
生产预算（★★）	生产预算是在销售预算的基础上编制，其主要内容有销售量，期初和期末产成品存货、生产量	预计生产量 = 预计销售量 + 预计期末产成品存货 - 预计期初产成品存货 注意：1. 企业受到生产能力的限制，产成品存货数量受到仓库容量的限制，要在此范围内来安排产成品存货数量和各期生产量。 2. 企业有的季度可能销量很大，可以用赶工方法增产，为此要多付加班费；如果提前在淡季生产，会因增加产成品存货而多付资金利息；要权衡两者得失，选择成本最低的决策方案编制生产预算
直接材料预算（★★）	直接材料预算是以生产预算为基础编制的，同时要考虑材料存货水平	1. 生产需用量 = 单位产品材料用量 × 预计生产量 2. 预计材料采购量 = 预计生产需用量 + 预计期末材料存量 - 预计期初材料存量 3. 如果分两期付款：购买材料支付的现金 = 本期采购金额 × 本期付现比率 + 上期采购金额 × 在本期付现比率 4. 期末应付账款余额 = 本期采购金额 × 本期赊账比率
产品成本预算（★★）	产品成本预算是预算期产品生产成本的预算，其主要内容是产品的单位成本和总成本	产品成本预算是销售预算、生产预算、直接材料预算、直接人工预算和制造费用预算的汇总
现金预算（★★★）	现金预算的编制，以营业预算和资本预算为基础，反映各预算期的收入款项和支出款项，并作对比说明	1. 现金多余或不足 = 期初现金余额 + 本期现金收入 - 本期现金支出 2. 期末现金余额 = 现金余缺 + 现金的筹措与运用
利润表预算、资产负债表预算（★★★）	1. 预计资产负债表和预计利润表也可和第二章财务预测的销售百分比法结合，即经营资产和经营负债与收入同比例增长，进而可以预测资产负债表项目。 2. 编制预计财务报表的时候，应先编制预计利润表，然后再编制预计资产负债表。 3. “销售收入”项目的数据，取自销售收入预算；“销售成本”项目的数据，取自产品成本预算。 4. “所得税费用”项目数据是在利润预测时估计的，并已列入现金预算，它通常不是根据“利润总额”和所得税税率计算出来的，因为有诸多纳税调整的事项存在。 5. 预计资产负债表中除期初数已知外，其余项目均应在前述各项营业预算和资本预算的基础上分析填列，其中： 期末未分配利润 = 期初未分配利润 + 本期利润 - 本期股利	

【例题10·单选题】（2019年）甲公司正在编制直接材料预算，预计单位成品材料耗量10千克；材料价格50元/千克，第一季度期初、期末材料存货分别为500千克和550千克；第一季度、第二季度产成品销量分别为200件和250件；期末产品存货按下季度销量的10%安排。预计第一季度材料采购金额是（　　）元。

A. 102 500　　B. 105 000

C. 130 000　　D. 100 000

【答案】B

【解析】第一季度生产量＝250×10%＋200－200×10%＝205（件）。第一季度材料采购量＝205×10＋550－500＝2 100（千克）。预计第一季度材料采购金额＝2 100×50＝105 000（元）。

【例题11·多选题】（2015年）在编制生产预算时，计算某种产品预计生产量应考虑的因素包括（　　）。

A. 预计材料采购量

B. 预计产品销售量

C. 预计期初产品存货量

D. 预计期末产品存货量

【答案】BCD

【解析】某种产品预计生产量＝预计销售量＋预计期末产品存货量－预计期初产品存货量，可见预计生产量不需考虑材料采购量。

【例题12·单选题】某企业2018年第一季度产品生产量预算为1 500件，单位产品材料用量5千克/件，年初材料库存量1 000千克，第一季度还要根据第二季度生产耗用材料的10%安排季末存量，预计第二季度生产耗用7 800千克材料。材料采购价格预计12元/千克，年初应付账款为30 000元，企业各季度采购金额中60%当季度付现，40%下季度付现，则该企业第一季度材料现金支出金额为（　　）元。

A. 82 416　　B. 87 360

C. 92 640　　D. 99 360

【答案】A

【解析】采购量＝1 500×5＋7 800×10%－1 000＝7 280（千克）

采购金额＝7 280×12＝87 360（元）

第一季度材料现金支出＝87 360×60%＋30 000＝82 416（元）

【例题13·多选题】某批发企业销售甲商品，第三季度各月预计的销售量分别为1 000件、1 200件和1 100件，企业计划每月月末商品存货量为下月预计销售量的20%。下列各项预计中，正确的有（　　）。

A. 8月份期初存货为240件

B. 8月份采购量为1 180件

C. 8月份期末存货为220件

D. 第三季度采购量为3 300件

【答案】ABC

【解析】第三季度采购量不仅取决于销量，还要取决于期初、期末存量，所以选项D错误。

单位：件

月份	7	8	9
销量	1 000	1 200	1 100
期末存货	1 200×20%＝240	1 100×20%＝220	
期初存货		240	220
采购量		1 200＋220－240＝1 180	

【例题14·多选题】（2013年）下列各项预算中，以生产预算为基础编制的有（　　）。

A. 直接人工预算

B. 销售费用预算

C. 固定制造费用预算

D. 直接材料预算

【答案】AD

【解析】固定制造费用需要逐项进行预计，通常与本期产量无关；销售费用预算是以销售预算为基础编制的。

【例题15·多选题】（2016年）下列营业预算中，通常需要预计现金支出的预算有（　　）。

A. 生产预算

B. 销售费用预算

C. 直接材料预算

D. 制造费用预算

【答案】BCD

【解析】选项A，生产预算是唯一只反映实物量，不涉及价值量的预算，因此不涉及现金收支。

【例题16·单选题】下列预算中，不直接涉及现金收支的是（　　）。

A. 销售与管理费用预算

B. 销售预算

C. 产品成本预算

D. 直接材料预算

【答案】C

【解析】产品成本预算的主要内容是产品的单位成本和总成本，不直接涉及现金收支。

【例题17·多选题】（2011年）下列关于全面预算中的利润表预算编制的说法中，正确的有（　　）。

A. “销售收入”项目的数据，来自销售预算

B. “销货成本”项目的数据，来自生产预算

C. “销售及管理费用”项目的数据，来自销售及管理费用预算

D. “所得税费用”项目的数据，通常是根据利润表预算中的“利润总额”项目金额和本企业适用的法定所得税税率计算出来的

【答案】AC

【解析】“销货成本”项目的数据，来自产品成本预算，选项B错误；“所得税费用”项目是在利润预测时估计的，并已经列入现金预算。它通常不是根据“利润总额”和所得税税率计算出来的，因为有诸多的纳税调整事项存在。此外，从预算编制程序上看，如果根据“利润总额”和所得税税率重新计算所得税，就需要修改“现金预算”，引起借款计划修订，进而改变“借款利息”，最终会陷入数据循环，所以选项D错误。

【例题18·多选题】某企业只生产一种产品，产品售价8元/件。2018年6月销售20 000件，2018年7月预计销售30 000件，2018年8月预计销售40 000件。根据经验，商品售出后当月可收回货款的60%，次月收回30%，再次月收回10%，正确的有（　　）。

A. 2018年8月预计现金收入为264 000元

B. 2018年8月预计现金收入为280 000元

C. 2018年8月末应收账款为152 000元

D. 2018年8月末应收账款为128 000元

【答案】BC

【解析】（1）2018年8月预计现金收入

$=40\ 000\times8\times60\%+30\ 000\times8\times30\%+20\ 000\times8\times10\%$

$=280\ 000$（元）

（2）2018年8月末应收账款

$=40\ 000\times8\times40\%+30\ 000\times8\times10\%$

$=152\ 000$（元）

通关演练

一、单项选择题

1. 已知A公司在预算期间，销售当季度收回货款60%，次季度收回货款35%，第三季度收回货款5%，预算年度期初应收账款金额为22 000元，其中包括上年度第三季度销售的应收账款4 000元，第四季度销售的应收账款18 000元，则第一季度可以收回的期初应收账款为（　　）元。

A. 19 750　　B. 6 500

C. 22 000　　D. 18 500

2. 某公司生产甲产品，第一季度至第四季度的预计销售量分别为1 000件、800件、900件和850件，生产每件甲产品需要2千克A材料。公司的政策是每一季度末的产成品存货数量等于下一季度销售量的10%，每一季度末的材料存量等于下一季度生产需要量的20%。该公司第二季度的预计材料采购量为（　　）千克。

A. 1 600　　B. 1 620

C. 1 654　　D. 1 668

3. 下列关于利润表预算编制的说法中，不正确的是（　　）。

A. “毛利”项目的数据是“销售收入”和“销售成本”的差额

B. “销售成本”项目的数据，来自产品成本预算

C. “借款利息”项目的数据，来自现金预算

D. “所得税费用”通常是根据“利润总额”和所得税税率计算出来的

4. 下列预算中不是在生产预算的基础上编制的是（　　）。

A. 直接材料预算

B. 直接人工预算

C. 产品成本预算

D. 管理费用预算

5. 下列关于弹性预算的说法中，不正确的是（　　）。

A. 适用于与业务量有关的预算的编制

B. 编制根据是本、量、利之间的联动关系

C. 按照一系列业务量水平编制

D. 实务中仅用于编制各种财务预算

6. 某企业生产甲产品，该产品的单位材料费用为 8 元，单位直接人工费用为 6 元，单位制造费用为 4 元，单位变动销售费用为 2 元，单位变动管理费用为 3 元，则该产品的单位产品成本为（　　）元。

A. 14　　B. 18

C. 20　　D. 23

7. 下列关于增量预算和零基预算的说法中，不正确的是（　　）。

A. 增量预算是在基期水平的基础上编制的，可能导致预算不准确

B. 增量预算的前提之一是原有的各项业务都是合理的

C. 用零基预算编制费用预算时，不考虑以往期间的费用数额，但要考虑以往的费用项目

D. 增量预算不利于调动各部门达成预算目标的积极性

8. 甲公司正在编制生产预算，第一季度、第二季度产成品销量分别为 200 件和 250 件；期末产品存货按下季度销量的 10% 安排。预计第一季度存货生产量是（　　）件。

A. 205　　B. 200

C. 225　　D. 250

9. 需要按成本性态分析的方法将企业成本分为固定成本和变动成本的预算编制方法是（　　）。

A. 静态预算法　　B. 零基预算法

C. 弹性预算法　　D. 滚动预算法

10. 下列有关全面预算的表述中，不正确的是（　　）。

A. 企业的主要目标是盈利，但也要考虑社会的其他限制

B. 计划进入到实施阶段后，管理工作的重心转入控制过程

C. 控制过程就是将实际状态和标准作比较，采取措施调整经济活动

D. 制定出合理的预算管理制度，包括编制程序、修改预算的办法、预算执行情况的分析方法、调查和奖惩办法等，有助于发挥预算的作用

11. 下列有关各种预算方法缺点的表述中，正确的是（　　）。

A. 增量预算的编制工作量大

B. 零基预算不利于调动各部门达成预算目标的积极性

C. 固定预算的适应性和可比性差

D. 滚动预算不能适应连续不断的业务活动过程的预算管理

12. 下列预算方法中，能够保证预算期间与会计期间相对应的是（　　）。

A. 滚动预算法

B. 零基预算法

C. 定期预算法

D. 固定预算法

13. F 公司从事微波炉中塑料转盘的生产。明年四个季度的预计销量分别为 65 000、72 000、84 000 和 66 000 件。公司在每个季度末的产品库存量要保持为下一个季度销量的 50%，但是由于停工事件的影响，第一季度末的存货比应有的持有量少了 8 000 件。请问公司第二季度应该生产产品（　　）件。

A. 75 000　　B. 78 000

C. 80 000　　D. 86 000

二、多项选择题

1. 若每期销售收入中，本期收到部分现金，其余在下期收回；材料采购货款部分在本期付清，其余在下期付清，在编制预计资产负债表时，在不考虑企业计提的公积金的情况下，下列计算公式正确的有（　　）。

A. 期末应收账款 = 本期销售额 ×（1 - 本期收现率）

B. 期末应付账款 = 本期采购额 ×（1 - 本期付现率）

C. 期末现金余额 = 期初现金余额 + 本期销货现金收入 - 本期各项现金支出

D. 期末未分配利润 = 期初未分配利润 + 本期利润 - 本期股利

2. 某企业本月支付当月购货款的 60%，支付上月购货款的 30%，支付上上月购货款的 10%，未支付的货款通过“应付账款”核算。已知 7 月份购货款 40 万元，8 月份购货款 50 万元，9 月份购货款 60 万元，10 月份购货款 100 万元，则下列说法中正确的有（　　）。

A. 9 月份支付货款 55 万元

B. 10 月初的应付账款为 29 万元

C. 10 月末的应付账款为 46 万元

D. 10 月初的应付账款为 23 万元

3. 与增量预算编制方法相比，零基预算编制方法的优点有（　　）。

A. 编制工作量小

B. 可以重新审视现有业务的合理性

C. 可以避免前期不合理费用项目的干扰

D. 可以调动各部门降低费用的积极性

4. 短期预算可采用定期预算法编制，该方法（　　）。

A. 使预算期间与会计期间在时期上配比

B. 有利于前后各个期间的预算衔接

C. 可以适应连续不断的业务活动过程的预算管理

D. 有利于按财务报告数据考核和评价预算的执行结果

5. 编制生产预算中的“预计生产量”项目时，需要考虑的因素有（　　）。

A. 预计销售量

B. 预计期初产成品存货

C. 预计材料采购量

D. 预计期末产成品存货

6. 甲公司正在编制全面预算，下列各项中以生产预算为编制基础的有（　　）。

A. 销售预算

B. 直接人工预算

C. 直接材料预算

D. 变动制造费用预算

7. 下列关于零基预算法的说法中，正确的有（　　）。

A. 采用零基预算法编制费用预算时，不考虑以往期间的费用项目和费用数额

B. 能够调动各部门降低费用的积极性

C. 是以零为基础编制的，在原有费用项目的基础上从费用为零开始

D. 零基预算法与增量预算法的差别在于编制预算时出发点的特征不同

8.（2019 年）编制直接人工预算时，影响直接人工总成本的因素有（　　）。

A. 预计直接人工工资率

B. 预计产量

C. 预计车间辅助人员工资

D. 预计单位产品直接人工工时

9. 编制现金预算时，计算“现金多余或不足”时，不需要考虑的有（　　）。

A. 期初现金余额

B. 前期实现销售本期收到的现金

C. 归还借款、支付利息

D. 购买长期债券

10. 下列各项预算中，在编制利润预算时需要考虑的有（　　）。

A. 销售预算

B. 产品成本预算

C. 销售费用和管理费用预算

D. 预计资产负债表

11. 下列关于永续预算法的说法中，正确的有（　　）。

A. 有利于考虑未来业务活动

B. 便于依据会计报告的数据与预算的比较

C. 能够使预算期间保持一定的时间跨度

D. 可以充分发挥预算的指导和控制作用

三、计算分析题

1. A 公司是一家食品制造企业，2018 年 12 月的销售额为 150 万元，2019 年 1 月份的销货额和 2019 年 2 至 3 月份的预计销售额分别为 200 万元、120 万元、180 万元。其他有关资料如下：

（1）公司的收账政策：当月销售当月收现 70%，下月收回 20%，第三个月收回 10%。

（2）公司材料采购按下月销售额的 90% 采购。付款政策：当月购买当月付现 80%，再分两个月平均支付其余的 20%。

（3）假设公司要求每月持有的现金不得低于 2 万元，不足的现金通过银行借款来调整。

(4) 设借款年利率为 12%，借款或还款的本金必须是 3 000 元的整数倍，利随本清，期初借款，期末还款。

(5) 假设该企业销售的产品和购买的材料适用的增值税税率为 13%。

要求：

(1) 计算确定 2019 年 2 月份销售现金流入量和购买材料的现金流出量；

(2) 计算确定 2019 年 2 月末资产负债表中“应收账款”和“应付账款”项目金额；

(3) 假设 2019 年 2 月份预计的现金余缺为 -9.83 万元，计算确定 2 月末的现金余额；

(4) 根据 (3)，假设 2019 年 3 月份预计的现金余缺为 6.14 万元，计算确定 3 月末的现金余额。

2. 甲公司是一个生产黄豆酱的公司，该公司每年都要在 12 月份编制下一年度的分季度现金预算。有关资料如下：

(1) 该公司只生产一种 50 千克桶装黄豆酱。由于原材料采购的季节性，只在第二季度进行生产，而销售全年都会发生。

(2) 每季度的销售收入预计如下：第一季度 900 万元，第二季度 1 800 万元，第三季度 800 万元，第四季度 800 万元。

(3) 所有销售均为赊销。应收账款期初余额为 200 万元，预计可以在第一季度收回。每个季度的销售有 3/5 在本季度内收到现金，另外 2/5 于下一个季度收回。

(4) 采购黄豆原料预计支出 800 万元，第一季度需要预付 50%，第二季度支付剩余的款项。

(5) 直接人工费用预计发生 900 万元，于第二季度支付。

(6) 付现的制造费用第二季度发生 860 万元，其他季度均发生 200 万元。付现制造费用均在发生的季度支付。

(7) 每季度发生并支付销售和管理费用 100 万元。

(8) 全年预计所得税 160 万元，分 4 个季度预交，每季度支付 40 万元。

(9) 公司计划在下半年安装一条新的生产线，第三季度、第四季度各支付设备款 200 万元。

(10) 期初现金余额为 20 万元，没有银行借款和其他负债。公司需要保留的最低现金余额为 10 万元。现金不足最低现金余额时需向银行借款，超过最低现金余额时需偿还借款，借款和还款数额均为 5 万元的倍数。借款年利率为 8%，每季度支付一次利息，计算借款利息时，假定借款均在季度初发生，还款均在季度末发生。

要求：

请根据上述资料，为甲公司编制现金预算。编制结果填入下方给定的表格中，不必列出计算过程。

现金预算

单位：万元

季度	一	二	三	四	合计
期初现金余额					
现金收入：					
本期销售本期收款					
上期销售本期收款					
现金收入合计					
现金支出：					
直接材料					
直接人工					
制造费用					
销售与管理费用					
所得税费用					
购买设备支出					
现金支出合计					
现金多余或不足					
向银行借款					
归还银行借款					
支付借款利息					
期末现金余额					

四、综合题

2017 年末公司资产负债表如下：

单位：元

资产	金额	权益	金额
现金	8 000	应付账款	2 350
应收账款	6 200	长期借款	9 000
材料	1 500		
产品	900		
固定资产	35 000	股本	20 000

续表

资产	金额	权益	金额
累计折旧	4 000	未分配利润	16 250
资产总额	47 600	权益总额	47 600

其中产品库存 10 件，材料库存 300 千克。

计划 2018 年销售产品 630 件，有关计划如下：

每季分别销售 100、150、200、180 件，每件单价 200 元，销售款当季收取 60%，其余下季收取；

每季末保持下季销量 10% 的产品库存，年末产品库存 20 件；

每件产品消耗材料 10 千克，材料单价 5 元，材料库存在季末保持下季用量的 20%，年末库存 400 千克，材料款本季支付 50%，其余下季支付；

每件产品工时定额 10 小时，每小时工资成本 2 元，变动性制造费用 0.5 元，全年固定性制造费用总额 9 600 元，每季度发生额预计为 2 375 元、2 525 元、2 310 元、2 390 元。全年预计折旧 4 000 元；

全年销售管理费用总额 20 000 元，计划所得税费用 16 000 元；

在第二季度购置设备一台需支出 10 000 元，第二和第四季度分别支付现金股利 8 000元；

计划季末最低现金余额 6 000 元，现金不足安排借款，多余归还借款，短期借款利率 10%，长期借款利率 12%。

要求：

（1）编制销售预算和现金收入预算。

	1 季度	2 季度	3 季度	4 季度	合计
销售量(件)					
单价(元)					
销售收入					
上年应收账款					
第一季度(销售 20 000 元)					
第二季度(销售 30 000 元)					
第三季度(销售 40 000 元)					
第四季度(销售 36 000 元)					
现金收入合计					

（2）编制生产预算。

	1 季度	2 季度	3 季度	4 季度	合计
预计销售量					
加：期末销售存货					
合计					
减：预计期初存货					
预计生产量					

（3）编制材料预算和现金支出预算。

	1 季度	2 季度	3 季度	4 季度	合计
生产量(件)					
单位产品材料用量（千克）					
生产需用量(千克)					
加：预计期末量（千克）					
合计					
减：预计期初库存（千克）					
预计采购量（千克）					
单价(元)					
预计采购金额					
上年应付账款					
第一季度(采购5 300 元)					
第二季度(采购8 180 元)					
第三季度(采购9 740 元)					
第四季度(采购9 280 元)					
预计现金支出					

（4）编制现金预算。

	1 季度	2 季度	3 季度	4 季度	合计
期初现金余额					
加：销售现金收入					
可使用现金					

续表

	1 季度	2 季度	3 季度	4 季度	合计
减：现金支出					
直接材料					
直接人工					
制造费用					
销售管理费用					
所得税费用					
购置设备支出					
现金股利支出					
现金支出合计					
现金多余或不足					
向银行借款					
还银行借款					
短期借款利息					
长期借款利息					
期末现金余额					

（5）编制预计利润表和预计资产负债表。

预计利润表

销售收入	
销售成本	
毛利	
销售管理费用	
利息	
利润总额	
所得税费用	
净利润	

预计资产负债表

单位：元

资产	年初	年末	权益	年初	年末
现金	8 000		应付账款	2 350	
应收账款	6 200		长期借款	9 000	
材料	1 500				
产品	900				
固定资产	35 000		股本	20 000	
累计折旧	4 000		未分配利润	16 250	
资产总额	47 600		权益总额	47 600	

答案及解析

一、单项选择题

1. 【答案】A

【解析】（1）每个季度的赊销比例是(1－60%)＝40%，全部计入下季度初的应收账款中，上年第四季度的销售额的 40% 为 18 000 元，上年第四季度的销售额为 18 000 ÷ 40% ＝45 000（元），其中的 35% 在第一季度收回（即第一季度收回 45 000 × 35% ＝15 750 元）。（2）第一季度期初的应收账款中包括上年第三季度的销售额 4 000 元，占上年第三季度的销售额的 5%，在第一季度可以全部收回，所以，第一季度收回的期初应收账款＝15 750＋4 000＝19 750（元）。

2. 【答案】C

【解析】二季度预计材料采购量＝(二季度预计生产需用量＋二季度预计期末材料存量)－二季度预计期初材料存量＝(二季度预计生产需用量＋二季度预计期末材料存量)－一季度预计期末材料存量，预计生产需用量＝预计生产量×单位产品需要量＝2×预计生产量，预计生产量＝(预计销售量＋预计期末产成品存货数量)－预计期初产成品存货数量，二季度预计生产量＝(二季度预计销售量＋二季度预计期末产成品存货数量)－二季度预计期初产成品存货数量＝(二季度预计销售量＋二季度预计期末产成品存货数量)－一季度预计期末产成品存货数量＝(800＋900×10%)－800×10%＝810(件)，二季度预计生产需用量＝810×2＝1 620（千克），三季度预计生产需用量＝(900＋850×10%－900×10%)×2＝1 790（千克），一季度预计期末材料存量＝1 620×20%＝324（千克），二季度预计期末材料存量＝1 790×20%＝358（千克），二季度预计材料采购量＝（1 620＋358）－324＝1 654（千克）。

3. 【答案】D

【解析】在编制利润表预算时，“所得税费用”项目是在利润预测时估计的，并已列入现金预算。它通常不是根据“利润总额”和所得税税率计算出来的，因为有诸多纳税调整事项的存在，所以选项 D 的说法不正确。

4.【答案】D

【解析】直接材料预算、直接人工预算、产品成本预算的编制均需要以生产预算为基础，管理费用多属于固定成本，所以，一般是以过去的实际开支为基础，按预算期的可预见变化来调整。因此选项 D 是正确答案。

【该题针对“销售费用和管理费用预算”知识点进行考核】

5.【答案】D

【解析】理论上，该方法适用于编制全面预算中所有与业务量有关的预算，但实务中主要用于编制成本费用预算和利润预算，尤其是成本费用预算。

【该题针对“固定预算与弹性预算（综合）”知识点进行考核】

6.【答案】B

【解析】单位产品成本 = 单位材料费用 + 单位直接人工费用 + 单位制造费用 = 8 + 6 + 4 = 18（元）。

【该题针对“产品成本预算”知识点进行考核】

7.【答案】C

【解析】零基预算是“以零为基础编制预算”的方法，在编制费用预算时，不考虑以往期间的费用项目和费用数额，因此选项 C 的说法不正确。

【该题针对“增量预算与零基预算”知识点进行考核】

8.【答案】A

【解析】第一季度生产量 = 250 × 10% + 200 − 200 × 10% = 205（件）。

9.【答案】C

【解析】弹性预算的编制前提是将成本按性态分析，划分为固定成本和变动成本。

10.【答案】C

【解析】控制过程包括经济活动的状态计量、实际状态和标准的比较、两者差异的确认和分析，以及采取措施调整经济活动等。因此选项 C 的说法不正确。

【该题针对“全面预算的作用”知识点进行考核】

11.【答案】C

【解析】增量预算不利于调动各部门达成预算目标的积极性，零基预算编制工作量大，选项 AB 的表述不正确。定期预算不能适应连续不断的业务活动过程的预算管理，选项 D 的表述不正确。

12.【答案】C

【解析】定期预算法是以不变的会计期间作为预算期间编制预算的方法。采用定期预算法编制预算，能够保证预算期间与会计期间在时期上配比，便于依据会计报告的数据与预算的比较，考核和评价预算的执行结果。

【该题针对“定期预算与滚动预算”知识点进行考核】

13.【答案】D

【解析】第二季度期初存货 = 72 000 × 50% − 8 000 = 28 000（件）；第二季度期末存货 = 84 000 × 50% = 42 000（件）；第二季度预计产量 = 72 000 + 42 000 − 28 000 = 86 000（件）。

二、多项选择题

1.【答案】ABD

【解析】选项 C 的错误之处在于没有考虑现金的筹措和利用情况。

2.【答案】ABC

【解析】9 月份支付货款 = 40 × 10% + 50 × 30% + 60 × 60% = 55（万元）；10 月初的应付账款 = 50 × 10% + 60 ×（1 − 60%）= 29（万元）；10 月末的应付账款 = 60 × 10% + 100 ×（1 − 60%）= 46（万元）。

3.【答案】BCD

【解析】运用零基预算法编制费用预算的优点是不受前期费用项目和费用水平的制约，能够调动各部门降低费用的积极性，但其缺点是编制工作量大。

4.【答案】AD

【解析】定期预算的优点在于保证预算期间与会计期间在时期上配比，便于依据会计报告的数据与预算的比较，考核和评价预算的执行结果。其缺点是不利于前后各个期间的预算衔接，不能适应连续不断的业务活动过程的预算管理。

5.【答案】ABD

【解析】预计期初产成品存货 + 预计生产量 = 预计期末产成品存货，因此可得出答案 ABD。

6.【答案】BCD

【解析】直接人工预算、直接材料预算、

变动制造费用以生产预算为基础来编制。固定制造费用，需要逐项进行预计，通常与本期产量无关。销售预算是整个预算的编制起点，也是编制其他有关预算的基础，A 不选。

7. 【答案】ABD

【解析】零基预算法是“以零为基础编制预算”的方法，在应用零基预算法编制费用预算时，不考虑以往期间的费用项目和费用数额。所以选项 C 的说法不正确，选项 A、B、D 的说法正确。

8. 【答案】ABD

【解析】直接人工预算是以生产预算为基础编制的。其主要内容有预计产量、单位产品工时、人工总工时、每小时人工成本和人工总成本。

9. 【答案】CD

【解析】现金多余或不足 = 期初现金余额 + 销货现金收入 - 各项支出（经营性支出、资本性支出），选项 A、B 需要考虑；归还本息和利息、利用多余的现金进行证券投资都属于现金的运用，与计算现金多余或不足无关。

【该题针对“现金预算”知识点进行考核】

10. 【答案】ABC

【解析】利润等于收入减去成本费用，收入是从销售预算中得到的，而成本费用包括产品成本、销售费用、管理费用、财务费用，因此也需要考虑产品成本预算、销售和管理费用预算、财务费用预算等，所以选项 ABC 是答案。

【该题针对“利润表预算”知识点进行考核】

11. 【答案】ACD

【解析】永续预算法即为滚动预算法又称连续预算法，是在上期预算完成情况基础上，调整和编制下期预算，并将预算期间逐期连续向后滚动推移，使预算期间保持一定的时期跨度，所以选项 C 的说法正确；滚动预算法能够使预算期间依时间顺序向后滚动，能够保持预算的持续性，有利于考虑未来业务活动，结合企业近期目标和长期目标；使预算随时间推进不断加以调整和修订，能使预算与实际情况更相适应，有利于充分发挥预算的指导和控制作用，所以选项 A、D 的说法正确。

【该题针对“定期预算与滚动预算”知识点进行考核】

三、计算分析题

1. 【答案】

（1）2019 年 2 月份销售现金流入量 = $(120\times70\%+200\times20\%+150\times10\%)\times(1+13\%)=157.07$（万元）

2019 年 2 月份购买材料现金流出量 = $(180\times90\%\times80\%+120\times90\%\times10\%+200\times90\%\times10\%)\times(1+13\%)=178.992$（万元）

（2）2019 年 2 月末应收账款 = $(200\times10\%+120\times30\%)\times(1+13\%)=63.28$（万元）

2019 年 2 月末应付账款 = $(120\times90\%\times10\%+180\times90\%\times20\%)\times(1+13\%)=48.816$（万元）

（3）设借款额为 X 万元：

$X-9.83\geqslant2$，解得 $X\geqslant11.83$ 万元，因为要求借款本金必须是 3 000 元的整数倍，所以，2019 年 2 月份借款 = 12（万元）

2 月末的现金余额 = 12 - 9.83 = 2.17（万元）。

（4）设还款额为 Y 万元：

$6.14-Y-Y\times12\%\times2/12\geqslant2$，解得 $Y\leqslant4.05$ 万元，因为要求还款金额必须是 3 000 元的整数倍，所以 2019 年 3 月份还款本金 = 3.9 万元。

2019 年 3 月份还款利息 = $3.9\times12\%\div12\times2=0.078$（万元）

3 月末的现金余额 = 6.14 - 3.9 - 0.078 = 2.162（万元）

2. 【答案】

第一季度现金收入合计 = 年初的 200 + 第一季度收入的 3/5 = $200+900\times3/5=740$（万元）

第二季度现金收入合计 = $900\times2/5+1\,800\times3/5=1\,440$（万元）

第三季度现金收入合计 = $1\,800\times2/5+800\times3/5=1\,200$（万元）

第四季度现金收入合计 = $800\times2/5+800\times3/5=800$（万元）

第一季度现金余缺 = 20 + 740 - 740 = 20

(万元)

第二季度现金余缺 = 20 + 1 440 - 2 300 = -840(万元)

假设第二季度为A,则:-840 + A - A × 2% > 10,解得:A > 867.34

因为A必须是5万元的整倍数,所以A = 870万元,即第二季度向银行借款870万元。

第二季度期末现金余额 = -840 + 870 - 17.4 = 12.60(万元)

第三季度期末现金余额 = 12.6 + 1 200 - 540 = 672.60(万元)

假设第三季度还款为B,则:672.6 - B - 17.4 > 10,解得:B < 645.2

因为B必须是5万元的整倍数,所以B = 645万元,所以第三季度归还银行借款645万元。

第三季度支付借款利息 = 870 × 2% = 17.4(万元)

第三季度期末现金余额 = 672.6 - 645 - 17.4 = 10.2(万元)

第四季度现金余缺 = 10.2 + 800 - 540 = 270.2(万元)

第四季度支付的借款利息 = (870 - 645) × 2% = 4.5(万元)

假设第四季度还款为C,则:270.2 - C - 4.5 > 10,解得:C < 255.7,但总共欠银行还有870 - 645 = 225(万元)。

因为C必须是5万元的整倍数,所以C = 225万元,所以第四季度归还银行借款225万元。

第四季度支付借款利息4.5万元,

第四季度期末现金余额 = 270.2 - 225 - 4.5 = 40.7(万元)。

现金预算

单位:万元

季度	一	二	三	四	合计
期初现金余额	20	20	12.6	10.2	
现金收入:					
本期销售本期收款	540	1 080	480	480	
上期销售本期收款	200	360	720	320	
现金收入合计	740	1 440	1 200	800	4 180
现金支出:					
直接材料	800/2 = 400	400			800
直接人工		900			900
制造费用	200	860	200	200	1 460
销售与管理费用	100	100	100	100	400
所得税费用	40	40	40	40	160
购买设备支出			200	200	400
现金支出合计	740	2 300	540	540	4 120
现金多余或不足	20	-840	672.6	270.2	
向银行借款		870			870
归还银行借款			645	225	870
支付借款利息		17.4	17.4	4.5	39.3
期末现金余额	20	12.6	10.2	40.7	

四、综合题

【答案】

（1）编制销售预算和现金收入预算。

	1 季度	2 季度	3 季度	4 季度	合计
销售量（件）	100	150	200	180	630
单价（元）	200	200	200	200	200
销售收入	20 000	30 000	40 000	36 000	126 000
上年应收账款	6 200				6 200
第一季度（销售 20 000 元）	12 000	8 000			20 000
第二季度（销售 30 000 元）		18 000	12 000		30 000
第三季度（销售 40 000 元）			24 000	16 000	40 000
第四季度（销售 36 000 元）				21 600	21 600
现金收入合计	18 200	26 000	36 000	37 600	117 800

（2）编制生产预算。

	1 季度	2 季度	3 季度	4 季度	合计
预计销售量	100	150	200	180	630
加：期末销售存货	15	20	18	20	20
合计	115	170	218	200	650
减：预计期初存货	10	15	20	18	10
预计生产量	105	155	198	182	640

（3）编制材料预算和现金支出预算。

	1 季度	2 季度	3 季度	4 季度	合计
生产量（件）	105	155	198	182	640
单位产品材料用量（千克）	10	10	10	10	10
生产需用量（千克）	1 050	1 550	1 980	1 820	6 400
加：预计期末量（千克）	310	396	364	400	400
合计	1 360	1 946	2 344	2 220	6 800
减：预计期初库存（千克）	300	310	396	364	300
预计采购量（千克）	1 060	1 636	1 948	1 856	6 500
单价（元）	5	5	5	5	5
预计采购金额	5 300	8 180	9 740	9 280	32 500
上年应付账款	2 350				2 350

续表

	1 季度	2 季度	3 季度	4 季度	合计
第一季度（采购 5 300 元）	2 650	2 650			5 300
第二季度（采购 8 180 元）		4 090	4 090		8 180
第三季度（采购 9 740 元）			4 870	4 870	9 740
第四季度（采购 9 280 元）				4 640	9 280
预计现金支出	5 000	6 740	8 960	9 510	30 210

（4）编制现金预算。

	1 季度	2 季度	3 季度	4 季度	合计
期初现金余额	8 000	8 200	6 060	6 290	8 000
加：销售现金收入	18 200	26 000	36 000	37 600	117 800
可使用现金	26 200	34 200	42 060	43 890	125 800
减：现金支出：					
直接材料	5 000	6 740	8 960	9 510	30 210
直接人工	2 100	3 100	3 960	3 640	12 800
制造费用	1 900	2 300	2 300	2 300	8 800
销售管理费用	5 000	5 000	5 000	5 000	20 000
所得税费用	4 000	4 000	4000	4 000	16 000
购置设备支出		10 000			10 000
现金股利支出		8 000		8 000	16 000
现金支出合计	18 000	39 140	24 220	32 450	113 810
现金多余或不足	8 200	(4 940)	17 840	11 440	11 990
向银行借款		11 000			11 000
还银行借款			11 000		11 000
短期借款利息			550		550
长期借款利息				1 080	1 080
期末现金余额	8 200	6 060	6 290	10 360	10 360

（5）编制预计利润表和预计资产负债表。

产品制造费用分配率 $=(8\ 800+4\ 000)/6\ 400=2$（元/小时）

产品单位成本 $=10\times5+10\times2+10\times2=90$（元）

预计利润表

销售收入	126 000
销售成本	57 600
毛利	69 300
销售管理费用	20 000
利息	1 630
利润总额	47 670
所得税费用	16 000
净利润	31 670

预计资产负债表

资产	年初	年末	权益	年初	年末
现金	8 000	10 360	应付账款	2 350	4 640
应收账款	6 200	14 400	长期借款	9 000	9 000
材料	1 500	2 000			
产品	900	1 800			
固定资产	35 000	45 000	股本	20 000	20 000
累计折旧	4 000	8 000	未分配利润	16 250	31 920
资产总额	47 600	65 560	权益总额	47 600	65 560

第十九章　责任会计

本章考情分析

本章从考试来说，近几年分数较少，考试题型主要是客观题，有时也会出小的计算分析题。计算分析题的考点主要集中在责任中心业绩考核指标上。

本章教材变化

本章增加了利润中心考核指标的计算公式以及对三大责任中心的总结对比。

基本内容框架

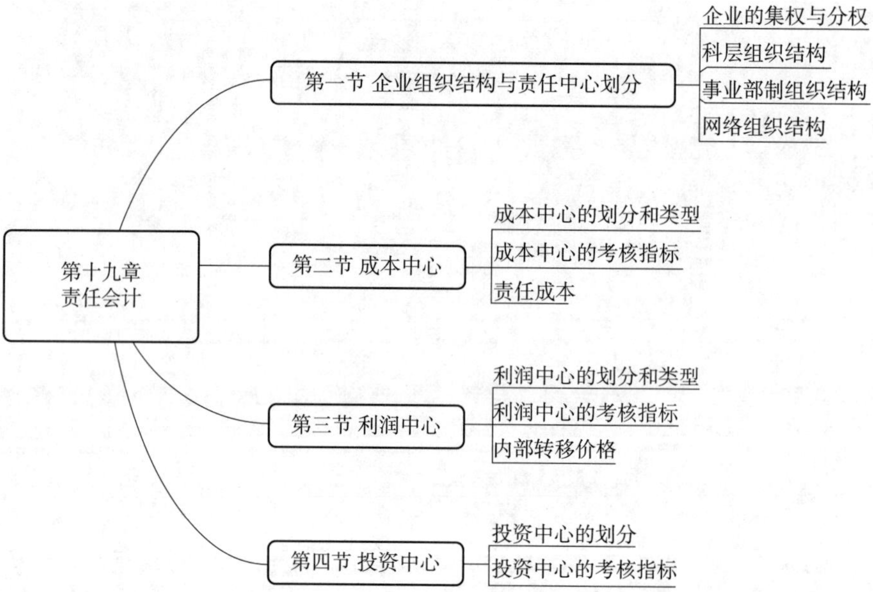

通关重难点例题解析

考点一：企业组织结构与责任中心划分相关概念（★）

一、责任会计的含义

责任会计是指为适应企业内部经济责任制的要求，对企业内部各责任中心的经济业务进行规划与控制，以实现业绩考核与评价的一种内部会计控制制度。

责任中心的划分：根据内部单位职责范围和权限大小，可以将其分为成本中心、收入中心、利润中心和投资中心。

二、企业的集权与分权（★）

集权：集权是把企业经营管理权限较多集中在企业上层的一种组织形式。

分权：分权是把企业的经营管理权适当的分散在企业中下层的一种组织形式。

	优点	缺点
集权	①便于提高决策效率，对市场作出迅速反应；②容易实现目标的一致性；可以避免重复和资源浪费	容易形成对高层管理者的个人崇拜，形成独裁，导致将来企业高管更替困难，影响企业长远发展
分权	①可以让高层管理者将主要精力集中于重要事务；②权力下放，可以充分发挥下属的积极性和主动性，增加下属的工作满足感，便于发现和培养人才；③下属拥有一定的决策权，可以减少不必要的上下沟通，并可以对下属权限内的事情迅速作出反应	可能产生与企业整体目标不一致的委托—代理问题

三、常见的企业组织机构模式

分类		含义	特点
科层组织结构（★）	直线指挥机构	科层组织机构中，存在直线指挥结构和参谋指挥机构两类管理机构，决策权力主要集中在最高层的直线领导手中。 在这类机构中，企业生产经营活动主要由直线人员统一领导和指挥。职能部门设置在直线领导之下，分别从事专业管理，是各级直线领导的参谋部	优点：各个职能目标明确，部门主管容易控制和规划；内部资源较为集中，减少不必要的重复和浪费。 缺点：部门之间的协调常出现困难，导致不同部门各自为政，甚至争夺公司内部资源。公司对外界环境反应迟钝，员工变得眼光狭隘，缺乏整体意识和创新意识
	参谋指挥机构		
事业部组织机构（★）		事业部制是一种分权的组织结构。在这种组织结构中，它把分权管理与独立核算结合在一起，在总公司统一领导下，按照产品、地区或者市场（客户）来划分经营单位（即事业部）。 其管理原则是集中决策、分散经营、协调控制	(1) 在总公司之下，企业按照产品、地区或者顾客类别设置生产经营事业部。 (2) 每个事业部设置各自的执行总经理，每位执行总经理都有权进行采购、生产和销售，对其事业部的生产经营，包括收入、成本和利润的实现负全部责任。 (3) 总公司在重大问题上集中决策，各个事业部独立经营、独立核算、自负盈亏，是一个利润中心。 (4) 各个事业部盈亏影响总公司盈亏，总公司利润是各个事业部利润之和，总公司对各个事业部下达利润指标
网络组织结构（★）		它是一个由众多独立的创新经营单位组成的彼此有紧密联系的网络。 这种新组织模式的强调减少企业管理层次、强化分权管理为主要内容的组织形式，其组织结构单元和单元之间的关系类似一个网络，所以也成为扁平化网络组织（N形组织）	(1) 分散性。它不是几个或几十个大的战略经营单位的结合，而是由为数众多的小规模经营单位构成的企业联合体，这些经营单位具有很大的独立性。 (2) 创新性。最高管理层的管理主要集中在驱动创新过程，创新活动已由过去少数高层管理人员推动转变为企业基层人员的重要职责。 (3) 高效性。在这种组织形式下，行政管理和辅助职能部门被精简。基层企业可以自主地根据具体的市场情况组织生产经营活动，快速地对市场作出反应。 (4) 协作性。在这种组织形式下，独立的小规模经营单位的资源是有限的，在生产经营中必须大量依赖与其他单位的广泛合作

【例题1·多选题】下列有关组织结构的表述正确的有（　　）。

A. 科层组织结构是一种分权的组织结构

B. 事业部制组织结构下各个事业部是一个利润中心

C. 网络组织结构是一种集权的组织结构

D. 事业部制结构是一种分权的组织结构

【答案】BD

【解析】科层组织结构企业生产经营的决策权力主要集中在最高层的直线领导手中，选项A错误。网络组织结构不是几个或几十个大的战略经营单位的结合，而是由为数众多的小规模经营单位构成的企业联合体，这些经营单位具有很大的独立性，选项C错误。

【例题2·单选题】科层组织结构下企业生产经营的决策权力主要集中在（　　）。

A. 总部的直线领导手中

B. 分部的直线领导手中

C. 财务部的直线领导手中

D. 营销部的直线领导手中

【答案】A

【解析】企业生产经营的决策权力主要集中在最高层的直线领导手中。

【例题3·多选题】下列有关科层组织结构的表述正确的有（　　）。

A. 科层组织结构是一种分权的组织结构

B. 直线指挥机构是科层组织结构的主体

C. 财务部门是科层组织结构的辅助

D. 科层组织结构下各个部门整体意识和创新精神强

【答案】BC

【解析】科层组织结构一般是一种相对集权的组织结构，A错误；科层组织结构下直线指挥机构是主体，参谋职能机构是辅助，参谋职能机构包括如研究开发部、人力资源部、财务部、营销部及售后服务部等，所以B和C正确。科层组织结构下各个部门只看到本部门的目标和利益，缺乏整体意识和创新精神。

考点二：成本中心的考核指标（★★）

成本中心：成本中心是指只对其成本或费用承担经济责任，负责控制和报告成本的责任中心。

类型	特点与考核指标
标准成本中心	适用于必须是所生产的产品稳定而明确；并且已经知道单位产品所需要的投入量的责任中心。 标准成本中心的考核指标，是既定产品质量和数量条件下的标准成本。标准成本中心不对生产能力的利用程度负责，而只对既定产量的投入量承担责任。即使采用完全成本法，成本中心不对固定制造费用的闲置能量差异负责，但仍需对固定制造费用的其他差异要承担责任
费用中心	适用于那些产出物不能用财务指标来衡量，或者投入和产出之间没有密切关系的单位。 费用中心的考核指标，通常使用费用预算来评价其控制业绩，包括考察同行业类似职能的支出水平和编制零基预算

【例题4·多选题】甲车间为标准成本中心，按完全成本法进行产品成本计算，乙部门为费用中心，下列表述正确的有（　　）。

A. 甲车间超产或提前产出，要受到批评甚至惩罚

B. 甲车间不对固定制造费用耗费差异负责

C. 甲车间不对固定制造费用闲置能量差异负责

D. 乙部门的支出没有超过预算，说明该中心业绩良好

【答案】AC

【解析】标准成本中心必须按规定的质量、时间标准和计划产量来进行生产，这个要求是"硬性"的。完不成上述要求，成本中心要受到批评甚至惩罚。过高的产量，提前产出造成积压，超产以后销售不出去，同样会给企业造成损失，也应视为未按计划进行生产，A正确；标准成本中心不对生产能力的利用程度负责，而只对既定产量的投入量承担责任。如果采用完全成本法，成本中心不对闲置能量的差异负责，对于固定制造费用的其他差异要承担责任。B错误，C正确。一个费用中心的支出没有超过预算，也不能说明该中心业绩良好，因为该中心的工作质量和服务水平可能低于计划的要求，D错误。

【例题5·多选题】（2014年）某生产车间是一个标准成本中心。下列各项标准成本差异中，通常不应由该生产车间负责的有（　　）。

A. 直接材料数量差异

B. 直接材料价格差异

C. 直接人工工资率差异

D. 固定制造费用闲置能量差异

【答案】BCD

【解析】直接材料数量差异是在材料耗用过程中形成的，因此通常应由该生产车间负责。直接材料价格差异是在采购过程中形成的，应由采购部门对其作出说明。直接人工工资率差异一般来说应归属于人事劳动部门管理。固定制造费用的闲置能量差异=（生产能量－实际工时）×固定制造费用标准分配率=（生产能量－实际产量×实际单位工时）×固定制造费用标准分配率，由于标准成本中心不对生产能力的利用程度负责（即不对实际产量负责），只对既定产量的投入量承担责任，所以标准成本中心不对固定制造费用闲置能量差异负责。

考点三：责任成本（★★）

责任成本：特定责任中心的全部可控成本。

（1）责任成本计算与变动成本计算、制造成本计算的主要区别。

项目	责任成本计算	变动成本计算	制造成本计算
计算目的	为了评价成本控制业绩	为了经营决策	为了确定产品存货成本和销货成本
成本计算对象	责任中心	产品	产品
成本范围	各责任中心的可控成本	变动制造成本，包括直接材料成本、直接人工成本和变动制造费用，有时还包括变动的销售费用和管理费用	全部制造成本，包括直接材料成本、直接人工成本和全部制造费用
共同费用在成本对象间分摊的原则	按可控原则把成本归属于不同责任中心，谁能控制谁负责，不仅可控的变动间接费用要分配给责任中心，可控的固定间接费用也要分配给责任中心	只分摊变动制造费用，不分摊固定制造费用	按受益原则归集和分摊费用，谁受益谁负担，要分摊全部制造费用

（2）可控成本。

可控成本：指在特定时期内、特定责任中心能够直接控制其发生的成本。

所谓可控成本通常应符合以下三个条件：①成本中心有办法知道将发生什么样性质的耗费；②成本中心有办法计量它的耗费；③成本中心有办法控制并调节它的耗费。凡不符合上述三个条件的，即为不可控成本。

（3）制造费用的归属和分摊方法。

方法	内容
1. 直接计入责任中心	可以直接判别责任归属的费用项目，直接列入应负责的成本中心
2. 按责任基础分配	对不能直接归属于个别责任中心的费用，优先采用责任基础分配
3. 按受益基础分配	有些费用不是专门属于某个责任中心的，也不宜用责任基础分配，但与各中心的受益多少有关，可按受益基础分配
4. 归入某一个特定的责任中心	有些费用既不能用责任基础分配，也不能按受益基础分配，则考虑有无可能将其归属于一个特定的责任中心
5. 不进行分摊	不能归属于任何责任中心的固定成本，不进行分摊，可暂时不加控制，作为不可控费用

【例题6·多选题】（2013年）判别一项成本是否归属责任中心的原则有（　　）。

A. 责任中心能否通过行动有效影响该项成本的数额

B. 责任中心是否有权决定使用引起该项成本发生的资产或劳务

C. 责任中心能否参与决策并对该项成本的发生施加重大影响

D. 责任中心是否使用了引起该项成本发生的资产或劳务

【答案】ABC

【解析】确定成本费用支出责任归属的三原则：第一，假如某责任中心通过自己的行动能有效地影响一项成本的数额，那么该中心就要对这项成本负责；第二，假如某责任中心有权决定是否使用某种资产或劳务，它就应对这些资产或劳务的成本负责；第三，某管理人员虽然不直接决定某项成本，但是上级要求他参与有关事项，从而对该项成本的支出施加了重要影响，则他对该成本也要承担责任。

【例题7·单选题】（2010年）某生产车间是一个标准成本中心。为了对该车间进行业绩评价，需要计算的责任成本范围是（　　）。

A. 该车间的直接材料、直接人工和全部制造费用

B. 该车间的直接材料、直接人工和变动制造费用

C. 该车间的直接材料、直接人工和可控制造费用

D. 该车间的全部可控成本

【答案】D

【解析】责任成本是以具体的责任单位（部门、单位或个人）为对象，以其承担的责任为范围所归集的成本，也就是特定责任中心的全部可控成本。所以，选项D是正确的。

【例题8·多选题】甲公司将某生产车间设为成本责任中心，该车间领用材料型号为GB007，另外还发生机器维修费、试验检验费以及车间折旧费。下列关于成本费用责任归属的表述中，正确的有（　　）。

A. 型号为GB007的材料费用直接计入该成本责任中心

B. 车间折旧费按照受益基础分配计入该成本责任中心

C. 机器维修费按照责任基础分配计入该成本责任中心

D. 试验检验费归入另一个特定的成本中心

【答案】ACD

【解析】本题中的型号为GB007的材料费用属于该成本责任中心的可控成本，因此，选项A的说法正确。本题中的机器维修费、试验检验费以及车间折旧费均属于制造费用，制造费用的归属和分摊一般依次按下述五个步骤来处理：①直接计入责任中心：将可以直接判别责任归属的费用项目，直接列入应负责的成本中心。例如，机物料消耗、低值易耗品的领用等。②按责任基础分配：对于不能直接归属于个别责任中心的费用，优先采用责任基础分配。有些费用虽然不能直接归属于特定成本中心，但它们的数额受成本中心的控制，能找到合理依据来分配，如动力费、维修费等。所以，选项C的说法正确。③按受益基础分配：有些费用不是专门属于某个责任中心的，但与各责任中心的受益多少有关，可按受益基础分配，如按照装机功率分配电费等。④归入某一个特定的责任中心：有些费用既不能用责任基础分配，也不能用受益基础分配，则考虑有无可能将其归属于一个特定的责任中心。例如，车间的运输费用和试验检验费用，难以分配到生产班组，不如建立专门的成本中心，由其控制此项成本，不向各班组分配。所以，选项D的说法正确。⑤不能归属于任何责任中心的固定成本，不进行分摊。例如，车间厂房的折旧是以前决策的结果，短期内无法改变，可暂时不加控制，作为不可控费用。所以，选项B的说法不正确。

考点四：利润中心的考核指标（★★）

利润中心：利润中心是指对利润负责的责任中心。由于利润等于收入减去成本和费用，所以利润中心是对收入和成本都要承担责任的责任中心。利润中心有两种类型，一种是自然的利润中心，另一种是人为的利润中心。

①边际贡献 = 销售收入 - 变动成本总额
②部门可控边际贡献 = 边际贡献 - 可控固定成本
③部门税前经营利润 = 部门可控边际贡献 - 不可控固定成本

【例题9·单选题】（2017年）甲部门是一个利润中心。下列财务指标中，最适合用来评价该部门经理业绩的是（ ）。

A. 边际贡献

B. 可控边际贡献

C. 部门税前经营利润

D. 部门投资报酬率

【答案】B

【解析】以可控边际贡献作为业绩评价依据可能是最好的，它反映了部门经理在其权限和控制范围内有效使用资源的能力。

考点五：内部转移价格的种类和适用条件（★★）

内部转移价格是指企业内部分公司、分厂、车间、分部等责任中心之间相互提供产品（或服务）、资金等内部交易时所采用的计价标准。

种类	含义	适用范围
价格型内部转移价格	是指以市场价格为基础制定的、由成本和毛利构成内部转移价格的方法	一般适用于内部利润中心
成本型内部转移价格	是指以标准成本等相对稳定的成本数据为基础，制定内部转移价格的方法	一般适用于内部成本中心
协商型内部转移价格	是指企业内部供求双方为使双方利益相对均衡，通过协商机制制定内部转移价格的方法	主要适用于分权程度较高的情形

考点六：投资中心的考核指标（★★）

投资中心：指某些分散经营的单位或部门，其经理所拥有的自主权不仅包括制定价格、确定产品和生产方法等短期经营决策权，而且还包括投资规模和投资类型等投资决策权。

1. 指标一：投资报酬率

（1）公式：部门投资报酬率＝部门税前经营利润/部门平均净经营资产

（2）优点：它是根据现有的会计资料计算的，比较客观；可用于部门之间，以及不同行业之间的比较；用它来评价每个部门的业绩，促使其提高本部门的投资报酬率，有助于提高整个公司的投资报酬率；部门投资报酬率可以分解为投资周转率和部门经营利润率两者的乘积并可进一步分解为资产的明细项目和收支的明细项目，从而对整个部门的经营状况作出评价。

（3）缺点：部门经理会产生“次优化”行为，具体来讲，会放弃高于资本成本而低于目前部门投资报酬率的机会，或者减少现有的投资报酬率较低但高于资本成本的某些资产，使部门的业绩获得较好评价，但却伤害了企业整体的利益。

2. 指标二：剩余收益

（1）公式：部门剩余收益＝部门税前经营利润－部门平均净经营资产应计报酬＝部门税前经营利润－部门平均净经营资产×要求的报酬率

（2）优点：与增加股东财富的目标一致，可以使业绩评价与公司的目标协调一致，引导部门经理采纳高于公司资本成本的决策；允许使用不同的风险调整资本成本。

（3）缺点：指标是绝对数指标，不便于不同规模的公司和部门之间的比较。

【例题10·多选题】以下关于责任中心的表述中，正确的有（ ）。

A. 任何发生成本的责任领域都可以确定为成本中心

B. 任何可以计量利润的组织单位都可以确定为利润中心

C. 与利润中心相比，标准成本中心仅缺少销售权

D. 投资中心不仅能够控制生产和销售，还能控制占用的资产

【答案】AD

【解析】本题的主要考核点是有关各类责任中心的含义和特点。任何发生成本的责任领域都可以确定为成本中心，但并不是任何可以计量利润的组织单位都可以确定为利润中心，从本质上讲，只有当其管理人员有权对其供货的来源和市场的选择进行决策等权力，而且可以计量利润的组织单位才可以确定为利润中心。与利润中心相比，标准成本中心的管理人员不仅缺少销售权，而且对产品的品种和数量也无权决策。投资中心不仅能够控制生产和销售，还能控制占用的资产

(即具有投资决策权)。

【例题11·多选题】(2010年)剩余收益是评价投资中心业绩的指标之一。下列关于剩余收益指标的说法中,正确的有( )。

A. 剩余收益可以根据现有财务报表资料直接计算

B. 剩余收益可以引导部门经理采取与企业总体利益一致的决策

C. 计算剩余收益时,对不同部门可以使用不同的资本成本

D. 剩余收益指标可以直接用于不同部门之间的业绩比较

【答案】BC

【解析】剩余收益=部门边际贡献-部门资产×资本成本,故A项不正确;剩余收益是绝对数指标,不便于不同部门之间的比较,故D项不正确。剩余收益的主要优点是可以使业绩评价与企业的目标协调一致,引导部门经理采纳高于企业资本成本的决策;采用剩余收益指标还有一个好处,就是允许使用不同的风险调整资本成本。

考点七:三大责任中心特征对比

项目	应用范围	权利	考核范围	考核指标
成本中心	最广	可控成本的控制权	可控的成本、费用	标准成本中心:是既定产品质量和数量条件下的标准成本。费用中心:费用预算
利润中心	较窄	有权对其供货的来源和市场的选择进行决策的单位(经营决策权)	成本费用、收入、利润	边际贡献、部门可控边际贡献、部门税前经营利润
投资中心	最小	短期经营决策权、投资决策权	成本费用、收入、利润、投资效果(率)	部门投资报酬率、剩余收益

通关演练

一、单项选择题

1. 甲部门是一个利润中心,下列各项指标中考核该部门经理业绩最适合的指标是( )。

A. 部门营业利润

B. 部门边际利润

C. 部门税后利润

D. 部门可控边际贡献

2. 下列关于制定企业内部转移价格的表述中,错误的是( )。

A. 如果中间产品存在非完全竞争的外部市场,应基于市场价格制定协商转移价格

B. 如果中间产品存在完全竞争市场,理想的转移价格是市场价格

C. 按变动成本加固定费制定转移价格,适用于最终产品市场需求稳定的情况

D. 按全部成本加成制定转移价格,只适用于无法采用其他形式转移价格时

3. 在制造成本法下,以下各项支出中,可以计入产品成本的是( )。

A. 存货跌价损失

B. 行政管理部门使用的固定资产计提的折旧

C. 生产车间管理人员的工资

D. 因操作不当造成的废品净损失

4. 下列各项中,适合建立标准成本中心的单位或部门是( )。

A. 行政管理部门

B. 医院放射科

C. 企业销售部门

D. 企业人力资源部门

5. 某公司某利润中心的有关数据为:销售收入18 000元,销售成本9 000元,变动费用1 000元,可控固定成本3 000元,不可控固定成本2 000元。部门可控边际贡献为( )元。

A. 8 000　　B. 3 000

C. 2 000　　D. 5 000

6. 部门税前经营利润等于( )。

A. 销售收入-销货成本-变动费用

B. 销售收入-销货成本-变动费用-可控固定成本

C. 销售收入-销货成本-变动费用-可

控固定成本－不可控固定成本

D. 销售收入－销货成本－变动费用－可控固定成本－不可控固定成本－公司管理费

7. 一个责任中心的责任成本，是指该责任中心的（　　）。

A. 应计入产品成本的费用

B. 应计入产品成本的变动成本

C. 直接材料、直接人工、制造费用

D. 全部可控成本

8. 下列各个部门中，不能确认为费用中心的是（　　）。

A. 一般行政管理部门

B. 研究开发部门

C. 广告部

D. 车间

二、多项选择题

1. 甲部门是一个标准成本中心，下列成本差异中，属于甲部门责任的有（　　）。

A. 操作失误造成的材料数量差异

B. 生产设备闲置造成的固定制造费用闲置能量差异

C. 作业计划不当造成的人工效率差异

D. 由于采购材料质量缺陷导致工人多用工时造成的变动制造费用效率差异

2. 判别一项成本是否归属责任中心的原则有（　　）。

A. 责任中心能否通过行动有效影响该项成本的数额

B. 责任中心是否有权决定使用引起该项成本发生的资产或劳务

C. 责任中心能否参与决策并对该项成本的发生施加重大影响

D. 责任中心是否使用了引起该项成本发生的资产或劳务

3. 下列关于内部转移价格的说法中，正确的有（　　）。

A. 以市场价格作为内部转移价格，可以鼓励中间产品的内部转移

B. 以市场为基础的协商价格作为内部转移价格，可以照顾双方利益并得到双方的认可

C. 以全部成本作为内部转移价格，可能导致部门经理作出不利于公司的决策

D. 以变动成本加固定费作为内部转移价格，可能导致购买部门承担全部市场风险

4. 成功的协商转移价格依赖于下列条件（　　）。

A. 要有一个某种形式的外部市场，两个部门经理可以自由地选择接受或是拒绝某一价格

B. 在谈判者之间共同分享所有的信息资源

C. 谈判人员的谈判技巧

D. 最高管理层的必要干预

5. 下列各项材料数量差异形成的原因中，属于生产部门责任的有（　　）。

A. 工人操作疏忽造成废品或废料增加

B. 购入材料质量低劣

C. 新工人上岗造成用料增多

D. 机器或工具选用不当

6. 下列内部转移价格制定方法中，提供产品的部门不承担市场变化风险的有（　　）。

A. 变动成本加固定费转移价格

B. 以市场为基础的协商价格

C. 全部成本转移价格

D. 市场价格

7. 以市场为基础的协商价格作为企业内部各组织单位之间相互提供产品的转移价格，需要具备的条件包括（　　）。

A. 要有某种形式的外部市场

B. 各组织单位之间共享所有的信息资源

C. 准确的中间产品的单位变动成本资料

D. 完整的组织单位之间的成本转移流程

8. 下列关于制造费用的归属和分摊方法的表述中，正确的有（　　）。

A. 将可以直接判别责任归属的费用项目，直接列入应负责的成本中心

B. 对不能直接归属于个别责任中心的费用，优先采用受益基础分配

C. 有些费用既不能用责任基础分配，也不能用受益基础分配，则考虑有无可能将其归属于一个特定的责任中心

D. 不能归属于任何责任中心的固定成本，不进行分摊

三、计算分析题

1. 已知某能源类集团公司下设三个投资中心，有关资料如下：

指标	A 投资中心	B 投资中心	C 投资中心
税前经营利润（万元）	10 400	8 450	15 800
平均经营资产（万元）	94 500	75 500	145 000
平均经营负债	20 000	10 000	40 000
平均净经营资产	89 500	66 500	116 000
最低税前投资报酬率	10%	11%	9%
集团公司税前加权平均资本成本	10%		
所得税税率	25%		

要求：

（1）计算各投资中心的投资报酬率，并据此评价各投资中心的业绩。（假设无金融资产）

（2）计算各投资中心的剩余收益，并据此评价各投资中心的业绩。

（3）计算各投资中心的经济增加值，并据此评价各投资中心的业绩。

（假设 C 投资中心年末发生营销支出 300 万元，全部计入销售及管理费用，计算披露的经济增加值时要求将该营销费用资本化）

2. X 公司下属 M 部门生产 A 产品。该部门作为成本中心，一直采用标准成本法控制成本和考核业绩。M 部门全年生产能量 1 300 000 机器工时，单位产品标准机器工时 120 小时，2019 年实际产量 12 000 件，实际耗用机器工时 1 464 000 小时。

2019 年完全成本法下的实际成本资料如下：（1）直接材料实际耗用 124 000 千克，实际价格 24 元/千克；（2）变动制造费用实际 4 296 000 元；（3）固定制造费用实际 2 928 000 元。

2019 年标准成本资料如下：（1）直接材料标准消耗 10 千克/件，标准价格 22 元/千克；（2）变动制造费用预算 3 900 000 元；（3）固定制造费用预算 2 600 000 元。

最近，新任部门经理提出按完全成本法下的标准成本考核业绩不合理，建议公司调整组织结构，将销售部门和生产部门合并为事业部，采用部门可控边际贡献考核经理业绩。目前，该产品年销售 10 050 件，每件售价 1 100 元。经分析，50% 的固定制造费用为部门可控成本，50% 的固定制造费用为部门不可控成本。

要求：

（1）计算 A 产品的单位标准成本和单位实际成本。

（2）分别计算 A 产品总成本的直接材料的价格差异和数量差异、变动制造费用的价格差异和数量差异，用三因素分析法计算固定制造费用的耗费差异、闲置能量差异和效率差异，并指出各项差异是有利差异和不利差异。

（3）计算 M 部门实际的部门可控边际贡献。

答案及解析

一、单项选择题

1. 【答案】D

【解析】以边际贡献作为利润中心的业绩评价依据不够全面；以可控边际贡献作为业绩评价依据可能是最好的，它反映了部门经理在其权限和控制范围内有效使用资源的能力；以部门营业利润作为业绩评价依据，可能更适合评价该部门对公司利润和管理费用的贡献，而不适合于部门经理的评价。

2. 【答案】B

【解析】在中间产品存在完全竞争市场的情况下，市场价格减去对外的销售费用，是理想的转移价格。选项 B 错误。

3. 【答案】C

【解析】在制造成本法下，生产车间管理人员的工资和因操作不当造成的废品净损失不可以计入产品成本，存货跌价损失计入资产减值损失；行政管理部门使用的固定资产计提的折旧应计入管理费用。

4. 【答案】B

【解析】标准成本中心，必须是所生产的

产品稳定而明确，并且已经知道单位产品所需要的投入量的责任中心。医院放射科可以根据接受放射治疗的人数建立标准成本中心。所以选项 B 为本题答案。

5. 【答案】D

【解析】部门可控边际贡献 = 销售收入 - 销售成本 - 变动费用 - 可控固定成本 = 18 000 - 9 000 - 1 000 - 3 000 = 5 000（元）。所以选项 D 为本题答案。

6. 【答案】C

【解析】选项 A 的计算式计算出的是边际贡献，选项 B 的计算式计算出的是可控边际贡献，选项 C 的计算式计算出的是部门税前经营利润，教材中没有涉及选项 D 的计算公式。所以选项 C 为本题答案。

7. 【答案】D

【解析】可控成本是针对特定责任中心来说的，责任成本是特定责任中心的全部可控成本，所以选项 D 为本题答案。

8. 【答案】D

【解析】费用中心，适用于那些产出物不能用财务指标来衡量，或者投入和产出之间没有密切关系的部门或单位。这些部门或单位包括财务、人事、劳资、计划等行政管理部门，研究开发部门，销售部门等。选项 D 是典型的标准成本中心，所以本题答案为 D。

二、多项选择题

1. 【答案】AC

【解析】选项 AC 是在生产过程中造成的，因此属于标准成本中心的责任，产量决策、标准成本中心的设备和技术决策，通常由上级管理部门和职能管理部门做出，而不是由成本中心的管理人员自己决定。因此，标准成本中心不对生产能力的利用程度负责，不对固定制造费用的闲置能量差异负责，所以 B 不正确，D 是采购部门的责任。

2. 【答案】ABC

【解析】确定成本费用支出责任归属的三原则：第一，假如某责任中心通过自己的行动能有效地影响一项成本的数额，那么该中心就要对这项成本负责；第二，假如某责任中心有权决定是否使用某种资产或劳务，它就应对这些资产或劳务的成本负责；第三，某管理人员虽然不直接决定某项成本，但是上级要求他参与有关事项，从而对该项成本的支出施加了重要影响，则他对该成本也要承担责任。

3. 【答案】ABCD

【解析】由于以市场价格为基础的转移价格，通常会低于市场价格，这个折扣反映与外销有关的销售费，以及交货、保修等成本，因此可以鼓励中间产品的内部转移，选项 A 正确。协商价格往往浪费时间和精力，可能会导致部门之间的矛盾，部门获利能力大小与谈判人员的谈判技巧有很大关系，是这种转移价格的缺陷。尽管有上述不足之处，协商转移价格仍被广泛采用，它的好处是有一定弹性，可以照顾双方利益并得到双方认可，选项 B 正确。以全部成本或者以全部成本加上一定利润作为内部转移价格，既不是业绩评价的良好尺度，也不能引导部门经理作出有利于公司的明智决策，选项 C 正确。如果最终产品的市场需求很少时，购买部门需要的中间产品也变得很少，但它仍然需要支付固定费。在这种情况下，市场风险全部由购买部门承担了，选项 D 正确。

4. 【答案】ABD

【解析】部门获利能力大小与谈判人员的谈判技巧有很大关系，但是不是成功的协商转移价格所依赖的条件，选项 C 错误。

5. 【答案】ACD

【解析】购入的材料质量低劣造成用量增加属于采购部门的责任，而不是生产部门的责任。

6. 【答案】AD

【解析】以“变动成本加固定费转移价格”作为内部转移价格时，只需要考虑单位变动成本和固定费，不需要考虑市场价格，所以，选项 A 是答案。以“全部成本转移价格”作为内部转移价格时，是以目前各部门的成本为基础，再加上一定百分比作为利润。所以，内部转移价格不受市场价格影响，即选项 C 是答案。

7. 【答案】AB

【解析】成功的协商转移价格需依赖的条件包括：（1）具有某种形式的外部市场，两个部门的经理可以自由地选择接受或拒绝某一价格；（2）在谈判者之间共享所有的信息资源；（3）最高管理阶层的必要干预。所以选项 A、B 为本题答案。

8.【答案】ACD

【解析】对不能直接归属于个别责任中心的费用，优先采用责任基础分配。有些费用不是专门属于某个责任中心的，也不宜用责任基础分配，但与各中心的受益多少有关，可按受益基础分配，如按装机功率分配电费等。所以选项 B 的表述不正确，选项 A、C、D 均为正确表述。

三、计算分析题

1.【答案】

(1) 各部门投资报酬率：

A 投资中心的部门投资报酬率 = 10 400 ÷ 89 500 = 11.62%

B 投资中心的部门投资报酬率 = 8 450 ÷ 66 500 = 12.70%

C 投资中心的部门投资报酬率 = 15 800 ÷ 116 000 = 13.62%

评价：C 投资中心的业绩最优，B 投资中心的业绩最差。

(2) 剩余收益：

A 投资中心的剩余利益 = 10 400 − 89 500 × 10% = 1 450（万元）

B 投资中心的剩余利益 = 8 450 − 66 500 × 11% = 1 135（万元）

C 投资中心的剩余利益 = 15 800 − 116 000 × 9% = 5 360（万元）

评价：C 投资中心的业务最优，B 投资中心的业绩最差。

(3) 经济增加值：

A 投资中心的经济增加值 = 10 400 × (1 − 25%) − 89 500 × 10% × (1 − 25%) = 1 087.5（万元）

B 投资中心的经济增加值 = 8 450 × (1 − 25%) − 66 500 × 10% × (1 − 25%) = 1 350（万元）

C 投资中心的经济增加值 = (15 800 + 200) × (1 − 25%) − (116 000 + 200/2) × 10% × (1 − 25%) = 3 292.5（万元）

评价：C 投资中心的业务最优，B 投资中心的业绩最差。

2.【答案】

(1) 变动制造费用的标准分配率 = 3 900 000/1 300 000 = 3

固定制造费用的标准分配率 = 2 600 000/1 300 000 = 2

A 产品的单位标准成本 = 10 × 22 + 3 × 120 + 2 × 120 = 820（元）

A 产品的单位实际成本 = 124 000/12 000 × 24 + 4 296 000/12 000 + 2 928 000/12 000

= 248 + 358 + 244 = 850（元）

(2) 直接材料的价格差异 = (24 − 22) × 124 000 = 248 000（元）(U)

直接材料的数量差异 = (124 000 − 12 000 × 10) × 22 = 88 000（元）(U)

变动制造费用的实际分配率 = 4 296 000/1 464 000 = 2.93

实际工时 = 1 464 000

实际产量下的标准工时 = 12 000 × 120 = 1 440 000（元）

变动制造费用的价格差异 = (2.93 − 3) × 1 464 000 = 102 480（元）(F)

变动制造费用的数量差异 = (1 464 000 − 1 440 000) × 3 = 72 000（元）(U)

固定制造费用的耗费差异 = 2 928 000 − 2 600 000 = 328 000（元）(U)

固定制造费用的闲置能量差异 = 2 600 000 − 1 464 000 × 2 = 328 000（元）(F)

固定制造费用的效率差异 = (1 464 000 − 12 000 × 120) × 2 = 48 000（元）(U)

(3) 单位变动成本 = (124 000 × 24 + 4 296 000) /12 000 = 606（元）

部门可控边际贡献 = (1 100 − 606) × 10 050 − 2 928 000 × 50% = 3 500 700（元）。

第二十章　业绩评价

本章考情分析

本章考试题型主要是客观题，有时也会出小的计算分析题。计算分析题的考点主要集中在经济增加值指标、平衡计分卡的考核上。

本章教材变化

本章删除了计算披露的经济增加值时所需调整的第三项即收购形成的商誉，其他内容没有实质性变动。

基本内容框架

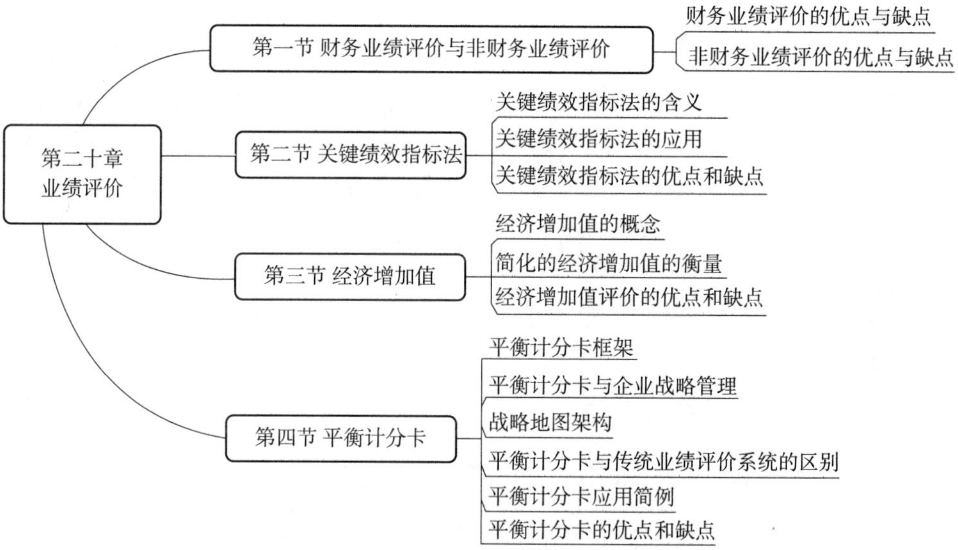

通关重难点例题解析

考点一：财务业绩评价与非财务业绩评价

一、财务业绩评价的优点与缺点（★）

财务业绩评价：根据财务信息来评价管理者业绩的方法。常见的财务评价指标包括净利润、资产报酬率、经济增加值等。

（1）优点：财务业绩一方面可以反映企业的综合经营成果，同时也容易从会计系统中获得相应的数据，操作简便，易于理解，因此被广泛使用。

（2）缺点：①财务业绩体现的是企业当期的财务成果，反映的是企业的短期业绩，无法反映管理者在企业的长期业绩改善方面所作的努力；②财务业绩是一种结果导向，即只注重最终的财务结果，而对达成该结果的改善过程则欠考虑；③财务业绩通过会计程序产生的会计数据进行考核，而会计数据则是根据公认的会计原则产生的，受到稳健性原则有偏估计的影响，因此可能无法公允地反映管理层的真正业绩。

二、非财务业绩评价的优点与缺点（★）

非财务业绩评价：根据非财务信息指标来评价管理者业绩的方法。比如：市场份额、关键顾客订货量、顾客满意度、顾客忠诚度。

（1）优点：①可以避免财务业绩评价只侧重过去、比较短视的不足；②更体现长远业绩，更体现外部对企业的整体评价。

（2）缺点：一些关键的非财务业绩指标往往比较主观，数据的收集比较困难，评价指标数据的可靠性难以保证。

考点二：关键绩效指标法

一、含义

关键绩效指标法：是指基于企业战略目标，通过建立关键绩效指标体系，将价值创造活动与战略规划目标有效联系，并据此进行绩效管理的方法。

二、构建关键绩效指标体系

层次 1. 企业级关键绩效指标	企业应根据战略目标，结合价值创造模式，综合考虑企业内外部经营环境等因素，设定企业级关键绩效指标
层次 2. 所属单位（部门）级关键绩效指标	根据企业级关键绩效指标，结合所属单位（部门）关键业务流程，按照上下结合、分级编制、逐级分解的程序，在沟通反馈的基础上，设定所属单位（部门）级关键绩效指标
层次 3. 岗位（员工）级关键绩效指标	根据所属单位（部门）级关键绩效指标，结合员工岗位职责和关键工作价值贡献，设定岗位（员工）级关键绩效指标

三、设定关键绩效指标权重

关键绩效指标的权重分配应以企业战略目标为导向，反映被评价对象对企业价值贡献或支持的程度，以及各指标之间的重要性水平。单项关键绩效指标权重一般设定在5%～30%之间，对特别重要的指标可适当提高权重。

四、设定关键绩效指标目标值

企业确定关键绩效指标目标值，一般参考如下标准：一是参考国家有关部门或权威机构发布的行业标准或参考竞争对手标准；二是参照企业内部标准；三是如果不能按照前面两种方法确定的，可以根据企业历史经验值确定。

五、关键绩效指标法的优点和缺点

主要优点	1. 使企业业绩评价与企业战略目标密切相关，有利于企业战略目标的实现
	2. 通过识别价值创造模式把握关键价值驱动因素，能够更有效地实现企业价值增值目标
	3. 评价指标数量相对较少，易于理解和使用，实施成本相对较低，有利于推广实施
主要缺点	关键绩效指标的选取需要透彻理解企业价值创造模式和战略目标，有效识别企业核心业务流程和关键价值驱动因素，指标体系设计不当将导致错误的价值导向和管理缺失

【例题1·多选题】企业的关键绩效指标一般可分为结果类和动因类两类指标。下列指标属于结果类指标的有（　　）。

A. 资本性支出

B. 客户满意度

C. 投资报酬率

D. 自由现金流量

【答案】CD

【解析】企业的关键绩效指标一般可分为结果类和动因类两类指标。结果类指标是反映企业绩效的价值指标，主要包括投资报酬率、权益净利率、经济增加值、息税前利润、自由现金流量等综合指标；动因类指标是反映企业价值关键驱动因素的指标，主要包括资本性支出、单位生产成本、产量、销量、客户满意度、员工满意度等。

考点三：经济增加值的概念及类型（★★）

一、含义

经济增加值（EVA）：指从税后净营业利润中扣除全部投入资本后的剩余收益。经济增加值及其改善值是全面评价经营者有效使用资本和为企业创造价值的重要指标。经济增加值为正，表明经营者在为企业创造价值；经济增加值为负，表明经营者在损毁企业价值。

二、不同含义的经济增加值

项目	含义	计算	阐释
基本经济增加值	根据未经调整的经营利润和总资产计算的经济增加值	基本经济增加值 = 税后净营业利润 - 报表总资产 × 加权平均资本成本	基本经济增加值的计算很容易。但是，由于“经营利润”和“总资产”是按照会计准则计算的，它们歪曲了公司的真实业绩。不过，对于会计利润来说是个进步，因为它承认了股权资金的成本
披露的经济增加值	披露的经济增加值是利用公开会计数据进行的调整计算出来的，这种调整是根据公布的财务报表及其附注中的数据进行的	披露的经济增加值 = 调整后税后净营业利润 - 调整后净投资资本 × 加权平均资本成本	调整事项不仅涉及利润表而且涉及资产负债表的有关项目，需要按照复式记账原理同时调整。此外，计算资金成本的“总资产”应为“净投资资本”（即扣除应付账款等经营性无息负债），并且要把表外融资项目纳入“总资产”之内，如长期性经营租赁资产等
特殊的经济增加值	特定公司根据自身情况定义的经济增加值。这是一种“量身定做”的经济增加值计算办法		调整结果使得经济增加值更接近公司的市场价值
真实的经济增加值	真实的经济增加值是公司经济利润最正确和最准确的度量指标		它要对会计数据作出所有必要的调整，并对公司中每一个经营单位都使用不同的更准确的资本成本

三、经济增加值与剩余收益的比较

比较项目	部门剩余收益	经济增加值
评价目的	旨在设定部门投资的最低报酬率，防止部门利益伤害整体利益	旨在使经理人员赚取超过资本成本的报酬，促进股东财富最大化
计算依据	通常使用部门税前经营利润和部门要求的税前投资报酬率计算	使用部门税后经营利润和加权平均税后资本成本计算
资本成本	使用的部门要求的报酬率，主要考虑管理要求及部门个别风险的高低	与公司的实际资本成本相联系，基于资本市场的计算方法，资本市场上权益成本和债务成本变动时，公司要随之调整加权平均资本成本

【例题2·多选题】（2016年）在计算披露的经济增加值时，下列各项中，需要进行调整的项目有（　　）。

A. 研究费用

B. 争取客户的营销费用

C. 资本化利息支出

D. 战略性投资

【答案】ABD

【解析】计算披露的经济增加值时，典型的调整包括：①研究与开发费用。按照会计准则要求，研究阶段的支出在发生时计入当期损益，开发阶段的支出满足特定条件的确认为无形资产，其他的开发阶段支出也应计入当期损益。经济增加值要求将研究和开发支出都作为投资（资产）并在一个合理的期限内摊销。②战略性投资。③为建立品牌、进入新市场或扩大市场份额发生的费用。④折旧费用。此外，计算资金成本的“总资产”应为“净投资资本”（即扣除应付账款等经营负债），并且要把表外融资项目纳入“总资产”之内，如长期性经营租赁资产等。

【例题3·多选题】根据公司公开的财务报告和公司内部的有关数据计算特殊的经济增加值时，需纳入调整的事项有（　　）。

A. 通过自身的努力可以改变数额的项目

B. 计入当期损益的争取客户的营销费用

C. 对会计数据做出所有必要的调整

D. 每一个经营单位基于各自不同的风险的资本成本

【答案】AB

【解析】计算特殊的经济增加值时，通常对公司内部所有的经营单位使用统一的资金成本，所以不用调整经营单位各自不同的资本成本。调整项目都是“可控制”的项目，即通过自身的努力可以改变数额的项目。

【例题4·多选题】（2019年）下列各项关于经济增加值的说法中，正确的有（　　）。

A 经济增加值为正表明经营者为股东创造了价值

B 经济增加值便于不同规模公司的业绩比较

C 计算经济增加值使用的资本成本应随资本市场变化而调整

D 经济增加值是税后净营业利润扣除全部投入资本的成本后的剩余收益

【答案】ACD

【解析】由于经济增加值是绝对数指标，不便于比较不同规模公司的业绩，选项B错误。

考点四：简化的经济增加值的衡量（★★）

一、经济增加值的定义及计算公式

（1）经济增加值是指企业税后净营业利润减去资本成本后的余额。

（2）经济增加值＝税后净营业利润－资本成本＝税后净营业利润－调整后资本×平均资本成本率

税后净营业利润＝净利润＋（利息支出＋研究开发费用调整项－非经常性损益调整项×50%）×（1－25%）

二、会计调整项目说明

（1）利息支出是指企业财务报表中“财务费用”项下的“利息支出”。

（2）研究开发费用调整项是指企业财务报表中“管理费用”项下的“研究与开发费”和当期确认为无形资产的研究开发支出。对于勘探投入费用较大的企业，经国资委认定后，将其成本费用情况表中的“勘探费用”视同研究开发费用调整项按照一定比例（原则上不超过50%）予以加回。

（3）无息流动负债是指企业财务报表中“应付票据”“应付账款”“预收款项”“应交税费”“应付利息”“应付职工薪酬”“应付股利”“其他应付款”和“其他流动负债（不含其他带息流动负债）”；对于“专项应付款”和“特种储备基金”，可视同无息流动负债扣除。

（4）在建工程是指企业财务报表中的符合主业规定的“在建工程”。

三、资本成本率的确定

（1）中央企业资本成本率原则上定为5.5%。

（2）对军工等资产通用性较差的企业，资本成本率定为4.1%。

（3）资产负债率在75%以上的工业企业和80%以上的非工业企业，资本成本率上浮0.5个百分点。

四、其他重大调整事项

发生下列情况之一，对企业经济增加值考核产生重大影响的，国资委酌情予以调整：

（1）重大政策变化；

（2）严重自然灾害等不可抗力因素；

（3）企业重组、上市及会计准则调整等不可比因素；

（4）国资委认可的企业结构调整等其他事项。

【例题5·计算题】（2015年）甲公司是

一家国有控股上市公司，采用经济增加值作为业绩评价指标，目前，控股股东正对甲公司2014年度的经营业绩进行评价，相关资料如下：

（1）甲公司2013年末和2014年末资产负债表如下：（单位：万元）

项目	2014年末	2013年末	项目	2014年末	2013年末
货币资金	405	420	应付账款	1 350	1 165
应收票据	100	95	应付职工薪酬	35	30
应收账款	2 060	2 040	应交税费	100	140
其他应收款	330	325	其他应付款	140	95
存货	2 300	2 550	长期借款	2 500	2 500
固定资产	4 600	4 250	优先股	1 200	1 200
在建工程	2 240	1 350	普通股	5 000	5 000
			留存收益	1 700	900
合计	12 025	11 030	合计	12 025	11 030

（2）甲公司2014年度利润相关资料如下：（单位：万元）

项目	2014年度
管理费用	1 950
其中：研究与开发费	360
财务费用	220
其中：利息支出	200
营业外收入	400
净利润	1 155

（3）甲公司2014年的营业外收入均为非经常性收益。

（4）甲公司长期借款还有3年到期，年利率8%，优先股12万股，每股面额100元，票面股息率10%，普通股β系数1.2。

（5）无风险利率3%，市场组合的必要报酬率13%，公司所得税税率25%。

要求：

（1）以账面价值平均值为权数计算甲公司的加权平均资本成本。

（2）计算2014年甲公司调整后税后净营业利润、调整后资本和经济增加值。[注：除平均资本成本率按要求（1）计算的加权平均资本成本外，其余按国务院国有资产监督管理委员会与2013年1月1日开始施行《中央公司负责人经营业绩考核暂行办法》的相关规定计算]。

（3）回答经济增加值作为业绩评价指标的优点和缺点。

【答案】

（1）债务资本成本＝8%×(1－25%)＝6%

普通股资本成本＝3%＋1.2×(13%－3%)＝15%

优先股资本成本＝10%

长期借款所占比重＝[(2 500＋2 500)/2]/[(2 500＋2 500)/2＋(1 200＋1 200)/2＋(5 000＋5 000)/2＋(1 700＋900)/2]＝25%

优先股所占比重＝[(1 200＋1 200)/2]/[(2 500＋2 500)/2＋(1 200＋1 200)/2＋(5 000＋5 000)/2＋(1 700＋900)/2]＝12%

普通股及留存收益所占比重＝[(5 000＋5 000)/2＋(1 700＋900)/2]/[(2 500＋2 500)/2＋(1 200＋1 200)/2＋(5 000＋5 000)/2＋(1 700＋900)/2]＝63%

加权平均资本成本＝6%×25%＋10%×12%＋15%×63%＝12.15%

（2）调整后税后净营业利润＝1 155＋(200＋360－400×50%)×(1－25%)＝1 425

第二十章

（万元）

平均股东权益 =（1 200 + 1 200）/2 +（5 000 + 5 000）/2 +（1 700 + 900）/2 = 7 500（万元）

平均负债 =（1 350 + 1 165）/2 +（35 + 30）/2 +（100 + 140）/2 +（140 + 95）/2 +（2 500 + 2 500）/2 = 4 027.5（万元）

平均无息流动负债 =（1 350 + 1 165）/2 +（35 + 30）/2 +（100 + 140）/2 +（140 + 95）/2 = 1 527.5（万元）

平均在建工程 =（2 240 + 1 350）/2 = 1 795（万元）

调整后资本 = 7 500 + 4 027.5 − 1 527.5 − 1 795 = 8 205（万元）

经济增加值 = 1 425 − 8 205 × 12.15% = 428.09（万元）

（3）略（见下一节考点）。

考点五：经济增加值评价的优缺点（★★）

优点	缺点
（1）经济增加值考虑了所有资本的成本，更真实地反映了企业的价值创造能力；实现了企业利益、经营者利益和员工利益的统一，激励经营者和所有员工为企业创造更多价值；能有效遏制企业盲目扩张规模以追求利润总量和增长率的倾向，引导企业注重长期价值创造。 （2）经济增加值不仅仅是一种业绩评价指标，还是一种全面财务管理和薪酬激励体制的框架。经济增加值的吸引力主要在于它把资本预算、业绩评价和激励报酬结合起来了。 （3）在经济增加值的框架下，公司可以向投资人宣传他们的目标和成就，投资人也可以用经济增加值选择最有前景的公司。经济增加值还是股票分析家手中的一个强有力的工具	（1）经济增加值仅对企业当期或未来1～3年价值创造情况进行衡量和预测，无法衡量企业长远发展战略的价值创造情况。 （2）经济增加值计算主要基于财务指标，无法对企业的营运效率与效果进行综合评价，而且不同行业、不同发展阶段、不同规模等的企业，其会计调整项和加权平均资本成本各不相同，计算比较复杂，影响指标的可比性。 （3）经济增加值是绝对数指标，它的缺点之一是不具有比较不同规模公司业绩的能力。 （4）经济增加值也有许多和投资报酬率一样误导使用人的缺点。 （5）由于计算经济增加值时，对于调整项目存在分歧，无法建立一个统一的规范。而缺乏统一性的业绩评价指标，只能在一个公司的历史分析以及内部评价中使用

考点六：平衡计分卡框架（★）

（1）平衡计分卡的四个维度。

维度	目标	常用指标
财务维度	解决“股东如何看待我们”这一类问题	权益净利率、投资报酬率、经济增加值、息税前利润、自由现金流量、资产负债率、总资产周转等
顾客维度	回答“顾客如何看待我们”的问题	市场份额、客户满意度、客户保持率、客户获利率、战略客户数量等
内部业务流程维度	着眼于企业的核心竞争力，解决“我们的优势是什么”的问题	交货及时率、生产负荷率、产品合格率、存货周转率、单位生产成本等
学习和成长维度	解决“我们是否能继续提高并创造价值”的问题	新产品开发周期、员工满意度、员工保持率、员工生产率、培训计划完成率等

（2）平衡计分卡的四个平衡。

四个平衡	内容
外部与内部的平衡	外部评价指标（如股东和客户对企业的评价）和内部评价指标（如内部经营过程、新技术学习等）的平衡

续表

四个平衡	内容
成果与驱动因素的平衡	成果评价指标（如利润、市场占有率等）和导致成果出现的驱动因素评价指标（如新产品投资开发等）的平衡
财务和非财务的平衡	财务评价指标（如利润等）和非财务评价指标（如员工忠诚度、客户满意程度等）的平衡
短期和长期的平衡	短期评价指标（如利润指标等）和长期评价指标（如员工培训成本、研发费用等）的平衡

【例题6·多选题】按照平衡计分卡，着眼于企业的核心竞争力，解决“我们的优势是什么”的问题（ ）。

A. 可以利用的考核指标是顾客满意度指数

B. 属于内部业务流程维度的考核

C. 可以利用的考核指标是产出比率、缺陷率

D. 属于学习和成长维度的考核

【答案】BC

【解析】内部业务流程维度着眼于企业的核心竞争力，解决“我们的优势是什么”的问题。反映内部业务流程维度的指标包括生产布局与竞争情况、生产周期、单位成本、产出比率、缺陷率、存货比率、新产品投入计划与实际投入情况、设计效率、原材料整理时间或批量生产准备时间、订单发送准确率、货款回收与管理、售后保证等。

【例题7·多选题】（2015年）在使用平衡计分卡进行企业业绩评价时，需要处理几个平衡，下列各项中，正确的有（ ）。

A. 财务评价指标与非财务评价指标的平衡

B. 外部评价指标与内部评价指标的平衡

C. 定期评价指标与非定期评价指标的平衡

D. 成果评价指标与驱动因素评价指标的平衡

【答案】ABD

【解析】平衡计分卡中的“平衡”包括外部评价指标（如股东和客户对企业的评价）和内部评价指标（如内部经营过程、新技术学习等）的平衡；成果评价指标（如利润、市场占有率等）和导致成果出现的驱动因素评价指标（如新产品投资开发等）的平衡；财务评价指标（如利润等）和非财务评价指标（如员工忠诚度、客户满意程度等）的平衡；短期评价指标（如利润指标等）和长期评价指标（如员工培训成本、研发费用等）的平衡。所以，选项C不正确。

考点七：平衡计分卡与企业战略管理（★）

平衡计分卡突破了传统业绩评价系统的局限性，在战略高度评价企业的经营业绩，把一整套财务指标与非财务指标同企业的战略联系在一起，是进行战略管理的基础。建立平衡计分卡，明确企业的愿景目标，就能协助管理人员建立一个得到大家广泛认同的愿景和战略，并将这些愿景和战略转化为一系列相互联系的衡量指标，确保企业各个层面了解长期战略，驱使各级部门采取有利于实现愿景和战略的行动，将部门、个人目标同长期战略相联系。

为了使平衡计分卡同企业战略更好地结合，必须做到以下几点：

平衡计分卡的四个方面应互为因果，最终结果是实现企业的战略；一个有效的平衡计分卡，绝对不仅仅是业绩衡量指标的结合，而且各个指标之间应该互相联系、互相补充，围绕企业战略所建立的因果关系链，应当贯穿于平衡计分卡的四个方面。

【例题8·多选题】为了使平衡计分卡同企业战略更好地结合，必须做到（ ）。

A. 平衡计分卡的四个方面应互为因果，最终结果是实现企业的战略

B. 平衡计分卡中不能只有具体的业绩衡量指标，还应包括这些具体衡量指标的驱动因素

C. 平衡计分卡应该最终和非财务指标联系起来，因为企业的最终目标是顾客满意

D. 有效的平衡计分卡，要以学习成长能力衡量指标为核心

【答案】AB

【解析】平衡计分卡应该最终和财务指标联系起来，因为企业的最终目标是实现良好的经济利润，C错误；一个有效的平衡计分卡，绝对不仅仅是业绩衡量指标的结合，而且各个指标之间应该互相联系、互相补充，围绕企业战略所建立的因果关系链，应当贯

穿于平衡计分卡的四个方面，选项D错误。

考点八：平衡计分卡与传统业绩评价系统的区别（★）

（1）从“制定目标—执行目标—实际业绩与目标值差异的计算与分析—采取纠正措施”的目标管理系统来看，传统的业绩考核注重对员工执行过程的控制，平衡计分卡则强调目标制定的环节。平衡计分卡方法认为，目标制定的前提应当是员工有能力为达成目标而采取必要的行动方案，因此设定业绩评价指标的目的不在于控制员工的行为，而在于使员工能够理解企业的战略使命并为之付出努力。

（2）传统的业绩评价与企业的战略执行脱节。平衡计分卡把企业战略和业绩管理系统联系起来，是企业战略执行的基础架构。

（3）平衡计分卡在财务、客户、内部流程以及学习与成长四个方面建立公司的战略目标。用来表达企业在生产能力竞争和技术革新竞争环境中所必须达到的、多样的、相互联系的目标。

（4）平衡计分卡帮助公司及时考评战略执行的情况，根据需要（每月或每季度）适时调整战略、目标和考核指标。

（5）平衡计分卡能够帮助公司有效地建立跨部门团队合作，促进内部管理过程的顺利进行。

【例题9·多选题】平衡计分卡与传统业绩评价系统的区别体现在（　　）。

A. 传统的业绩考核注重对员工执行过程的控制，平衡计分卡则强调采纳纠正措施

B. 传统的业绩评价只是企业战略执行的基础架构，而平衡计分卡把企业战略和业绩管理系统联系起来

C. 平衡计分卡在财务、客户、内部流程以及学习与成长四个方面建立公司的战略目标

D. 平衡计分卡能够帮助公司有效地建立跨部门团队合作，促进内部管理过程的顺利进行

【答案】CD

【解析】从“制定目标—执行目标—实际业绩与目标值差异的计算与分析—采纳纠正措施”的目标管理系统来看，传统的业绩考核注重对员工执行过程的控制，平衡计分卡则强调目标制定的环节，选项A错误；传统的业绩评价与企业的战略执行脱节。平衡计分卡把企业战略和业绩管理系统联系起来，是企业战略执行的基础架构，选项B错误。

考点九：平衡计分卡的优点和缺点（★）

优点	1. 战略目标逐层分解并转化为被评价对象的绩效指标和行动方案，使整个组织行动协调一致
	2. 从财务、客户、内部业务流程、学习与成长四个维度确定绩效指标，使绩效评价更为全面完整
	3. 将学习与成长作为一个维度，注重员工的发展要求和组织资本、信息资本等无形资产的开发利用，有利于增强企业可持续发展的动力
缺点	1. 专业技术要求高、工作量较大，操作难度也较大，需要持续的沟通和反馈，实施比较复杂，实施成本高
	2. 各指标权重在不同层级及各层级不同指标之间的分配比较困难，且部分非财务指标的量化工作难以落实
	3. 系统性强，涉及面广，需要专业人员的指导，企业全员参与和长期持续的修正与完善，对信息系统、管理能力的要求高

通关演练

一、单项选择题

1. 下列有关经济增加值评价的特点的说法中，不正确的是（　　）。

A. 经济增加值考虑了所有资本的成本，更真实地反映了企业的价值创造能力

B. 经济增加值的吸引力主要在于它把资本预算、业绩评价和激励报酬结合起来

C. 经济增加值克服了投资报酬率处于成长阶段较低，而处于衰退阶段可能较高的缺点

D. 经济增加值不便于比较不同规模公司的业绩

2. 下列关于确定简化的经济增加值计算

公式中资本成本率的说法中，不正确的是（ ）。

A. 中央企业的资本成本率一般定为5.5%

B. 军工企业的资本成本率一般定为4.1%

C. 医药企业的资本成本率一般定为5.5%

D. 资产负债率在75%以上的工业企业资本成本率会有一定的上浮

3. 丽岛同城是一家处于起步期的餐饮企业，其业务主要为通过电话订购的方式销售日本特色食品，例如生鱼片和寿司。该公司决定采用平衡计分卡来计量来年的绩效。下列选项中，属于学习和成长维度计量的是（ ）。

A. 权益净利率

B. 客户满意度

C. 存货周转率

D. 新产品开发周期

4. 甲公司下属B部门采用经济增加值作为公司内部的业绩评价指标。已知该部门平均资本占用为60 000元，部门税前经营利润为12 000元，该部门适用的所得税税率为25%，加权平均税后资本成本为10%，则该部门的经济增加值为（ ）元。

A. 4 000　　B. 7 000

C. 9 000　　D. 3 000

5. A企业以前年度是采用基本经济增加值进行企业业绩评价，但是甲经理认为该方法歪曲了公司的真实业绩，因此想要进行调整，通过调整可以使得经济增加值更接近公司的市场价值，应该采用的经济增加值是（ ）。

A. 真实的经济增加值

B. 披露的经济增加值

C. 特殊的经济增加值

D. 基本的经济增加值

6. 下列有关平衡计分卡与企业战略管理的说法中，不正确的是（ ）。

A. 平衡计分卡是在传统业绩评价系统中评价企业的经营业绩，并不是在战略高度评价企业的经营业绩

B. 平衡计分卡是进行战略管理的基础

C. 战略规划中所制定的目标是平衡计分卡考核的一个基准

D. 平衡计分卡是一个有效的战略执行系统

7. 下列关于简化的经济增加值的说法中，不正确的是（ ）。

A. 经济增加值是指企业税后净营业利润减去资本成本后的余额

B. 税后净营业利润 = 净利润 +（利息支出 + 研究开发费用）×（1 − 25%）

C. 企业通过变卖主业优质资产等取得的非经常性收益在税后净营业利润中全额扣除

D. 调整后资本 = 平均所有者权益 + 平均负债合计 − 平均无息流动负债 − 平均在建工程

8. 某公司A部门上月的税前营业利润为108 000元，税后净营业利润为81 000元，平均经营资产为900 000元，平均经营负债为50 000元，加权平均税前资本成本为10%，加权平均税后资本成本为7.5%。假设没有需要调整的项目，A部门上月的经济增加值为（ ）元。

A. 18 000　　B. 17 250

C. 23 000　　D. −4 000

9. 下列关于公司经济增加值的表述中，不正确的是（ ）。

A. 经济增加值是指从税后净营业利润中扣除股权成本后的所得

B. 经济增加值 = 税后净营业利润 − 加权平均资本成本 × 平均资本占用

C. 在计算经济增加值时，需要对会计数据进行一系列调整

D. 需要根据资本市场的机会成本计算资本成本，以实现经济增加值与资本市场的衔接

二、多项选择题

1. 平衡计分卡不同的维度有（ ）。

A. 财务维度

B. 顾客维度

C. 内部业务流程维度

D. 学习和成长维度

2. 常用的顾客维度指标有（ ）。

A. 市场份额

B. 权益净利率

C. 客户保持率

D. 交货及时率

3. 下列关于经济增加值的说法中正确的有（　　）。

A. 经济增加值指从税后净营业利润扣除全部投入资本成本后的剩余收益

B. 经济增加值考虑了所有资本的成本，更真实地反映了企业的价值创造能力

C. 当税金是重要因素时，经济增加值比剩余收益可以更好地反映部门盈利能力

D. 经济增加值为正，表明经营者在为企业创造价值

4. 经济增加值的缺点有（　　）。

A. 经济增加值仅对企业当期或未来 1 ~ 3 年价值创造情况进行衡量和预判，无法衡量企业长远发展战略的价值创造情况

B. 经济增加值计算主要基于财务指标，无法对企业的营运效率和效果进行综合评价

C. 经济增加值是绝对数指标，不便于比较不同规模公司的业绩

D. 经济增加值的计算比较复杂

5. 战略地图架构的学习与成长层面，主要说明组织的无形资产及它们在战略中扮演的角色，其中无形资产归纳为（　　）。

A. 人力资本

B. 信息资本

C. 无形资本

D. 组织资本

6. 从公司整体业绩评价来看，下列各种经济增加值中，最有意义的有（　　）。

A. 基本经济增加值

B. 披露的经济增加值

C. 特殊的经济增加值

D. 真实的经济增加值

7. 下列关于经济增加值的说法中，正确的有（　　）。

A. 计算基本经济增加值时，不需要对经营利润和总资产进行调整

B. 计算披露的经济增加值时，应从公开的财务报表及其附注中获取调整事项的信息

C. 计算特殊的经济增加值时，所有的调整项目都是“可控制”的项目

D. 计算真实的经济增加值时，通常对公司内部所有经营单位使用统一的资金成本

8. 在使用平衡计分卡进行企业业绩评价时，需要处理几个平衡，下列各项中，正确的有（　　）。

A. 财务评价指标与非财务评价指标的平衡

B. 收益评价指标与风险评价指标的平衡

C. 定期评价指标与非定期评价指标的平衡

D. 成果评价指标与导致成果出现的驱动因素评价指标的平衡

9. 下列各项中，属于学习和成长维度业绩评价指标的有（　　）。

A. 新产品开发周期

B. 自由现金流量

C. 员工生产率

D. 存货周转率

10. 目标是解决“我们的优势是什么”的问题的维度包括的指标有（　　）。

A. 交货及时率

B. 客户保持率

C. 新产品开发周期

D. 产品合格率

三、计算分析题

A 公司是一家上市的工业企业，采用经济增长值作为业绩评价指标。相关资料如下：

（1）A 公司 2014 年末和 2015 年末资产负债表简表如下：

资产	2015 年末	2014 年末	负债及股东权益	2015 年末	2014 年末
货币资金	300	470	短期借款	2 970	2 575
应收票据	100	80	应付账款	2 000	1 900
应收账款	2 000	1 950	应交税费	350	400
其他应收款	300	300	其他应付款	800	750
存货	2 500	2 600	长期借款	3 000	3 000

续表

资产	2015 年末	2014 年末	负债及股东权益	2015 年末	2014 年末
固定资产	4 300	4 100	负债合计	9 120	8 625
在建工程	2 500	2 000	股本	2 000	2 000
			资本公积	100	100
			留存收益	780	775
			股东权益合计	2 880	2 875
资产合计	12 000	11 500	负债及股东权益合计	12 000	11 500

（2）A 公司 2015 年度利润表相关资料如下：

项目	2015 年度
管理费用	1 800
其中：研究与开发费	240
财务费用	230
其中，利息支出	200
净利润	1 200

（3）当确认为无形资产的研究开发支出为 120 万元，假设该企业为一家大型央企，公司所得税税率为 25%。

要求：

（1）根据《暂行办法》确定该企业的资本成本率；

（2）确定该企业调整后的资本；

（3）确定该企业用于计算简化的经济增加值的税后净营业利润；

（4）计算简化的经济增加值；

（5）简述经济增加值的优缺点。

答案及解析

一、单项选择题

1. 【答案】C

【解析】经济增加值也有许多和投资报酬率一样误导使用人的缺点，例如处于成长阶段的公司经济增加值较少，而处于衰退阶段的公司经济增加值可能较高。所以选项 C 的说法不正确。

【知识点】财管业绩评价 经济增加值

2. 【答案】C

【解析】中央企业资本成本率原则上定为 5.5%；对军工等资产通用性较差的企业，资本成本率定为 4.1%；资产负债率在 75% 以上的工业企业和 80% 以上的非工业企业，资本成本率上浮 0.5 个百分点。所以，选项 C 的说法不正确。

【知识点】财管业绩评价 经济增加值

3. 【答案】D

【解析】选项 A 属于财务维度，选项 B 属于顾客维度，选项 C 属于内部业务流程维度，选项 D 属于学习和成长维度。

【知识点】财管业绩评价 平衡计分卡

4. 【答案】D

【解析】B 部门的经济增加值 = 12 000 ×（1 − 25%）− 60 000 × 10% = 3 000（元）

【知识点】财管业绩评价 经济增加值

5. 【答案】C

【解析】特殊的经济增加值要使用公司内部的有关数据进行调整。调整结果使得经济增加值更接近公司的市场价值。

【该题针对“经济增加值的概念和类型”知识点进行考核】

6. 【答案】A

【解析】平衡计分卡突破了传统业绩评价系统的局限性，是在战略高度评价企业的经营业绩，把一整套财务指标与非财务指标同企业的战略联系在一起，是进行战略管理的基础。所以选项 A 的说法不正确。

7. 【答案】B

【解析】税后净营业利润 = 净利润 +（利息支出 + 研究开发费用调整项）×（1 − 25%）。所以选项 B 的说法不正确。

8. 【答案】B

【解析】经济增加值 = 税后净营业利润 − 加权平均资本成本 × 平均资本占用，由于没有需要调整的项目，所以，A 部门上月的经济增加值 = 税后净营业利润 − 加权平均资本成本×平均资本占用 = 81 000 − 7.5% × (900 000 − 50 000) = 17 250（元）。所以选项B为本题答案。

9.【答案】A

【解析】经济增加值是指从税后净营业利润中扣除全部投入资本成本后的剩余收益。所以选项A的表述不正确。

二、多项选择题

1.【答案】ABCD

【解析】本题的考点是平衡计分卡的四个维度。

2.【答案】AC

【解析】权益净利率属于财务维度指标，选项B错误。交货及时率属于内部业务流程维度，选项D错误。

3.【答案】ABCD

【解析】本题的考点是经济增加值的相关概念。

4.【答案】ABCD

【解析】本题的考点是经济增加值的缺点。

5.【答案】ABD

【解析】战略地图架构的学习与成长层面，主要说明组织的无形资产及它们在战略中扮演的角色，我们将无形资产归纳为人力资本、信息资本和组织资本三类。

6.【答案】AB

【解析】从公司整体业绩评价来看，基本经济增加值和披露的经济增加值是最有意义的。公司外部人员无法计算特殊的经济增加值和真实的经济增加值，他们缺少计算所需要的数据。所以选项A、B为本题答案。

7.【答案】ABC

【解析】真实的经济增加值要求对每一个经营单位使用不同的资本成本，以便更准确地计算部门的经济增加值。所以选项D的说法错误。选项A、B、C均为正确说法。

8.【答案】AD

【解析】平衡计分卡中的“平衡”包括外部评价指标（如股东和客户对企业的评价）和内部评价指标（如内部经营过程、新技术学习等）的平衡；成果评价指标（如利润、市场占有率等）和导致成果出现的驱动因素评价指标（如新产品投资开发等）的平衡；财务评价指标（如利润等）和非财务评价指标（如员工忠诚度、客户满意程度等）的平衡；短期评价指标（如利润指标等）和长期评价指标（如员工培训成本、研发费用等）的平衡。所以，选项C不正确。

9.【答案】AC

【解析】自由现金流量属于财务维度，选项B错误，存货周转率属于内部业务流程维度，选项D错误。

10.【答案】AD

【解析】内部业务流程维度着眼于企业的核心竞争力，解决“我们的优势是什么”的问题。客户保持率是顾客维度的指标，选项B错误。新产品开发周期是学习和成长维度的指标，选项C错误。

三、计算分析题

【答案】

(1) 根据《暂行办法》资本成本率的确定如果是中央企业资本成本率原则上定为5.5%，资产负债率在75%以上的工业企业和80%以上的非工业企业，资本成本率上浮0.5%。由于该题中为中央企业，且是上市工业企业，资产负债率 = 9120/12000 = 76%，所以该企业的资本成本率 = 5.5% + 0.5% = 6%

(2) 平均股东权益 = (2 880 + 2 875)/2 = 2 877.5（万元）

平均负债 = (9 120 + 8 625)/2 = 8 872.5（万元）

平均无息流动负债 = (2 000 + 1 900)/2 + (350 + 400)/2 + (800 + 750)/2 = 3 100（万元）

平均在建工程 = (2 500 + 2 000)/2 = 2 250（万元）

调整后资本 = 2 877.5 + 8 872.5 − 3 100 − 2 250 = 6 400（万元）

(3) 调整后税后净营业利润 = 1 200 + (200 + 240 + 120) × (1 − 25%) = 1 620（万元）

(4) 简化的经济增加值 = 1 620 − 6 400 × 6% = 1 236（万元）

(5) 优点：

①经济增加值最直接地与股东财富的创造联系起来，在这个意义上说。它是唯一正

确的业绩计量标准，它能联系地度量业绩的改进。

②经济增加值不仅仅是一种业绩的评价指标，它还是一种全面财务管理和薪金激励体制的框架。经济增加值的吸引力主要在于它把资本预算、业绩评价和激励报酬结合起来了。

③在经济增加值的框架下，公司可以向投资人宣传他们的目标和成就，投资人也可以用经济增加值选择最有前景的公司。经济增加值还是股票分析家手中的一个强有力的工具。

缺点：

①经济增加值是绝对数指标，它的缺点之一是不具有比较不同规模公司业绩的能力。

②经济增加值也有许多和投资报酬率一样误导使用人的缺点。

③由于计算经济增加值时，对于调整项目以及资本成本的确定存在分歧，无法确定一个统一的规范。而缺乏统一性的业绩评价指标，只能在一个公司的历史分析以及内部评价中使用。

第二十一章　管理会计报告

本章考情分析

本章考试题型主要是客观题。

本章教材变化

本章对利润中心业绩报告和投资中心业绩报告的项目名称进行了修订，其他内容无实质性变动。

基本内容框架

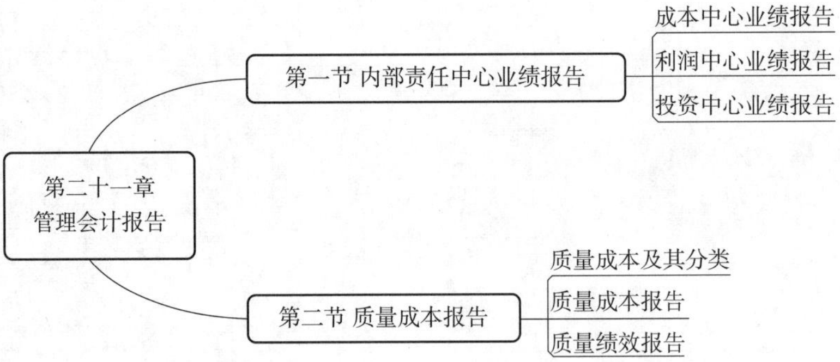

通关重难点例题解析

考点一：管理会计报告概述

一、管理会计报告的含义

管理会计报告：管理会计报告是运用管理会计方法，根据财务和业务的基础信息加工整理形成的，满足企业价值管理需要或非营利组织目标管理需要的对内报告。

二、管理会计报告的特征

管理会计报告与一般对外财务报告相比较，有四个特征：

管理会计报告没有统一的格式和规范，根据企业（或组织）内部的管理需要来提供，相对于报告形式，更注重报告实质内容。

管理会计报告遵循问题导向。根据企业（或组织）内部需要解决的具体管理问题来组织、编制、审批、报送和使用。

管理会计报告提供的信息不仅仅包括财务信息，也包括非财务信息；不仅仅包括内部信息，也可能包括外部信息；不仅仅包括结果信息，也可以包括过程信息，更应包括剖析原因、提出改进意见和建议的信息。

管理会计报告如果涉及会计业绩的报告，比如责任中心报告，其主要的报告格式应该是边际贡献格式，不是财务会计准则中规范的对外财务报告格式。管理会计报告的对象是一个组织内部对管理会计信息有需求的各个层级、各环节的管理者。

三、管理会计报告的分类

以企业为例，管理会计报告体系可以按

照多种标志进行分类，包括但不限于：

按照企业管理会计报告使用者所处的管理层级可以分为战略层管理会计报告、经营层管理会计报告和业务层管理会计报告。

按照企业管理会计报告内容（整体性程度）不同可以分为综合（整体）企业管理会计报告和专项（分部）管理会计报告。

按照管理会计功能可以分为管理规划报告、管理决策报告、管理控制报告和管理评价报告。

按照责任中心可以分为成本中心报告、利润中心报告和投资中心报告。

【例题1·单选题】下列不属于管理会计报告的特征的是（　　）。

A. 管理会计报告没有统一的格式和规范

B. 管理会计报告遵循结果导向

C. 管理会计报告提供的信息不仅仅包括结果信息，也可以包括过程信息

D. 管理会计报告如果涉及会计业绩的报告，其主要的报告格式应该是边际贡献格式

【答案】B

【解析】管理会计报告应遵循问题导向而不是结果导向。

考点二：各责任中心业绩报告

业绩报告：也称责任报告、绩效报告，它是反映责任预算实际执行情况，解释责任预算与实际结果之间差异的内部管理会计报告。

分类	成本中心业绩报告（★★）	利润中心业绩报告（★★）	投资中心业绩报告（★★）
业绩考核指标	成本中心的所有可控成本，即责任成本	通常为该利润中心的边际贡献、分部经理边际贡献和该利润中心部门边际贡献	主要考核指标是投资报酬率和剩余收益，补充的指标是现金回收率和剩余现金流量
业绩报告格式	通常是按成本中心可控成本的各明细项目列示其预算数，实际数和成本差异数三栏式表格	分别列出指标的预算数、实际数及实际与预算对比的差异数三栏式表格	评价指标的预算数、实际数及实际与预算对比的差异数三栏式表格
编报形式	业绩报告也应自下而上，从最基层的成本中心逐级向上汇编，直至最高层次的成本中心	自下而上逐级汇编的，直至整个企业的息税前利润	

【例题2·单选题】某企业制造部是一个成本中心，下设甲、乙两个分厂，甲分厂又下设甲1车间和甲2车间，乙分厂下设乙1车间和乙2车间，则该企业的业绩报告中的可控成本内容表述正确的有（　　）。

A. 制造部的可控成本 = 甲分厂的责任成本 + 乙分厂的责任成本 + 制造部本身的可控成本

B. 甲分厂的可控成本 = 甲1车间的责任成本 + 甲2车间的责任成本 + 甲分厂本身的可控成本 + 制造部本身的可控成本

C. 乙分厂的可控成本 = 乙1车间的责任成本 + 乙2车间的责任成本 + 乙分厂本身的可控成本

D. 甲1车间的可控成本 = 甲分厂分配来的管理费用 + 车间本身的可控成本

【答案】AC

【解析】本例各车间是最基层，最基层只有本身的可控成本，选项D错误，制造部和分厂的可控成本都应包括本身的可控成本和下属部门转来的责任成本，所以AC正确，B错误。

【例题3·单选题】下列不属于利润中心业绩报告所应披露的业绩考核指标是（　　）。

A. 中心的边际贡献

B. 中心的分部经理边际贡献

C. 中心的部门边际贡献

D. 中心的剩余收益

【答案】D

【解析】选项D为投资中心的业绩考核指标。

【例题4·多选题】投资中心的业绩报告中披露的考核指标有（　　）。

A. 投资报酬率

B. 剩余收益

C. 现金回收率

D. 剩余现金流量

【答案】ABCD

【解析】投资中心的业绩报告中披露的主要考核指标是投资报酬率和剩余收益，补充的指标是现金回收率和剩余现金流量。

考点三：质量成本及其分类（★）

一、质量成本的含义

质量成本是指企业为了保证产品达到一定质量标准而发生的成本，这一概念连接了企业管理中的生产技术与经济效益两个层面。

二、质量成本的分类

种类	含义	内容
预防成本	为了防止产品质量达不到预定标准而发生的成本	质量工作费用；标准制定费用；教育培训费用；质量奖励费用
鉴定成本	为了保证产品质量达到预定标准而对产品进行检测所发生的成本	检测工作的费用；检测设备的折旧；检测人员的费用
内部失败成本	指产品进入市场之前由于产品不符合质量标准而发生的成本	废料、返工、修复、重新检测、停工整修或变更设计等。鉴定成本和内部失败成本都是发生在产品未到达顾客之前的所有阶段
外部失败成本	指存在缺陷的产品流入市场以后发生的成本	因产品存在缺陷而错失的销售机会，问题产品的退还、返修，处理顾客的不满和投诉发生的成本。外部失败成本一般发生在产品被消费者接受以后的阶段

【例题5·多选题】下列成本中属于可控质量成本的有（　　）。

A. 预防成本

B. 鉴定成本

C. 内部失败成本

D. 外部失败成本

【答案】AB

【解析】预防成本和鉴定成本属于可控质量成本；内部失败成本和外部失败成本，属于不可控质量成本。

【例题6·多选题】（2019年）下列质量成本中，发生在产品交付顾客之前的有（　　）。

A. 鉴定成本

B. 预防成本

C. 内部失败成本

D. 外部失败成本

【答案】ABC

【解析】预防成本、鉴定成本以及内部失败成本都发生在产品交付顾客之前。

考点四：质量成本报告（★★）

质量成本报告是企业组织完善质量成本控制的必要措施。通过质量成本报告，企业组织的经理人可以全面地评价企业组织当前的质量成本情况。质量成本报告按质量成本的分类详细列示实际质量成本，并向企业组织的经理人员提供以下两个方面的重要信息：

（1）显示各类质量成本的支出情况以及财务影响；

（2）显示各类质量成本的分布情况，以便企业组织的经理人判断各类质量成本的重要性。

通过了解这些信息，企业组织的经营管理人员就可以更有针对性地控制质量成本，改善成本结构。质量成本报告可以按各类质量成本项目分别列示。

考点五：质量绩效报告（★★★）

为了反映企业在质量管理方面所取得的进展及其绩效，企业还需要编制质量绩效报告。企业质量绩效报告包括三种类型。

一、中期报告

中期报告根据当期的质量目标列示质量管理的成效。企业期末编制质量绩效报告时，将实际质量成本与预算质量成本目标进行比较，确定其差异，分析差异产生的原因，明确应采取的改进措施。

二、长期报告

长期报告根据长期质量目标列示企业质量管理成效。

三、多期质量趋势报告

多期质量趋势报告列示了企业实施质量管理以来所取得的成效。多期质量趋势报告的编制必须以多个期间企业组织的质量成本相关数据为基础，并绘出质量趋势图，趋势图可以采用坐标分析图、柱形比较图等多种方式，旨在向企业的经理人员评估其发展趋势是否合理，质量成本控制是否有效，以便作出相应的决策。

通关演练

一、单项选择题

1. 质量包括两层含义，其中符合性质量指的是（　　）。

A. 产品或劳务对顾客要求的满足程度

B. 设计得怎样

C. 是否满足顾客要求

D. 产品或劳务的实际性能与其设计性能的符合程度

2. 反映产品或劳务对顾客要求的满足程度的质量是（　　）。

A. 设计质量　　B. 研发质量

C. 生产质量　　D. 符合质量

3. 下列关于内部失败成本表述不正确的是（　　）。

A. 内部失败成本属于不可控质量成本

B. 内部失败成本都是发生在产品未到达顾客之前的阶段

C. 产品因存在缺陷而错失的销售机会属于内部失败成本

D. 废料成本属于内部失败成本

4. 下列各项质量成本中，属于内部失败成本的是（　　）。

A. 产品返工费用

B. 产品质量认证费用

C. 产品检测费用

D. 处理顾客不满和投诉发生的费用

5. 编制利润中心业绩报告时，适合采用的格式是（　　）。

A. 营业利润格式

B. 净利润格式

C. 边际贡献格式

D. 综合收益格式

6. 下列各项中属于质量预防成本的是（　　）。

A. 顾客退货成本

B. 废品返工成本

C. 处理顾客投诉成本

D. 质量标准制定费

7. 关于质量成本报告，下列说法不正确的是（　　）。

A. 质量成本报告按质量成本的分类详细列示预算质量成本和实际质量成本

B. 质量成本报告显示各类质量成本的支出情况以及财务影响

C. 质量成本报告显示各类质量成本的分布情况

D. 通过质量成本报告，企业组织的经理人可以全面地评价企业组织当前的质量成本情况

8. 为了反映企业在质量管理方面所取得的进展及其绩效，企业还需要编制（　　）。

A. 质量成本报告

B. 鉴定成本报告

C. 预防成本报告

D. 质量绩效报告

二、多项选择题

1. 下列属于质量成本中预防成本的有（　　）。

A. 检测工作的费用

B. 教育培训费用

C. 质量奖励费用

D. 停工整修费用

2. 下列成本中属于可控质量成本的有（　　）。

A. 预防成本

B. 鉴定成本

C. 内部失败成本

D. 外部失败成本

3. 下列属于管理会计报告的特征的有（　　）。

A. 管理会计报告提供的信息不仅仅包括财务信息，也包括非财务信息

B. 管理会计报告没有统一的格式和规范

C. 管理会计报告遵循结果导向

D. 管理会计报告如果涉及会计业绩的报告，其主要的报告格式应该是边际贡献格式

4. 下列各项中，不属于内部失败成本的有（　　）。

A. 检验员工的工资福利费

B. 由于产品不符合质量标准而产生的停工整修成本

C. 产品因存在缺陷而错失的销售机会

D. 问题产品的退货、返修

答案及解析

一、单项选择题

1. 【答案】D

【解析】质量包括两层含义：一是设计质量，即产品或劳务对顾客要求的满足程度；二是符合性质量，即产品或劳务的实际性能与其设计性能的符合程度。简单地说，前者是设计得怎样、是否满足顾客要求，后者是做得怎样、是否做出来的达到了设计的要求。

2. 【答案】A

【解析】质量包括两层含义，一是设计质量，即产品或劳务对顾客要求的满足程度；二是符合性质量，即产品或劳务的实际性能与其设计性能的符合程度。

3. 【答案】C

【解析】选项C属于外部失败成本。

4. 【答案】A

【解析】内部失败成本指产品进入市场之前由于产品不符合质量标准而发生的成本，这部分成本主要有废料、返工、修复、重新检测、停工整修或变更设计等。产品质量认证费用和产品检测费用属于鉴定成本。处理顾客不满和投诉发生的费用属于外部失败成本。

5. 【答案】C

【解析】利润中心的考核指标通常为该利润中心的边际贡献、分部经理边际贡献和该利润中心部门边际贡献。

6. 【答案】D

【解析】选项A、C属于外部失败成本；选项B属于内部失败成本；选项D属于预防成本。

7. 【答案】A

【解析】质量成本报告按质量成本的分类详细列示实际质量成本，不需要列示预算质量成本。

8. 【答案】D

【解析】为了反映企业在质量管理方面所取得的进展及其绩效，企业还需要编制质量绩效报告。

二、多项选择题

1. 【答案】BC

【解析】选项A属于鉴定成本，选项D属于内部失败成本。

2. 【答案】AB

【解析】预防成本和鉴定成本属于可控质量成本；内部失败成本和外部失败成本，属于不可控质量成本。

3. 【答案】ACD

【解析】管理会计报告遵循问题导向，选项B不正确。

【该题针对“管理会计报告概述”知识点进行考核】

4. 【答案】ACD

【解析】内部失败成本是指产品进入市场之前由于产品不符合质量标准而发生的成本，这部分成本包括：废料、返工、修复、重新检测、停工整修或变更设计等。选项A属于鉴定成本；选项CD属于外部失败成本。

第二部分

跨章节综合题演练

一、跨章节综合题考点概述

财务成本管理综合题的特点是综合性强、跨多章节的内容，并带有案例分析的性质。综合题由于涉及多项考点内容，一般要分为若干解题步骤，2019 年的考点主要有三个，第二章的财务报表分析，第四章的债务资本成本和普通股资本成本估计，以及长期筹资中可转换债券资本成本的计算。所以，必须认真审题，仔细阅读题目中给出的资料、数据和具体要求，通过分析找出解题的思路。综合题一般分为若干问，这往往是一种提示，所以，一定要按试题所问的顺序答题。综合题一般不是只考某一个问题，往往要把几个知识考查点联系起来考查，所以思路要开阔，将各知识点联系起来归纳和分析，要注意答题的系统性和完整性。

历年综合题主要考点

年份	财务报表分析和财务预测、企业价值评估	投资项目资本决策	长期筹资决策	本量利分析、短期经营决策	其他
2010	★				★
2011		★			★
2012		★			
2013	★				
2014（卷一）	★				
2014（卷二）		★			
2015（卷一/二）		★			
2016（卷一/二）		★			
2017（卷一/二）				★	
2018（卷一/二）				★	
2019（卷一/二）	★		★		

可以看到 2016 年前综合题考点基本集中在财务报表分析和财务预测、企业价值评估、投资项目资本决策上。由于近期财政部出台了《关于全面推进管理会计体系建设的指导意见》，所以在 2017 年、2018 年综合题考点转向了管理会计。同时，也要看到 2019 年对于财务管理中的重要知识点又有所强调和回归，考点中再次突出了财务报表分析和企业长期筹资决策尤其是混合筹资的考察。由此可见，投资决策、筹资决策以及管理会计内容的综合计算都是考试中的重要知识点。平时的学习备考中，要对这些内容格外注意。

二、跨章节综合题

1. 甲公司是一家化工原料生产企业，生产经营无季节性。股东使用管理用财务报表分析体系对公司 2019 年度业绩进行评价。主要的管理用财务报表数据如下：

单位：万元

项目	2019 年	2018 年
资产负债表项目（年末）：		
经营性流动资产	8 000	6 000
减：经营性流动负债	3 000	1 000
经营性长期资产	26 000	22 000
净经营资产合计	37 000	29 000
短期借款	1 200	0
长期借款	12 000	7 000
净负债合计	13 200	7 000
股本	15 000	15 000
资本公积	5 800	5 800
留存收益	3 000	1 200
股东权益合计	23 800	22 000
利润表项目（年度）：		
营业收入	45 000	30 000
税后经营净利润	6 000	4 000
减：税后利息费用	1 200	500
净利润	4 800	3 500

甲公司一直采用固定股利支付率政策，股利支付率为60%，甲公司的企业所得税税率为25%，为简化计算，计算相关财务指标时，涉及的资产负债表数据均使用其各年年末数据。

要求：

（1）计算甲公司2019年和上年的净经营资产净利率、税后利息率、净财务杠杆、经营差异率、杠杆贡献率和权益净利率。

（2）对2019年权益净利率较上年变动的差异进行因素分解，依次计算净经营资产净利率、税后利息率和净财务杠杆的变动对2019年权益净利率变动的影响。

（3）如果甲公司2019年的营业净利率、净经营资产周转率与股利支付率不变，计算甲公司的内含增长率。

（4）若甲公司不打算增发股票（或回购股票），维持2019年营业净利率、股利支付率、资产周转率和资产负债率不变，则2020年预期销售增长率为多少？

（5）简述可持续增长率和内含增长率的区别。

2. A公司的2017年度财务报表主要数据如下：

单位：万元

营业收入	4 000
息税前经营利润	400
利息支出	100
股东权益（400万股，每股面值1元）	2 000
权益乘数	2

该公司适用的所得税税率为40%，股利支付率为60%，假设债务资本均为5年期、分期付息平价债券。

要求：

（1）计算该公司2017年的可持续增长率。

（2）假设A公司2018年继续维持2017年的经营效率和财务政策不变并且不打算增发新股，产品不受市场限制，不变的销售净利率可以涵盖负债的利息，计算确定A公司2018年的股利预期增长率。

（3）假设A公司2017年12月31日的市盈率为20，计算2017年12月31日A公司的加权平均资本成本（按账面价值权数）。

（4）假设2018年预计通货膨胀率为10%，销售量的增长率为5%，若想保持2017年的经营效率和财务政策不变，计算A公司需要从外部筹集的权益资本数额。

（5）假设2018年的通货膨胀率为10%，销售量的增长率为零，维持2017年的经营效率和资本结构不变，计算A公司2018年的股利支付率。

（6）假设公司为了扩大业务，需要新增资本2 000万元，追加资本有两种方式筹集：全部通过增发普通股或全部通过银行长期借款取得。如果发行普通股筹集，预计每股发行价格为20元；如果通过长期借款筹集，长期借款的年利率为6%。假设A公司固定的经营成本和费用可以维持在2017年每年1 600万元的水平不变，变动成本率也可以维持2017年50%的水平不变。

计算：

①两种追加筹资方式的每股收益无差别点及此时的每股收益。

②两种追加筹资方式在每股收益无差别点时的经营杠杆系数和财务杠杆系数。

③若预计2018年追加筹资后的销售增长率为20%，计算此时的安全边际率并依据每股收益确定应采用何种筹资方式。

3. 甲公司是一家保健器械制造企业，研制成功一台新仪器，现在需要决定是否大规模投产，有关资料如下：

（1）公司的销售部门预计，如果每台定价6万元，销售量每年可以达到7 000台；生产部门预计，变动制造成本每台3万元，不含折旧费的固定制造成本每年5 000万元，新业务将在2020年1月1日开始，假设营业现金流发生在每年年底。

（2）为生产该产品，需要添置一台生产设备，预计其购置成本为8 000万元。该设备可以在2019年底以前安装完毕，并在2019年底支付设备购置款。该设备按税法规定折旧年限为5年，净残值率为10%，经济寿命为4年，4年后即2023年底该项设备的市场价值预计为1 000万元。如果决定投产该产品，公司将可以连续经营4年，预计不会出现提前中止的情况。

（3）生产该产品需要的营运资本预计为营业收入的10%。假设营运资本在年初投入，项目结束时收回。

（4）该项目的风险与目前公司的平均风险相同，筹资资本结构相同，公司的所得税税率为25%。

（5）该公司目前的资本来源状况如下：负债的主要项目是公司债券，该债券的票面利率为8%，每年付息一次，5年后到期，面值1 000元/张，共100万张，每张债券的当前市价970元；股东权益的主要项目是普通股，流通在外的普通股共10 000万股，市价20元/股，贝塔系数为1.2。其他资本来源项目可以忽略不计。

当前的无风险收益率为5%，预期市场风险溢价为8%。该项目所需资金按公司当前的资本结构筹集，并可以忽略债券和股票的发行费用。

新项目的营业收入与公司当前的营业收入相比只占较小份额，并且公司每年有若干新项目投入生产，因此该项目万一失败不会危及整个公司的生存。

要求：

（1）计算该公司当前的加权平均资本成本（资本结构权数按市价计算）。

（2）计算项目评价使用的含有风险的折现率（折现率保留到1%）。

（3）计算项目的初始投资额，包括与项目有关的固定资产购置支出以及垫支的营运资本。

（4）分别计算设备的年折旧额以及第4年年末的账面价值（提示：折旧按年提取，投入使用当年提取全年折旧），以及处置设备引起的税后现金净流量。

（5）计算各年项目现金净流量以及项目的净现值和动态投资回收期。

4. A公司是一个高成长的公司，目前公司总价值10 000万元，没有长期负债，发行在外的普通股5 000万股，目前股价2元/股。该公司的资产（息税前）利润率12%，并保持不变，所得税税率25%，息税前利润的预期增长率6%。公司未来仅靠利润留存提供增长资金，不打算增发或回购股票，也不打算增加新的债务筹资。现在急需筹集债务资金5 000万元，准备发行10年期限的公司债券。投资银行认为，目前长期公司债券的市场利率为7%，A公司风险较大，按此利率发行债券并无售出的把握。经投资银行与专业投资机构联系后，建议按面值发行附带认股权证的债券。债券面值为每份1 000元，期限10年，票面利率设定为4%，同时附送30张认股权证，认股权证在5年后到期，在到期前每张认股权证可以按2.5元的价格购买1股普通股。假设公司资产的账面价值均与其市场价值始终保持一致。

要求：

（1）计算每张认股权证的价值。

（2）计算发行债券后的公司总价值，债券本身的内在价值和认股权证的价值。

（3）计算公司在未来第5年年末未行使认股权证前的每股股价和每股收益（保留4位小数）。

（4）计算第5年年末行权后的每股股价和每股收益（保留4位小数）。

（5）计算投资该附带认股权证债券的内含报酬率。

（6）判断此债券的发行方案是否可行。

（7）行权后股价至少达到多少，附带认股权证债券可以成功发行。

5. 甲公司欲投资购买A、B、C三只股票构成投资组合，这三只股票目前的市价分别为9元/股、11元/股和13元/股，β系数分别为1.3、2和2.5，在组合中所占的投资比例分别为30%、50%、20%，目前的股利分别为0.5元/股、0.7元/股和0.8元/股，A股票为固定股利股票，B股票为固定增长股票，股利的固定增长率为6%，C股票前2年的股利增长率为16%，2年后的股利增长率固定为8%。假设目前股票市场的平均收益率为15%，无风险收益率为5%。

要求：

（1）计算投资A、B、C三只股票构成的投资组合的β系数和风险收益率；

（2）计算投资A、B、C三只股票构成的投资组合的必要收益率；

（3）分别计算A、B、C三只股票的必要收益率；

（4）分别计算A、B、C三只股票目前的市场价值；

（5）若按照目前市价投资于A股票，估计2年后其市价可以涨到11元/股，若持有2年后将其出售，计算A股票的持有期收益率；

（6）若按照目前市价投资于B股票，并长期持有，计算其期望报酬率。

6. 甲公司是一家化妆品生产企业，拟进入前景看好的锂电池制造业。现找到一个投资机会，利用乙公司的技术生产锂电池，并将锂电池出售给乙公司。乙公司是一家有代表性的锂电池生产企业。

资料1：甲和乙均为上市公司，甲公司的贝塔系数为0.9，资产负债率为50%。乙公司的贝塔系数为1.2，资产负债率为40%。甲公司不打算改变当前的资本结构。目前的借款利率为8.5%。无风险资产报酬率为4.5%，市场组合的预期报酬率为9.5%。甲公司和乙公司的所得税税率为25%。

资料2：该投资项目需固定资产投资1 000万元，项目期限为4年。会计部门估计每年固定成本（不含折旧）为80万元，变动成本是每件160元。税法规定固定资产折旧采用直线法，折旧年限为4年，估计净残值为80万元。营销部门估计第一年销售量为5万件，以后每年的销量都在前一年的基础上增加10%，乙公司可以接受230元/件的价格。生产部门估计需要150万元的经营营运资本投资。

要求：

（1）根据资料1，运用可比公司法估计投资项目的资本成本。

（2）根据第（1）问计算出的资本成本以及资料2提供的信息计算该项目的净现值（请将结果填写在给定的“计算项目的净现值”表格中，不必列示计算过程），说明是否应该投资该项目（结果保留两位小数）。

单位：万元

时间	0	1	2	3	4
现金净流量					
折现系数					
现值					
净现值					

（3）计算该项目的静态回收期和动态回收期，并简要说明静态回收期和动态回收期指标共有的缺点。

7. A公司是一家生产制造烤箱的企业，现在正考虑投产一个生产微波炉的项目，其有关资料如下：

（1）A公司目前资本总额为3 000万元，其中，长期借款1 000万元，借款年利率为6%；权益资本2 000万元，普通股股数为100万股，该公司股票的β值为1.8，无风险收益率为3%，股票市场的平均收益率为9%，该公司目前的营业收入为2 500万元，变动成本率为35%，固定付现经营成本为650万元，固定非付现经营成本为250万元。

（2）该公司拟投资的新产品的市场适销期为6年。该产品的生产可以利用企业现有的一台闲置设备，但此外还需要购置一台新的配套设备。

（3）旧设备的原值为80万元，税法规定该设备的折旧年限为8年，使用双倍余额递减法提折旧，净残值率为原值的6%，已经使用4年，预计尚可使用年限为6年，6年后的净残值预计为2万元，该设备当前的变现净值预计为16万元。

（4）新设备买价为120万元，税法规定该设备的折旧年限为7年，净残值率为5%，采用直线法提折旧。6年后的预计可变现净值为8万元。

（5）新产品投产后，预计每年的销售收入会增加1 000万元，变动成本率保持35%不变，固定付现成本会增加200万元。

（6）生产部门估计新产品的生产还需要额外垫付50万元的营运资本。

（7）在微波炉生产行业有一家参照公司，该公司的β值为1.5，其债务资本比率为40%。

（8）A公司投资该项目所需资本通过发行债券和增发股票来筹集：按6%的年利率发行6年期债券，每张债券的面值为100元，发行价格为每张98元，每年付息一次，到期还本。

（9）参照公司适用的所得税税率为40%，A公司适用的所得税税率为30%。

（10）设定该项目的目标资本结构为债务资本占60%。假设所筹资本均不考虑筹资费。

要求：

（1）计算A公司目前每年的息税前经营利润、净利润和安全边际率。

（2）计算A公司目前的加权平均资本成本（按账面价值权数）。

（3）计算确定评价该项目适用的折现率。

（4）计算该项目的净现值。

8. 某商品流通企业2018年有两种信用政策可供选用：

甲方案预计应收账款平均周转天数为50天，其收账费用为0.2万元，坏账损失率为货款的3%。

乙方案的信用政策为（2/10，1/20，n/90），预计将有40%的货款于第10天收到，30%的货款于第20天收到，其余30%的货款于第90天收到（前两部分货款不会产生坏账，后一部分货款的坏账损失率为该部分货款的3%），收账费用为0.15万元。假设该企业所要求的最低报酬率为10%。该企业按经济订货量进货，假设购销平衡、销售无季节性变化。甲方案的年销售量4 000件，进货单价45元，售价90元，单位储存成本5元（含占用资金利息），一次订货成本100元；乙方案的年销售量4 500件，改变信用政策预计不会影响进货单价、售价、单位储存成本、一次订货成本等，所有销货假设均为赊销。

要求：

（1）计算甲、乙两方案毛利之差。

（2）计算甲方案的下列指标：

①应收账款的机会成本；

②坏账成本；

③按经济进货批量进货的相关最低总成本；

④经济订货量；

⑤达到经济进货批量时存货平均占用资金；

⑥采纳甲方案的相关总成本。

（3）计算乙方案的下列指标：

①应收账款的机会成本；

②坏账成本；

③现金折扣成本；

④按经济进货批量进货的相关最低总成本；

⑤经济订货量；

⑥达到经济进货批量时存货平均占用资金；

⑦采纳乙方案的相关总成本。

（4）计算甲、乙两方案相关总成本之差。

（5）为该企业作出采取何种信用政策的决策，并说明理由。

9. B公司属于拥有大量资产、净资产为正值的上市公司，2017年度该公司财务报表的主要数据如下：

单位：万元

销售收入	1 000
税后利润	100
股利	60
股东权益（200万股，每股面值1元）	1 000
权益乘数	2

该公司负债全部为金融长期负债，该公司2017年12月31日的股票市价为10元。

要求：

（1）2017年的可持续增长率。

（2）2017年的市盈率和收入乘数。

（3）若该公司处于稳定状态，其权益资本成本是多少？

（4）若该公司2017年每股股权现金流量=0.3（元），计算该公司股权价值。

（5）与B公司所在行业相同的代表性公司有甲、乙两家公司。甲、乙两家公司的有关资料如下：

	资产净利率	权益乘数	每股市价	每股净资产
甲公司	5.83%	2.4	12元	4元
乙公司	6.22%	2	8元	2.5元

请根据修正的市价/净资产比率模型评估B公司的价值。

10. H公司是一家化妆品连锁上市公司。为在某商场开设一个新门店，参加商城内一处商铺的租约竞标。出租方要求，租约合同为期5年，不再续约，租金在合同生效时一次付清。相关资料如下：

（1）H公司目前股价32元/股，流通在

外的普通股股数为 2 000 万股。债务市值 40 000 万元，到期收益率 7%。无风险利率 4%，权益市场风险溢价 6%，F 公司的 β 系数为 1.5。H 公司适用的所得税税率为 25%。

（2）H 公司开设机场门店后，第 1 年预计营业收入 300 万元，第 2、3 年预计营业收入均为 400 万元，第 4－5 年预计营业收入 500 万元。预计营业变动成本为营业收入的 60%，营业固定成本（不含设备折旧或租金）为每年 50 万元。假设营业现金流量均发生在年末。开业时需投入营运资本 30 万元，合同结束时全部收回。

（3）开设机场门店需添置相关设备，预计购置成本为 270 万元，没有运输、安装、维护等其他费用。按照税法规定，可采用年数总和法计提折旧，折旧年限为 5 年，期末账面价值为零。合同结束时，预计该设备的变现价值为 40 万元。

要求：

（1）开设门店是公司的扩张业务，可以使用公司的加权平均资本成本作为项目现金流量的折现率。假设资本资产定价模型成立，以市值为资本结构权重，计算该公司的加权平均资本成本。(结果保留整数)

（2）为使该项目盈利，请问 H 公司竞价时最高的租金报价是多少？

（3）假设每年营业收入相同，如果出租方要求的最低竞价租金为 60 万元，为使该项目有利，H 公司每年最低的营业收入应是多少？

11. A 公司生产产品 X，为了更好地进行经营决策和目标控制，该公司财务经理正在使用 2019 年相关数据进行本量利分析，有关资料如下：

（1）2019 年产销量为 10 000 件，每件价格 1 400 元。

（2）生产 A 产品需要的技术需要从外部购买取得，甲公司每年除向技术转让方支付 60 万元的固定使用费外，还需按销售收入的 10% 支付变动专利使用费。

（3）2019 年直接材料费用 400 万元，均为变动成本。

（4）2019 年人工成本总额为 220 万元，其中：生产工人采取计件工资制度，全年人工成本支出 140 万元，管理人员采取固定工资制度，全年人工成本支出为 80 万元。

（5）2019 年折旧费用总额为 90 万元，其中管理部门计提折旧费用 25 万元，生产部门计提折旧费用 65 万元。

（6）2019 年发生其他成本及管理费用 110 万元，其中 60 万元为变动成本，50 万元为固定成本。

要求：

（1）计算 A 产品的单位边际贡献、保本量和安全边际率。

（2）计算甲公司税前利润对销售量和单价的敏感系数。

（3）如果 2019 年原材料价格上涨 20%，其他因素不变，A 产品的销售价格应上涨多大幅度才能保持 2019 年的利润水平？

12. 甲公司是一家制造业上市公司，生产 A、B、C 三种产品，最近几年，市场需求旺盛，公司正在考虑通过筹资扩大产能。2018 年，公司长期债务 10 000 万元，年利率 6%，流通在外普通股 1 000 万股，每股面值 1 元，无优先股。

资料一：A、B、C 三种产品都需要通过一台关键设备加工，该设备是公司的关键限制资源。

年加工能力 2 500 小时。假设 A、B、C 三种产品当年生产当年销售。年初年末无存货，预计 2019 年 A、B、C 三种产品的市场正常销量及相关资料如下：

	A 产品	B 产品	C 产品
市场正常销量（件）	400	600	1 000
单位售价（万元）	2	4	6
单位变动成本（万元）	1.2	1.6	3.5
单位限制资源消耗（小时）	1	2	2.5
固定成本总额（万元）	1 000		

资料二：为满足市场需求，公司 2019 年初拟新增一台与关键限制资源相同的设备，需要筹集 10 000 万元。该设备新增年固定成本 600 万元，原固定成本总额 1 000 万元照常发生，现有两种筹资方案可供选择。

方案 1：平价发行优先股筹资 6 000 万元，面值 100 元，票面股息率 10%，按每份市价 1 250 元发行债券筹资 4 000 万元，期限

10 年，面值 1 000 元，票面利率 9%。

方案 2：平价发行优先股筹资 6 000 万元，面值 100 元，票面股息率 10%，按每份市价 10 元发行普通股筹资 4 000 万元。

资料三：新增关键设备到位后，假设 A 产品尚有市场空间，其他条件不变，如果剩余产能不能转移，公司拟花费 200 万元进行广告宣传，通过扩大 A 产品的销量实现剩余产能的充分利用。

公司的企业所得税税率为 25%。

要求：

（1）根据资料一，为有效利用现有的一台关键设备，计算公司 A、B、C 三种产品的生产安排优先顺序和产量，在该生产安排下，公司的经营杠杆和财务杠杆各是多少？

（2）根据资料二，采用每股收益无差别点法，计算两个方案每股收益无差别点的息税前利润，并判断公司应选择哪一个筹资方案。在该筹资方案下，公司的经营杠杆、财务杠杆、每股收益各是多少？

（3）结合要求（1）、（2）的结果，需要说明经营杠杆、财务杠杆发生变化的主要原因。

（4）根据资料三，计算并判断公司是否应利用该剩余产能。

13. 乙公司只产销一种甲产品，甲产品只消耗 A 材料。2017 年第 4 季度按定期预算法编制 2018 年的企业预算，部分预算资料如下：

资料一：A 材料 2018 年年初的预计结存量为 2 000 千克，各季度末 A 材料的预计结存量数据如下表所示：

2018 年各季度末 A 材料预计结存量

季度	1	2	3	4
A 材料（千克）	1 000	1 200	1 200	1 300

每季度 A 材料的购货款于当季支付 40%，剩余 60% 于下一个季度支付；2018 年年初的预计应付账款余额为 80 000 元。该公司 2018 年度 A 材料的采购预算如下表所示：

项目	第一季度	第二季度	第三季度	第四季度	全年
预计甲产品量（件）	3 200	3 200	3 600	4 000	14 000
材料定额单耗（千克/件）	5	×	×	×	×
预计生产需要量（千克）	×	16 000	×	×	70 000
加：期末结存量（千克）	×	×	×	×	×
预计需要量合计（千克）	17 000	（A）	19 200	21 300	（B）
减：期初结存量（千克）	×	1 000	（C）	×	×
预计材料采购量（千克）	（D）	×	×	20 100	（E）
材料计划单价（元/千克）	10	×	×	×	×
预计采购金额（元）	150 000	162 000	180 000	201 000	693 000

注：表内“材料定额单耗”是指在现有生产技术条件下，生产单位产品所需要的材料数量；全年 A 材料计划单价不变；表内的“×”为省略的数值。

资料二：E 公司 2018 年第一季度实际生产甲产品 3 400 件，耗用 A 材料 20 400 千克，A 材料的实际单价为 9 元/千克。

要求：

（1）确定乙公司 A 材料采购预算表中用字母表示的项目数值（不需要列示计算过程）。

（2）计算乙公司第一季度预计采购现金支出和第四季度末预计应付款金额。

（3）计算甲产品单位标准材料成本。

（4）计算乙公司第一季度甲产品消耗 A 材料的成本差异、价格差异与数量差异。

14. 乙公司生产和销售 E、F 两种产品，每年产销平衡。为了加强产品成本管理，合理确定下年度经营计划和产品销售价格，该公司专门召开总经理办公会进行讨论。相关资料如下：

资料一：2017 年 E 产品实际产销量为 3 680 件，生产实际用工为 7 000 小时，实际人工成本为 16 元/小时。标准成本资料如下表所示：

E 产品单位标准成本

项　目	直接材料	直接人工	制造费用
价格标准	35 元/千克	15 元/小时	10 元/小时
用量标准	2 千克/件	2 小时/件	2 小时/件

资料二：F 产品年设计生产能力为 15 000 件，2018 年计划生产 12 000 件，预计单位变动成本为 200 元，计划期的固定成本总额为 720 000 元。该产品适用的消费税税率为 5%，成本利润率为 20%。

资料三：乙公司接到 F 产品的一个额外订单，意向订购量为 2 800 件，订单价格为 290 元/件，要求 2018 年内完工。

要求：

（1）根据资料一，计算 2017 年 E 产品的下列指标：①单位标准成本；②直接人工成本差异；③直接人工效率差异；④直接人工工资率差异。

（2）根据资料二，运用全部成本费用加成定价法测算 F 产品的单价。

（3）根据资料三，运用变动成本费用加成定价法测算 F 产品的单价。

（4）根据资料二、资料三和上述测算结果，作出是否接受 F 产品额外订单的决策，并说明理由。

（5）根据资料二，如果 2018 年 F 产品的目标利润为 150 000 元，销售单价为 350 元，假设不考虑消费税的影响。计算 F 产品保本销售量和实现目标利润的销售量。

15. 甲公司是一家清洁产品制造业上市公司，生产 A、B、C 三种清洁产品。2019 年公司长期债务 10 000 万元，年利率 6%，流通在外普通股 1 000 万股，每股面值 1 元，无优先股。最近几年，公司产品市场需求旺盛，公司正在考虑通过筹资扩大产能。

资料一：A、B、C 三种产品都需要通过一台关键设备加工，该设备是公司的限制资源。年加工能力 2 500 小时。假设 A、B、C 三种产品当年生产当年销售。年初年末无存货，预计 2020 年 A、B、C 三种产品的市场正常销量及相关资料如下：

	A 产品	B 产品	C 产品
市场正常销量（件）	1 000	600	400
单位售价（万元）	6	4.2	2
单位变动成本（万元）	3.5	1.6	1.2
单位限制资源消耗（小时）	2.5	2	1
固定成本总额（万元）	1 500		

资料二：为满足市场需求，公司 2020 年初拟新增一台与限制资源相同的设备，需要筹集 10 000 万元。该设备新增年固定成本 400 万元，原固定成本总额 1 500 万元照常发生，现有两种筹资方案可供选择。

方案 1：按每份市价 1 050 元发行债券筹资 6 000 万元，期限 10 年，面值 1 000 元，票面利率 8%；平价发行优先股筹资 4 000 万元，面值 100 元，票面股息率 9%。

方案 2：平价发行优先股筹资 4 000 万元，面值 100 元，票面股息率 9%，按每份市价 10 元发行普通股筹资 6 000 万元。

资料三：新增设备到位后，假设 B 产品尚有市场空间，其他条件不变，如果剩余产能不能转移，公司拟花费 1 000 万元进行广告宣传，通过扩大 B 产品的销量实现剩余产能的充分利用。公司的企业所得税税率为 25%。

要求：

（1）根据资料一，为有效利用现有的一台关键设备，计算公司 A、B、C 三种产品的生产安排优先顺序和产量，在该生产安排下，公司的经营杠杆和财务杠杆各是多少？

（2）根据资料二，采用每股收益无差别点法，计算两个方案每股收益无差别点的息税前利润，并判断公司应选择哪一个筹资方案。在该筹资方案下，公司的经营杠杆、财务杠杆、每股收益各是多少？

（3）结合要求（1）、（2）的结果，需要说明经营杠杆、财务杠杆发生变化的主要原因。

（4）根据资料三，计算并判断公司是否应利用该剩余产能。

16.（2019年）甲公司是一家制造业上市公司。目前公司股票每股45元。预计股份未来增长率8%；长期借款合同中保护性条款约定甲公司长期资本负债率不可高于50%、利息保障倍数不可低于5倍。为占领市场并优化资本结构，公司拟于2019末发行附认股权证债券筹资20 000万元。为确定筹资方案是否可靠，收集资料如下：

资料一：甲公司2019年预计财务报表主要数据。

单位：万元

资产负债表项目	2019年末
资产总计	105 000
流动负债	5 000
长期借款	40 000
股东权益	60 000
负债和股东权益总计	105 000
利润表项目	2019年度
营业收入	200 000
财务费用	2 000
利润总额	12 000
所得税费用	3 000
净利润	9 000

甲公司2019年财务费用均为利息费用，资本化利息200万元。

资料二：筹资方案。

甲公司拟平价发行附认股权证债券，面值1 000元，票面利率6%，期限10年，每年末付息一次，到期还本。每份债券附送20张认股权证，认股权证5年后到期，在到期前每张认股权证可按60元的价格购买1股普通股。不考虑发行成本等其他费用。

资料三：甲公司尚无上市债券，也找不到合适的可比公司。评级机构评定甲公司的信用级别为AA级。目前上市交易的同行业其他公司债券及与之到期日相近的政府债券信息如下：

公司债券				政府债券	
发行公司	信用等级	到期日	到期收益率	到期日	到期收益率
乙	AAA	2021年2月15日	5.05%	2021年1月31日	4.17%
丙	AA	2022年11月30日	5.63%	2022年12月10日	4.59%
丁	AA	2025年1月1日	6.58%	2024年11月15日	5.32%
戊	AA	2029年11月30日	7.20%	2029年12月1日	6.75%

甲公司股票目前β系数1.5，市场风险溢价4%，企业所得税税率25%，假设公司所筹资金全部用于购置资产，资本结构以长期资本账面价值计算权重。

资料四：如果甲公司按筹资方案发债，预计2020年营业收入比2019年增长20%，财务费用在2019年财务费用基础上增加新发债券利息，资本化利息保持不变，企业应纳税所得额为利润总额，营业净利率保持2019年水平不变，不分配现金股利。

要求：

（1）根据资料一，计算筹资的长期资本负债率、利息保障倍数。

（2）根据资料二，计算发行附认股权证债券的资本成本。

（3）为判断筹资方案是否可行，根据资料三，利用风险调整法，计算甲公司税前债务资本成本；假设无风险利率参考10年期政府债券到期收益率，计算股权资本成本。

（4）为判断是否符合借款合同保护性条

款的要求，根据资料四，计算筹资方案执行后2020年末长期资本负债率、利息保障倍数。

（5）基于上述结果，判断筹资方案是否可行，并简要说明理由。

三、跨章节综合题参考答案及解析

1.【答案】

（1）2019年：

净经营资产净利率＝税后经营净利润/净经营资产＝6 000/37 000＝16.22%

税后利息率＝税后利息/净负债＝1 200/13 200＝9.09%

净财务杠杆＝净负债/股东权益＝13 200/23 800＝0.55

经营差异率＝净经营资产净利率－税后利息率＝16.22%－9.09%＝7.13%

杠杆贡献率＝经营差异率×净财务杠杆＝7.13%×0.55＝3.92%

权益净利率＝净经营资产净利率＋杠杆贡献率＝16.22%＋3.92%＝20.14%

2018年：

净经营资产净利率＝税后经营净利润/净经营资产＝4 000/29 000＝13.79%

税后利息率＝税后利息/净负债＝500/7 000＝7.14%

净财务杠杆＝净负债/股东权益＝7 000/22 000＝0.32

经营差异率＝净经营资产净利率－税后利息率＝13.79%－7.14%＝6.65%

杠杆贡献率＝经营差异率×净财务杠杆＝6.65%×0.32＝2.13%

权益净利率＝净经营资产净利率＋杠杆贡献率＝13.79%＋2.13%＝15.92%

（2）2018年权益净利率＝15.92%

替代净经营资产净利率：16.22%＋（16.22%－7.14%）×0.32＝19.13%

替代税后利息率：16.22%＋（16.22%－9.09%）×0.32＝18.50%

替代净财务杠杆：16.22%＋（16.22%－9.09%）×0.55＝20.14%

净经营资产净利率变动影响＝19.13%－15.92%＝3.21%

税后利息率变动影响＝18.50%－19.13%＝－0.63%

净财务杠杆变动影响＝20.14%－18.50%＝1.64%

（3）2018年的营业净利率＝净利润/营业收入＝4 800/45 000＝10.67%

净经营资产周转率＝营业收入/净经营资产＝45 000/37 000＝1.22

股利支付率＝60%

内含增长率＝（10.67%×1.22×40%）/（1－10.67%×1.22×40%）＝5.49%

（4）

ROE＝净利润/股东权益＝4 800/23 800＝20.17%

2020年预期销售增长率＝2019年可持续增长率＝（20.17%×40%）/（1－20.17%×40%）＝8.78%

（5）可持续增长率是指不增发新股或回购股票，不改变经营效率（不改变营业净利率和资产周转率）和财务政策（不改变权益乘数和利润留存率）时，其销售所能达到的增长率。

内含增长率是只靠内部积累（即增加留存收益）实现的销售增长率。

可持续增长率的假设条件是：①公司的营业净利率将维持当前水平，并且可以涵盖新增债务增加的利息。②公司的总资产周转率将维持当前的水平。③公司目前的资本结构是目标资本结构，并且打算继续维持下去。④公司目前的利润留存率是目标利润留存率，并且打算继续维持下去。

2.【答案】

（1）净利润＝（400－100）×（1－25%）＝225（万元）

留存收益率＝1－60%＝40%

年初股东权益＝2 000－225×40%＝1 910（万元）

可持续增长率＝年初股东权益净利率×留存收益率$=\frac{225}{1\,910}\times 40\%=4.72\%$

（2）如果A公司2018年继续维持2017年的经营效率和财务政策不变并且不打算增发新股，则正好满足可持续增长率的假设条件，满足这些条件时，股利增长率等于可持续增长率。

所以，2018年预期股利增长率为4.72%。

（3）A公司2007年12月31日的每股收益＝225/400＝0.56（元）

A公司2017年12月31日的每股市价＝

市盈率×每股收益 = 20×0.56 = 11.2（元）

A公司2017年12月31日的每股股利 = (225×60%)/400 = 0.34（元）

权益资本成本 = $\frac{0.34\times(1+4.72\%)}{11.2}$ + 4.72% = 7.9%

权益乘数为2，则产权比率为1，资产负债率 = 50%。

股东权益 = 债务资本 = 2 000（万元）

债券票面年利率 = 100/2 000 = 5%

平价债券的税后资本成本 = 5%×(1 − 25%) = 3.75%

加权平均资本成本 = 3.75%×50% + 7.9%×50% = 5.83%

（4）2018年预计通货膨胀率为10%，销售量的增长率为5%

则销售额的名义增长率 = (1 + 通货膨胀率)×(1 + 销售量增长率) − 1

= (1 + 10%)×(1 + 5%) − 1 = 15.5%

则预计2018年的销售额 = 4 000×(1 + 15.5%) = 4 620（万元）

经营效率和财务政策不变，则收入增长率 = 资产增长率 = 股东权益增长率 = 15.5%。

则股东权益增加额 = 2 000×15.5% = 310（万元）

销售净利率不变，则预计2018年净利润 = 4 620×$\frac{225}{4\ 000}$ = 259.88（万元）

留存收益率不变，则预计2018年留存收益 = 259.88×40% = 103.95（万元）

故外部股权筹资额 = 股东权益增加额 − 2018年留存收益 = 310 − 103.95 = 206.05（万元）

（5）销售额的名义增长率 = (1 + 通货膨胀率)×(1 + 销售量增长率) − 1

= (1 + 10%)×(1 + 0) − 1 = 10%

维持2017年的经营效率不变，即销售净利率和总资产周转率不变，则有收入增长率 = 资产增长率，资产负债率不变，即权益乘数不变，则股东权益增长率 = 资产增长率。所以，股东权益增长率 = 10%，股东权益增加额 = 2 000×10% = 200（万元）。

由于销售净利率不变，所以，净利润 = 4 000×(1 + 10%)×$\frac{225}{4\ 000}$ = 247.5（万元）。

由于股东权益增加额200万元小于净利润247.5万元，内部筹资优先于外部股权筹资，所以当年可以派发股利47.5万元。

则股利支付率 = 47.5/247.5 = 19.2%。

（6）①设每股收益无差别点的销售收入为X，则有：

$$\frac{[X\times(1-50\%)-1\ 600-100]\times(1-25\%)}{400+100}=\frac{[X\times(1-50\%)-1\ 600-100-2\ 000\times6\%]\times(1-25\%)}{400}$$

求得：X = 4 600（万元）

$$每股收益=\frac{[4\ 600\times(1-50\%)-1\ 600-100]\times(1-40\%)}{400+100}=0.72\ （元）$$

②每股收益无差别点的销售收入为4 600万元，则每股收益无差别点的息税前经营利润 = 4 600×(1 − 50%) − 1 600 = 700（万元）。

$$经营杠杆系数=\frac{息税前利润+固定成本}{息税前利润}$$

$=\frac{700+1\ 600}{700}$ = 3.29（两种筹资方式的经营杠杆系数相同）

$$长期借款的财务杠杆系数=\frac{息税前利润}{息税前利润-利息}$$

$$=\frac{700}{700-100-2\ 000\times6\%}=1.46$$

$$增发股票的财务杠杆系数=\frac{息税前利润}{息税前利润-利息}$$

$$=\frac{700}{700-100}=1.17$$

③2018年追加筹资后的销售增长率为20%，则预计销售收入 = 4 000×(1 + 20%) = 4 800（万元）。

由于追加筹资后的预计销售收入4 800万元大于每股收益无差别点的销售收入4 600万元，借款筹资的每股收益大于增发股票筹资的每股收益，所以应选择借款筹资。

盈亏临界点的销售额 = $\frac{1\ 600}{1-50\%}$ = 3 200（万元）

此时的安全边际率 = $\frac{4\ 800-3\ 200}{4\ 800}$

=33.33%。

【该题跨第二章财务报表分析与财务预测、第九章资本结构和第十六章本量利分析等章节进行考核】

3.【答案】

(1) 设债券的税前资本成本为 i:

$1\ 000\times8\%\times(P/A,i,5)+1\ 000\times(P/F,i,5)=970$

当 $i=8\%$ 时,$1\ 000\times8\%\times(P/A,8\%,5)+1\ 000\times(P/F,8\%,5)=1\ 000$

当 $i=9\%$ 时,$1\ 000\times8\%\times(P/A,9\%,5)+1\ 000\times(P/F,9\%,5)=961.076$

所以 $i=8.77\%$

税后债券资本成本为 $8.77\%\times(1-25\%)=6.58\%$

股权资本成本 $=5\%+1.2\times8\%=14.6\%$

债券市场价值权数 $=970\times100/(970\times100+20\times10\ 000)=32.7\%$

股权市场价值权数 $=20\times10\ 000/(970\times100+20\times10\ 000)=67.3\%$

加权平均税后资本成本 $=6.58\%\times32.7\%+14.6\%\times67.3\%=11.98\%$

(2) 由于该项目的风险与目前公司的平均风险相同、筹资资本结构相同,所以项目评价使用的含有风险的折现率 = 公司加权平均资本成本 = 11.98% ≈12%。

(3) 设备投资 8 000 万元,营运资本投资 $=6\times7\ 000\times10\%=4\ 200$ (万元),初始投资额 $=8\ 000+4\ 200=12\ 200$ (万元)。

(4) 设备的年折旧额 $=8\ 000\times(1-10\%)/5=1\ 440$ (万元)

第 4 年年末设备的账面价值 $=8\ 000-1\ 440\times4=2\ 240$ (万元)

第 4 年年末处置设备引起的税后现金净流量 $=1\ 000+(2\ 240-1\ 000)\times25\%=1\ 310$ (万元)。

(5) 每年营业现金毛流量 =(营业收入 - 变动成本合计 - 付现固定成本)×(1 - 25%)+ 折旧×25% $=(6\times7\ 000-3\times7\ 000-5\ 000)\times(1-25\%)+1\ 440\times25\%=12\ 360$ (万元)。

单位:万元

年度	0	1	2	3	4
设备投资	-8 000				
营运资本投资	-4 200				
营运资本收回					4 200
营业现金毛流量		12 360	12 360	12 360	12 360
处置设备现金净流量					1 310
各年现金净流量	-12 200	12 360	12 360	12 360	17 870
折现系数(12%)	1	0.8929	0.7972	0.7118	0.6355
折现现金流	-12 200	11 036.24	9 853.39	8 797.85	11 356.39
项目净现值	28 843.87				
累计现金净流量	-12 200	-1 163.76	8 689.63		
动态投资回收期(年)	1 + 1 163.76/9 853.39 = 1.12(年)				

4.【答案】

(1) 每张纯债券价值 $=1\ 000\times4\%\times(P/A,7\%,10)+1\ 000\times(P/F,7\%,10)=40\times7.0236+1\ 000\times0.5083=789.24$ (元)

每张认股权价值 $=(1\ 000-789.24)/30=7.03$ (元)

(2) 发行债券后的公司总价值 $=10\ 000+5\ 000=15\ 000$ (万元)

发行债券张数 $=5\ 000/1\ 000=5$ (万张)

债券本身的总价值 $=789.24\times5=3\ 946.2$ (万元)认股权证价值 $=7.03\times30\times5=1\ 054.5$ (万元)

(3) 公司总价值 $=15\ 000\times(1+6\%)\times5=20\ 073.38$ (万元)

每张债券价值 = 利息现值 + 本金现值 $=40\times(P/A,7\%,5)+1\ 000\times(P/F,7\%,5)=$

$40\times4.1002+1\ 000\times0.7130=877.01$（元）

债务总价值 $=877.01\times5=4\ 385.05$（万元）

权益价值 = 公司总价值 - 债务价值 $=20\ 073.38-4\ 385.05=15\ 688.33$（万元）

每股股价 = 权益价值/股数 $=15\ 688.33/5\ 000=3.1377$（元）

息税前利润 = 总资产 × 息税前利润率 $=20\ 073.38\times12\%=2\ 408.8056$（万元）

每股收益 $=(2\ 408.8056-40\times5)\times(1-25\%)/5\ 000=0.3313$（元）

（4）公司总价值 = 行权前价值 + 行权收入 $=20\ 073.38+2.5\times5\times30=20\ 448.38$（万元）

权益价值 = 公司总价值 - 债务价值 $=20\ 448.38-4\ 385.05=16\ 063.33$（万元）

股数 = 行权前股数 + 行权股数 $=5\ 000+5\times30=5\ 150$（万股）

每股股价 = 权益价值/股数 $=16\ 063.33/5\ 150=3.1191$（元/股）

总资产 = 公司总价值 $=20\ 448.38$（万元）

息税前利润 = 总资产 × 息税前利润率 $=20\ 448.38\times12\%=2\ 453.8056$（万元）

每股收益 $=(2\ 453.8056-40\times5)\times(1-25\%)/5\ 150=0.3282$（元）

（5）第1年年初：流出现金1 000元，购买债券和认股权证；

第1～10年，每年利息流入40元；第5年年末，行权支出 $=2.5\times30=75$（元），取得股票的市价 $=3.1191\times30=93.57$（元），行权现金净流入 $=93.57-75=18.57$（元）。

第10年年末，取得归还本金1 000元。

$1\ 000=40\times(P/A,i,10)+18.57\times(P/F,i,5)+1\ 000\times(P/F,i,10)$

当 $i=4\%$ 时，$40\times(P/A,4\%,10)+18.57\times(P/F,4\%,5)+1\ 000\times(P/F,4\%,10)=40\times8.1109+18.57\times0.8219+1\ 000\times0.6756=1\ 015.30$（元）

当 $i=5\%$ 时，$40\times(P/A,5\%,10)+18.57\times(P/F,5\%,5)+1\ 000\times(P/F,5\%,10)=40\times7.7217+18.57\times0.7835+1\ 000\times0.6139=937.32$（元）

利用内插法，

可得 $i=4.20\%$

（6）因为附带认股权证债券的投资报酬率小于普通债券市场利率（7%），对投资人没有吸引力，所以不可行。

（7）$1\ 000=40\times(P/A,7\%,10)+30\times$（行权后股价 $-2.5)\times(P/F,7\%,5)+1\ 000\times(P/F,7\%,10)$

$1\ 000=40\times7.0236+30\times$（行权后股价 $-2.5)\times0.7130+1\ 000\times0.5083$，得到行权后股价 $=12.35$（元/股）。

5.【答案】

（1）投资组合的β系数 $=30\%\times1.3+50\%\times2+20\%\times2.5=1.89$

投资组合的风险收益率 $=1.89\times(15\%-5\%)=18.9\%$

（2）投资组合的必要收益率 $=5\%+18.9\%=23.9\%$

（3）A股票的必要收益率 $=5\%+1.3\times(15\%-5\%)=18\%$

B股票的必要收益率 $=5\%+2\times(15\%-5\%)=25\%$

C股票的必要收益率 $=5\%+2.5\times(15\%-5\%)=30\%$

（4）A股票的市场价值 $=0.5/18\%=2.78$（元/股）

B股票的市场价值 $=0.7\times(1+6\%)/(25\%-6\%)=3.91$（元/股）

C股票的市场价值 $=0.8\times(1+16\%)/(1+30\%)+0.8\times(1+16\%)^2/(1+30\%)^2+[0.8\times(1+16\%)^2\times(1+8\%)/(30\%-8\%)]\times(P/S,30\%,2)$

$=0.7138+0.6369+3.1269$

$=4.4776$（元/股）≈4.48（元/股）

（5）假设A股票的持有期收益率为 i，则：

$NPV=0.5\times(P/A,i,2)+11\times(P/S,i,2)-9$

当 $i=16\%$，$NPV=0.5\times(P/A,16\%,2)+11\times(P/S,16\%,2)-9$

$=0.5\times1.6052+11\times0.7432-9$

$=0.8026+8.1752-9=-0.022$（元）

当 $i=15\%$，$NPV=0.5\times(P/A,15\%,2)+11\times(P/S,15\%,2)-9$

$=0.5\times1.626+11\times0.756-9$

$=0.813+8.316-9=0.129$（元）

$$i=15\%+\frac{0-0.129}{-0.022-0.129}(16\%-15\%)$$

$=15.85\%$

（6）B股票的期望报酬率 = 0.7 ×（1 + 6%）/11 + 5% = 11.75%。

【该题跨第四章资本成本、第六章债券、股票价值评估和第三章价值评估基础等章节进行考核】

6.【答案】

（1）乙公司无财务杠杆的贝塔值 = 1.2/[1 +（1 − 25%）× 4/6] = 0.8

甲公司目标结果贝塔值 = 0.8 × [1 +（1 − 25%）× 5/5] = 1.4

甲公司的权益资本成本 = 4.5% + 1.4 ×（9.5% − 4.5%）= 11.5%

甲公司债务资本成本 = 8.5%

加权平均资本成本 = 8.5% × 0.5 + 11.5% × 0.5 = 10%

（2）

单位：万元

时间	0	1	2	3	4
投资额	−1 000				
垫支营运资本	−150				
税后营业收入		862.5	948.75	1 043.625	1 147.9875
税后变动成本		−600	−660	−726	−798.6
税后付现固定成本		−60	−60	−60	−60
折旧		230	230	230	230
折旧抵税		57.5	57.5	57.5	57.5
营业现金毛流量		260	286.25	315.125	346.8875
回收残值					80
回收营运资本					150
现金净流量	−1150	260	286.25	315.125	576.8875
折现系数（10%）	1	0.9091	0.8264	0.7513	0.6830
现值	−1 150.00	236.37	236.56	236.75	394.01
净现值	−46.31				

该项目的净现值为 −46.31 万元，净现值小于 0，不应该投资该项目。

（3）静态投资回收期：

项目	0	1	2	3	4
现金净流量	−1 150	260	286.25	315.125	576.8875
累计现金净流量	−1 150	−890	−603.75	−288.625	288.2625

静态回收期 = 3 + 288.625/576.8875 = 3.5（年）

动态投资回收期：

项目	0	1	2	3	4
折现现金净流量	−1 150	236.37	236.56	236.75	394.01
累计现金净流量	−1 150	−913.63	−677.07	−440.32	−46.31

在项目期内，初始投资收不回来，利用动态回收期指标计算的结果与净现值指标一致。

回收期法的缺点：没有考虑回收期以后的现金流，没有衡量盈利性；促使公司接受短期项目，放弃有战略意义的长期项目。

7.【答案】

（1）A公司目前每年的息税前经营利润

$=2\ 500\times(1-35\%)-(650+250)=725$（万元）

年利息 $=1\ 000\times6\%=60$（万元）

净利润 $=(725-60)\times(1-30\%)=465.5$（万元）

盈亏临界点销售额 $=\dfrac{650+250}{1-35\%}=1\ 384.62$（万元）

安全边际率 $=\dfrac{2\ 500-1\ 384.62}{2\ 500}=44.62\%$

（2）长期借款的资本成本 $=6\%\times(1-30\%)=4.2\%$

权益资本成本 $=3\%+1.8\times(9\%-3\%)=13.8\%$

加权平均资本成本 $=\dfrac{1\ 000}{3\ 000}\times4.2\%+\dfrac{2\ 000}{3\ 000}\times13.8\%=10.6\%$

（3）参照公司的债务资本比率为 40%，则产权比率 =2/3

该项目的目标资本结构为债务资本占 60%，则产权比率 =3/2

$\beta_{资产}=1.5/[1+2/3\times(1-40\%)]=1.0714$

$\beta_{权益}=1.0714/[1+3/2\times(1-30\%)]=2.1964$

权益资本成本 $=3\%+2.1964\times(9\%-3\%)=16.18\%$

设债务税后资本成本为 K，则有：$NPV=100\times6\%\times(1-30\%)\times(P/A,K,6)+100\times(P/S,K,6)-98=0$，

当 $K=5\%$，$NPV=100\times6\%\times(1-30\%)\times(P/A,5\%,6)+100\times(P/S,5\%,6)-98$

$=4.2\times5.076+100\times0.746-98$

$=-2.0808$（元）

当 $K=4\%$，$NPV=100\times6\%\times(1-30\%)\times(P/A,4\%,6)+100\times(P/S,4\%,6)-98$

$=4.2\times5.242+100\times0.790-98$

$=3.0164$（元）

$K=4\%+\dfrac{0-3.0164}{-2.0808-3.0164}\times(5\%-4\%)=4.59\%$

加权平均资本成本（该项目适用的折现率）$=60\%\times4.59\%+40\%\times16.18\%=9.23\%$

（4）计算项目的净现值：

旧设备的双倍折旧率 $=2/8=25\%$

第 1 年折旧 $=80\times25\%=20$（万元）

第 2 年折旧 $=(80-20)\times25\%=15$（万元）

第 3 年折旧 $=(80-20-15)\times25\%=11.25$（万元）

第 4 年折旧 $=(80-20-15-11.25)\times25\%=8.4375$（万元）

第 5 年折旧 $=(80-20-15-11.25-8.4375)\times25\%=6.3281$（万元）

第 6 年折旧 $=(80-20-15-11.25-8.4375-6.3281)\times25\%=4.7461$（万元）

前 6 年计提的累计折旧 $=20+15+11.25+8.4375+6.3281+4.7461=65.7617$（万元）

第 6 年末旧设备的账面价值 $=80-65.7617=14.2383$（万元）

第 7 年折旧 = 第 8 年折旧 $=\dfrac{14.2383-80\times6\%}{2}=4.7192$（万元）

前 4 年计提的累计折旧 $=20+15+11.25+8.4375=54.6875$（万元）

第 4 年末旧设备的账面价值 $=80-54.6875=25.3125$（万元）

如果第 4 年末旧设备变现净损失抵税 $=(25.3125-16)\times30\%=2.7938$（万元）

新设备年折旧 $=120\times(1-5\%)/7=16.2857$（万元）

新设备在项目结束时的账面价值 $=120-16.2857\times6=22.2858$（万元）

新设备在项目结束时净损失抵税 $=(22.2858-8)\times30\%=4.2857$（万元）

项目在零时点的现金净流量 $=-120-50-16-2.7938=-188.7938$（万元）

未来第 1 年年末的营业现金净流量 $=EBIT\times(1-30\%)+$ 折旧

$=[1\ 000\times(1-35\%)-200-6.3281-16.2857]\times(1-30\%)+(6.3281+16.2857)$

$=321.7841$（万元）

未来第 2 年年末的营业现金净流量 $=EBIT\times(1-30\%)+$ 折旧

$=[1\ 000\times(1-35\%)-200-4.7461-16.2857]\times(1-30\%)+(4.7461+16.2857)$

$=321.3095$（万元）

未来第 3 年末的营业现金净流量 $=EBIT\times(1-30\%)+$ 折旧

=［1 000×（1－35%）－200－4.7192－16.2857］×（1－30%）+（4.7192+16.2857）

=321.3015（万元）

未来第4年末的营业现金净流量=EBIT×（1－30%）+折旧

=［1 000×（1－35%）－200－4.7192－16.2857］×（1－30%）+（4.7192+16.2857）

=321.3015（万元）

未来第5年末的营业现金净流量=EBIT×（1－30%）+折旧

=［1 000×（1－35%）－200－16.2857］×（1－30%）+16.2857

=319.8857（万元）

未来第6年末的营业现金净流量=EBIT×（1－30%）+折旧

=［1 000×（1－35%）－200－16.2857］×（1－30%）+16.2857

=319.8857（万元）

未来第6年末新、旧设备残值流入=2+（80×6%－2）×30%+8+（22.2858－8）×30%

=15.1257（万元）

未来第6年末的全部现金净流量=319.8857+15.1257+50=385.0114（万元）

该项目的净现值 $= -188.7938+\frac{321.7841}{(1+9.23\%)}+\frac{321.3095}{(1+9.23\%)^2}+\frac{321.3015}{(1+9.23\%)^3}+\frac{321.3015}{(1+9.23\%)^4}+\frac{319.8857}{(1+9.23\%)^5}+\frac{385.0114}{(1+9.23\%)^6}$

=－188.7938+294.5932+269.3021+246.5398+225.7070+205.7241+226.6846

=1 279.76（万元）

由于该项目的净现值大于零，所以可行。

【该题跨第五章投资项目资本预算，第六章债券、股票价值评估和第十六章本量利分析等章节进行考核】

8.【答案】

（1）甲、乙两方案毛利之差=（90－45）×（4 500－4 000）=22 500（元）

（2）计算甲方案的相关成本：

①应收账款机会成本 $=\frac{4\ 000\times 90}{360}\times 50\times 50\%\times 10\%=2\ 500$（元）

②坏账成本=4 000×90×3%=10 800（元）

③按经济进货批量进货的相关最低总成本 $=\sqrt{2\times 4\ 000\times 5\times 100}=2\ 000$（元）

④经济订货量 $=\sqrt{\frac{2\times 4\ 000\times 100}{5}}=400$（件）

⑤达到经济进货批量时存货平均占用资金 $=\frac{400}{2}\times 45=9\ 000$（元）

⑥采用甲方案的相关总成本=2 500+10 800+2 000+2 000=17 300（元）

（3）计算乙方案的相关成本：

①应收账款平均收账天数=10×40%+20×30%+90×30%=37（天）

应收账款机会成本 $=\frac{4\ 500\times 90}{360}\times 37\times 50\%\times 10\%=2\ 081.25$（元）

②坏账成本=4 500×90×30%×3%=3 645（元）

③现金折扣成本=4 500×90×40%×2%+4 500×90×30%×1%=4 455（元）

④按经济进货批量进货的相关最低总成本 $=\sqrt{2\times 4\ 500\times 5\times 100}=2\ 121.32$（元）

⑤经济订货量 $=\sqrt{\frac{2\times 4\ 500\times 100}{5}}=424.26$（件）

⑥达到经济进货批量时存货平均占用资金 $=\frac{424.26}{2}\times 45=9\ 545.85$（元）

⑦采用乙方案的相关总成本=2 081.25+3 645+4 455+1 500+2 121.32=13 802.57（元）

（4）甲、乙两方案相关总成本之差=13 802.57－17 300=－3 497.43（元）

（5）为该企业作出采取何种信用政策的决策，并说明理由。

因为乙方案与甲方案相比，增加毛利22 500元同时节约成本3 497.43元。所以，企业应选用乙方案。

【该题跨第十二章营运资金管理、第十七章短期经营决策等章节进行考核】

9.【答案】本题的主要考核点是可持续增长率的计算与应用，以及企业价值评估的相对价值法的应用。

（1）2017年的可持续增长率=期初权益

净利率×收益留存率

$=[100/(1\ 000-40)]\times40\%=4.17\%$

（2）2017 年的市盈率和收入乘数。

市盈率 $=10/(100/200)=20$

收入乘数 $=10/(1\ 000/200)=2$

（3）若该公司处于稳定状态，其股利增长率等于可持续增长率，即 4.17%。

目前的每股股利 $=60/200=0.3$（元）

权益资本成本 $=\dfrac{0.3\times(1+4.17\%)}{10}+4.17\%=7.30\%$

（4）2017 年每股股权现金流量 = 0.3（元）

股权价值 $=\dfrac{\text{下期股权现金流量}}{\text{股权资本成本}-\text{永续增长率}}$

$=\dfrac{0.3\times(1+4.17\%)}{7.30\%-4.17\%}=9.98$（元）

（5）

	权益净利率	市净率	修正市净率
B 公司	10%	2	0.2
甲公司	13.99%	3	0.2144
乙公司	12.44%	3.2	0.2572
甲、乙两家公司平均	—	—	0.2358

目标企业每股价值 = 平均修正的市净率×目标企业权益净利率×100×目标企业每股净资产 $=0.2358\times10\%\times100\times5=11.79$（元），由于每股价值 11.79 元大于每股价格 10 元，所以，B 公司的股票被市场低估了。

【该题跨第二章财务报表分析与财务预测、第八章企业价值评估等章节进行考核】

10.【答案】

（1）权益资本成本 $=4\%+6\%\times1.5=13\%$

债务资本成本 $=7\%\times(1-25\%)=5.25\%$

债务市场价值权数 $=40\ 000/(40\ 000+2\ 000\times32)=38.46\%$

股权市场价值权数 $=2\ 000\times32/(40\ 000+2\ 000\times32)=61.54\%$

加权平均资本成本 $=38.46\%\times5.25\%+61.54\%\times13\%=10\%$

（2）第 1 年设备的折旧费 $=270\times[5/(1+2+3+4+5)]=90$（万元）

第 2 年设备的折旧费 $=270\times[4/(1+2+3+4+5)]=72$（万元）

第 3 年设备的折旧费 $=270\times[3/(1+2+3+4+5)]=54$（万元）

第 4 年设备的折旧费 $=270\times[2/(1+2+3+4+5)]=36$（万元）

第 5 年设备的折旧费 $=270\times[1/(1+2+3+4+5)]=18$（万元）

设 H 公司竞价时的租金报价为 X，则有：

第 1 年末营业现金流量 $=300\times(1-25\%)-300\times60\%\times(1-25\%)-50\times(1-25\%)+90\times25\%+X/5\times25\%=75+0.05X$

第 2 年末营业现金流量 $=400\times(1-25\%)-400\times60\%\times(1-25\%)-50\times(1-25\%)+72\times25\%+X/5\times25\%=100.5+0.05X$

第 3 年末营业现金流量 $=400\times(1-25\%)-400\times60\%\times(1-25\%)-50\times(1-25\%)+54\times25\%+X/5\times25\%=96+0.05X$

第 4 年末营业现金流量 $=500\times(1-25\%)-500\times60\%\times(1-25\%)-50\times(1-25\%)+36\times25\%+X/5\times25\%=121.5+0.05X$

第 5 年末营业现金流量 $=500\times(1-25\%)-500\times60\%\times(1-25\%)-50\times(1-25\%)+18\times25\%+X/5\times25\%=117+0.05X$

第 5 年末设备变现流入 $=40-(40-0)\times25\%=30$（万元）

$NPV=-270-30-X+(75+0.05X)\times(P/F,10\%,1)+(100.5+0.05X)\times(P/F,10\%,2)+(96+0.05X)\times(P/F,10\%,3)+(121.5+0.05X)\times(P/F,10\%,4)+(117+0.05X+30+30)\times(P/F,10\%,5)=-300-X+68.18+0.045X+83.06+0.041X+72.13+0.038X+82.99+0.034X+109.9+0.031X=116.26-0.811X$

令 $NPV=0$，求得：$X=143.35$（万元）

为使该项目盈利，H公司竞价时最高的租金报价是143.35万元。

（3）如果出租方要求的最低竞价租金为80万元，为使该项目有利，H公司每年最低的营业收入假设为 Y。

第1～4年每年摊销租金 $=80\div5=16$（万元）

第1年末营业现金流量 $=Y\times(1-25\%)-Y\times60\%\times(1-25\%)-50\times(1-25\%)+16\times25\%+90\times25\%=0.3Y-33.5+22.5=0.3Y-11$

第2年末营业现金流量 $=Y\times(1-25\%)-Y\times60\%\times(1-25\%)-50\times(1-25\%)+16\times25\%+72\times25\%=0.3Y-33.5+18=0.3Y-15.5$

第3年末营业现金流量 $=Y\times(1-25\%)-Y\times60\%\times(1-25\%)-50\times(1-25\%)+16\times25\%+54\times25\%=0.3Y-33.5+13.5=0.3Y-20$

第4年末营业现金流量 $=Y\times(1-25\%)-Y\times60\%\times(1-25\%)-50\times(1-25\%)+16\times25\%+36\times25\%=0.3Y-33.5+9=0.3Y-24.5$

第5年末营业现金流量 $=Y\times(1-25\%)-Y\times60\%\times(1-25\%)-50\times(1-25\%)+16\times25\%+18\times25\%=0.3Y-33.5+4.5=0.3Y-29$

第5年末设备变现流入 $=40-(40-0)\times25\%=30$（万元）

则有：

$NPV=-280-30-80+(0.3Y-11)\times(P/F,10\%,1)+(0.3Y-15.5)\times(P/F,10\%,2)+(0.3Y-20)\times(P/F,10\%,3)+(0.3Y-24.5)\times(P/F,10\%,4)+(0.3Y-29+30+30)\times(P/F,10\%,5)=-390+(0.3Y-11)\times0.909+(0.3Y-15.5)\times0.826+(0.3Y-20)\times0.751+(0.3Y-24.5)\times0.683+(0.3Y+31)\times0.621=-425.30+1.137Y$

令 $NPV=0$，求得：$Y=374.06$（万元）

如果出租方要求的最低竞价租金为60万元，为使该项目有利，H公司每年最低的营业收入为374.06万元。

11.【答案】（1）固定成本 $=600\,000+800\,000+900\,000+500\,000=2\,800\,000$（元）

单位变动成本 $=1\,400\times10\%+(4\,000\,000+1\,400\,000+600\,000)\div10\,000=740$（元）

单位边际贡献 = 单价 − 单位变动成本 $=1\,400-740=660$（元）

保本量 $=2\,800\,000/660=4243$（件）

盈亏临界点作业率 $=4\,243/10\,000\times100\%=42.43\%$

安全边际率 = 1 − 盈亏临界点作业率 $=1-42.43\%=57.57\%$

（2）当前税前利润 $=660\times10\,000-2\,800\,000=3\,800\,000$（元）

当销售量增加10%时：

税前利润 $=660\times10\,000\times(1+10\%)-2\,800\,000=4\,460\,000$（元）

税前利润变动百分比 $=(4\,460\,000-3\,800\,000)/3\,800\,000=17.37\%$

销售量的敏感系数 $=17.37\%/10\%=1.737$

当单价增长10%时：

单位变动专利使用费增加 $=1\,400\times10\%\times10\%=14$（元）

单位变动成本 $=740+14=754$（元）

税前利润 $=[1\,400\times(1+10\%)-754]\times10\,000-2\,800\,000=5\,060\,000$（元）

税前利润变动百分比 $=(5\,060\,000-3\,800\,000)/3\,800\,000=33.16\%$

单价的敏感系数 $=33.16\%/10\%=3.316$

（3）设单价为P

则单位变动成本 $=P\times10\%+[4\,000\,000\times(1+20\%)+1\,400\,000+600\,000]\div10\,000=0.1P+680$

因为利润不变，则：$(P-P\times10\%-680)\times10\,000-2\,800\,000=3\,800\,000$

$P=[(3\,800\,000+2\,800\,000)/10\,000+680]/(1-10\%)$

$P=1\,488.89$（元）

价格的上涨幅度 $=(1\,488.89-1\,400)/1\,400=6.35\%$

12.【答案】

（1）A产品单位限制资源边际贡献 $=(2-1.2)/1=0.8$（万元）

B产品单位限制资源边际贡献 $=(4-1.6)/2=1.2$（万元）

C产品单位限制资源边际贡献 $=(6-3.5)/2.5=1$（万元）

B 产品单位限制资源边际贡献 > C 产品单位限制资源边际贡献 > A 产品单位限制资源边际贡献，所以应先安排生产 B 产品，其次是 C 产品，最后生产 A 产品。

因为假设 A、B、C 三种产品当年生产当年销售。年初年末无存货，所以 B 产品的产量 = 销售量 = 600（件），C 产品的产量 = (2 500 - 600 × 2)/2.5 = 520（件），没有剩余加工能力，所以不生产 A 产品。

边际贡献 = (4 - 1.6) × 600 + (6 - 3.5) × 520 = 2 740（万元）

息税前利润 = 2 740 - 1 000 = 1 740（万元）

税前利润 = 1 740 - 10 000 × 6% = 1 140（万元）

经营杠杆系数 = 2 740/1 740 = 1.57

财务杠杆系数 = 1 740/1 140 = 1.53

（2）[（*EBIT* - 10 000 × 6% - 4 000/1 250 × 1 000 × 9%）×(1 - 25%) - 6 000 × 10%]/1 000 = [(*EBIT* - 10 000 × 6%) × (1 - 25%) - 6 000 × 10%]/(1 000 + 4 000/10)

解得：*EBIT* = 2 408（万元）

预计息税前利润 = (2 - 1.2) × 400 + (4 - 1.6) × 600 + (6 - 3.5) × 1 000 - 1 000 - 600 = 2 660（万元）

预计息税前利润 2 660 万元大于每股收益无差别点的息税前利润 2 408 万元，所以应该选择财务杠杆大的方案 1 进行筹资。

边际贡献 = 预计息税前利润 + 固定成本 = 2 660 + 1 000 + 600 = 4 260（万元）

归属于普通股的税前利润 = 2 660 - 10 000 × 6% - 4 000/1 250 × 1 000 × 9% - 6 000 × 10%/(1 - 25%) = 972（万元）

经营杠杆系数 = 4 260/2 660 = 1.6

财务杠杆系数 = 2 660/972 = 2.74

每股收益 = [(2 660 - 10 000 × 6% - 4 000/1 250 × 1 000 × 9%) × (1 - 25%) - 6 000 × 10%]/1 000 = 0.73（元）

（3）因为新增一台与关键限制资源相同的设备，导致固定成本增加，所以会提高经营杠杆。

因为采用方案 1 进行筹资，增加固定性资本成本（利息费用和优先股股利），所以会提高财务杠杆。

（4）公司 2019 年初拟新增一台与关键限制资源相同的设备，所以年加工能力 5 000 小时，按照市场正常销量生产后剩余的产能 = 5 000 - 400 × 1 - 600 × 2 - 1 000 × 2.5 = 900（小时）

该剩余产能可以生产的 A 产品产量 = 900/1 = 900（件）

息税前利润 = 900 × (2 - 1.2) - 200 = 520（万元）

息税前利润大于 0，所以应利用该剩余产能。

13.【答案】

（1）A = 16 000 + 1 200 = 17 200

E = 693 000/10 = 69 300

B = 70 000 + 1 300 = 71 300

D = 150 000/10 = 15 000

C = 19 200 - 180 000/10 = 1 200

（2）第一季度采购支出 = 150 000 × 40% + 80 000 = 140 000（元）

第四季度末应付账款 = 201 000 × 60% = 120 600（元）

（3）用量标准 = 5（千克/件），价格标准 = 10（元/千克）

所以甲产品的单位标准材料成本 = 5 × 10 = 50（元/件）

（4）实际单价 = 9（元/千克），实际产量材料实际耗用量 = 20 400（千克），标准单价 = 10（元/千克）

实际产量标准用量 = 3 400 × 5 = 17 000（千克）

材料成本差异 = 20 400 × 9 - 17 000 × 10 = 13 600（元）

材料价格差异 = (9 - 10) × 20 400 = -20 400（元）

材料数量差异 = 10 × (20 400 - 17 000) = 34 000（元）

【该题跨第十八章全面预算、第十四章标准成本法等章节进行考核】

14.【答案】

（1）①单位标准成本 = 35 × 2 + 15 × 2 + 10 × 2 = 120（元）

②直接人工成本差异 = 实际工时 × 实际工资率 - 实际产量下标准工时 × 标准工资率 = 7 000 × 16 - 3 680 × 2 × 15 = 1 600（元）

③直接人工效率差异 = (实际工时 - 实际产量下标准工时) × 标准工资率 = (7 000 -

3 680×2）×15 = −5 400（元）

④直接人工工资率差异 =（实际工资率 − 标准工资率）×实际工时 =（16 − 15）×7 000 = 7 000（元）

（2）全部成本费用加成定价法确定的 F 产品的单价：

单位产品价格 = 单位成本 ×（1 + 成本利润率）/（1 − 适用税率）=（200 + 720 000/12 000）×（1 + 20%）/（1 − 5%）= 328.42（元）

（3）变动成本费用加成定价法确定的 F 产品的单价：

单位产品价格 = 单位变动成本 ×（1 + 成本利润率）/（1 − 适用税率）= 200 ×（1 + 20%）/（1 − 5%）= 252.63（元）

（4）由于额外订单价格 290 元高于 252.63 元，故应接受这一额外订单。

（5）保本销售量 ×（350 − 200）− 720 000 = 0

求得：保本销售量 = 720 000/（350 − 200）= 4 800（件）

实现目标利润的销售量 ×（350 − 200）− 720 000 = 150 000

求得：实现目标利润的销售量 =（150 000 + 720 000）/（350 − 200）= 5 800（件）

【该题跨第十七章短期经营决策、第十六章本量利分析、第十四章标准成本法等章节进行考核】

15.【答案】

（1）①A 产品单位限制资源边际贡献 =（6 − 3.5）/2.5 = 1（万元）

B 产品单位限制资源边际贡献 =（4.2 − 1.6）/2 = 1.3（万元）

C 产品单位限制资源边际贡献 =（2 − 1.2）/1 = 0.8（万元）

B 产品单位限制资源边际贡献 > A 产品单位限制资源边际贡献 > C 产品单位限制资源边际贡献，所以应先安排生产 B 产品，其次是 A 产品，最后生产 C 产品。

因为假设 A、B、C 三种产品当年生产当年销售。年初年末无存货，所以 B 产品的产量 = 销售量 = 600（件），A 产品的产量 =（2 500 − 600×2）/2.5 = 520（件），没有剩余加工能力，所以不生产 C 产品。

②边际贡献 =（4.2 − 1.6）×600 +（6 − 3.5）×520 = 2 860（万元）

息税前利润 = 2 860 − 1 500 = 1 360（万元）

税前利润 = 1 360 − 10 000 × 6% = 760（万元）

经营杠杆系数 = 2 860/1 360 = 2.10

财务杠杆系数 = 1 360/760 = 1.79

（2）①［（*EBIT* − 10 000 × 6% − 6 000/1 050 × 1 000 × 8%）×（1 − 25%）− 4 000 × 9%］/1 000 =［（*EBIT* − 10 000 × 6%）×（1 − 25%）− 4 000 × 9%］/（1 000 + 6 000/10）

解得：*EBIT* = 2 299.04（万元）

预计息税前利润 =（6 − 3.5）× 1 000 +（4.2 − 1.6）×600 +（2 − 1.2）×400 − 1 500 − 400 = 2 480（万元）

预计息税前利润 2 480 万元大于每股收益无差别点的息税前利润 2 299.04 万元，所以应该选择财务杠杆大的方案 1 进行筹资。

②边际贡献 = 预计息税前利润 + 固定成本 = 2 480 + 1 500 + 400 = 4 380（万元）

归属于普通股的税前利润 = 2 480 − 10 000 × 6% − 6 000/1 050 × 1 000 × 8% − 4 000 ×9%/（1 − 25%）= 942.86（万元）

经营杠杆系数 = 4 380/2 480 = 1.77

财务杠杆系数 = 2 480/942.86 = 2.63

每股收益 =［（2 480 − 10 000 × 6% − 6 000/1 050 × 1 000 × 8%）×（1 − 25%）− 4 000 ×9%］/1 000 = 0.71（元）

（3）因为新增一台与限制资源相同的设备，导致固定成本增加，所以会提高经营杠杆。

因为采用方案 1 进行筹资，增加固定性资本成本（利息费用和优先股股利），所以会提高财务杠杆。

（4）公司 2020 年初拟新增一台与限制资源相同的设备，所以年加工能力 5 000 小时，

按照市场正常销量生产后剩余的产能 = 5 000 − 600 × 2 − 1 000 × 2.5 − 400 × 1 = 900（小时）

该剩余产能可以生产的 C 产品产量 = 900/2 = 450（件）

息税前利润 = 450 ×（4.2 − 1.6）− 1 000 = 170（万元）

息税前利润大于 0，所以应利用该剩余产能。

16.【答案】

(1) 长期资本负债率 =40 000/(40 000 + 60 000) =40%

利息保障倍数 =(12 000 +2 000)/(2 000 +200) =6.36

(2) $1\ 000\times 6\%\times(P/A,r_d,10)+20\times[45\times(1+8\%)^5-60]\times(P/F,r_d,5)+1\ 000\times(P/F,r_d,10)=1\ 000$

$60\times(P/A,r_d,10)+122.4\times(P/F,r_d,5)+1000\times(P/F,r_d,10)=1\ 000$

当 $r_d=6\%$ 时,

$60\times(P/A,6\%,10)+122.4\times(P/F,6\%,5)+1\ 000\times(P/F,6\%,10)=60\times 7.3601+122.4\times 0.7473+1\ 000\times 0.5584=1\ 091.48$ (元)

当 $r_d=8\%$ 时,

$60\times(P/A,8\%,10)+122.4\times(P/F,8\%,5)+1\ 000\times(P/F,8\%,10)=60\times 6.7101+122.4\times 0.6806+1\ 000\times 0.4632=949.11$ (元)

$(r_d-6\%)/(8\%-6\%)=(1\ 091.48-1\ 000)/(1\ 091.48-949.11)$

$r_d=7.29\%$

(3) 税前债务资本成本 = 6.75% + [(5.63% - 4.59%) + (6.58% - 5.32%) + (7.20% - 6.75%)] /3 = 7.67%

股权资本成本 = 6.75% + 1.5 × 4% = 12.75%

(4) 股东权益增加 = 9 000 × (1 + 20%) = 10 800 (万元)

长期资本负债率 = (40 000 + 20 000)/(40 000 + 20 000 + 60 000 + 10 800) = 45.87%

利息保障倍数 = [12 000 × (1 + 20%) + 2 000 + 20 000 × 6%]/(2 000 + 200 + 20 000 × 6%) = 5.18

(5) 发行附认股权证债券的税前资本成本低于甲公司税前债务资本成本，所以筹资方案不可行。